실무사례 實力

민사집행의 함정을 피하는 법

박 준 의

유로

서문

　　8년 전 여름, 신채권집행실무를 출간한 후 여러 질문과 助言을 받았는데 비재함에도 많은 분들이 박준의 신채권집행실무에 보여주신 기대 이상의 관심과 애정에 감사드린다. 특히 권위 있는 주석 민사집행법 제3판(2018)에서 필자의 신채권집행실무를 인용하는 것을 보면 지금까지 필자의 노력이 헛되지 않았다는 생각이 든다.

　　지난 2005년 말 오랜 産痛을 거쳐 독일의 선진입법을 모델로 한 사법보좌관 제도가 출범되고 그 專門化과정을 거치면서 집행분야는 실무적으로나 이론적으로나 공히 많은 발전을 이루어왔다. 그러나 실상을 보면 로스쿨에서 집행에 관한 전문적인 교육은 현실의 실무에서 요구되는 만큼 충분하지 못하다. 특히 재야의 실무가들조차 사건처리에 있어 많은 어려움을 느끼고 있는 것이 현실이다. 현재 로스쿨교육은 제도의 도입취지가 무색하게 다시 변호사시험합격을 위한 시험합격 지식을 배워가는 곳 정도로 되어버린 건 아닌지 하는 생각이 든다. 모든 서로 충돌하는 이해관계는 정반합으로 세상을 계속 굴려간다.

　　모든 사건들이 끝에 다다르는 분야가 강제집행이기 때문에 깊게든 얕게든 거의 모든 법분야를 이해하고 있어야 하고, 특히 등기실무·공탁실무·도산실무에 밝지 못하면 사건처리에 큰 어그러짐이 발생할 수도 있다.

　　이 시점에서 지금까지 보아 온 실무 쟁점들 가운데 자칫 실무가들이 실수나 오해할 우려가 있는 중요한 사안들을 선별하여 入門者의 눈높이에서 해설을 다는 것은, 우리나라 집행실무 발전을 위하여 필요한 일이라고 생각되어 붓을 든 셈이다. 책제목을 강한 인상을 주기 위하여 '민사집행의 함정을 피하는 법'이라고 하였지만 사실 이 책은 민사집행분야의 살아있는 실무쟁점 사례집이라고 말할 수 있다.

아무쪼록 출간독촉으로 원고를 내보낸다. 독자제현의 집행에 대한 이해가 한층 깊어지기를 빈다. 유럽에 와보니 한국의 법률이나 법문화는 관심의 대상이 아닌 것을 보고서 다소 소외감을 느낀다. 일본 정도가 가끔가다가 논문이 몇 개씩 보일 뿐이다. 언젠가는 실무의 인프라가 日本國을 능가하는 것은 물론이요 獨逸聯邦共和國(die Bundesrepublik Deutschland)의 수준에 도달하는 날이 오기를 사법보좌관의 한 사람으로써 바라는 마음 간절하다. 그때까지 선구자처럼 이 길을 갈 것이다.

구상은 했었지만 솔직히 도저히 이 원고를 탈고할 것이라고 생각하지 못했다. 끝까지 믿고 기다려준 유로출판사의 김정원 사장님에게 감사하며, 끝내 이 일을 성취하시도록 만드신 우리 가족에 임재하며 높이 계시고 영광스러우신 주님께 감사의 영광을 올린다.

2020. 4.
영국 케임브리지에서 著者

차례

서문 __ 3

함정을 메워 줄 질문들

첫 번째 물음 __ 15

제가 의뢰를 한 변호사(또는 법무사, 이하에서 '또는' 생략)가 법원에서 강제집행정지결정을 받았는데도 그 후에 저(=채무자)의 은행계좌를 채권자가 압류할 수 있다는데 이것이 맞는 얘기인가요?

두 번째 물음 __ 18

만약 앞 질문에서 압류가 유효하게 되면 채무자인 저는 그 이후에 어떻게 해야 되나요? 예금이 은행에 묶여버렸잖습니까?

세 번째 물음 __ 24

건물의 증축부분에 대한 경매와 함정을 피하는 법

네 번째 물음 __ 30

1. 왜 강제경매절차에서 채무자인 제가 똑같은 집행정지서류를 법원에 제출하였는데 언제 제출하는가에 따라서 어떨 때는 매수인(낙찰자)이 매각허가결정을 받을 때가 있고

어떨 때는 매각불허가결정을 받을 때가 있으며, 또 어떨 때에는 경매절차가 정지되는 것인가요?

2. 집행정지서류가 제출되는 시점에 따라서 경매법원이 어떻게 처리가 달라지는지 (1)의 질문과 관련해서 구체적으로 답해주세요.

다섯 번째 물음 __ 34

경매절차를 정지시키기 위하여서는 집행정지서류를 집행법원에 제출해야 한다는 이야기를 들었습니다. 혹시 제출시기에 제한이 있나요?

여섯 번째 물음 __ 37

집행정지서류의 제출로써 불변기간의 도과를 정지시킬 수 있을까요?

일곱 번째 물음 __ 40

저는 매수인(경락인)입니다. 경매법원의 매각허가결정이 있은 뒤에 채무자가 집행정지서류(민집 제49조 제2호, 제4호)를 제출하였다는데 그러면 저는 무작정 기다려야 되나요? 경매 매수보증금을 다시 찾아서 다른 물건에 응찰을 해보려고 하는데 가능한가요?

여덟 번째 물음 __ 42

1. 경매절차를 연기시키는 것과 정지시키는 것이 다른 것인가요? 저는 채무자이자 경매부동산 소유자인데요. 강제집행정지 담보공탁금을 마련하려면 시간이 좀 더 필요한데 그 사이에 경매가 될까봐 아주 걱정이 됩니다. 경매법원이 연기를 몇 달만 해주면 안되나요?

2. [위 1과는 다른 분의 질문] 채권자 1명은 판결로 강제경매신청을 했고, 채권자인 근저당권자는 그 담보권인 근저당권에 기해서 임의경매신청을 해서 지금 동일한 부동산이 중복해서 경매절차가 진행되고 있습니다. 둘 중 한 명은 경매절차를 연기신청해 주거나 연기신청에 동의해 준다는데 어떤가요?

아홉 번째 물음 __ 49

경매부동산이 사실은 갑의 것인데 A라는 자가 부동산소유권이전에 필요한 관련서류를 위조해서 A 자신의 명의로 허위로 이전등기를 해 놓고 있는 상태입니다. A는 자기소유명의로 등기해 놓고나서 허위의 근저당권을 C에게 설정해주었고 C가 근저당권에 기한 경매신청을 해서 현재 경매개시결정이 내려진 상태입니다.

열 번째 물음 __ 65

집행정지나 집행취소는 강제집행절차가 종결되기 전까지 해야 한다고 하는데요. 도대체 강제집행의 종결시기는 언제인가요? 민사집행규칙 제50조에 따르면 매수인(낙찰자)가 대금납부하기 전까지 집행정지서류를 내야 부동산소유명의를 지킬 수 있는 것 같은데 그렇다면 대금납부시점이 경매절차종결시점인가요?

열한 번째 물음 __ 71

가집행선고부 판결에 기한 강제집행이 실시된 후에 상소심에서 본안판결이 취소·변경되어 원판결의 집행력(執行力)이 실효(失效)되었습니다. 이 경우에 이미 원판결에 의하여 실시된 집행처분과 집행종료된 강제집행은 어떻게 처리되는가요?

열두 번째 물음 __ 81

경매절차에서 다세대주택을 매수한 사람입니다. 저는 매각대금을 완납한 다음 상대방을 상대로 부동산인도명령 신청을 하여 2017. 6. 21. 인도명령을 발령받았습니다. 그런데 이에 대하여 다세대주택의 이전 소유자(상대방)가 2017. 7. 2. 이 부동산인도명령에 대한 즉시항고를 제기하면서 2017. 7. 13. 그에 대한 강제집행정지신청을 하였습니다. 그렇지만 집행법원이 강제집행정지결정을 하기 전인 2017. 7. 20.에 저(=재항고인)는 앞서 받은 부동산인도명령에 기하여 이 건 다세대주택에 대한 인도집행을 마쳐버렸거든요.

열세 번째 물음 __ 86

부동산 임의경매절차에서 매수인(낙찰자)인 갑은 매각대금을 내고 평택시 임야 12,991㎡ 중에서 D소유지분 163.56/2142에 대하여 수원지방법원 평택지원 경매절차에 응찰하여 최고가매수인이 되고 입찰표에 기재한 대금을 완전히 납부하여 소유지분을 취득하였습니다. 그런데 그 후 경매절차가 완전히 종료되기 전에 D소유지분권 등기 전소유자 C지분(C=망A 상속인들 중 1인)의 이전등기의 근거가 된 J종중과 망A 상속인들 사이의 인락조서가 준재심의 소에 의하여 취소판결을 받게 되었다.

열네 번째 물음 __ 95

안녕하십니까? 저는 집행사건 담당 대리인 변호사입니다.
공장 및 광업재단저당법(舊 공장저당법)에 의한 기계기구목록을 포함하여 공장용지와 건물 및 도로 등을 함께 일괄매각을 하여 2회 매각기일에 20% 저감된 금액으로 최고가매수인에게 매각되고 매수인이 매각대금을 납부하였습니다.
그런데 기계기구목록에 포함된 3개의 기계 중 2개가 감정시에는 존재하였으나 매각 후 어느 시점에선가 없어졌습니다. 이에 매수인은 대금을 납부한 후였기에 이에 대하여

(소유자 등을 상대로) 형사고소를 하였고, 집행법원에 대금감액을 신청하였습니다.

그런데 기계기구목록에 포함된 3개의 기계 중 2개가 감정시에는 존재하였으나 매각 후 어느 시점에선가 없어졌습니다. 이에 매수인은 대금을 납부한 후였기에 이에 대하여 (소유자 등을 상대로) 형사고소를 하였고, 집행법원에 대금감액을 신청하였습니다.
(1) 민사집행절차에서 대금감액결정을 하는 법적 근거
(2) 대금감액신청이 경매의 담보책임을 묻는 것이라고 한다면 민법 채권법상 해제의 의사표시를 하여야 하는지 여부
(3) 사법보좌관이 대금감액결정을 하는 것인지, 아니면 집행판사가 대금감액결정을 하는지 여부
(4) 대금감액결정을 할 때 금액산정에 있어서 2회 매각기일의 최저매각가격을 기준으로 (없어진)기계금액 해당분을 감액할 것인지, 아니면 최초의 1회 최저매각가격 중에서 (없어진)기계금액 해당분을 감액할 것인지 여부에 대하여 답변을 주시면 좋겠습니다.

열다섯 번째 물음 _ 113

경매절차에서 매수인(낙찰자)A가 매각(경매)공고, 매각물건명세서 및 집행기록 등을 토대로 경매목적물에 관한 권리관계를 분석하여 경매참가 여부 및 매수신고가격 등을 결정하였는데, 매각(경매)기일이 지난 후에 발생한 위와 같은 사정변경(임대차관계보다 선행하는 근저당권의 말소로 인하여 당초에는 경매절차에서 대항력이 없는 임차인 병이 2번 근저당권보다는 주민등록(전입신고일)과 아파트점유일자에 있어서 법적으로 앞서기 때문에 대항력이 있는 경우) 매수인 A가 임대차를 승계하게 되어 발생한 손해를 누구에게 책임을 물을 수 있는가요?

열여섯 번째 물음 _ 123

경매절차에서 논을 낙찰받은 매수인(낙찰자)입니다. 낙찰받고나서 실측을 해 보니까 '매각공고된 논'의 면적(등기부상 면적)과 '실제 논'의 면적에 차이가 있습니다. 저는 입찰표에 제가 써낸 매각(매수)대금을 다 낼 수가 없습니다. 어떤 법적 방법이 시도될 수 있는가요?

열일곱 번째 물음 _ 126

경매절차에서 양평의 전원주택을 낙찰받은 매수인입니다. 낙찰받고 보니까 이 2층짜리 단독주택이 내부 벽에 금이 많이 가 있고 마루바닥도 거실 쪽에 폭 2미터 정도가 내려앉아 있습니다. 저는 응찰할 때 몰라서 높은 가격에 써 내서 낙찰받았는데 어떻게 방법이 없을까요?

매각대금을 안내면 민사집행절차에 의하여 매수보증금을 전액 몰수할 수밖에 없다고 경매법원 계장님이 얘기합니다.

열여덟 번째 물음 __ 129

[앞의 질문] 경매절차에서 가평의 전원주택을 낙찰받은 매수인입니다. 낙찰받고 보니까 이 2층짜리 단독주택이 내부 벽에 금이 많이 가 있고 마루바닥도 거실 쪽에 폭 2미터 정도가 내려앉아 있습니다. 저는 응찰할 때 몰라서 높은 가격에 써 내서 낙찰받았는데 어떻게 방법이 없을까요? 매각허가를 취소받고 싶은데 매각허가결정 후에도 취소하는 경우가 있다고 들었습니다.

매각대금을 안내면 민사집행절차에 의하여 매수보증금을 전액 몰수할 수밖에 없다고 경매법원 담당자는 얘기합니다.

열아홉 번째 물음 __ 141

공매로 농지취득 하였으나 농지취득자격증명을 발급받지 않고 있었는데 민사집행에 의한 가압류를 본압류로 이전하는 강제경매가 이루어져서 매수인이 경매대금을 모두 납부하고 농지취득자격증명을 취득한 경우

(1) 소유권은 공매절차 매수인과 경매의 매수인 중에서 누가 취득하나요?
(2) 만약 공매절차에서의 매수인(낙찰자)이 소유권을 취득하지 못한다면 매수인(낙찰자)은 경매절차의 담보책임을 물어서 배분절차에서 배당받은 채권자들을 상대로 부당이득반환청구를 할 수 있는 것이죠?

스물 번째 물음 __ 161

농지경매절차에서 매각공고의 매각물건명세서 비고란에 "농지취득자격증명 미제출시 보증금 몰수"라고 되어 있었지만 설마하고 응찰했는데 최고가매수인으로 낙찰된 후에 농지소재지관서에 가보니 담당자가 "불법형질변경된 농지라서 원상회복명령이 발해질 것이기 때문에 농지취득자격증명을 내줄 수가 없다"고 딱 잘라 말하고 있습니다. 그래서 매각허가결정일까지 농지취득자격증명을 법원 경매계에 제출하지 못했습니다. 제 매수보증금은 몰수되고 마는 것인지, 저로서는 매우 황당합니다. 어떠한 구제방법이 있는지요?

스물한 번째 물음 __ 184

낙찰인이 낙찰을 받은 직후에 적법한 절차를 거쳐 현황대로 농지전용허가가 이루어짐으로써 향후 원상회복명령이 발하여질 가능성이 소멸된 경우 농지취득자격증명이 필요한가요?

스물두 번째 물음 __ 186

(1) 벼 경작지로 이용되어 오다가 건물부지, 주차장, 잔디밭 등으로 불법형질변경된 토지가 있는데 공부상 잡종지로 되어 있습니다.
(2) 이 토지가 원래 농지로 이용될 것이 전제되지 않았던 잡종지로서 농지 보전의 필요성이 상대적으로 강하다고 보이지 아니한다는 등의 이유를 들어, 그 변경 상태의 일시성이나 원상회복의 용이성을 인정함에 있어서 공부상 지목이 전·답·과수원인 토지와 다른 기준을 적용, 원상회복이 용이하게 이루어지기 어렵다고 볼 수 있나요?

스물세 번째 물음 __ 196

매수인(낙찰자)의 원소유자(=체육시설업자)의 의무승계 여부와 담보신탁을 근거로 한 매매에의 적용 여부
(1) 체육시설, 예를 들어 골프장업의 필수시설인 건물과 토지에 대한 담보권실행 등을 위한 경매절차에서 매수인(경락인)이 체육시설업(골프장업)과 관련하여 형성된 체육시설업자(골프장업자)와 회원 사이의 사법상 약정에 따른 권리·의무(골프장입회보증금반환채무)를 승계하는가요?
(2) 만약 담보신탁계약에서 정한 공개경쟁 입찰방식이나 수의계약 방식에 의한 매매(=담보신탁을 근거로 한 매매)에 따라 체육필수시설을 인수한 매수인이라도 결과는 위 (1)과 같은가요?

스물네 번째 물음 __ 221

콘도미니엄시설 경매취득에서 회원권 인수의 범위

스물다섯 번째 물음 __ 234

1. A는 주유소시설을 민사집행법에 의한 경매로 취득하였습니다. 그런데 원소유자가 이전에 부정휘발유를 판 적이 있는데 경락인(매수인)A는 이 사실을 모르고 경매에 참여하였다고 합니다. 경락인(매수인)A는 경매로 취득하면서 새로이 적법하게 석유판매업 허가를 받았습니다. 그런데 관할 행정청은 원소유자의 부정휘발유판매사실을 들어 A에 대한 석유판매업허가를 취소하였다는데 타당한가요?
2. 석유판매업자의 지위를 경매나 공매절차로 승계한 자에 대하여 종전의 석유판매업자가 유사석유제품을 판매하는 위법행위를 하였다는 이유로 행정청이 사업정지처분 또는 사업정지를 갈음하여 부과하는 과징금부과처분을 취할 수 있는 것인가요?

스물여섯 번째 물음 __ 243

공무원연금에 대한 압류가 전혀 불가능한가요?

스물일곱 번째 물음 __ 260

실무사례

채권자 B는 「채무자 = 망했다 주식회사」(이하 채무자회사)를 상대로 대여금소송을 제기하여 승소확정판결을 받았다. 채권자 B는 이 판결을 집행권원으로 채무자회사 명의로 등기된 건물에 관하여 강제경매를 신청하였고, 이 경매절차에 참여하여 낙찰받은 A는 대금납부를 완료하여 소유권을 취득하였다.

그런데 이 사건 강제경매의 배당절차가 완전히 끝나기 전에 채무자회사 명의로 경료되었던 소유권보존등기가 원인무효의 등기라는 이유로 경락인 A에 대하여 채무자회사명의의 보존등기에 터잡아 경료된 A 명의의 소유권이전등기를 말소하라는 내용의 판결이 확정되었다.

(1) 이 케이스에서 소유권등기명의를 말소당한 A는 어떤 구제를 받을 수 있는가요?
(2) 경매절차에 담보책임의 적용사례인가요? 강제경매의 공신적 효과와는 무관한가요?

스물여덟 번째 물음 __ 266

비트코인에 대한 강제집행가능성 여부

A와 B는 부부였는데 A의 외도로 인하여 재판상 이혼을 하였습니다. 1심 이혼소송에서 패소하고 항소심에서도 패소할 기색이 짙어지자 B는 자신의 전재산을 팔아서 현금을 마련하고서는 비트코인을 매수했습니다.

아래의 각 경우에 어떻게 될까요?
(1) B가 빗썸에 가입해서 비트코인을 매수하여 보유하고 있는 빗썸의 전자지갑에 비트코인을 보유한 경우
(2) B가 업비트에 가입해서 비트코인을 매수하여 자기의 개인지갑에 비트코인을 보유하고 있는 경우

스물아홉 번째 물음 __ 286

민사집행법 제246조 제1항 제4호의 압류금지규정과 공무원연금법상 압류금지규정의 상호관계 ― 특히 양육비채권이 집행채권인 경우

서른 번째 물음 __ 300

채무자·소유자입장에서 감정평가액을 다투는 사안들

서른한 번째 물음 __ 307

언제 감정인의 평가액이 현저히 부당하여 경매절차에 중대한 하자가 있다고 말할 수 있나요?

서른두 번째 물음 __ 315

개발중인 토지의 감정평가에 관한 감정인의 주의의무의 정도 및 그 부당감정에 따른 손해배상책임이 문제된 사례

서른세 번째 물음 __ 325

배당이의소송을 수임한 변호사의 기일불출석으로 인한 소취하간주의 함정

서른네 번째 물음 __ 337

본안소송을 수임한 변호사가 강제집행이나 보전처분에 관한 소송행위를 할 때 의뢰인에 대해 갖는 위임계약상의 의무

서른다섯 번째 물음 __ 344

리모델링으로 인하여 기존 구분건물이 독립성을 상실한 경우에 기존 구분건물에 대한 등기의 효력 – 경매조차 하기 힘든 채권자의 함정

서른여섯 번째 물음 __ 351

건물의 합체로 기존 구분건물이 독립성을 상실한 경우에 합체로 생긴 새로운 건물의 공유지분에 관한 것으로 등기기록의 기재를 고치기 전에는 언제나 근저당권실행이 불가능한 것인가요?

서른일곱 번째 물음 __ 355

집합건물의 구분소유권 경매실무에서 '처분의 일체성'이란 개념이 무엇인가요?

서른여덟 번째 물음 __ 362

집행권원의 성립의 하자와 강제집행의 효력

● 판례색인 __ 381

1

함정을 메워 줄 질문들

첫 번째 물음
[난이도 ★★]

마스터 실무사례

제가 의뢰를 한 변호사(또는 법무사, 이하에서 '또는' 생략)가 법원에서 강제집행정지결정을 받았는데도 그 후에 저(=채무자)의 은행계좌를 채권자가 압류할 수 있다는데 이것이 맞는 얘기인가요?

쟁 점 : 법원의 강제집행정지결정 후에 압류추심명령이 발령되었고 그 후 집행정지서류를 압류추심발령법원에 제출한 경우 집행취소를 할 수 있는지 여부가 쟁점이 된 판례를 알고 있어야 한다.

해 설 : 집행정지결정에 의한 집행정지의 효력발생 요건

질문에 대한 답변

강제집행정지결정이 있다고 해서 무조건 집행이 취소된다고 생각하면 안 됩니다. 민사집행법의 실무와 이론에서는 집행정지결정을 받더라도 그 정지결정정본을 집행법원에 제출하여야 그때에야 비로소 집행정지의 효력이 생기는 점에 주의하여야 합니다. 이것은 확고한 대법원판례이자 실무의 태도입니다. 만약 그 전에 예금압류 및 추심명령이 있었고 제3채무자에게 송달까지 되어 그 압류 및 추심명령의 효력이 발생(=제3채무자 주소에 송달되는 날) 되었다면 집행정지서류를 압류 및 추심명령 발령법원에 제출한다고 해서 이미 발생한 압류추심명령의 효력이 과거로 소급해서 무효, 취소가 되는 것이

아닙니다. 압류 및 추심명령 발령법원(=집행법원)에 집행정지서류가 제출된 그 날이후부터 장래를 향하여 집행정지의 효과가 발생하는 것입니다.

판례의 문구를 봅니다. "강제집행정지결정이 있으면 결정 즉시로 당연히 집행정지의 효력이 있는 것이 아니고, 그 정지결정의 정본을 집행기관에 제출함으로써 집행정지의 효력이 발생함은 민사집행법 제49조 제2호의 규정취지에 비추어 명백하고, **그 제출이 있기 전에 이미 행하여진 압류 등의 집행처분에는 영향이 없다**"(대법원 2010. 1. 28.자 2009마1918 결정 【파기환송】 [채권압류및 추심명령에 대한 재항고사건], 구 민사소송법 제510조에 관한 대법원 1966. 8. 12.자 65마1059 결정 등 참조).

다만 2009마1918 결정에서는 **"위 강제집행정지결정이 사법보좌관에게 제출된 2009. 6. 10. 이후에는 장래에 대하여 이 사건 조정조서 정본에 기한 강제집행이 정지되어 추심금지의 결정 등 그때그때의 상황에 적합한 조치가 취하여질 수 있는 것"**이라고 설명하고 있습니다. 그래서 질의하신 분께서 압류 및 추심명령을 발령한 법원, 즉 집행법원에 집행정지결정정본을 제출한다면 사건을 배당받은 사법보좌관은 채권자가 은행으로부터 채무자예금을 출금하지 못하도록 강제집행중지통지서를 발송하게 됩니다. 이것은 압류채권자가 은행으로부터 돈을 추심해가지 못하도록 하는 조치(추심금지의 조치)입니다. 강제집행중지통지서를 받은 은행은 채권자의 추심에 응하면 안됩니다.

> **추가해설**
>
> 현재 판례이론의 핵심은 "집행정지결정이 있다고 하더라도 그 집행정지서류가 집행법원에 제출되기 전까지는 집행정지의 효력이 생기지 아니한다."는 것이다. 이 제출시설을 명백히 머리에 각인하여야 흐름이 이해가 된다.
>
> 집행법원 사법보좌관이 압류추심결정을 내릴 때 - 그 결정의 기초가 된 집행권원(이 사건에서 조정조서)에 대하여 객관적으로는 이미 집행정지결정이 이미

내려져 있다고 하더라도 - 서면심사 과정에서 사법보좌관으로서는 그 조정조서가 집행정지 되었는지 여부를 실무에서 조사할 의무도 없고 조사를 기대할 수도 없기 때문에 실제 수소법원에서 집행정지결정이 있는 조정조서라고 하더라도 이를 알지 못하는 사법보좌관은 - 압류추심명령을 내릴 수밖에 없다는 점 참고해야 할 것이다.

▶ **함정을 피하는 법** : 집행정지결정을 법원으로부터 받았다 하더라도 들고 있지 말고 현재 강제집행이 계속 중인 집행법원에 반드시 제출하여야 합니다.

두 번째 물음

마스터 실무사례

만약 앞 질문에서 압류가 유효하게 되면 채무자인 저는 그 이후에 어떻게 해야 되나요? 예금이 은행에 묶여버렸잖습니까?

질문에 대한 답변

위에서 소개한 대법원 2010. 1. 28.자 2009마1918 결정【파기환송】에서 대법원과 달리 원심은 강제집행정지결정이 내려졌으나 그것이 집행법원에 제출되지 아니한 사이에 내려진 이 사건 채권압류 및 추심명령이 위법하여 취소되어야 한다고 판단하였습니다. 이 결정은 재항고로 대법원에 올라가서 파기되었습니다만, 만약 압류추심명령이 취소되었다면 채무자는 예금을 쉽게 찾을 수 있었을 것입니다.

앞의 첫 번째 물음에서, 강제집행중지통지서가 은행에 도달하면 더 이상 채권자가 추심하겠다고 요구하더라도 은행은 예금의 인출을 거부하게 됩니다. 그렇다면 채무자에게 그 예금을 돌려줄까요? 그렇지 않습니다. 강제집행이 정지가 되어있을 뿐, 다시 말하면 강제집행정지효력이 생기기 전에 이미 압류가 유효하게 성립하였기 때문에 그 상태에서 스탑(stop) 하게 되는 것입니다.

➡ 강제집행정지결정은 본안을 전제로 하고 있기 때문에 집행을 막기 위한 채무자의 노력은 집행권원의 집행력을 없애려는 소송 등으로 나타납니다. 따라서 청구이의소송의 승소판결정본이나, 만약 채권자의 압류추심이 1심 가집행선고에 기한 강제집행이었다면 원고(채권자)청구를 기각하는 항소심

판결정본 등을 수소법원으로부터 받아서 집행법원에 제출하면 압류추심명령을 취소하는 결정을 사법보좌관이 하게 됩니다. 그리고 이 결정정본이 제3채무자인 은행에 도달하면 은행은 압류를 풀어주게 될 것입니다.

☞ 집행정지의 원인이 되는 법정서류 중 민사집행법 제49조 제1호·제3호·제5호·제6호의 각 서류가 제출된 경우에는 집행기관은 이미 실시한 집행을 취소하여야 한다(법 제50조 제1항). 집행절차가 당연무효로 되는 사유가 발견된 경우에는 집행을 취소한다. 다만 집행장애사유인 회생절차인가결정이나 파산선고가 있거나, 개인회생절차에서 면책결정이 확정된 경우 등에는 관련법에 의하여 강제집행이 당연히 효력을 잃게 되므로 별도로 집행취소결정을 할 필요가 없이 그 결정등본 등을 첨부하여 제3채무자에게 집행취소의 통지를 하는 것이 실무이다.

참조조문

민사집행법 제49조(집행의 필수적 정지·제한) 강제집행은 다음 각 호 가운데 어느 하나에 해당하는 서류를 제출한 경우에 정지하거나 제한하여야 한다.
1. 집행할 판결 또는 그 가집행을 취소하는 취지나, 강제집행을 허가하지 아니하거나 그 정지를 명하는 취지 또는 집행처분의 취소를 명한 취지를 적은 집행력 있는 재판의 정본
2. 강제집행의 일시정지를 명한 취지를 적은 재판의 정본
3. 집행을 면하기 위하여 담보를 제공한 증명서류
4. 집행할 판결이 있은 뒤에 채권자가 변제를 받았거나, 의무이행을 미루도록 승낙한 취지를 적은 증서
5. 집행할 판결, 그 밖의 재판이 소의 취하 등의 사유로 효력을 잃었다는 것을 증명하는 조서등본 또는 법원사무관등이 작성한 증서

6. 강제집행을 하지 아니한다거나 강제집행의 신청이나 위임을 취하한다는 취지를 적은 화해조서(和解調書)의 정본 또는 공정증서(公正證書)의 정본

제50조(집행처분의 취소·일시유지) ①제49조 제1호·제3호·제5호 및 제6호의 경우에는 이미 실시한 집행처분을 취소하여야 하며, 같은 조 제2호 및 제4호의 경우에는 이미 실시한 집행처분을 일시적으로 유지하게 하여야 한다.

②제1항에 따라 집행처분을 취소하는 경우에는 제17조의 규정을 적용하지 아니한다.

제51조(변제증서 등의 제출에 의한 집행정지의 제한) ①제49조 제4호의 증서 가운데 변제를 받았다는 취지를 적은 증서를 제출하여 강제집행이 정지되는 경우 그 정지기간은 2월로 한다.

②제49조 제4호의 증서 가운데 의무이행을 미루도록 승낙하였다는 취지를 적은 증서를 제출하여 강제집행이 정지되는 경우 그 정지는 2회에 한하며 통산하여 6월을 넘길 수 없다.

제266조(경매절차의 정지) ①다음 각 호 가운데 어느 하나에 해당하는 문서가 경매법원에 제출되면 경매절차를 정지하여야 한다.

1. 담보권의 등기가 말소된 등기사항증명서
2. 담보권 등기를 말소하도록 명한 확정판결의 정본
3. 담보권이 없거나 소멸되었다는 취지의 확정판결의 정본
4. 채권자가 담보권을 실행하지 아니하기로 하거나 경매신청을 취하하겠다는 취지 또는 피담보채권을 변제받았거나 그 변제를 미루도록 승낙한다는 취지를 적은 서류

5. 담보권 실행을 일시정지 하도록 명한 재판의 정본

②제1항 제1호 내지 제3호의 경우와 제4호의 서류가 화해조서의 정본 또는 공정증서의 정본인 경우에는 경매법원은 이미 실시한 경매절차를 취소하여야 하며, 제5호의 경우에는 그 재판에 따라 경매절차를 취소하지 아니한 때에만 이미 실시한 경매절차를 일시적으로 유지하게 하여야 한다.

③제2항의 규정에 따라 경매절차를 취소하는 경우에는 제17조의 규정을 적용하지 아니한다.

판례전문

대법원 2010. 1. 28.자 2009마1918 결정 【파기환송】

[채권압류및추심명령][미간행]

【판시사항】
강제집행정지결정에 의한 집행정지의 효력발생 요건

【참조조문】
민사집행법 제49조 제2호

【참조판례】
대법원 1966. 8. 12.자 65마1059 결정(집14-2, 민252)

【채권자, 재항고인】 채권자

【채 무 자】 채무자

【원심결정】 서울중앙지법 2009. 10. 13.자 2009라528 결정

【주 문】
원심결정을 파기하고, 사건을 서울중앙지방법원 합의부에 환송한다.

【이 유】
재항고이유를 본다.

1. 기록에 의하면, 재항고인이 2009. 5. 21. 채무자에 대한 서울서부지방법원 2008머1850호 집행력 있는 조정조서 정본(이하 '이 사건 조정조서 정본'이라고 한다)에 기하여 채무자의 제3채무자 주식회사 국민은행에 대한 350만 원의 예금채권에

대하여 이 사건 채권압류 및 추심명령의 신청을 하자, **사법보좌관은 2009. 6. 3. 채권압류 및 추심명령**(이하 '이 사건 채권압류 및 추심명령'이라고 한다)을 한 사실, 채무자는 2009. 6. 10.에 이 사건 조정조서 정본에 기한 강제집행은 서울중앙지방법원 2009가단189679호 청구이의사건의 판결 선고시까지 정지한다는 내용의 **2009. 5. 29.자 강제집행정지결정을 사법보좌관에게 제출**한 사실, 그러자 **사법보좌관은 2009. 6. 12. 이 사건 채권압류 및 추심명령을 취소하는 결정을** 한 사실, 재항고인이 2009. 6. 15. 이에 대하여 이의신청을 하자 제1심 단독판사는 2009. 7. 3. 사법보좌관의 위 채권압류 및 추심명령 취소결정을 인가한 사실이 소명된다.

2. 원심은 이 사건 채권압류 및 추심명령의 집행권원인 이 사건 조정조서 정본은 2009. 5. 29.자로 그에 기한 강제집행이 정지되었기 때문에 사법보좌관이 2009. 6. 3.에 이 사건 채권압류 및 추심명령을 할 당시에는 유효한 집행권원이 아니었다는 이유로 제1심결정을 그대로 유지하였다.

3. 그러나 원심의 위와 같은 결정은 수긍하기 어렵다.
강제집행정지결정이 있으면 결정 즉시로 당연히 집행정지의 효력이 있는 것이 아니고, 그 정지결정의 정본을 집행기관에 제출함으로써 집행정지의 효력이 발생함은 민사집행법 제49조 제2호의 규정취지에 비추어 명백하고(구 민사소송법 제510조에 관한 대법원 1966. 8. 12.자 65마1059 결정 등 참조), 그 제출이 있기 전에 이미 행하여진 압류 등의 집행처분에는 영향이 없다.
따라서 이 사건에서 채무자가 2009. 5. 29.자로 강제집행정지결정을 받았다고 하더라도 이를 집행법원에 제출하지 아니한 사이에 이 사건 채권압류 및 추심명령이 내려졌으므로 그 명령은 유효하고, 다만 위 강제집행정지결정이 사법보좌관에게 제출된 2009. 6. 10. 이후에는 장래에 대하여 이 사건 조정조서 정본에 기한 강제집행이 정지되어 추심금지의 결정 등 그때그때의 상황에 적합한 조치가 취하여질 수 있는 것이다.
그럼에도 불구하고 원심은 강제집행정지결정이 내려졌으나 그것이 집행법원에 제출되지 아니한 사이에 내려진 이 사건 채권압류 및 추심명령이 위법하여 취소되어야 한다고 판단하고 말았으니, 원심결정에는 강제집행정지결정의 효력에 관한 법리를 오해하여 재판 결과에 영향을 미친 위법이 있다고 할 것이다. 이 점을 지적하는 재항고취지는 이유 있다.

4. 그러므로 원심결정을 파기하고 사건을 다시 심리·판단하게 하기 위하여 원심

법원으로 환송하기로 하여, 관여 대법관의 일치된 의견으로 주문과 같이 결정한다.

대법관   김지형(재판장) 양승태 전수안 양창수(주심)

📖 **대법원 1966. 8. 12.자 65마1059 결정 [집행방법에 대한 이의]**

【판시사항】
강제집행정지 결정에 의한, 집행정지의 효력발생 요건

【결정요지】
강제집행의 정지결정이 있으면 결정즉시로 당연히 집행정지의 효력이 있는 것이 아니고 그 정지결정 정본을 집행기관에 제출함으로써 집행정지의 효력이 발생한다.

[영국 케임브리지대학교 킹스칼리지 모습]

세 번째 물음

> 마스터 실무사례

건물의 증축부분에 대한 경매와 함정을 피하는 법

실무사례와 質問

기존 4층 구분건물이 있었습니다.

그런데 원건물 신축자(=주식회사 D디엔씨)가 5층부터 10층까지를 증축하고 그 증축된 각 전유부분에 대하여도 주식회사 D디엔씨 명의로 소유권보존등기를 마쳤습니다. **그러나 증축된 각 전유부분에 대한 대지권등기는 마치지 아니하였는데** 이 상태에서 그 시점 이후에 대구지방법원 2011타경6199호로 건물 전체(증축된 부분 포함)의 각 구분건물에 대한 임의경매개시결정이 내려졌습니다. 당연히 낙찰자(매수인)들이 발생하였습니다.

문제는 103호를 낙찰받은 자들과 증축된 부분인 501호, 502호, 901호, 1001호, 1002호의 낙찰자들 사이에 지료를 둘러싼 분쟁이 생긴 것입니다. 증축된 부분에 대하여 대지사용권이 없다고 주장하면서 지료를 청구하여 다툼이 일었고 법원의 판단을 받기까지 이르렀습니다.

과연 증축된 501호, 502호, 901호, 1001호, 1002호의 낙찰자들은 대지권을 주장할 수 있을까요?

질문에 대한 해설

집합건물에 관하여 법리를 설시한 최근의 중요한 대법원판결입니다.

질문에서 나오는 것처럼 103호를 낙찰받은 자들과 증축된 부분인 501호, 502호, 901호, 1001호, 1002호의 낙찰자들 사이에 지료를 둘러싼 분쟁이 생긴 것입니다. 왜냐하면?

감이 오시나요? 증축된 부분에 대하여 대지사용권이 있느냐가 핵심쟁점이 된 것입니다.

사안을 정리하는 것이 실무, 사례, 판례, 이론으로 이어지는 연구의 시작입니다.

사례의 진행경과

① 주식회사 D디엔씨는 자기 소유인 대구 북구 (주소 1 생략) 대 616㎡ 및 (주소 2 생략) 대 296㎡ 지상에 **4층 규모의 건물**(이하 '대상건물' 약칭)을 **건축**하여 **2008. 6. 27.** 이 사건 건물에 대한 **소유권보존등기**를 마쳤다.

② **D디엔씨는 이 사건 건물을 구분건물로 등록하였고, 2008. 7. 2. 이 사건 건물의 각 전유부분에 대한 등기부가 작성되었다.** 이에 따라 원심 판시 '103호'에 관하여도 '대지권종류: 소유권대지권, 대지권비율: 912분의 18.1255'로 하는 대지권등기가 마쳐졌다.

③ **그 후 D디엔씨는** 이 사건 **건물의 5층부터 10층까지를 증축**하였고, 2009. 3. 23. 그 증축된 각 전유부분에 대하여도 D디엔씨 명의로 소유권보존등기를 마쳤으나, 증축된 각 전유부분에 대한 대지권등기는 마치지 아니하였다. 그러한 상태에서 2011. 3. 10. 대구지방법원 2011타경6199호로 대상건물(증축된 부분 포함)의 각 구분건물에 대한 임의경매개시결정이 내려졌다.

④ 위 **경매절차에서의 매각 등을 거쳐,** 위 **103호는 원고들, 증축된 부분인 501호는 피고1, 502호는 피고2(선정당사자)와 선정자 2, 901호는 피고3, 1001호**

와 1002호는 피고4가 각 소유하게 되었다.

1. 처분의 일체성

집합건물의 소유 및 관리에 관한 법률은 제20조에서, 구분소유자의 대지사용권은 그가 가지는 전유부분의 처분에 따르고(제1항), 구분소유자는 규약 또는 공정증서로써 달리 정하지 않는 한 그가 가지는 전유부분과 분리하여 대지사용권을 처분할 수 없다(제2항, 제4항)고 규정하고 있다. 집합건물의 건축자가 그 소유인 대지 위에 집합건물을 건축하고 전유부분에 관하여 건축자 명의로 소유권보존등기를 마친 경우, 건축자의 대지소유권은 집합건물법 제2조 제6호 소정의 구분소유자가 전유부분을 소유하기 위하여 건물의 대지에 대하여 가지는 권리인 대지사용권에 해당한다. 따라서 전유부분에 대한 대지사용권을 분리처분할 수 있도록 정한 규약이 존재한다는 등의 특별한 사정이 인정되지 않는 한 전유부분과 분리하여 대지사용권을 처분할 수 없고, 이를 위반한 대지지분의 처분행위는 그 효력이 없다(대법원 2006. 3. 10. 선고 2004다742 판결 등 참조). 더 자세한 내용은 서른일곱번째 물음을 참고.

위 사실관계와 처분의 일체성에 관한 법리에 비추어 살펴보면, ①위 501호, 502호, 901호, 1001호, 1002호와 같이 증축된 구분건물에 대하여 대지사용권을 부여하기 위해서는 위 103호 등 기존 구분건물의 대지지분 중 각 일부에 대한 분리처분이 필수적이라 할 것이므로, 반드시 규약 등으로 이를 정해 놓았어야 한다. 그리고 ②이는 위 증축 당시 D디엔씨가 증축된 부분을 포함한 이 사건 건물의 각 구분건물 전체를 소유하고 있었다고 하더라도 달리 볼 것은 아니다.

2. 증축부분에 대지사용권을 인정할 것인가?

이 사건 2014다236809 판결의 원심인 대구지법 2014. 11. 26. 선고 2013

나303168 판결은 증축으로 인하여 생긴 새로운 전유부분을 위한 대지사용권이 성립하였다고 보아, 원고의 피고들에 대한 이 사건 차임 상당 부당이득 반환청구를 배척하였다. 그러나 구분소유권이 이미 성립한 집합건물이 증축되어 새로운 전유부분이 생긴 경우에는, 건축자의 대지소유권은 기존 전유부분을 소유하기 위한 대지사용권으로 이미 성립하여 기존 전유부분과 일체불가분성을 가지게 되었으므로 규약 또는 공정증서로써 달리 정하는 등의 특별한 사정이 없는 한 새로운 전유부분을 위한 대지사용권이 될 수 없다(대법원 2017. 5. 31. 선고 2014다236809 판결 [지료]).★ 그러므로 대법원은 원심판결에는 소액사건심판법 제3조 제2호에서 정한 '대법원의 판례에 상반되는 판단'을 한 잘못이 있다고 하여 파기환송 하였다.

대법원의 견해는 이 사건 집합건물 501호, 502호, 901호, 1001호, 1002호와 같이 증축된 구분건물에 대하여 대지사용권을 부여하기 위해서는 위 103호 등 기존 구분건물의 대지지분 중 각 일부에 대한 분리처분이 필수적이라 할 것이므로, 반드시 규약 등으로 이를 정해 놓았어야 한다는 논리이다.

추가해설
이 판례가 민사집행 절차진행에 시사하는 점

향후 증축부분을 위한 경매신청이 있는 경우에는 아시다시피 증축부분을 위한 대지사용권이 존재하는지에 대한 보정명령으로 분리처분 규약 또는 공정증서의 제출을 요구하는 것이 좋고, 만약 그러한 서류가 제출되지 않는 경우에는 매각목적물의 감정평가시에 구분건물만의 감정평가액이 포함되도록 하여 최저매각가격을 결정하여야 할 것이다. 특히 이 부분, 즉 최저매각가격의 결정에 있어서 집행법원은 매우 주의하여야 할 것으로 생각된다.

또한 경매법원의 매각물건명세서에도 대지사용권 존부에 관한 잠정적 판단임을 전제로 하여 적절한 내용을 비고란 등에 기재하는 것이 선의의 낙찰자의 피해를 줄이는 일이 될 것이다.

📖 대법원 판결

(1) 대법원 2017. 5. 31. 선고 2014다236809 판결 〔지료〕

구분소유권이 이미 성립한 집합건물이 증축되어 새로운 전유부분이 생긴 경우, 새로운 전유부분을 위한 대지사용권이 인정되는지 여부(원칙적 소극)

【참조조문】 집합건물의 소유 및 관리에 관한 법률 제2조 제6호, 제20조 제1항, 제2항, 제4항

(2) 대법원 2006. 3. 10. 선고 2004다742 판결(공2006상, 600)

【판결요지】 [1] 집합건물의 건축자가 그 대지를 매수하였으나 아직 소유권이전등기를 마치지 아니하였다 하여도 매매계약의 이행으로 대지를 인도받아 그 지상에 집합건물을 건축하였다면 매매계약의 효력으로서 이를 점유·사용할 권리가 생긴 것이고, 이러한 경우 집합건물의 건축자로부터 전유부분과 대지지분을 함께 분양의 형식으로 매수하여 그 대금을 모두 지급함으로써 소유권 취득의 실질적 요건은 갖추었지만 전유부분에 대한 소유권이전등기만 마치고 대지지분에 대하여는 위와 같은 사정으로 아직 소유권이전등기를 마치지 못한 자 역시 매매계약의 효력으로서 전유부분의 소유를 위하여 건물의 대지를 점유·사용할 권리가 있는바, 이러한 점유·사용권은 단순한 점유권과는 차원을 달리하는 본권으로서 집합건물의 소유 및 관리에 관한 법률 제2조 제6호 소정의 구분소유자가 전유부분을 소유하기 위하여 건물의 대지에 대하여 가지는 권리인 대지사용권에 해당한다.

[2] 집합건물의 소유 및 관리에 관한 법률은 제20조에서, 구분소유자의 대지사용권은 그가 가지는 전유부분의 처분에 따르고(제1항), 구분소유자는 규약 또는 공정증서로써 달리 정하지 않는 한 그가 가지는 전유부분과 분리하여 대지사용권을 처분할 수 없으며(제2항, 제4항), 위 분리처분금지는 그 취지를 등기하지 아니하면 선의로 물권을 취득한 제3자에 대하여 대항하지 못한다(제3항)고 규정하고 있는바, 위 규정의 취지는 집합건물의 전유부분과 대지사용권이 분리되는 것을 최대한 억제하여 대지사용권 없는 구분소유권의 발생을 방지함으로써 집합건물에 관한 법률관계의 안정과 합리적 규율을 도모하려는데 있다.

[3] 한국수자원공사로부터 토지를 분양받은 집합건물의 건축주가 토지상에 아파트 및 상가를 신축하다가 부도를 내자 건축주의 채권자들이 건축의 마무리 공사를 진행하고 신축건물에 관하여 건축주 명의의 소유권보존등기와 수분양자들 명의의 이전등기를 마친 경우, 건축주가 한국수자원공사에 대하여 가지는 토지에 관한 소유권이전등기청구권에 대한 압류 및 가압류는 필연적으로 전유부분과 토지의 분리처분이라는 결과를 낳게 되어 효력이 없다고 한 사례.

네 번째 물음
[난이도 ★★★]

마스터 실무사례

1. 왜 강제경매절차에서 채무자인 제가 똑같은 집행정지서류를 법원에 제출하였는데 언제 제출하는가에 따라서 어떨 때는 매수인(낙찰자)이 매각허가결정을 받을 때가 있고 어떨 때는 매각불허가결정을 받을 때가 있으며, 또 어떨 때에는 경매절차가 정지되는 것인가요?

2. 집행정지서류가 제출되는 시점에 따라서 경매법원이 어떻게 처리가 달라지는지 (1)의 질문과 관련해서 구체적으로 답해주세요.

□ 집행절차의 동적(動的)인 전개 각 과정에서 집행정지서류가 제출된 시점(時點)별 집행법원의 대응모습

집행정지서류는 구체적으로 민사집행법 제49조 제2호, 제4호의 서류들을 말합니다. 민사집행법과 절차를 잘 알고 있지 못하면 집행정지서류를 얻었다고 하더라도 그 서류가 법원에 제출되었을 때 어떤 효과를 가져 올 것인지를 알 수 없습니다. 그러므로 그 이후의 대응전략을 짤 수가 없겠지요.

집행정지서류가 매각기일 전에 경매법원에 제출된다면 매각절차가 더 이상 진행되지 않을 것입니다. 집행권원이 판결이라고 한다면, 그 판결의 집행력이 집행정지결정에 쓰여진 기간만큼 정지되어 집행의 힘을 가질 수 없기 때문입니다.

1심판결이 항소심에서 다투어지고 있는데 1심 가집행선고에 기하여 채권자가 채무자소유 부동산에 경매신청을 한 경우라면 보통은 판사가 '항소심판결선고시까지 1심판결에 기한 강제집행을 불허한다.'는 식으로 강제집행정지결정문에 기재하게 됩니다. 그러한 결정의 정본(正本)을 접수한 경매법원에서는 항소심판결선고시까지 해당 사건을 진행하지 못합니다. 국가의 강제집행권력이 다시말하면 채권자의 신청에 의한 위임으로 경매절차를 진행하는 힘이 제출된 집행정지결정정본에 의하여 일정기간 저지되는 것입니다.

　　만약 집행정지서류가 매각기일 후 매각허가결정 전에 제출된 경우라면 경매법원 사법보좌관은 매각불허가결정을 합니다.

　　그런데 집행정지서류가 사법보좌관의 매각허가결정 후에 제출된 경우는 어떨까요?

　　사법보좌관이 행하는 매각허가결정은 경매개시결정 이후부터 매각절차에 이르기까지 어떤 하자가 없는지 기록을 살펴본 후 하자가 없다면 내리는 일종의 재판입니다. 이 결정은 법정에서 선고로써 하게 되어 있습니다. 그리고 선고 후 1주일이 지나면 그 결정이라는 재판은 확정되게 됩니다.

　　매각허가결정 후에 집행정지서류가 제출되는 것은 다시 매각허가결정 확정 전에 제출된 경우와 확정 후에 경매법원이 대금지급기한을 잡기 전에 제출된 두 가지 경우로 나누어집니다. 두 경우 모두 경매법원이 대금지급기한을 정할 수 없게 된다는 점에서 동일한 결과를 가져오게 됩니다(매각허가결정의 확정 전에 정지서류가 들어온 경우는 불변기간이 그대로 진행되어 확정된다. 참고로 대법원판례로 정리되기 전에 불변기간의 진행 여부에 대하여 논란이 있었다). 대금지급기한을 정해줘야 낙찰받은 매수인(낙찰자)으로서는 매각대금을 납부할 수 있게 됩니다. 그런데 대금지급기한을 정할 수 없게 된다는 것은 매수인(낙찰자)이 대금납부를 못한다는 것이고 이것은 경매절차가 정지된다는 결과가 되는 것입니다. 매수인(낙찰자)으로서는 아주 답답한 상황에 놓이게 되는 것이지요.

　　채무자로서는 경매절차의 진행을 늦추어야 하는 사활적 이익이 여기서도 확인되는 것입니다. 힘들게 강제집행정지결정을 받아서 경매법원에 제출하여도 이미 매수인(낙찰자)이 대금을 납부한 후라면 소유권이 매수인(낙찰자)에게 넘어가는 것이어서 해당 부동산의 소유권을 잃게 되는 일을 막을 수가 없어요. 반대로 채권자로서는 부동산이 낙찰되어 대금이 납부되어야 그 돈으로 배당기일에서 자기 채권을 회수할 것이 아니겠어요? 그러니 대금지급기한을 잡게 되는 것이 유리한 것이니까 경매법원이 경매절차를 조속히 진행하는 상황이, 설사 채무자가 집행정지결정을 받더라도 이미 부동산이 매각되어 소유권이 이전되게 되므로 유리한 것입니다.

사법보좌관의 매각허가결정이 확정된 후 3일 이내로 경매법원은 대금지급기한을 정하도록 되어 있습니다. 만약 집행정지서류가 사법보좌관의 대금지급기한지정 후에 제출된 경우에는 어떨까요?

☞ 집행정지서류가 대금지급기한 진행 중에 제출된 경우 : 집행법원 경매계장은 대금납부를 하여도 이를 수령하여서는 안됩니다. 즉 경매계장은 대금납부절차를 밟지 못하는 것입니다.

☞ 매수인(낙찰자)의 대금납부 후에 집행정지서류가 제출된 경우 : 집행채무자에 대하여 집행완결(=집행의 종료: 대금납부시가 된다) 후 집행정지는 있을 수 없으므로 절차를 진행할 수밖에 없습니다. 다만 집행정지의 상대방인 당해 채권자에 대한 배당액은 공탁하여야 할 것입니다. 규칙 제50조 제3항 제2호[1])는 이에 대하여 규정하고 있습니다.

다만 보전소송으로써 배당금지급금지 가처분신청을 할 수는 있지요. 이

---

[1]) 민사집행규칙 제50조(집행정지서류 등의 제출시기) ③매수인이 매각대금을 낸 뒤에 법 제49조 각 호 가운데 어느 서류가 제출된 때에는 절차를 계속하여 진행하여야 한다. 이 경우 배당절차가 실시되는 때에는 그 채권자에 대하여 다음 각 호의 구분에 따라 처리하여야 한다. / 2. 제2호의 서류가 제출된 때에는 그 채권자에 대한 배당액을 공탁한다.

절차를 신속하게 밟아야 할 것입니다.

☞ [실무연습문제] 개인회생법원의 중지명령이 발령되고 이를 집행법원에 제출하기 전에 대금납부가 이루어졌다. 그 후 중지명령이 제출되자 집행법원은 절차를 더 이상 진행하지 아니하였다. 문제가 있는가? 절차를 어떻게 진행하는 것이 타당한가? 배당절차를 진행하지 아니하였다면 예상되는 손해는 무엇인가?

다섯 번째 물음

[마스터 실무사례]

경매절차를 정지시키기 위하여서는 집행정지서류를 집행법원에 제출해야 한다는 이야기를 들었습니다. 혹시 제출시기에 제한이 있나요?

질문에 대한 답변

좋은 질문입니다. 당연히 있습니다. 흔히 "집행종료시기 전에만 집행정지서류를 내면 되겠지?" 하는 愚를 범하기 쉽습니다만 부동산경매에서 아래 규칙내용을 잘 아셔야 합니다.

참조조문 ★

민사집행규칙 제50조(집행정지서류 등의 제출시기)

① 법 제49조 제1호·제2호 또는 제5호의 서류는 매수인이 매각대금을 내기 전까지 제출하면 된다.

② 매각허가결정이 있은 뒤에 법 제49조 제2호의 서류가 제출된 경우에는 매수인은 매각대금을 낼 때까지 매각허가결정의 취소신청을 할 수 있다. 이 신청에 관한 결정에 대하여는 즉시항고를 할 수 있다.

③ 매수인이 매각대금을 낸 뒤에 법 제49조 각 호 가운데 어느 서류가 제출된 때에는 절차를 계속하여 진행하여야 한다. 이 경우 배당절차가 실시되는 때

에는 그 채권자에 대하여 다음 각 호의 구분에 따라 처리하여야 한다.
1. 제1호·제3호·제5호 또는 제6호의 서류가 제출된 때에는 그 채권자를 배당에서 제외한다.
2. 제2호의 서류가 제출된 때에는 그 채권자에 대한 배당액을 공탁한다.
3. 제4호의 서류가 제출된 때에는 그 채권자에 대한 배당액을 지급한다.

민사집행법 제49조 제1호·제2호 또는 제5호의 서류는 매수인이 매각대금을 내기 전까지 제출하면 됩니다(규칙 제50조 제1항). 법 제49조 제1호·제2호·제5호의 서류는 매수인이 대금을 내기 전까지 제출하면 경매절차가 정지되고(규칙 제50조 제1항). 그 중 제1호·제5호 서류가 제출된 경우에는 이미 실시한 집행처분을 취소하여야 합니다(법 제50조 제1항).

따라서 실무에서는 집행법원에 의하여 대금납부기한이 잡히고 난 후에는 대금을 납부하고자 하는 매수인(낙찰자)과 집행정지서류 내지 집행취소서류를 제출하고자 하는 경매부동산 소유자의 사이에 첨예한 이해가 서로 대립하게 됩니다. 힘들게 집행정지등서류를 갖추어도 만약 그 서류를 해당 경매법원에 제출하기 전에 매수인의 대금납부가 이루어져 버리면 매각(=구법상 용어는 경락)으로 인한 소유권이전효과를 그 이유만으로는 더 이상은 뒤집을 수가 없기 때문입니다.

♣ 경매업무 전산화완료 전의 실무상 문제점

전산화 이전 수기로 일일이 작업하던 때에는, 집행정지등서류가 경매법원 민사집행과에 접수된 그 시점과 해당 경매계의 담당경매계장이 집행정지등 서류제출사실을 알게 되는 시점과의 사이에 시간적 간극이 발생하여 정지서류가 접수된 사실을 모르고 경매계장이 대금납부를 받아서 소유권이전촉탁을 하는 경우 등에 큰 실무상 문제가 발생할 우려가 있었습니다. 그리고 실제로 그러한 사고가 발생하기도 하였습니다. 그러나 현재의 전산화완료로 인하여 담당경매계장은 내부업무전산망을 활용하여 클릭 한 두 번으로 바로 집행정지서류의 접수여부를 알 수 있기 때문에 그러한 일은 발생하기가 거의 불가능하게 되었습니다.

매수인이 대금을 지급한 때에는 목적부동산의 소유권은 매수인에게 이전되고 이것은 등기 없이 대금납부하였을 때 곧바로 소유권이전의 효력이 발생하는 것이기 때문에(민사집행법 제135조, 민법 제187조 참조), 그 이후에는 법 제49조 제1호·제2호 또는 제5호의 서류가 제출되더라도 경매절차진행을 막지 못하며 절차는 속행됩니다.

만약 위 서류 제출의 상대방이 된 그 채권자 이외에 배당을 받을 사람이 있는 때에는 그 채권자를 제외하고 나머지 사람들에 대하여 배당을 실시합니다(규칙 제50조 제3항 제1호 참조). 다만, 매수인이 매각대금을 지급한 후, 다시 말하면 경매법원의 지정 보관금은행에 낙찰가에서 매수보증금(재매각 되지 않는 한 통상 10%이다)을 제외한 나머지 금액을 납부한 후에 집행정지서류인 민사집행법 제49조 제2호 서류가 제출된 경우에는 그 서류의 제출만으로는 배당실시를 막을 수 없으므로, 그 채권자에 대한 배당액은 공탁됩니다(규칙 제50조 제3항 제2호, 법 제160조 제1항 제3호 참조).

여섯 번째 물음
[난이도 ★★★]

마스터 실무사례

집행정지서류의 제출로써 불변기간의 도과를 정지시킬 수 있을까요?

> 질문에 대한 답변

이 질문도 핵심적인 질문이 되겠습니다. 아주 좋은 질문입니다.
결론적으로 집행정지서류를 집행법원에 제출하여도 불변기간의 진행을 막을 수는 없습니다.

(1) 불변기간은 법정기간의 하나로서 법규상 특히 불변기간으로 되어 있는 것이다. 법원이 이를 신축할 수 없는 것(민소 제172조 제1항), 당사자의 책임으로 돌릴 수 없는 경우에는 추완이 허용(민소 제173조)되는 점이 다른 기간과 다르다. 불변기간은 항소기간(민소 제396조), 상고기간(민소 제425조), 즉시항고기간(민소 제444조), 재심기간(민소 제456조) 등 절차의 종결에 관한 재판의 불복신청기간에 많다.

(2) 강제집행정지결정은 재판의 확정을 방해하거나 재판의 효력발생 자체를 저지하는 효력이 없다는 것이 확립된 판례이며 통설입니다. 대법원 1993. 6. 25. 선고 93다12305 판결도 "채무자가 매각허가결정이 선고된 후 경매법원에 강제집행의 일시정지를 명하는 재판의 정본을 제출하였다 하더라도, 매각허가결정은 즉시항고의 대상인 재판인데 강제집행정지결정은 재판의 확정을 방해하거나 재판의 효력발생 자체를 저지하는 효력이 없으므로

매각허가결정의 확정을 저지할 수 없고…"라고 설시하여 이러한 견해를 명백히 하였습니다.

(3) 이로 인하여 집행정지서류의 제출은 불복기간의 도과를 중지시키지 못합니다. 압류 및 전부명령사건을 다룰 때에는 더욱 주의하여야 합니다. 집행정지서류를 전부명령 발령법원에 제출한다고 해서 전부명령사건이 확정되는 것을 막지 못한다는 것입니다.

아주 특별한 예를 들어 생각해봅시다. 과거 인천지방법원 2013. 6. 18.자 2012라524 결정은 【근저당권부채권압류 및 전부명령】 사건이었는데 당시 하급심들은 통합도산법상 포괄적 금지명령을 민사집행법 제49조 제2호의 집행정지사유로 보고 있었습니다. 일단 집행정지사유라고 보고 그 포괄적 금지명령을 전부명령 발령법원에 제출했습니다. 전부명령의 확정이 차단되나요? 다시 말해서 전부명령이 확정되는 것을 막을 수 있을까요? 전부명령이 확정된다는 것은 전부명령이 완전한 효력을 발생하게 된다는 것을 의미합니다. 그 효력을 막고 싶은 채무자로서는 - 전부명령이 확정되면 (피)전부채권을 전부채권자에게 빼앗기게 되는 효과가 생기기 때문이다 - 집행정지서류를 제출했기 때문에 전부명령의 확정차단으로 효력이 발생하지 않아서 자기의 채권을 빼앗기지 않게 되었다고 주장할 수 있을까요?

대답은 No!입니다.
∵ 📖 "…포괄적 금지명령이 있더라도 채권압류 및 전부명령에 대한 민사집행법 제229조 제6항, 사법보좌관규칙 제4조에 규정된 즉시항고나 이의신청을 하지 아니한 이상 불복기간의 진행이 중지되어 채권압류 및 전부명령의 확정이 차단되는 것도 아니다(인천지방법원 2013. 6. 18.자 2012라524 결정)."

위에서 설명할 때 하급심의 대체적 경향은 포괄적금지명령을 민사집행법 제49조 제2호의 집행정지사유로 보고 있다고 했는데 이에 반하여 최근 대법원 2013다70927 판결은 원심인 서울고등법원 2013나12442 판결을 지지해서 매우 주목해야 됩니다. 포괄적 금지명령을 통합도산법상 독자적 집행장애사유로 보는 판례이므로 포괄적 금지명령은 민사집행법 제49조 제2호의 집행정지서류들과는 달리 보아야 됩니다.

(4) 그러므로 부동산경매의 경우에도 매각허가결정 전 집행정지서류를 제출하면 집행법원은 매각불허가결정을 하여야 하지만[2], 매각허가결정 후에 그 결정이 확정되기 전에 정지서류를 경매법원에 제출하면 이미 선고된 매각허가결정이 확정되는 것을 차단시키지는 못하고[3] 다만 집행정지효력으로 인하여 집행법원은 대금지급기한을 지정할 수 없게 됩니다.

---

[2] 대법원 2009. 3. 12.자 2008마1855 결정. 대법원은 집행법역사에 하나의 획을 그었다고 평가되는 이 결정에서 원심인 인천지방법원 故이우재 부장판사의 주장인 절차정지(매각허가나 불허가결정을 하지 말고 절차자체를 정지시켜야 한다는 취지)설을 파기하고 환송하였다.

[3] 대법원 1993. 6. 25. 선고 93다12305 판결

일곱 번째 물음
[난이도 ★]

마스터 실무사례

저는 매수인(경락인)입니다. 경매법원의 매각허가결정이 있은 뒤에 채무자가 집행정지서류(민집 제49조 제2호, 제4호)를 제출하였다는데 그러면 저는 무작정 기다려야 되나요? 경매 매수보증금을 다시 찾아서 다른 물건에 응찰을 해보려고 하는데 가능한가요?

질문에 대한 답변

이 질문도 답을 알고 나면 쉽지만, 자세히 안 들여다보면 실무가도 헷갈릴 수 있습니다.

2004년 민사집행법과 민사집행규칙은 매각허가결정이 있은 뒤에 제4호 서류가 제출된 경우에 매수인에게 매각허가결정의 취소신청권을 부여하여 이를 해결할 수 있게 하였습니다. 규칙 제50조를 살펴봅니다.

> 민사집행규칙 **제50조(집행정지서류 등의 제출시기)** ①법 제49조 제1호·제2호 또는 제5호의 서류는 매수인이 매각대금을 내기 전까지 제출하면 된다.
> ②**매각허가결정이 있은 뒤에 법 제49조 제2호의 서류가 제출된 경우에는 매수인은 매각대금을 낼 때까지 매각허가결정의 취소신청**을 할 수 있다. 이 신청에 관한 결정에 대하여는 즉시항고를 할 수 있다.

☞ 매각허가결정이 있은 뒤에 법 제49조 제2호의 서류가 제출된 경우

법 제49조 제2호의 서류는 매각대금이 지급될 때까지 제출할 수 있다.
매수신고 이후 매각허가결정기일이 종료되기까지 사이에 위 서류가 제출되면, 집행을 계속 진행할 수 없는 사유(법 제121조 제1호)에 해당하는 사유가 생긴 것으로 보고 법원은 매각불허가결정을 합니다. 매각허가결정이 있은 뒤에 대금이 지급되기 전까지 사이에 위 서류가 제출된 경우에 관하여 과거 실무에서 경매절차가 정지되는 것으로 처리한 적이 있었으나 이때에 매수인은 경매절차에 구속되어 정지사유가 해소될 때까지 기다려야 한다는 결론에 이르게 되며, 이것은 매수인의 입장에서는 매우 부당한 것입니다.

민사집행규칙 제50조 제2항은 민사집행법 제49조 제2호 서류의 제출시한에 관하여는 법이 정한 입장을 따르면서도, 매각허가결정이 있은 뒤에 법 제49조 제2호 서류가 제출된 경우에는 매수인이 매각허가결정의 취소를 신청할 수 있도록 하여 이 문제에 대한 입법적 해결을 도모한 것입니다.

즉, 자기가 책임질 수 없는 사유로 부동산에 관한 중대한 권리관계가 변동된 사실이 매각허가결정의 확정 뒤에 밝혀진 경우에 매수인이 대금을 낼 때까지 매각허가결정의 취소신청을 할 수 있도록 하고 있는 민사집행법 제127조의 절차를 유추하여, 이 경우에 매수인은 매각대금을 낼 때까지 매각허가결정의 취소신청을 할 수 있도록 한 것입니다. <u>매수인의 신청이 이유 있다고 인정하는 때에는 집행법원의 사법보좌관은 매각허가결정을 취소하여야</u> 합니다.

실무도 마찬가지입니다.

여덟 번째 물음

> 마스터 실무사례

1. 경매절차를 연기시키는 것과 정지시키는 것이 다른 것인가요? 저는 채무자이자 경매부동산 소유자인데요. 강제집행정지 담보공탁금을 마련하려면 시간이 좀 더 필요한데 그 사이에 경매가 될까봐 아주 걱정이 됩니다. 경매법원이 연기를 몇 달만 해주면 안되나요?

2. [위 1과는 다른 분의 질문]
채권자 1명은 판결로 강제경매신청을 했고, 채권자인 근저당권자는 그 담보권인 근저당권에 기해서 임의경매신청을 해서 지금 동일한 부동산이 중복해서 경매절차가 진행되고 있습니다. 둘 중 한 명은 경매절차를 연기신청해 주거나 연기신청에 동의해 준다는데 어떤가요?

질문 1에 대한 답변

경매절차를 정지시키는 것과 연기하는 것은 다릅니다. 물론 일반인들에게 집행법원 바깥에서 보이는 결과는 같지만 법적 구성 등은 전혀 다른 것이지요.

앞서 보았듯이 경매절차의 정지는 민사집행법이 정한 서류를 제출하여야만 가능한 것인데 경매절차의 연기는 집행법원이 직권에 의하여 연기하는 경우가 거의 대부분입니다.

집행되지 않는 판결은 종이조각과 같은 것이라는 영미법의 격언이 있습니다. 이것은 강제집행의 중요성을 잘 말해주고 있습니다. 원고가 소송에서 이긴 다음 변호사가 돈을 못 받아낸다면 원고는 소송을 하나마나 했던 것이죠.

그런데 원고측은 소송에서 이긴 후 채무자의 재산을 찾는 작업부터 시작할 것입니다. 그런데 피고가 단독주택을 소유하고 있다고 칩시다. 그가 그 집에 대한 애착이 강해서 만약 그 집에 경매가 들어간다면 바로 판결금채무를 갚을 것이라는 확신이 선다면 그 단독주택에 대한 경매를 들어가는 것은 매우 유효적절한 전략이 될 것입니다. 물론 이 조언은 원고를 위한 것입니다만.

그런데 원고측도 피고와의 사이 때문에 그 단독주택의 소유권을 빼앗아 버릴 생각까지는 없다면 원고로서는 경매절차를 빨리 진행한다기보다는 경매를 채권추심의 수단으로 재판에서 진 피고에게 단독주택 소유자의 심리에 강한 부담을 주려고 하는 것입니다.

돈을 갚아야 하는 단독주택 소유자는 어떻게든 돈을 마련하려고 하는데 시간이 필요한 경우가 있겠지요. 이때 경매신청채권자인 판결승소 원고는 경매법원에 경매절차를 늦추어 달라는 신청을 내기도 하는 것입니다.

경매법원 사법보좌관은 2005년 11월 이전에 단독판사가 하던 경매업무의 대부분을 하고 있는 일종의 사법관(Judicial Officer)입니다. 명칭과는 달리 국회 보좌관하고는 전혀 다른 독립된 결정기관입니다. 어쨌거나 채권자의 경매절차 연기신청에 대하여 경매(집행)법원 사법보좌관은 특별한 이유가 없는 한 실무에서는 연기신청을 받아들이고 있습니다. 법원마다 다르겠지만 채권자가 하는 최소 2회의 연기신청은 받아들이는 경향이 있습니다.

이와 같이 경매신청채권자가 절차의 진행에 영향을 끼친다는 의미에서는 조금 어려운 이야기지만 민사소송법상 처분권주의가 경매절차에서도 일정부분 적용 또는 유추적용 된다고 보아야 합니다(私見).

심화학습

☞ **민사소송에서의 당사자주의의 내용으로서 처분권주의와 경매절차에서의 처분권주의**

처분권주의란 절차의 개시, 심판의 대상, 그리고 절차의 종결에 대하여 당사자에게 주도권을 주어 그의 처분에 맡기는 입장이다. 이른바 사적자치(私的自治)의 소송법적 측면이라고 할 수 있다(이시윤 민사소송법 관련부분 참조). 그런데 민사집행에 있어서 처분권주의의 세 가지 범주는 변형된 형태로서 집행절차에 수용되어 새로운 모습으로 발현되고 있다. 이는 ①절차의 개시, ②심판의 대상, ③절차의 종결 중에서 특히 ②, ③에 걸쳐 나타나고 있다(私見).

강제경매를 살펴보면 이행판결, 조정조서, 화해조서 중 급부의무를 명하는 부분의 승소내용을 갖고 있는 채권자(이하 '판결채권자'라고 한다) 등은 법원에 집행문부여신청을 하여 집행문부여를 받아놓고도 집행의 시기를 저울질하여 그 절차개시시점을 선택할 수 있다(지급명령, 이행권고결정과 같이 법원의 집행문부여 없이도 집행이 가능한 경우도 물론이다). 또 승소한 판결채권자는 집행할 재산에 대하여도 재산조회절차 등을 이용하여 채무자의 자산에 대한 탐색을 한 후 절차를 개시할 수 있다.

임의경매의 경우에도 대표적 담보권인 근저당권을 예로 들어보자. 근저당권이 설정된 부동산의 경우 담보권의 실현이 예정되어 있기는 하지만 근저당권자는 변제기가 도과한 이후에도 자신의 담보권을 실행할 시기를 선택할 자유를 가진다. 따라서 예컨대 담보부동산에 대하여 다른 채권자가 같은 채무자에 대하여 소송을 제기하고 승소, 그 승소판결에 기초한 강제경매절차를 신청하여 경매개시된 경우에 만약 무잉여(민사집행법 제91조 제1항, 제102조 제2항, 제268조 : 무잉여집행금지의 원칙[4][5]))에 해당될 때에는 근저당권자는 집행법원

에 경매절차를 취소할 것을 신청할 수 있는 권리를 갖는다(법 제102조 제3항 참

4) 유체동산에 관하여는 제188조 제3항이 규정한다. 또한 무잉여집행금지원칙은 강제관리에도 적용된다. 즉 민사집행규칙 제89조에 의하면, "목적부동산의 수익에서 그 부동산이 부담하는 조세 그 밖의 공과금 및 관리비용을 빼면 남을 것이 없겠다고 인정하는 때에는 집행법원은 강제관리절차를 취소하여야 한다." 참고로 일본의 담보부동산수익집행제도의 도입 여부에 대하여 찬반양론이 있는 것으로 보이는데 부정적 입장은 무잉여가 될 가능성이 많다고 보는 것 같다. 참고로 집행법원이 배당요구의 종기를 정하는 취지 가운데 중요한 또 다른 이유는 매각기일 전에 무잉여 여부를 판단할 수 있도록 함으로써 매각절차의 불안정을 해소하기 위한 것이다(민사집행 실무제요 2권, 법원행정처(2014), 110면 참조).

5) 남을 가망이 없는 경우의 경매취소를 규정한 민사집행법 제102조 제2항의 위헌여부 : 헌법재판소 2007. 10. 25. 선고 2006헌바39 전원재판부 【민사집행법 제21조등 위헌소원】

【판시사항】

가. 부동산에 대한 강제집행을 부동산 소재지 지방법원의 전속관할로 규정한 민사집행법(2002. 1. 26. 법률 제2267호로 제정된 것) 제21조 및 제79조 제1항이 재판청구권을 침해하는지 여부(소극)

나. 부동산 강제경매절차에서 남을 가망이 없는 경우의 경매취소를 규정한 민사집행법 제102조 제2항이 신속한 재판을 받을 권리를 침해하고 있는지 여부(소극)

【결정요지】

가. 부동산 강제경매절차에 참가하는 다양한 이해관계인들의 집행절차에의 참가기회를 보장하고 집행절차의 적정·신속·효율 등 공익을 위하여 부동산 소재지 지방법원에 배타적으로 부동산 강제경매의 관할을 인정할 필요성이 있는 점 및 법원이 부동산의 합리적 이용관계 등을 고려하여 관할이 다른 여러 부동산에 대한 일괄매각을 결정할 수 있는 점 등을 고려하면, 부동산에 대한 강제집행을 부동산 소재지 지방법원의 전속관할로 규정한 민사집행법 제21조 및 제79조 제1항은 입법형성권의 한계를 벗어나 국민의 재판청구권을 침해한다고 할 수 없다.

나. 부동산 강제경매절차에서 남을 가망이 없을 경우의 경매취소를 규정한 민사집행법 제102조 제2항은 무익한 경매를 방지하여 부동산 강제경매절차를 효율적으로 운영하고, 우선채권자의 환가시기 선택권을 보장하여 다수의 이해관계자들의 권리를 효과적으로 보호하기 위하여 잉여주의를 구체화하고 있는 것으로 경매신청채권자에게 보증을 제공하고 경매절차의 속행을 신청할 수 있는 기회를 부여하고 있으며, 같은 법 제102조 제3항에서는 경매취소결정에 대한 불복절차를 규정하고 있으므로, 경매신청채권자의 신속한 재판을 받을 권리를 구체화함에 있어 입법부에 주어진 합리적 재량의 범위를 일탈하였다고 볼 수

조). 이것은 근저당권자가 자신의 의사에 반하여 채권의 조기회수를 강요당하지 않을 자유를 보호하기 위한 것[6]인데 절차개시의 측면에서 처분권주의와 연관된다고 말할 수 있을 것이다.

민사집행절차는 절차의 대상과 범위를 정하는데에 있어서도 채권자의 자유로운 선택이 지배하고 있다. 예컨대 채무자 겸 소유자 소유의 부동산 5개 필지 가운데 전체를 강제집행신청을 할 것인지 우선 3개 필지에 대해서만 신청을 할 것인지 아니면 각각 개별적으로 신청할 것인지는 신청채권자의 자유에 맡겨져 있다. 물론 과잉압류, 초과압류금지원칙이 그 한계로서 작용한다. 그러나 이러한 집행절차에서 채권자에게 인정되는 처분권 내지 처분권주의는 비송사건의 특질인 직권주의(처분권주의의 배제)[7]와 정면으로 배치되는 것이다(이상 私見[8]).

질문 2에 대한 답변

이러한 경매절차를 이른바 '이중경매'라고 부릅니다. 민사집행법 제87조 제1항은 "강제경매절차 또는 담보권 실행을 위한 경매절차를 개시하는 결정

없다.
[6] 대법원 2005. 11. 29.자 2004마485 결정 "… 민사집행법 제102조는 압류채권자가 집행에 의해서 변제를 받을 가망이 전혀 없는데도 무익한 경매가 행해지는 것을 막고 또 우선채권자가 그 의사에 반한 시기에 투자의 회수를 강요당하는 것과 같은 부당한 결과를 피하기 위한 것으로서 우선채권자나 압류채권자를 보호하기 위한 규정일 뿐, 결코 채무자나 그 목적부동산 소유자의 법률상 이익이나 권리를 위한 것이 아니므로, 남을 가망이 없음에도 매각허가결정을 한 경우 즉시항고를 할 수 있는 자는 압류채권자와 우선채권자에 한하고, 채무자와 소유자는 매각절차에 있어서 위 규정에 어긋난 잘못이 있음을 다툴 수 있는 이해관계인에 해당하지 않는다."
[7] 법원실무제요, 「비송」, (법원행정처 2014), 8.
[8] 박준의, 한국민사집행법학회 2015년 1/4세션 3주제 중 2주제 발표, "민사집행절차에 있어서 당사자대립구조의 의의"에서 일부 인용

을 한 부동산에 대하여 다른 강제경매의 신청이 있는 때에는 법원은 다시 경매개시결정을 하고, 먼저 경매개시결정을 한 집행절차에 따라 경매한다."고 규정하고 있습니다.

이중경매는 압류의 경합 또는 중복경매라고도 부르는데 ①임의경매와 강제경매, ②강제경매와 강제경매, ③강제경매와 임의경매가 중복되는 경우(대법원 1991. 4. 13. 91마131 결정의 판례사안)의 수를 생각할 수 있습니다. 질문에서 채권자 1명은 판결로 강제경매신청을 했고, 또다른 채권자인 근저당권자는 근저당권에 기초한 임의경매신청을 해서 지금 동일한 부동산이 중복해서 경매절차가 진행되고 있는 것으로 보입니다.

즉 선행하는 강제경매절차와 후행하는 임의경매가 중복된 것입니다. 판례는 강제경매신청이 경합되는 경우뿐만 아니라 임의경매신청과 강제경매신청이 경합되는 경우에도 민사집행법 제87조 제1항을 준용하고 있습니다(대결 1991. 4. 13. 91마131). 참고로 다른 채권자에 의하여 (압류가 아닌) 가압류가 되어 있는 부동산에 대하여 한 경매개시결정은 이중경매개시결정이 아닙니다. 이중경매개시결정이 있더라도 현금화절차는 먼저 개시결정 한 집행절차에 따라 실시합니다.

이중경매가 무엇인지는 최소한도 알아야하겠기에 위와 같이 설명하였는데 이 질문은 각각 경매신청을 한 채권자들 말고 경매를 당하는 집행채무자 입장에서 경매연기를 하고 싶은 사안입니다.

여러분들도 잘 아시다시피 채무자가 하는 연기신청은 첫째 법이 정한 집행정지사유에 의한 신청이 아니고 둘째 절차의 개시 및 진행과 관련된 처분권주의와도 관련이 없기 때문에 집행법원이 연기해 줄 이유는 없습니다. 그러나 경매신청채권자가 동의서를 제출한다면 이는 채권자의 연기신청과 마찬가지이므로 연기가 가능할 것입니다.

문제는 이중경매(중복경매, 압류의 경합)와 같이 신청채권자들이 여러 명일 때입니다. 실제로 기록을 살펴보면 하나의 두꺼운 경매기록에 다른 작은 경매기록들이 첨철[9]되어 있는 것을 많이 봅니다. 바로 이것이 이중경매(중복경매)기록들인데 각 기록마다 신청채권자가 다른 것은 당연하겠죠. 그렇다면 그 채권자들마다 다 동의서를 받아야 할까요? 아니면 현재 실제로 진행하고 있는 사건(대개는 母사건)의 경매신청채권자의 동의서만 받으면 될까요?

　이것은 실무상 어려운 문제입니다. 집행법원이 판단할 문제이지만 생각건대 가배당에서 배당받을 가능성이 없는 신청채권자의 동의서까지 요구하는 것은 무리가 아닌가 한번 생각해 봅니다.

---

9) 민사접수서류에 붙일 인지액 및 그 편철방법 등에 관한 예규(재민 91-1) [재판예규 제1692호, 개정 2018. 6. 7. 시행 2018. 7. 1.]
　제2조 (정의) 이 예규에서 사용하는 용어의 정의는 다음과 같다.
　　1. "가철"이라 함은 문건입력 프로그램에 전산입력 한 민사접수서류를 본안사건기록, 주된 절차사건기록 또는 선행사건기록(이하 "주기록"이라 한다)에 시간적 접수순서에 따라 편철하는 것을 말한다.
　　2. "합철"이라 함은 사건입력 프로그램에 전산입력 한 민사접수서류를 주기록에 시간적 접수순서에 따라 편철하고 주기록표지에 사건번호와 사건명을 병기하는 것을 말한다.
　　3. "첨철"이라 함은 사건입력 프로그램에 전산입력 한 민사접수서류를 별책으로 편철하되 주기록과 끈으로 연결하고 보존도 주기록과 함께 하도록 하는 것을 말한다.

아홉 번째 물음
[난이도 ★★]

마스터 실무사례

경매부동산이 사실은 갑의 것인데 A라는 자가 부동산소유권이전에 필요한 관련서류를 위조해서 A 자신의 명의로 허위로 이전등기를 해 놓고 있는 상태입니다. A는 자기소유명의로 등기해 놓고나서 허위의 근저당권을 C에게 설정해주었고 C가 근저당권에 기한 경매신청을 해서 현재 경매개시결정이 내려진 상태입니다. 갑은 이 경매절차의 진행을 막을 방법이 없을까요?

질문에 대한 답변

제3자이의의 소와 집행정지 그리고 절차의 예외적인 직권정지문제

어려운 상황에 계시는군요. 좋은 질문입니다.

진정한 소유자가 자신소유 부동산이 경매당하는 상황을 막기 위해서는, 민사집행법이 정한 제3자이의의 소를 제기하고, 그 소송계속 중인 법원에 집행정지신청을 하여 집행정지결정을 받아서 그 정지결정의 정본을 경매법원에 제출하여 절차진행을 저지하는 방법이 올바른 방법이라고 생각됩니다.

그러나 아주 예외적이지만 경매법원이 절차의 직권정지의무를 지는 경우가 있습니다. 위 사례에서 경매기록상 소유자의 소유권 유무에 대하여 의심할 만한 정황이 명백한 경우에는 매각절차의 진행을 직권으로 정지해야 합니다. 그렇다면 어떠한 경우에 그러한 정황이 명백하다고 할 수 있을까요? 아래 사례를 보면 이해가 되리라 생각합니다.[10] 예외적인 사례이지만 아래의 판례사안과 같다면 경매절차의 직권정지신청서를 제출할 수 있을 것으로 생각됩니다.

☞ 2009년 인천지법판결로 시작된 이 유명한 사건은 부당이득금반환청구인 국가소송의 형태로 대한민국이 피고가 된 사안이었다. 이 사건에서 집행법원 사법보좌관의 부동산경매절차진행이 위법하였다고 인정한 하급심의 견해는 대법원까지 그대로 인정되어(인천지법 2009. 5. 28. 선고 2008가합9989 판결, 서울고법 2010. 1. 28. 선고 2009나63801 판결, 대법원 2010. 5. 27. 선고 2010다20747 판결) 사법보좌관 처분의 적법성 여부 판단에 관하여 중요사례로써 고찰되고 있다. 먼저 집행법원의 형식심리원칙이 무엇인지 살펴보고 판례사안을 검토한다. 이 사안은 절차의 직권정지의무와도 깊은 관련을 갖고 있다(私見).

1. 집행법원의 형식심리 원칙과 직권탐지주의의 조화

민사본안재판을 담당하는 수소법원은 공개심리주의, 쌍방심리주의, 구술심리주의, 직접심리주의, 처분권주의, 변론주의, 적시제출주의, 집중심리주의, 직권진행주의와 소송 지휘권 등의 심리의 기본원칙에 구속되어 재판을 진행한다. 따라서 당사자의 절차권(절차권)이 보장된 전제에서 대석변론을 통하여 사건을 심리하고, 증거조사 등 광범위한 소송법상의 권한을 행사한다. 그러나 민사집행절차에 있어서는 수소법원과는 달리 처분권주의, 직권주의, 비집중주의, 형식주의, 신속주의와 채무자보호주의, 서면주의, 효율적인 환가를 위한 고가매각의 원칙이 지배한다.

이러한 수소법원과 집행법원의 심리원칙의 차이는 집행법원의 형식심리원칙에서 뚜렷이 드러난다. 형식심리원칙 내지 형식주의란 집행기관은 집행권원의 합법성이나 정당성을 심사할 수 없고 제3채무자의 권리관계 또한 그

---

10) 이하 내용은, 박준의, "부동산 집행법원의 심리원칙과 사법보좌관 처분의 법적 성질 및 국가배상책임의 성립요건에 대한 몇 가지 검토", 사법논집 제50집 159-224 법원도서관 2011. 이 논문의 208면 이하에서 일부 내용을 인용하되 상당부분 편집하였다.

심리가 제한적이며 형식적인 심사에 그치는 경우를 말한다. 다만 형식심리원칙이 등기관이 등기의 원인관계에 관하여 실질적 심사권이 없는 것과 같다고 이해하면 집행법원이 직권탐지주의를 발동해야 하는 상황에서 이론상 모순이 발생하게 된다. 등기관의 형식적 심사권이란 그 심사방법에 있어서 등기부 및 신청서와 법령에서 그 등기의 신청에 관하여 요구하는 각종 첨부서류만에 의하여 그 가운데 나타난 사실관계를 기초로 판단하여야 하고, 그 밖에 다른 서면의 제출을 받거나 그 외의 방법에 의해 사실관계의 진부를 조사할 수는 없다는 것을 의미하는 것일 뿐이지(대법원 2008. 12. 15.자 2007마1154 결정 참조) 반드시 실체적인 사항을 심사의 대상으로 삼을 수 없다는 것이 아니기 때문이다[11].

그러나 **집행법원은 필요에 따라 제출된 모든 서류를 토대로 비록 그것이 법정의 서류가 아닌 탄원서나 진정서라 하더라도 거기에 나타난 모든 자료를 참고로 하여 판단하여야 하는 경우가 있다(이 점에서 판단기초자료에 제한을 받는 등기관과는 근본적으로 다르다).** 예컨대, 민사집행법 제96조의 경매취소사유는 권리의 이전이 불가능하게 하는 사정의 발생원인이 무엇인가는 묻지 않고, 소유자가 고의로 부동산을 멸실시켰더라도 절차를 취소하여야 하며, 집행법원이 그 사정을 알게 된 경위는 묻지 않기 때문에 집행법원이 어떤 경위에 의하든 스스로 알게 된 때에도 경매절차를 취소하여야 한다.

요컨대, 집행법원의 형식심리원칙은 등기관의 형식적 심사권과 유사한 것 같지만 전혀 다른 것이다. 제출된 일반적인 첨부서면 뿐만 아니라 기록상 일체의 서류를 꼼꼼히 뒤져 직권(탐지)주의를 발동하여야 하는 집행법원으로서는 일정범위까지는 실체적 판단사항까지 판단하고 있다고 보아야 한다.[12] 다만 구두변론에 의한 재판을 하지 않고 서면심사를 통하여 판단한다

---

11) 박준의, 상업등기실무(상권), 법률정보센터(2009. 5. 20.), 177~178.
12) 이 점에서 사법보좌관이 쟁송성 있는 사안을 다루어서는 안 된다는 입장이라든가 쟁송성 있는 사안을 다루고 있지 않다는 의견에 찬성할 수 없으며, 사법보좌관제도의 합헌성은 본질적으로는 불복절차의 완비에서 구해야 할 것이다. 다만 사법보좌관이 고난이도의 쟁송사건을 다루는데는 胎生的 한계가 있다.

는 의미에서 형식심리라고 일컫는 것일 뿐이다. 아무튼 이러한 점에서 집행절차를 주관하는 집행법원의 사법보좌관과 등기업무를 하는 등기관의 지위에는 현격한 차이가 존재한다. 이 점을 일부 견해들은 간과하는 것이 아닌가 생각된다. 사법보좌관에게는 법관의 재판행위에 관한 책임제한이론이 적용될 수 있지만 등기관이나 공탁관에게는 적용될 수 없다. 집행법원의 형식심리원칙은 신속한 매각절차진행을 위한 것이다.

따라서 집행법원이 부동산에 대한 경매절차를 신속하고 확실하게 그리고 적법하게 실시하기 위하여는 기타의 요건 이외에 당해 부동산이 채무자의 소유가 확실하다는 사실을 증명하기 위한 것으로서 민사집행법 제81조 제1항 제1호 에 의한 등기사항증명서(구용어: 등기부등본)이 필요하고 그것만으로 충분하다. 이해관계인등이 다투고자 할 때 민사집행법의 입법취지는 이러한 경우를 대비하여 제3자이의의 소(법 제48조)를 예정하고 있다.

매각부동산이 채무자의 소유에 속하여야 한다는 것도 강제집행의 요건이 되는 것이지만 등기부상 채무자 명의로 등기되어 있으면 경매절차는 '매각절차의 형식심리원칙'에 의하여 그것을 채무자의 소유로 인정하고 경매를 개시하여 진행하게 되며, 이 경우 채무자가 그 부동산이 자기의 소유가 아니라는 사실을 주장하여 매각허가에 대한 이의를 하더라도 경매법원으로서는 매각부동산이 실체상 채무자의 소유에 속하느냐의 여부를 실질적으로 심리하여야 할 의무는 없으므로 그 이의가 민사집행법 제121조 제1호 전단의 '강제집행을 허가할 수 없는 경우'에 해당하지 않게 된다.

<u>그런데 아래 판례사안은 소유자의 소유권명의취득이 위조에 의한 방법으로 이루어졌다는 사실을 확증하는 공문서들이 진정서의 뒤에 첨부되어 제출된 사례여서 사뭇 통상의 형식심리원칙을 발동하는 경우와 차이가 있어 주의를 요한다.</u>

2. 사안의 개요 및 쟁점 – 인천지방법원 2009. 5. 28. 선고 2008가합9989 부당이득금사건 판결(필자 주: 대법원에서 1심 판결대로 확정되었다)

가. 기초사실

①**원고**는 인천지방법원 2006타경86759 부동산강제경매 절차에서 A가 소유자로 등기되어 있던 인천 계양구 ○○동 56-2(이하 '이 사건 토지'라고 한다)를 **낙찰**받아, 그 대금 125,128,000원을 납부하고 2007. 12. 4. 원고 앞으로 소유권이전등기를 마쳤다.

②피고 갑, 피고 을, 피고 국민건강보험공단, 피고 인천광역시 계양구, 피고 P와 망 Q는 모두 A의 채권자들로서 이 사건 경매절차에 참여하여, 배당기일인 2007. 11. 22.에 피고 갑은 75,000,000원, 피고 을은 22,500,000원, 국민건강보험공단은 1,749,158원, 피고 P는 8,493,519원, 피고 인천광역시 계양구는 2,860,433원, 망 Q는 12,350,025원을 각 배당받았다.

③이 사건 토지는 본래 망 B의 소유였는데, B가 사망한 후 방치되어 있다는 사실을 안 **A가, 자신의 아버지인 망 갑이 B로부터 이 사건 토지를 매수한 것처럼 매도증서를 위조하여 1991. 2. 25. 서울지방법원 서부지원에 B를 상대로 소유권이전등기 청구소송을 제기하고, B를 가장하여 소장을 송달받고 재판기일에 불출석하는 방법으로 승소판결을 받아 자신의 명의로 소유권이전등기를 마쳤던 것**이었다.

A는 위와 같이 소유권이전등기를 한 후 이 사건 토지 지상에 있는 태평아파트 입주자들에게 토지사용료를 편취할 목적으로 인천지방법원 96가합(생략)호로 토지인도등 청구의 소를 제기하였다는 범죄사실로 기소되어, 서울지방법원 97고단(생략)호 공정증서원본불실기재, 불실기재공정증서원본행사, 사기미수 등 사건에서 유죄판결을 받아 1998. 4. 23. 그 판결이 확정되었다. 위 인천지방법원 96가합(생략)호 토지인도 등 청구에서도 위 형사판결에 따라 1998. 1. 15. A의 이 사건 토지 소유권이 부인되어 청구기각의 판결이

선고되었고, 1998. 3. 3. 그 판결이 확정되었다.

④위와 같은 사정으로 인해 망 B의 상속재산관리인 윤천준이 2008. 1. 30. 원고를 상대로 이 사건 토지의 진정명의회복을 위한 소유권이전등기청구의 소(인천지방법원 2008가단12100호)를 제기하였고, 2008. 4. 25. 원고가 윤천준에게 이 사건 토지의 소유권이전등기를 넘겨주기로 하는 조정이 성립되었다.

⑤한편, **이 사건 경매절차가 진행 중이었던 2007. 7. 30. 이 사건 토지상에 위치한 태평아파트의 입주자대표회장이 경매법원에 '진정서'를 제출**하였다. 그 내용은 A 명의의 소유권이전등기가 위와 같은 불법행위로 인하여 경료된 원인무효의 등기여서, 이 사건 경매절차가 진행된다면 선의의 피해자가 발생할 수 있으므로 망 B의 상속재산관리인을 선임하여 대응할 때까지 경매절차를 정지해 달라는 것이었다. 위 진정서에는 A에 대한 서울지방법원 97고단(생략)호, 서울지방법원 98노2호 각 형사판결문과 그 확정증명서 및 인천지방법원 96가합(생략)호 민사판결문, B의 제적등본 등이 첨부되어 있었다.

⑥ 원고는 이 사건 토지의 취득을 위하여 매각대금 외에 등록세 및 등기촉탁수수료 3,056,872원, 국민주택채권 구입대금 2,117,181원, 취득세 2,752,810원을 지출하였다.

⑦ (생략)

나. 이 사안의 쟁점

(1) 사건명의 특수성

민사법원에 국가배상청구소송을 제기한 것이 아니라, 이 사건의 경우는 민사법원에 부당이득금반환소송을 구한 것이다. 그러므로 국가를 당사자로 하는 소송에 관한 법률이 적용되는 이른바 '국가소송'의 예가된다. 그런데 이 판례는 법관의 재판행위이론에 관한 설시를 하지 아니하고 바로 경매담당공무원의 과실을 논하면서 다음과 같은 대법원판결을 들고 있음에 주목된다.

즉, "공무원에게 부과된 직무상 의무의 내용은 단순히 공공일반의 이익을 위한 것이거나 행정기관 내부의 질서를 규율하기 위한 것이 아니고 전적으로 또는 부수적으로 사회구성원 개인의 안전과 이익을 보호하기 위하여 설정된 것이라면, 공무원이 그와 같은 직무상 의무를 위반함으로 인하여 피해자가 입은 손해에 대하여는 상당인과관계가 인정되는 범위 내에서 국가가 배상책임을 지는 것이고, 이때 상당인과관계의 유무는 일반적인 결과발생의 개연성은 물론 직무상 의무를 부과하는 법령 기타 행동규범의 목적, 그 수행하는 직무의 목적 내지 기능으로부터 예견가능한 행위 후의 사정, 가해행위의 태양 및 피해의 정도 등을 종합적으로 고려하여야 한다(대법원 2007. 12. 27. 선고 2005다62747 판결 참조)."

이러한 위 인천지법 판례의 태도는 법관의 재판행위에 관한 국가배상청구가 있을 때 이를 제한하는 판례이론과 관련하여 검토를 요하는 부분이 있다. 즉, 대상판결인 인천지방법원 2008가합9989 사건은 부당이득금반환의 형식이지만 사법보좌관의 부동산경매절차진행의 위법을 문제삼고 있고, 민사법원에서는 이러한 처분의 위법 여부를 심사할 수 있는바, 대법원 2009다2880 판결로 확정된 수원지법 판례에서는 사법보좌관에 대하여 법관에 대한 국가배상청구제한이론을 그대로 적용하였기 때문에 본 사안이 문제된 인천지법에서 제한이론을 적용하지 않고 경매담당공무원이라는 다소 격하된 표현을 사용하면서 국가 측의 과실을 인정한 것은 서로 모순된 입장이 아닌가 하는 의문이 제기될 수 있기 때문이다.

실제로 소송수행과정에서도 이 부분이 실무가들 사이에 논쟁의 대상이 되었다고 한다.

(2) 재판의 유형에 따른 책임제한이론 적용의 제한

부동산집행절차에서 사법보좌관의 처분도 집행법원의 처분의 형태[13]로

---

[13] 대법원 2009다2880 판결의 당해 사건 제1심법원인 수원지법 2008. 4. 18 선고

나타나며 이는 재판작용에 해당한다. 그런데 재판의 속성 자체가 담당법관의 재량판단의 영역에 속하고 거기에 흠(하자)가 있더라도 이는 원칙적으로 심급제도에 의하여 시정될 수 있음을 전제로 재판작용과 관련한 국가배상청구를 판단하는 것이 판례의 기본입장이라면 이 사건은 법관의 판단재량에 맡겨져 있는 법령 및 사실에 대한 인식과 평가의 영역에 속하는 사항에 대한 것이 아니라 판단여지가 거의 없거나 절차상 하나의 결론만이 나오는 '비재량적 과오'의 경우이기 때문에 책임제한을 시키지 않는 방향으로 사건을 결론지은 듯하다.

만일 이러하다면 수원지법 판결과 전혀 모순되지 않으며 대법원판례의 이론에 부합하는 것이다(필자 주: 상세내용은 논문원문 참조).

그렇다면 이 사안은 절차상 하나의 결론만이 나오는 비재량적 과오인가를 검토해야 한다.

(3) 진정서(첨부된 판결서사본 포함)가 집행법원의 심리대상인지 여부

위 사실관계에서 보았듯 대상사건의 경매절차가 진행 중이었던 2007. 7. 30. 경매물건인 토지상에 위치한 태평아파트의 입주자대표회장이 경매법원에 '진정서'를 제출하였는데 그 내용은 A 명의의 소유권이전등기가 불법행위로 인하여 경료된 원인무효의 등기여서, 경매절차가 진행된다면 선의의 피해자가 발생할 수 있으므로 상속재산관리인을 선임하여 대응할 때까지 경매절차를 정지해 달라는 내용이다.

생각건대, 경매법원은 형식심리원칙을 적용하여 심리하는 것이 원칙이지만, 다극적(多極的) 이해관계를 고려하여 직권탐지주의를 발동하여야 하는

2007가합23251 판결 에서도 이 점을 지적하고 있다. "…사법보좌관이 법원조직법 제54조 제2항 제2호 및 사법보좌관 규칙 제2조 제1항 제10호 에 의하여 배당표원안을 작성하고 확정하는 업무를 행하는 경우, 이러한 업무는 민사집행법 제254조, 제256조, 제149조 에 의하여 <u>배당절차를 관할하는 집행법원의 처분으로서 행하여진다는 점</u>, (중략) …등에 비추어보면 사법보좌관의 위 업무도 재판작용에 속한다 할 것이다.…(후략)"

경우가 많으므로 형식심리원칙을 최우선 심리원칙으로 고집할 수 없다. 그러므로 진정서는 당연히 심리대상에 해당한다고 보아야 한다.

(4) 경매취소사유(민사집행법 제96조 제1항) 내지 매각불허가결정사유(동법 제123조 제2항 본문, 제121조 제1호)인지 여부

이 사건에서 실제로 가장 중요하게 다투어졌고 쟁점이 되었는데, 위 진정서에는 A에 대한 서울지방법원 97고단(생략)호, 서울지방법원 98노(생략)호 각 형사판결문과 판결확정증명서, 인천지방법원 96가합(생략)호 민사판결문 등이 첨부되어 있었다는 점이 문제이다.

피고 대한민국 측은 신속한 절차집행을 위한 형식심리의 원칙상 경매법원에게는 매각부동산이 채무자의 소유에 속하지는 여부를 실질적으로 심리하여야 할 의무가 없으므로 등기부상 채무자 명의로 등기가 되어 있는 이상 그와는 다른 증거방법이 제출되었다고 하더라도 그 내용을 심사하여 경매절차를 취소하거나 매각을 허가하지 아니할 수는 없고, 따라서 이 사건 경매절차를 진행한 사법보좌관의 행위가 적법하다고 항변하였다.

이에 대하여 원고는 경락인이 강제경매절차를 통하여 부동산을 경락받아 대금을 완납하고 그 앞으로 소유권이전등기까지 마쳤으나, 그 후 강제경매절차의 기초가 된 채무자 명의의 소유권이전등기가 원인무효의 등기이어서 경매 부동산에 대한 소유권을 취득하지 못하게 된 경우, 이와 같은 강제경매는 무효라고 할 것이므로 경락인은 경매 채권자에게 경매대금 중 그가 배당받은 금액에 대하여 일반 부당이득의 법리에 따라 반환을 청구할 수 있다(대법원 2004. 6. 24. 선고 2003다59259 판결)는 판례를 들면서 이 사건 경매진행 중 채무자 A 명의의 소유권이전등기가 무효임이 명백한 형사판결 등이 제출된 마당에 단지 형식심리주의가 적용되기 때문에 당연무효가 분명함에도 심리할 필요가 없다는 것은 무책임한 주장에 불과하며, 집행법원이 실체적 소유권에 관해 직권조사할 의무는 없지만, 이미 위 판결문을 통해 경매절차의 당연무효가 충분히 예견가능한데도 형식심리만을 고집하는 것은 형식논리에 빠져

국민의 권리보호에 소홀한 것이라는 취지로 주장하였다.

3. 법원의 판단

인천지방법원 및 서울고등법원은 원고의 청구를 인용하면서 "…경매절차의 효율적인 진행을 위하여 경매담당 공무원이 경매목적물의 권리관계에 대하여 형식적인 심사권한만을 가지는 것이 원칙이다.

그러나 이 사건과 같이 이미 이 사건 진정서와 그에 첨부된 형사판결문 등에 의해 이 사건 토지에 관한 A 명의의 소유권이전등기가 위조된 서류에 기하여 마쳐진 원인무효인 등기임이 밝혀졌고 이해관계인으로부터 이 사건 토지의 진정한 권리관계 회복을 위한 민사소송 등 절차를 취할 것이라는 사정까지 통지되었다면, 비록 위 형사판결 자체에 의하여 이 사건 토지에 관한 A 명의의 소유권이전등기가 말소되는 것은 아니라고 하더라도 장차 위 A 명의의 소유권이전등기가 말소되고 따라서 이 사건 토지의 소유권을 매수인에게 이전할 수 없을 것이라는 사정은 명백하게 밝혀졌다고 봄이 상당하다.

그렇다면 이 사건 경매담당 공무원으로서는 법 제96조 제1항 에 따라 경매취소결정을 하거나 법 제123조 제2항 본문, 제121조 제1호 에 따라 매각불허가결정을 하였어야 함에도 위와 같은 조치를 취하지 아니하고 이 사건 경매절차를 진행한 경매담당 공무원의 행위는 위법하고, 권리관계에 대한 형식적 심사권한 만을 가진다는 이유로 위와 같은 행위가 정당화될 수는 없다."고 판시하였고(인천지방법원 2008가합9989, 서울고등법원 2009나63801), 대법원에서 확정되었다(대법원 2010다20747 판결).

4. 사법보좌관처분의 위법성 여부

가. 판결의 타당성

본고에서는 이 사건의 구체적 쟁점들 즉 과연 경매취소사유인가, 매각불허가사유인가에 대하여 천착하지 않기로 한다. 여기서 관심을 가져야 할 부분은 집행법원의 심리원칙과 관련하여 사법보좌관은 어느 정도까지 심리의무를 지는가 하는 부분이다.

요컨대, 사법보좌관은 언제나 쟁송성 있는 사안을 판단할 수 없기 때문에 형식심리만을 하라고 주장하는 듯한 일부의 입장에 대하여 의문을 제기한다. 일부견해는 심지어 형식심리를 등기관의 형식적 심사권에 견주기도 한다.

그러나 "사법보좌관은 쟁송성 있는 사안을 판단할 능력이 없다"고 단정하는 것은 형식심리원칙으로의 도피를 조장하는 것은 아닌가? 쟁송성이란 상대적 개념에 불과하므로 사법보좌관이 쟁송성이라는 일의적 기준에 의하여 심리를 할 수 있거나 또는 할 수 없다는 식으로 사건을 구별하는 것은 무리가 있는 것은 아닌가? 실제로 사법보좌관은 실무에 투입되어 실체관계에 대하여 판단할 수 있고 판단하여야 하는 경우가 있는 것은 아닌가? 사법보좌관은 쟁송성이 없는 사건만 처리하여야 한다는 견해는 강제집행사건의 소송절차적 성격상 부당하지 않은가?" 하는 의문을 제기하는 것이다. 이 판례는 사법보좌관들에게 심리원칙에 관한 매우 중요한 시사점을 던져준다.

생각건대, 이 판결이 사법보좌관의 처분을 재판작용으로 보지 않고 행정처분으로 보았다고 단언하기는 어려우며, 비록 경매담당공무원이라는 표현이 사법보좌관 측의 입장에서 보면 그리 탐탁치는 않다 하더라도 그들의 소속이 일반직 공무원인 이상에 이러한 판결이유상의 표현이 잘못되었다고 하기는 어렵다. 현 소유명의자의 위조행위로 인하여 현 소유명의자가 공정증서원본불실기재죄 등의 확정판결을 받았다는 것은 단순한 예고등기가 경료되어 있는 것과는 달리 소유권취득(이전)이 불가능하다는 것이 명백해졌다고 할 것이다.

따라서 민사집행법 제96조의 경매취소사유가 된다는 판례의 결론에는 찬성한다. 경매절차의 취소없이 배당절차가 진행되어 종료되었고 배당이의도 제기하지 못하였다면 당해 절차에서 불복을 통한 구제는 이미 불가능하여진 것이므로 국가배상에 있어 법관의 재판행위와 관련한 이론에 비추어보아도 당해 사법보좌관의 재판작용이 국가배상책임을 부정할 수 있는 소위 '배제범위'에 있다고 할 수도 없다. 그러나 원고가 이 사건 담당사법보좌관이 진정서의 첨부서면을 무시하고 절차를 진행한 것에 대하여 당연무효사유가 있다고 주장한 것과 판례가 이를 받아들인 것과 같은 뉘앙스에 대하여는 전혀 찬성하기 어렵다.

왜냐하면 절차의 신속한 진행이 생명이라고 할 수 있는 강제집행절차에서 절차를 정지하기 위해서는 집행정지서류가 제출되어야만 하는 것이 원칙이고, 이에 대한 예외는 좀처럼 사법보좌관이 판단하기 어렵기 때문이다. 왜냐하면 예고등기와 관련한 사법부 내 커뮤니티인 민사집행연구회 내부에서의 질의응답 사례를 살펴보더라도 절차의 정지라는 것이 얼마나 어려운 것인지 또한 내부에서도 견해대립이 상당히 있었다는 것을 알 수 있다.

예고등기자가 승소·판결이 확정되어 소유권이전등기와 근저당권이 분명히 모두 말소될 운명에 처했을 때 — 아직 배당절차를 실시하기 전이었다. — 집행법원은 배당절차를 실시함으로써 집행절차를 더 진행할 수 있는가에 대한 질의였던 것이다.[14] ① 배당절차를 실시하여야 한다는 견해와 ② 배당절

---

14) 법원도서관, 민사집행법 실무연구 2권, 재판자료(117), 242~246 참조. 편의를 위하여 질문사안을 그대로 옮겨 적는다. "가. 질문/1)사안/이 사건은 근저당권에 기한 임의경매 사건이었는데, 근저당권의 근거가 된 소유권에 대하여 말소예고등기가 경료된 상태에서 경매가 진행되어 매각되고, 매수인이 대금 완납하고 2003년 소유권이전등기까지 마쳤다. 예고등기자와 전 소유자 사이의 소송이 계속 중이라 배당을 남겨 놓고 진행을 하지 않았다. 그 후 예고등기자가 승소하여 전소유자의 소유권이전등기와 이 사건 임의경매의 기초가 된 근저당권이 모두 말소될 운명에 처하게 되었다. 문제는, 예고등기자가 승소를 한 이후 정작 등기를 말소하지 않고 있어, 법원이 이 사건을 종결하지 못하고 기다리고만 있는 상태이다./2) 문제/이러한 경우, 법원이 이러한 사정을 다 알면서 그냥 배당까지 하고 사건을 종결할 수 있는지, 이 사건 경매와는 무관한 예고등기자를 수소문해서 집행을 (사실상) 독촉해야 하는지, 법원이 직권으로 경매를 취소하고 매수인에게 대금을 돌려줄 수 있는 방법은 없는지에 관한 질문이다. 한 가지 덧붙이자면, 사안을 더욱 복잡하게 하는 것이, 이 사건 부동산은 농지여서 가액이 크지 않은 반면, 경락받은 매수인이 그동안 점유하면서 투자한 유익비가 훨씬 더 크다는 것이다.…(이하 생략)"

차를 실시하여서는 안된다는 견해가 대립되었으며, ①설은 "소유권말소 예고등기가 된 것으로 보아서는 원인무효이기 때문에 근저당권은 말소될 운명에 처해져서 임의경매가 말소되고 낙찰인은 소유권을 상실할 수도 있을 것이지만, 아직까지 어떤 이유에서든지 예고등기권자의 소유권말소등기신청이 없기 때문에 그 확정판결만으로는 물권변동의 효력이 없을 것이고, 그 연유를 알 수 없는 상태에서 현재 집행법원으로서는 원칙대로 배당기일을 지정하여 배당을 실시하는 것도 하나의 방법이라고 생각한다.

법원실무제요 민사집행(Ⅱ) 301쪽, 302쪽에는 담보책임의 내용으로 매수인은 1차적으로 채무자에게 담보책임을 물을 수 있고, 채무자가 무자력일 때는 대금을 배당받은 자에게 그 대금의 반환을 청구할 수 있고(민법 제578조 제2항), 매수인이 매수의 목적을 달할 수 없는 경우에 대금납부 후 배당 전인 때에는 집행법원에 대하여 매각허가결정에 의한 매매를 해제하여 납부한 대금의 반환을 청구할 수 있다고 되어 있는데, 이는 이 사안의 경우라면 예고등기권자가 소유권말소 및 근저당권말소등기를 필하였을 때를 말하는 것이고, 예고등기권자가 승소판결을 받고도 1년 이상 지체하고 있다면 배당을 실시하고, 나중에 예고등기권자의 소유권말소등기신청에 의하여 매수인이 소유권을 상실할 경우에는 매수인은 별소로 반환청구하는 것이 옳을 것이다."라고 하는 반면에 ②설은 "낙찰자를 심문하여 낙찰자가 매매계약을 해제할 의사가 있으면 계약해제 및 대금반환청구를 하도록 하고, 그렇지 않다면 집행법원에서 직권으로 경매절차를 취소할 수는 없어 보이고, 배당을 실시하여 집행을 종료시키는 것은 타당치 않은 방법이다.

예고등기의 원인을 살펴보는 것이 맞다. 말소등기를 구하는 소가 제기된 경우 예고등기가 남발되고 있지만, 실은 선의의 제3자 보호규정이 적용되지 않는 경우에 제3자에게 경고하기 위하여 예고등기제도가 있는 것이니, 과연 제대로 된 예고등기인지, 예고등기를 촉발한 소송사건의 판결이유로 보아 그 사건의 원고가 매수인 및 매수인으로부터 소유권을 양수한 타인에게도 소유권말소를 주장할 수 있는 사안인지를 먼저 보고 판단하여야 할 것이다. …어떠한 사정으로 집행채무자의 소유권이 말소됨으로 해서 매수인의 소유권이전등기 또한 말소가 된 경우에 집행법원이 배당 전이면 매수인이 별소로 채무자, 배당받은 채권자를 상대로 담보책임을 추급하는 불편을 덜어 주기 위해 매수인에게 계약해제 및 대금반환청구권을 행사하도록(대법원 96그64 결정)하고, 집행법원으로서는 매각부동산이 집행채무자의 책임재산이 아닌 것으로 되어 절차를 진행할 수 없으므로 취소결정을 하면 될 것이다."라고 하였다.

대상판결이 위 예고등기사안이 이 사건과 반드시 같지는 아니하지만 구조는 유사하다고 볼 수 있다. 이러한 상황에서 절차를 직권으로 정지하여 살피지 아니한 것이 위법할 수는 있다 하더라도 당연무효인 절차 진행이라고 하는 것은 무리가 있어 보인다. 요컨대, 인천지법 판결은 사법보좌관 처분이 재판작용이라는 점을 부정하였다고 하기보다는 재판행위와 국가배상책임에 관한 제한이론을 적용할 수 없거나 적용이 제한되는 사례이기 때문에 국가 측이 패소한 경우이며, 사법보좌관의 처분, 즉 탄원(민원)서에 기재된 집행정지요구에 대하여 법원이 행한 부작위처분은 적법하지는 아니하지만 그것이 당연무효인 사유라고 할 수는 없고 위법사유로 이해하는 것이 옳을 것이다. 부당이득금반환이라는 국가소송형태라 하더라도 결론은 마찬가지이다.

나. 소유권에 관한 실체심사의 한계

실체적 소유권개념으로 소유권을 판단하는 경우 실체심사가 정면으로 나타나게 되는데 당사자 사이의 법률상 쟁송은 집행절차의 배경으로 드러나는 것이어서 쟁송성과 직접적으로 관련된다. 여기서 사법보좌관의 업무가 재판작용이기는 하지만 그는 법관이 아니므로 제도의 합헌성을 손상시키지 않기 위해서는 실체심사에 한계를 두지 않으면 안된다.

강제경매에 있어 채무자의 소유권에 관한 실체심사의 한계는 당해 경매

사건의 관련사건 판결이유 중의 판단이 집행법원의 심리에 어떻게 영향을 미치는가라는 쟁점으로 다시 검토를 요하게 될 것이다.

이것은 이른바 증명효 내지 쟁점효 또는 쟁점배제효의 범위와 그 구속력의 문제로써, 논란의 여지가 없지 아니하나 집행사건의 당사자 이외의 자에 대한 소송사건의 판결이유 중의 판단에 대하여는 집행법원이 그대로 구속되지는 않는다고 보는 것이 옳을 것이다.

그러나 이 사건 판례사안과 같이 소유자의 위조행위로 소유자 그 자신의 형사처벌이 확정된 경우는 일반적인 판결이유 중의 판단의 구속력과는 상당히 다른 구조를 갖고 있다. 만약 강제집행사건 당사자들 사이의 소송사건의 민사판결문이 제출되고 그 판결이유 중의 판단에 소유권에 관한 설시가 있는 경우는 어떻게 보아야 할지도 문제될 수 있다. 이것은 위조자가 형사처벌 받은 확정판결이 없는 경우이다(변형사례 1). 이때에는 논란의 여지가 있으나 합리적 설시 없이 배척할 수 없다고 하더라도 여타 다른 증거를 제출시켜 대석변론, 쌍방심문주의에 의한 실체심리를 개시할 수 없는 집행법원으로서는 강제집행정지서류가 제출되지 아니하는 이상 매각을 진행할 수밖에 없는 것이 아닐까 생각된다. 왜냐하면 위에서 든 다른 예에서는, 현재 쟁송성이 없거나 희박한 사건이 사법보좌관 업무로 되어 있고 다수설에 따라 강제집행절차가 소송절차라 하더라도 일반 소송절차와는 다른 특징인 신속한 매각의 원칙이 지배이념으로 뿌리내리고 있다는 점에서 민사집행법 제96조에 해당한다고 해석하기에는 무리가 따르기 때문이다.

그러므로 사법보좌관의 실체판단의무를 확장시켜 법률상 쟁송에 대한 심판권한과 의무를 넓혀서 제도 자체의 위헌성 시비를 확대시키는 것보다는 이 경우에는 더 이상 실체판단을 하지 않고 신속한 매각의 이념을 우선하여 매각을 그대로 진행시키는 것이 타당하다고 본다. 이때 강제집행정지서류를 제출하여 집행을 정지시키는 것은 진정한 소유자 측의 의무이자 권리이다.

만약 판례사안을 다시 변형하여 채무자 A가 유죄판결이 확정되지 아니한 채 아직 항소심 소송계속 중인 경우도 상정할 수 있다(변형사례 2). 이 경우에는 사실상 집행절차를 중지할 수 있을 것인지 나아가 만약 사법보좌관이 직권으로 중지한다고 할 때 그 법적 근거는 무엇이고 신청채권자의 입장은 어떻게 고려할 것인가라는 문제가 또다시 제기된다. 만약 현소유자의 위조행위로 유죄판결이 선고된 사안이 아니고 현소유자와 관계없는 다른 자에 대한 판결의 이유 중에 위조사실이 설시된 경우는 어떠할까(변형사례 3). 이 점을 여기서 결론짓지는 않기로 한다.

이러한 여러 의문들은 집행법원의 소유권심사가 쉽사리 실체심사의무로 확장되어서는 안 된다는 것을 보여준다. 여기서 집행절차의 소송절차적 성격의 한계를 느끼게 되는데 사법보좌관 심리사건이 쟁송성을 지닐 수 있고 그 쟁송성은 상대적 개념에 해당한다는 입장에 서더라도 사법보좌관 처리사건이 지닐 수 있는 쟁송성의 한계에 대하여 이 사건 판결은 그 한계선상을 명백히 실제사례에서 보여 주고 있는 최초의 적례라고 생각된다.

열 번째 물음

마스터 실무사례

집행정지나 집행취소는 강제집행절차가 종결되기 전까지 해야 한다고 하는데요. 도대체 강제집행의 종결시기는 언제인가요? 민사집행규칙 제50조에 따르면 매수인(낙찰자)가 대금납부하기 전까지 집행정지서류를 내야 부동산소유명의를 지킬 수 있는 것 같은데 그렇다면 대금납부시점이 경매절차종결시점인가요?

질문에 대한 답변

쟁 점 : 강제집행의 종료시기에 관한 견해대립과 판례의 입장 그리고 각 견해에 따를 때 중대한 실무상 차이점

[참고문헌]

1. 대구지방법원 사법보좌관세미나 자료
2. 박준의, 가집행선고 및 그 실효가 집행절차에 미치는 영향, 사법논집 (법원도서관 2014. 12.)

☞ 이 문제는 실무에서 매우 중요한 쟁점인데 문헌상 연구는 상대적으로 부족해 보인다. 강제집행의 종결시점에 대한 통찰은 민사집행소송의 운영에 필수적이므로 판례를 잘 알아둘 필요가 있을 것이다.

첫째, 부동산경매절차는 세 가지 절차의 연속이다.

즉 압류절차, 현금화절차, 배당절차가 각각 독립하여 그러나 연쇄적으로 진행된다. 현금화절차는 부동산매각절차를 의미하는데 매각절차는 매수인(낙찰자)의 대금납부로 종료된다고 보아야 한다. 배당절차를 할 수 있는 돈이 경매법원 보관금계좌에 입금되었기 때문이다.

그러므로 민사집행규칙 제50조에서 말하는 대금납부 전에 집행정지서류를 제출하라는 문구의 의미는 현금화절차가 종료되기 전에 집행정지서류를 법원에 내야 소기의 목적을 달성할 수 있다는 의미다. 그렇다면 현금화절차가 경매절차의 종료시점인가? 대답은 세모라고 할 수 있다. 전체 경매절차의 종료시점은 아니지만 세 단계 중 두 번째 단계인 현금화절차의 종료시점은 맞다. 일련의 판례도 가집행선고부판결을 집행권원으로 한 부동산강제경매신청과 이에 의한 절차진행의 경우 매수인이 소유권을 취득하기 전까지는 집행취소가 가능하다고 본다.

그러나 집행권원이 부존재하거나 반사회질서행위로써 무효가 되는 경우에는 매수인이 소유권을 취득하였다고 하더라도 집행취소가 가능할 것으로 본다(私見). 매수인이 매각대금을 납부하였다면, 원칙적으로 그 매수인의 소유권취득은 보호되어야 할 것이다.15)

📖 대법원 1990. 12. 11. 선고 90다카19098(본소), 19104(참가), 19111(반소) 판결

【판결요지】
1. 강제경매가 반사회적 법률행위의 수단으로 이용된 경우에는 그러한 강제경매의 결과를 용인할 수 없다 할 것이나 약속어음의 소지인이 수취인란을 적법한 제시기간 내에 보충함이 없이 지급제시를 하였음에도 위 약속어음금 지급청구소송의 제1심법원에서 수취인란을 적법히 보충하여 지급제시 한 것처럼 주장하여 가집행선고부 승소판결을 얻은 다음 이를 채무명의로 하여 강제경매신청을 하여 임야를 스스로 경락받았으나 위 가집행선고부 제1심판결이 상소심에서 취소되었고, 또 그가 강제집행

---
15) 同旨; 이시윤, 신민사소송법, 629.

신청당시 이를 예견하고 있었다고 할지라도 이러한 사유만으로서는 위와 같은 그의 행위가 반사회적 법률행위에 해당한다고 인정할 수는 없다고 할 것이고, 또한 위와 같은 경우를 채무명의의 부존재 내지 무효와 동시할 수도 없다.

2. 가집행선고부판결을 채무명의로 하여 채무자 소유 부동산에 대하여 강제경매를 신청한 채권자가 스스로 경락인이 되어 경락허가결정이 확정된 다음 경락대금지급기일 이전에 채무명의가 된 가집행선고부 판결에서 표시된 채권을 자동채권으로 하여 경락대금지급채무와 상계신청을 한 결과 민사소송법 제660조 제2항 소정의 이의가 없어 경락대금 지급기일에 그 상계의 효력이 발생하고 경락인이 경락부동산의 소유권을 취득하였다면 그 이후에 위 가집행선고부판결이 상소심에서 취소되어 위 상계에 있어서의 자동채권의 존재가 부정되었다 할지라도 위 상계를 비롯한 이미 완료된 강제경매절차의 효력이나 이로 인한 경락인의 소유권취득의 효력에는 아무런 영향을 미치지 아니한다고 할 것이다.

☞ 위 판결의 구체적 사안은 가집행에 기하여 부동산강제경매를 신청한 채권자가 매수인(민사집행법 제정 전의 법률용어는 '경락인')이 되었고, 이에 자신이 배당절차의 이해관계인으로서 가집행선고부판결의 승소채권금액과 이자를 청구채권액으로 하여 배당표상 배당될 금액만큼을, 실무상 이른바 '상계'(현재 민사집행법 제143조 제2항의 이른바 '차액지급'을 말한다)의 방법으로 대금으로써 납부하였고 배당절차에서 이의 없이 소유권을 취득하였는데 그 후 가집행선고부승소판결이 상소심에서 취소되어 차액지급의 효력·소유권취득의 여부가 문제된 사안이었다. 이 건은 이른바 실무상 '상계'라는 특수한 대금납부방법을 택하였기 때문에 집행법원에서 대금납부 및 배당기일을 열고, 배당기일에서 배당이의가 없다면 해당 배당기일에서야 비로소 소유권취득이 인정되는 사안인데, 일반적으로는 배당기일 전에 대금납부기한을 잡고 그 기한까지 대금납부를 받은 후에 배당기일을 연다.

📖 **같은 취지의 판례 : 대법원 1993. 4. 23. 선고 93다3165 판결**
【소유권이전등기말소】

【판결요지】
가집행선고 있는 판결에 기한 강제집행은 확정판결에 기한 경우와 같이 본집행이므로 상소심의 판결에 의하여 가집행선고의 효력이 소멸되거나 집행채권의 존재가 부정된다 하더라도 그에 앞서 이미 완료된 집행절차나 이에 기한 경락인의 소유권취득

의 효력에는 아무런 영향을 미치지 아니한다 할 것이고, 다만 강제경매가 반사회적 법률행위의 수단으로 이용된 경우에는 그러한 강제경매의 결과를 용인할 수 없다. 대법원 1991. 2. 8. 선고 90다16177 판결 【소유권이전등기말소】 등 多數

경매절차의 소유권이전은 법률의 규정에 의한 물권변동으로서 민법 제187조가 적용되므로 등기 없이 소유권이 이전된다. 따라서 엄밀히는 매수인의 대금납부 '전'에 집행취소신청서(예컨대 제1심 가집행선고부판결을 취소하는 항소심판결서 '정본'을 첨부하여 제출한다)를 제출하여야 한다.

둘째 부동산경매절차의 세 번째 단계인 배당절차에서의 문제이다. 채권배당절차에서도 같은 문제가 발생한다. 배당표상 배당권자에게 배당된 금원에 대하여 배당절차의 이해관계인이 그 근거가 된 집행권원의 집행력의 실효되었다고 주장하는 경우는 어떠한가?

명석한 분이라면 벌써 간파하였겠지만 사법보좌관이 주재하는 배당기일에서 해당 배당표가 확정된 후에 그 배당표상 배당받은 채권자 자신('갑'이라 한다)의 배당받은 근거가 되는 집행력 있는 판결이 그 항소심에서 결과가 뒤집어져서 확정되어 그 판결과 확정증명원이 배당법원에 제출된다든지 또는 배당권자인 다른 1인('을'이라 한다)이 채권자 자신인 갑을 피고로 하여 청구이의의 소를 제기하고 이 청구이의의 소를 본안으로 하여 을이 강제집행정지신청을 하고 집행정지결정문을 얻어서 이것을 경매법원에 제출하는 경우이다.

필자는 수원지방법원 집행법원 사법보좌관으로 있을 때 후자의 사안을 처리한 적이 있었다. 즉 배당표가 배당기일에서 이해관계인들의 이의 없이 확정되었는데 배당권자 중 1인의 압류 및 추심명령의 근거가 된 집행권원인 판결에 대하여 배당권자인 다른 1인('을')이 청구이의의 소를 제기하였다. 그리고 이 청구이의의 소를 본안으로 하여 을이 강제집행정지신청을 하고 집행정지결정문을 얻어서 이것을 필자에게 제출한 것이다.

나의 전임 사법보좌관은 집행정지를 받아들여 배당금출급을 저지하였다. 이 사건의 쟁점은 결국 채권배당에서 강제집행의 종료시기 내지 완결시기가 언제인가에 있었다. 집행정지 후에 을이 청구이의의 소의 승소판결문을 제출하면서 배당절차를 속행해 줄 것을 신청하였는데 이에 대하여 집행법원 내부의 견해는 두 가지로 대립되었다.

즉 ①강제집행은 배당표확정으로 이미 종료되었기 때문에 종료된 집행에 집행정지란 있을 수 없으므로 청구이의의 소를 심리 중인 당해 법원이 집행정지결정을 한 것은 위법하다는 견해(이를 '배당표확정시설'로 부르기로 한다), ②강제집행의 종료, 즉 집행완결이라는 것은 채권의 종국적 만족을 통해 이루어지며 이것은 을이 지급위탁서를 채권배당계장으로부터 발급받아 실제로 배당금 또는 배당유보공탁된 금원을 출급하였을 때 집행이 종료되는 것이라는 견해(이를 '출급시설'로 부르기로 한다)로 대립되었다.

채권의 귀속은 배당표확정으로 배당권자에게 이전된다는 측면에서만 본다면 배당표확정시설이 설득력이 강하다. 그러나 이때 배당권자에게 이전되는 채권은 실제 출급이 이루어지기까지 불완전한 것이며 변동가능성이 없다고 할 수 없다.

생각건대 배당표는 그 자체가 재판서가 아닌 점, 배당표확정의 효력은 언제든지 변동될 수 있는 불확정적인 것이어서 항상 재배당이나 추가배당의 가능성을 지니고 있다는 점, 집행종료시기를 현실적 출급절차완료시점으로 늦춘다면 이 사안과 같이 압류 및 추심명령의 집행권원인 판결이 청구이의의 소를 통해 실효되기 전에 출급을 막기 위하여 집행정지결정이 가능하고 또한 청구이의의 소가 소의 이익을 갖게 되는 점, 실제로 나중에 청구이의의 소의 승소판결문이 제출되면 재배당을 통하여 을이 자신의 배당액을 증액할 수 있다는 점에서 '출급시설'이 보다 설득력을 갖는다.

필자는 출급시설을 받아들여 청구이의의 소의 승소확정판결문이 제출되자 재배당을 하였는바 당시 배당기일법정에서 배당이의 없이 사건은 확정되었다. 그 결론의 타당성 여하에 관계없이 이는 부동산배당절차에도 동일하게 적용될 것인바 예컨대 강제경매신청채권자가 아닌 일반채권자로서 집행법원이 정한 배당요구종기 이전까지 (가집행선고부 또는 확정)판결문에 집행문을 부여받아 이를 첨부, 배당요구서를 제출한 판결금채권자에게 동일하게 적용될 것이다(私見).

열한 번째 물음
[난이도 ★★★]

마스터 실무사례

가집행선고부 판결에 기한 강제집행이 실시된 후에 상소심에서 본안판결이 취소·변경되어 원판결의 집행력(執行力)이 실효(失效)되었습니다. 이 경우에 이미 원판결에 의하여 실시된 집행처분과 집행종료된 강제집행은 어떻게 처리되는가요?
특히 압류, 추심명령이나 전부명령은 언제 집행종결되는가요?

질문에 대한 답변

쟁 점 : 집행력의 실효와 소급효의 제한문제

가집행선고부판결에 기한 집행 후에 항소심에서 본안판결이 취소되면 그 즉시 제1심 가집행선고가 실효되어 집행력을 상실하므로 집행취소사유에 해당합니다. 그런데 나아가 '집행종료 내지 완결이 이루어진 후에도 집행취소가 가능할 것인가' 하는 의문이 제기되는 것입니다.
  이에 대하여는 이미 **통설이 집행력의 실효가 기왕에 소급하지 아니하므로 이미 완결되어 있는 집행처분의 효력은 아무런 영향을 주지 아니한다**고 합니다. 쉽게 설명하면 집행이 완전히 끝난(=종료된) 후에는 비록 1심판결을 전부 또는 일부취소한 항소심 판결정본을 제출하여도 집행법원으로서는 집행의 전부 또는 일부취소를 할 수 없게 된다는 것입니다. 결국에는 부당이득반환 내지 손해배상의 문제로 돌아갑니다.

보다 구체적으로 써보겠습니다.

☞ 항소심 또는 상고심판결을 통하여 가집행선고가 실효되기 전에 그 전심급(前審級)의 판결에 따라서 임의이행을 하거나 또는 그 전심판결을 집행권원으로 한 강제집행에서 ①강제로 채권만족을 하거나 ②현금화절차, 배당절차가 진행 중인 경우 항소심 또는 상고심에서 판결주문이 취소 내지 파기됨으로써 이미 행해진 '외관적 변제행위 내지 외관적 채권만족행위'(확정적인 변제효가 없기 때문에 일응 이렇게 부르기로 한다)는 어떻게 원상회복되어야 하는지, 집행절차는 이미 실시한 집행처분을 언제나 민사집행법 제49조 제1호, 제50조를 적용하여 모두 취소할 수 있는 것인지 문제된다.

결국 어느 범위까지의 강제집행을 「이미 실시한 집행처분」으로 보아야 하는 것인지, 다시 말하자면 집행의 종결(완결)시기가 언제인가의 문제가 된다. 이에 대한 전원합의체 판결을 찾을 수 없고, 대법원판결들은 뒤에서 보는 바와 같이 다소 동요하는 것이 아닌가 생각된다. 현재 집행종료시기에 대한 확립된 대법원판례가 없는 것으로 보이기 때문에 이는 가집행선고가 집행절차에 미치는 영향 가운데 또 다른 중요한 쟁점으로 떠오른다. 일부 견해는 전체로서의 강제집행은 배당이 끝났을 때에 종료된다고 하나 이것이 배당표확정시를 말하는 것인지 배당금출급의 시점을 말하는 것인지 불명확하다.

먼저 원론적 기술을 해보면, 가집행선고가 실효하면 이후에는 이에 기한 강제집행을 실시할 수 없다. 따라서 집행문부여단계에서는 만약 실효된 집행권원에 기하여 집행문부여신청을 하는 경우에는 법원사무관등은 거절처분을 하여야 할 것이며, 나아가 채권 내지 기타재산권 압류명령 신청단계라면 사법보좌관은 각하결정을 하여야 한다. 만약 압류명령이 효력을 발생한 이후라면 집행법원은 압류명령을 취소하는 결정을 새로이 하여야 할 경우가 발생한다.

그렇다면 전부명령과 추심명령이 효력을 발생한 경우는 어떠한가. 경우를 나누어 본다.

전부명령은 압류된 채권을 지급에 갈음하여 채무자로부터 압류채권자에게 이전하는 것으로서(법 제229조 제3항), 이에 의하여 채권이 이전되면 그 현실적인 추심여부와는 관계없이 집행채권은 그 권면액만큼 소멸한다. 그러나 추심명령은 압류된 채권의 채권자의 지위에 변동을 가져오는 것은 아니고 채무자가 여전히 압류된 채권의 채권자로 남아있기는 하나 압류채권자가 채무자 대신 압류된 채권의 추심권능을 취득하게 된다(동조 제2항)된 점에서 차이가 있다(이 점에서 추심명령은 민법상의 채권자대위권과 같은 기능을 한다).16)

전부명령이 제3채무자에 대한 송달과 채무자에 대한 송달 모두가 효력을 발생하고 불변기간의 도과로 전부명령이 확정되면, 제3채무자에 대한 전부명령 송달시점에 피압류채권이 전부채권자에게 이전되는 효력이 발생하며 집행은 확정적으로 종결된다. 물론 전부명령이 확정되는 것을 조건으로 제3채무자에게 전부명령이 송달된 때에 전부명령집행은 종료된다고 말할 수 있다. 다만 이때에 전부집행종료는 불변기간도과에 의한 전부확정을 조건으로 하는 것이다.

다른 채권집행과 달리 채권배당절차로 나아갈 필요 없이 압류명령 − 현금화명령 2단계로 절차는 종결되는데, 그러므로 전부명령의 확정 후에 가집행선고가 실효되는 경우에는 채권전부(債權轉付)의 효력에 아무런 영향을 미치지 못하게 된다. 마치 배당절차가 종결되고 해당금원이 각 권리자들에 의하여 출금된 상태와 유사한 단계에 이른 것이 되는데 이를 민사집행실무에서 「완결」17)이라 표현하기도 하고 「집행종료」18)라고 표현하기도 한다.

---

16) 박준의, 신채권집행실무, (유로 2012) 347 ; 손진홍, 채권집행의 이론과 실무 (상권) (법률정보센타 2013. 1.) 454에서는 "추심명령이 있으면 피압류채권은 채무자에게 귀속된 채 채권자는 민법상의 대위절차 없이 채무자의 권한을 행사하여 피압류채권의 이행을 구할 수 있다"고 기술한다.

17) 주석 민사집행법 3권, 335.

판례는 채권압류 및 전부명령의 기초가 된 가집행의 선고가 있는 판결을 취소한 상소심 판결의 정본은 민사집행법 제49조 제1호 소정의 집행취소서 류에 해당하는 것이므로, 채권압류 및 전부명령에 대한 항고심에서 항고인이 가집행의 선고가 있는 판결을 취소한 항소심 판결의 사본을 제출하였다면 항고심으로서는 항고인으로 하여금 그 정본을 제출하도록 한 후, 즉시항고를 받아들여 채권압류 및 전부명령을 취소하여야 한다고 판시한바 있다.[19]

이 사안은 전부명령이 확정되기 전의 사례이다.

추심명령의 경우 그 집행의 종료시기 내지 완결시기는 언제로 보아야 하는가? 이는 매우 중요한 문제이다. 왜냐하면 추심명령의 집행종결시기 내지 완결시기가 언제인가에 따라 가집행선고부판결의 상소심에서의 취소판결 정본이 추심명령 발령법원에 제출되었을 때 사법보좌관이 취소결정을 하여야 하는지 여부가 결정되기 때문이다. 강제집행이 완결된 경우라면 취소할 집행 행위 자체가 존재하지 않는다. 따라서 집행종료 내지 완결 후에는 부당이득 반환이나 불법행위로 인한 손해배상의 문제로 해결할 수밖에 없다.[20]

그런데 실무견해의 일설[21]은 추심명령의 취소에 대하여 "추심명령 발령 후 추심의 신고서가 제출되기까지 채무자가 민사집행법 제49조 제1호, 제3호, 제5호, 제6호 등의 서류를 제출한 때에는 집행법원은 기존의 압류 및 추심명령을 취소하여 그 효력을 상실시킨다."고만 기술하고 있어 추심명령 취소의 終期에 대하여 **추심신고서제출시설**을 취한 것으로 생각된다.

그러나 이 견해가 추심이라는 현금화절차를 이용한 채권집행의 종료 내지 완결시기도 언제나 '추심신고시(推尋申告時)'로 본 것일까. 본래 추심은

---

18) 집행처분의 취소는 집행개시 후 그 종료 전에만 허용된다. 주석 민사집행법 4권, 한국사법행정학회(2007) 470.
19) 대법원 2004. 7. 9.자 2003마1806 결정
20) 주석 민사집행법 3권, 335.
21) 손진홍, 채권집행의 이론과 실무 (상) (법률정보센타 2013. 1.) 488.

현금화절차의 여러 방법 중 한 갈래에 불과한 것인 만큼 채권집행이 압류-현금화-배당절차의 3단계를 거치는 것이 원칙적 모습이라는 점에 비추어 추심명령이라는 현금화명령의 집행은 추심신고시로 종료되었다고 보는 것이 타당하지만, 그러나 추심절차를 이용한 채권집행절차가 추심신고시에 언제나 종료하는 것으로 이해하여서는 안 될 것이다.

왜냐하면 추심신고가 있는 경우 그 전에 채권자가 경합되어 민사집행법상 공탁의무가 발생한 경우라면 집행법원은 적당한 방법으로 그 사실을 추심채권자에게 알려 주어 공탁 및 사유신고를 하도록 유도하는 것이 타당하기 때문이다(민사집행법 제236조 제2항, 제247조, 제219조, 민사집행규칙 제162조 제2항 등 참조).

이때에는 집행절차가 종료하지 않고 배당절차로 넘어가게 된다. 다른 견해는 강제집행의 신청에 의하여 개시된 개개의 구체적인 집행절차의 종료는 그 절차에 정해진 최후의 단계에 해당하는 행위가 완결되었을 때에 생긴다고 하면서 채권집행에서는 추심명령은 **추심신고나 배당절차의 종료시**라고 한다.[22]

대법원 2003. 3. 28. 선고 2003도313 판결(사건명 : 【횡령】)은 "압류가 경합하는 때에는 제3채무자는 그 채무액을 공탁하여 면책을 받을 수 있지만 공탁의 청구가 없는 한 추심명령을 받은 채권자에게 직접 변제하여도 된다 할 것이나 이 경우 추심채권자는 추심한 금액을 지체 없이 공탁하고 그 사유를 법원에 신고하여야 할 것이므로, 비록 피고인이 ○○○에 대한 추심의 소를 제기, 승소하여 그에 따라 이 사건 금원을 직접 추심하였다 하더라도 이 사건 금원은 피고인에게 귀속된다고 할 수 없고 피고인이 이를 공탁하고 사유신고를 하기까지 경합채권자(경우에 따라서는 채무자 포함)들을 위하여 보관하는 자의 지위에 있게 된다고 할 것이다"라고 판시하였다.

또 대법원 2004. 12. 10. 선고 2004다54725 판결【가압류취소】은 "채권압류 및 추심명령을 받은 채권자가 제3채무자로부터 피압류채권을 추심한

---

[22] 이시윤, 신민사집행법, 169.

다음 민사집행법 제236조 제1항에 따른 추심신고를 한 경우 그 때까지 다른 압류·가압류 또는 배당요구가 없으면 그 추심한 범위 내에서 피압류채권은 소멸하고, 집행법원은 추심금의 충당관계 등을 조사하여 집행채권 전액이 변제된 경우에는 집행력 있는 정본을 채무자에게 교부하며, <u>일부 변제가 된 경우에는 그 취지를 집행력 있는 정본 등에 적은 다음 채권자에게 돌려주는 등의 조치를 취함으로써 채권집행이 종료하게 된다.</u>"고 하였으며 하급심판결이지만 청주지방법원 2012. 10. 18. 선고 2012노18 판결(사건명 : 【강제집행면탈】)도 위 2004다54725 판결의 설시와 같은 취지로 다음과 같이 판시하여 주목되었다.

"… 채권압류 및 추심명령이 제3채무자들에게 송달됨으로써 종료되었는지 여부에 관하여 살피건대, 채권압류 및 추심명령은 그 명령을 받은 채권자가 제3채무자로터 피압류채권을 추심한 다음 추심신고를 한 경우 그 추심한 범위 내에서 피압류채권이 소멸하고, <u>집행법원은 추심금의 충당관계 등을 조사하여 집행채권 전액이 변제된 경우 비로소 집행력 있는 정본을 채무자에게 교부함으로써 **채권집행이 종료**되는 것이다.</u>"

또한 대법원 2003. 2. 14. 선고 2002다64810 판결 【집행문부여에대한이의】은 "집행문 부여에 대한 이의의 소는 집행문이 부여된 후 강제집행이 종료될 때까지 제기할 수 있는 것으로서 강제집행이 종료된 이후에는 이를 제기할 이익이 없는 것인바, (1) 집행력 있는 채무명의에 터잡아 집행채권의 일부에 관하여 채권의 압류 및 전부명령이 발하여진 경우에 전부명령에 포함된 집행채권과 관련하여서는 그 전부명령의 확정으로 집행절차가 종료하게 되므로 그 부분에 관한 한 집행문 부여에 대한 이의의 소를 제기할 이익이 없다 할 것이나, 전부명령에 포함되지 아니하여 만족을 얻지 못한 잔여 집행채권 부분에 관하여는 아직 압류사건이 존속하게 되므로 강제집행절차는 종료되었다고 볼 수 없고, (2) 한편 <u>추심명령의 경우에는 그 명령이 발령</u>

되었다고 하더라도 그 이후 배당절차가 남아 있는 한 아직 강제집행이 종료되었다고 할 수 없다."고 판시하였다. 추심명령의 집행종료시기에 관한 위의 판시들은 강제집행면탈이나 횡령과 같은 형사사건에서 설시된 것도 있으나 민사집행실무에 그대로 타당하다. 요컨대 추심신고시까지 다른 압류·가압류 또는 배당요구가 있고, 신고된 추심금으로 경합하는 집행채권액 모두를 전액 변제할 수 없을 때에는 채권집행은 종료되었다고 볼 수 없다는 것이 대법원의 견해로 파악된다(私見).

하지만 예외적으로 추심신고시에 채권집행이 종료되는 경우도 있을 수 있다. 즉 추심명령을 얻어 채권을 추심하는 채권자는 집행법원의 수권에 따른 일종의 추심기관이며, 제3채무자로부터 추심을 하는 것은 현금화절차의 실행이지 그 자체가 만족의 단계는 아닌바, 만일 추심채권자가 **추심권의 행사**로 제3채무자로부터 채권을 추심한 이후 경합되는 다른 채권자가 없는 상태에서 추심신고를 하였다면 그 자체로 채권집행절차는 종료하게 되며 배당절차는 필요 없게 되는 것이다.[23] 따라서 이때에는 추심신고시에 집행절차 그 자체가 '완결'되는 것으로 보아야 한다.

그렇다면 만약 추심채권액이 경합하는 압류권자, 가압류권자, 추심권자, 배당요구권자 등의 집행채권액의 합계액보다 적은 경우에는 추심채권자는 공탁의무를 지게 되고, 배당절차에 나아가게 되므로, 아직 집행의 완결이 있다고는 말할 수 없는 것이다. 또한 이와 같이 한정된 배당재단에서 경합하는 채권자들 모두를 만족시킬 수 없는 경우에는 배당기일에서 집행법원은 법정의 배당순위에 따라 배당하게 되는바 가집행선고부판결에 기한 압류 및 추심권자가 이후 상소심판결에서 패소하였을 때 그를 제외시킬 법률상 이익은 집행채무자에게 충분히 존재한다. 집행채무자에게 잉여금이 남을 수도 있으며, 다른 채권자들에게 변제하는 것이 변제이익이 클 경우도 있을 수 있기

---

23) 박준의, 신채권집행실무, 637.

때문이다.

실무일각에서 이를 공탁 및 사유신고 이후, 즉 배당절차가 개시되었다고 하여 확정된 전부권자와 같이 취급하려는 시도가 있는데 위의 이유 이외에도 ①추심명령과 전부명령의 본질적인 차이, ②신의칙에서 파생되는 공평의 원칙에 비추어서도 납득하기 어렵다. 또 집행정지와 집행취소는 법개념적으로 다르므로, 집행정지서류가 압류 및 추심명령 정본 송달 후 제3채무자의 집행공탁 및 사유신고 이전에 제출된 경우라든가 제3채무자의 집행공탁 및 사유신고 이후에 제출된 경우와 병렬적으로 이해하려고 해서는 안된다.

가집행선고실효와 집행취소의 문제는 집행완결 전이냐 후이냐에 따라 집행취소의 가부를 논하는 것일 뿐 절차진행의 문제는 아니다. 집행정지서류는 배당절차가입을 차단하거나 배당절차진행을 막지 못한다고 보는 것이 통설이며 타당하다고 본다.[24]

📖 **대법원 2005. 9. 29. 선고 2003다30135 판결**

상고이유 제4점에 대한 판결이유 설시

"채권에 대한 강제집행은, 추심명령의 경우에는 추심채권자가 집행법원에 추심신고를 한 때에, 전부명령의 경우에는 전부명령이 확정되는 것을 조건으로 제3채무자에게 전부명령이 송달된 때에 각 종료된다 할 것이지만, 압류의 경합으로 인하여 제3채무자가 그 채무액을 공탁하여 배당절차가 개시된 경우에는 배당표에 의한 배당액의 지급에 의하여 종료된다."

☞ 현실적으로 배당금이 출급(판례는 '지급'이라는 표현을 쓴다)됨으로써 채권배당절차가 종료하는 것으로 보고 있어 주목된다.[25] 이 판례사안은 배당표확정 후 배

---

24) 이에 관하여 가장 최근에 정리한 논문으로, 민동근, 금전채권에 대한 집행절차와 집행정지 - 두 가지 쟁점을 중심으로- 한국민사집행법학회지, (2014) ; 東京地裁 債權執行等手續研究會, 「債權執行の諸問題」, (株式會社 判例タイムズ, 1993) 503면 ; 손진홍, 채권집행의 이론과 실무 (상) (법률정보센타 2013. 1.) 95. 이하 각 참조

25) 서울중앙지방법원 파산부 실무연구회, 도산절차와 소송 및 집행절차, (박영사, 2011)

당권자 중 1인의 압류 및 추심명령의 근거가 된 집행권원에 대하여 청구이의의 소가 제기되고 또한 강제집행정지결정문이 집행법원에 제출되었는데, 나중에 또한 청구이의승소판결문도 제출되어 배당금의 귀속관계가 문제되었다. 그리고 아래 두 판례는 배당표확정시에 배당절차가 종료되지만 확정적 종료는 아닐 수 있다는 것이므로, 개별사안에서 예외를 허용하는 배당표확정시설을 취한 것으로 보이는데 대법원판례가 배당금지급시설로 확립되었다고 보기는 아직 어려운 듯하다.

📖 **대법원 2009. 5. 14. 선고 2007다64310 판결**

"근저당권자에게 배당하기로 한 배당금에 대하여 지급금지가처분결정이 있어 경매법원이 그 배당금을 공탁한 후에 그 근저당권설정계약이 사해행위로 취소된 경우, 공탁금의 지급 여부가 불확정 상태에 있는 경우에는 공탁된 배당금이 피공탁자에게 지급될 때까지 배당절차는 아직 종료되지 않은 것이라고 볼 수도 있으므로 반드시 배당절차가 확정적으로 종료되었다고 단정할 수는 없다"

📖 **대법원 2001. 10. 12. 선고 2001다37613 판결**

"배당기일에 불출석한 근저당권자를 위하여 배당금을 공탁한 후에 당해 근저당권이 피담보채무의 변제 등으로 소멸하였음이 밝혀져 공탁된 배당금을 근저당권자에게 지급할 수 없는 명백한 사유가 생긴 경우, 반드시 배당절차가 확정적으로 종료되었다고 단정할 수는 없다는 점…(후략)"

비록 가압류채권자의 채권에 대한 배당액의 공탁에 관한 언급이었지만 이우재 부장판사는 『대법원 1979. 7. 5.자 79마94 결정은 "집행법원이 배당기일에 배당표에 대한 이의신청이 없는 때에 그 배당표에 의한 배당의 실시로 가압류채권자의 채권을 위하여 그 배당액을 공탁한 경우에는 가압류채권자의 채권에 대한 배당실시는 공탁에 의하여 종료"된다고 판시하였는가 하면, 추가배당설을 취한 대부분의 판례는 배당액이 공탁된 것만으로는 "배당절차가 확정적으로 종료하였다고 볼 수 없다"고 판시하고 있다.

224도 참조할 것.

종료와 확정적인 종료가 다른 것인지는 의문이나, 추측하건대 확정적 종료란 말은 배당절차가 종료되고 배당표가 일단 확정되었는데도 불구하고, 그 후에 발생한 어떤 사유로 추가배당사유가 발생한 경우에 그 추가배당을 합리화하기 위하여 사용하기 시작한 개념인 듯하다. …(중략) 자칫하면 이러한 도구개념의 사용과 對症的인 법리[26]로 인해서 배당절차의 안정이 흔들릴 위험이 있다.[27]』라고 지적한 바 있다.

---

[26] 對症的인 법리란 그때그때 임시방편으로 사건을 처리하기 위해 만든 법이론으로서 일관된 이론적 근거를 갖지 못하는 것을 표현하는 것으로 보인다.
[27] 이우재, 부동산 및 채권집행에서의 배당의 제문제 (2012) 377.

열두 번째 물음
[난이도 ★★]

마스터 실무사례

경매절차에서 다세대주택을 매수한 사람입니다. 저는 매각대금을 완납한 다음 상대방을 상대로 부동산인도명령 신청을 하여 2017. 6. 21. 인도명령을 발령받았습니다. 그런데 이에 대하여 다세대주택의 이전 소유자(상대방)가 2017. 7. 2. 이 부동산인도명령에 대한 즉시항고를 제기하면서 2017. 7. 13. 그에 대한 강제집행정지신청을 하였습니다. 그렇지만 집행법원이 강제집행정지결정을 하기 전인 2017. 7. 20.에 저(=재항고인)는 앞서 받은 부동산인도명령에 기하여 이 건 다세대주택에 대한 인도집행을 마쳐버렸거든요.

이미 집행관을 통하여 부동산인도집행이 끝났는데 부동산인도명령에 대한 즉시항고심 절차가 계속 진행되는게 맞는 것인가요?

질문에 대한 답변

쟁 점 : 집행방법에 관한 이의신청 및 그 기각결정에 대한 즉시항고와 강제집행의 종료와의 관계 / 부동산인도명령의 하자와 그에 대한 불복절차 그리고 집행불정지(執行不停止), 강제집행의 종료

부동산인도집행이 종료되면 집행방법에 관한 이의신청이나 집행방법에

관한 이의신청기각결정에 대한 즉시항고가 부적법해지는지 여부가 문제되는 사례입니다. 앞서 여러 사례들에서 보았듯이 집행이 완전히 끝난(=종료된) 후에는 비록 1심판결을 전부 또는 일부취소한 항소심 판결정본을 제출하여도 집행법원으로서는 집행의 전부 또는 일부취소를 할 수 없게 된다는 것이 통설이며 판례의 기본입장입니다. 집행이 종료되면 나중에 그 집행을 하게 만든 법적 힘이 되는 집행권원이 취소되더라도 이미 이루어진 집행종료의 효과를 다툴 수 없다는 것이지요.

그렇다면 이 사례에서 소유자가 부동산인도명령에 대하여 즉시항고를 하면서 집행정지신청을 하였으나 법원이 그 집행정지결정을 하기 전에 이미 집행이 종료되어버린 경우에는 더 이상 즉시항고를 유지할 이익이 없게 되었는가가 문제됩니다. 판례의 이유를 읽어봅시다.

📖 대법원 2008. 2. 5.자 2007마1613 결정 [경락부동산인도명령] 파기자판(각하)

[참조조문]

민사집행법 제16조(집행에 관한 이의신청) ①집행법원의 집행절차에 관한 재판으로서 즉시항고를 할 수 없는 것과, 집행관의 집행처분, 그 밖에 집행관이 지킬 집행절차에 대하여서는 법원에 이의를 신청할 수 있다.

②법원은 제1항의 이의신청에 대한 재판에 앞서, 채무자에게 담보를 제공하게 하거나 제공하게 하지 아니하고 집행을 일시정지하도록 명하거나, 채권자에게 담보를 제공하게 하고 그 집행을 계속하도록 명하는 등 잠정처분(暫定處分)을 할 수 있다.

③집행관이 집행을 위임받기를 거부하거나 집행행위를 지체하는 경우 또는 집행관이 계산한 수수료에 대하여 다툼이 있는 경우에는 법원에 이의를 신청할 수 있다.

(前略)

집행방법에 관한 이의는 강제집행의 방법이나 집행행위에 있어서 집행관의 준수할 집행절차에 관한 형식적 절차상의 하자가 있는 경우에 한하여 집행당사자 또는 이해관계가 있는 제3자가 집행법원에 대하여 하는 불복신청을 말하는 것으로, 집행법원이 그 재판 전에 강제집행의 일시정지의 가처분을 하지 아니하는 한 집행정지의 효력이 없고, 이의 기각결정에 대한 즉시항고의 경우에도 법률에 특별한 규정이 있는 경우에 한하여 집행정지의 효력이 있으므로, 이미 강제집행이 종료된 후에는 집행방법에 관한 이의를 할 수 없을 뿐만 아니라 집행방법에 관한 이의신청사건이나 그 기각결정에 대한 즉시항고사건이 계속 중에 있을 때 강제집행이 종료된 경우에도 그 불허가를 구하는 이의신청이나 즉시항고는 이의나 불복의 대상을 잃게 되므로 이의나 항고의 이익이 없어 부적법하게 되는바(대법원 1987. 11. 20.자 87마1095 결정 참조), 위와 같은 법리는 부동산인도명령에 대한 즉시항고의 경우에도 마찬가지로 적용된다고 할 것이다(대법원 2005. 11. 14.자 2005마950 결정 참조).

기록에 의하면, 이 사건 경매절차에서 이 사건 다세대주택을 매수한 재항고인은 매각대금을 완납한 다음 상대방을 상대로 부동산인도명령 신청을 하여 2007. 6. 21. 그 명령을 발령받은 사실, <u>이에 대하여 상대방은 2007. 7. 2. 위 부동산인도명령에 대한 즉시항고를 제기하면서 2007. 7. 13. 그에 대한 강제집행정지신청을 하였으나, 그에 따른 강제집행이 정지되기 전인 2007. 7. 20. 재항고인은 위 부동산인도명령에 기하여 이 사건 다세대주택에 대한 인도집행을 마쳐버린 사실 등을 알 수 있는바, 이와 같이 이 사건 다세대주택에 관하여 위 부동산인도명령에 기한 집행이 이미 종료된 것인 이상 이 사건 항고는 불복의 대상을 잃게 되므로 더 이상 항고를 유지할 이익이 없게 되었다고</u> 할 것이다.

그렇다면 항고심인 원심법원으로서는 이 사건 항고가 항고의 이익이 없어 부적법하게 되었음을 이유로 이를 각하하였어야 할 것임에도 불구하고, 이 점을 간과한 채 상대방이 내세우는 항고이유 주장을 받아들여 이 사건 부동산인도명령신청을 기각한 위법을 범하였다 할 것이다. 따라서 원심결정을 파기하고, 이 사건은 위의 사실에 의하여 재판하기에 충분하므로 당원이 다음과 같이 결정한다.

상대방의 항고를 보건대, 상대방의 이 사건 항고는 위 부동산인도명령에 기한 집행이 완료됨으로써 그 불복의 대상을 잃게 되었으므로 더 이상 항고를 유지할 이익이 없게 되어 부적법하므로 각하를 면할 수 없다.(후략)

중요참고판례

대법원 1987. 11. 20.자 87마1095 결정
[집행방법에대한이의][집35(3)민, 252;공1988. 1. 1.(815), 98]

【결정요지】

집행방법에 관한 이의는 강제집행의 방법이나 집행행위에 있어서 집달관(필자 주: 현행법상 집행관)의 준수할 집행절차에 관한 형식적 절차상의 하자가 있는 경우에 한하여 집행당사자 또는 이해관계가 있는 제3자가 집행법원에 대하여 하는 불복신청을 말하는 것으로, 집행법원이 그 재판전에 강제집행의 일시정지의 가처분을 하지 아니하는 한 집행정지의 효력이 없고, 이의 기각결정에 대한 즉시항고의 경우에도 법률에 특별한 규정이 있는 경우에 한하여 집행정지의 효력이 있으므로, 이미 강제집행이 종료된 후에는 집행방법에 관한 이의를 할 수 없을 뿐만 아니라 집행방법에 관한 이의신청사건이나 그 기각결정에 대한 즉시항고사건이 계속중에 있을 때 강제집행이 종료된 경우에도 그 불허가를 구하는 이의신청이나 즉시항고는 이의나 불복의 대상을 잃게 되므로 이의나 항고의 이익이 없어 부적법하게 된다.

집행방법에 관한 이의는 강제집행의 방법이나 집행행위에 있어서 집달관의 준수할 집행절차에 관한 형식적인 절차상의 하자가 있는 경우에 한하여 집행당사자 또는 이해관계있는 제3자가 집행법원에 대하여 하는 불복신청을 말하는 것으로서, 집행법원이 그 재판전에 민사소송법 제484조 제2항에 의하여 신청인에게 담보를 제공하게 하거나 제공하게 하지 아니하고 강제집행의 일시정지를 명하는 가처분을 하지 아니하는 한 집행정지의 효력이 없고 집행방법에 관한 이의신청을 기각한 결정에 대한 즉시항고의 경우에도 즉시항고에 의한 집행정지의 효력에 관한 민사소송법 제417조를 적용함에 있어서는 법률이 효력정지를 규정한 경우에 한하는 것이므로, 이미 강제집행이 종료된 후에는 집행방법에 관한 이의를 할 수 없을 뿐만 아니라 집행방법에 관한 이의신청사건이나 그 기각결정에 대한 즉시항고사건이 계속중에 있을 때 강제집행이 종료된 경우에도 그 불허가를 구하는 이의신청이나 즉시항고는 이의나 불복의 대상을 잃게 되므로 이의나 항고의 이익이 없어 부적법하게 된다고 보아야 할 것이다(당원 1966. 10. 27.자, 66마940; 1979. 10. 29.자, 79마150 각 결정참조).

원결정 이유에 의하면, 원심은 기록에 편철된 부동산인도집행조서의 기재에 의하여 원결정 별지목록기재 부동산에 대하여 1987. 5. 14.에 개시된 이 사건 강제집행은 원심법원소속 집달관에 의하여 1987. 6. 15. 적법하게 완료된 사실을 인정한 다음(이 사건 이의신청은 1987. 5. 21. 제기되어 같은해 6. 1. 기각되었다), 이미 종료된 강제집행에 대하여 다시 그 불허가를 구하는 신청은 부적법하다고 판단하고 있는 바, 기록과 대조하여 살펴보아도 원심의 위 사실인정과 판단은 모두 정당하고, 거기에 논지가 주장하는 사실오인의 위법이 있음을 찾아볼 수 없으며, <u>가사 소론과 같이</u> 이 사건 부동산의 점유자 아닌 신청외인을 상대로 하여 발하여진 위 식의 인도명령에 의하여 신청인 점유의 부동산에 대한 위 인도집행이 행하여진 흠이 있다 하더라도 <u>이미 종료된 강제집행에 대하여 집행방법에 관한 이의의 방법으로 다툴 수는 없다</u> 할 것이므로 재항고논지는 이유없다.

열세 번째 물음
[난이도 ★★]

마스터 실무사례

부동산 임의경매절차에서 매수인(낙찰자)인 갑은 매각대금을 내고 평택시 임야 12,991㎡ 중에서 D소유지분 163.56/2142에 대하여 수원지방법원 평택지원 경매절차에 응찰하여 최고가매수인이 되고 입찰표에 기재한 대금을 완전히 납부하여 소유지분을 취득하였습니다. 그런데 그 후 경매절차가 완전히 종료되기 전에 D소유지분권 등기 전소유자 C지분(C=망A 상속인들 중 1인)의 이전등기의 근거가 된 J종중과 망A 상속인들 사이의 인락조서가 준재심의 소에 의하여 취소판결을 받게 되었다.
갑의 민사집행법상 구제방법은?

최근 중요한 판례사안입니다. 사실관계가 이해하기 복잡하므로 아주 쉽게 풀어서 설명해보도록 하겠습니다.

① 평택시 (주소생략) 임야 12,991㎡'에 관해 A명의로 소유권보존등기 경료
　　소유자 A 임야 12,991㎡'

② A는 1946. 11. 29. J종중 앞으로 소유권이전등기 경료해 줌.
　　　　　　임야 12,991㎡'
　　A ─────────────→ 소유자 J종중

③ A가 사망한 후 그 상속인들이 수원지방법원 평택지원에 J종중 상대로 위 평택시 임야 12,991㎡에 관한 소유권이전등기말소등기의 이행을 청구하는 소를 제기함.

```
                    임야 12,991㎡
A --------------------- 소유자 J종중
사망                    ↗
  └→ 상속인들    소유권이전등기 말소등기 청구소송제기
```

④ J종중의 대표자 B가 위 소유권이전등기말소등기소송절차내에서 위 상속인들의 청구를 모두 인정하는 내용의 청구인낙을 하고 그 인낙조서가 작성됨(2012. 1. 18.).

[임야 12,991㎡에 대한 소유권이전등기 말소등기 청구소송절차]

```
망 A의 상속인들  ──────────→  소유자 J종중
              법원에서 J종중의 대표자 B가 출석, 청구인락
```

⑤ 2012. 6. 19. 위 인낙조서에 기해 망 A의 상속인 중 C에게 위 임야 12,991㎡ 중 684/2142 지분에 관해 소유권이전등기를 마침.

```
           임야 12,991㎡
망A --------- 소유자 J종중 ──────→ 망A 상속인 중 C
보존등기      이전등기      일부지분(684/2142 지분)이전등기
```

⑥ 2012. 7. 12. 위 임야 12,991㎡의 C 소유 지분 중에서 163.56/2142 지분 (이하 '문제된 지분')에 관하여 D 앞으로 소유권이전등기

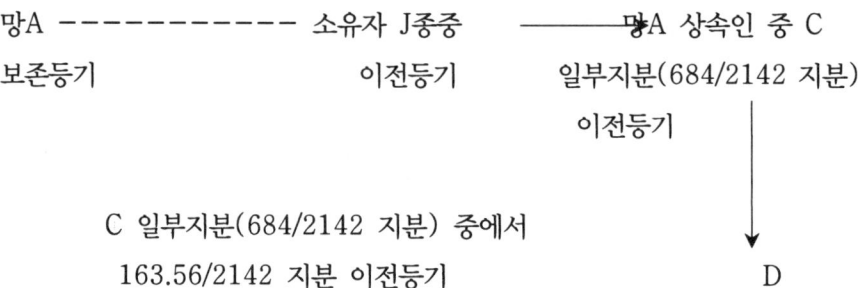

D 소유지분	C 소유 남은 지분
163.56/2142 지분	520.44/2142 지분

⑦ 그 후 E는 2012. 9. 3. 문제된 지분에 관해 근저당권자 E, 채무자 D, 채권최고액 2억 원으로 정한 근저당권설정등기를 마쳤다.

[임야 12,991㎡의 등기부상 갑구 소유권 등기관계]

망A 나머지 상속인들과 J종중의 등기	D 소유지분	망A 상속인 중 C 소유 (남은) 지분
생략	163.56/2142 지분	520.44/2142 지분

[임야 12,991㎡의 등기부상 을구 등기관계]

(망A 나머지 상속인들과 J종중의 등기에 관하여, 망A 상속인 중 C 소유 (남은) 지분에 관하여 을구 등기는 생략)

순위번호	등기목적	접수	등기원인	권리자 및 기타사항
1	근저당권 설정	2012년 9월3일	2012년 9월3일	갑구 ○번 D소유지분 163.56/2142 전부 근저당권설정 채권최고액 2억 원

			채무자 D
			주소
			근저당권자 E 주민번호
			주소

⑧ 이후 2013. 6. 5. 며칠 전에 근저당권자 E가 위 근저당권에 기한 담보권 실행을 위한 경매(이른바 임의경매)를 신청하였고, 수원지방법원 평택지원은 2013. 6. 5. 문제된 지분인 **D소유지분 163.56/2142에 대하여 2013타경8883호로 경매개시결정**을 하였다.

⑨ 평택지원은 경매절차를 진행하여 2014. 6. 9. **갑에게 매각을 허가하는 결정**을 하였고, 이에 갑은 같은 해 9. 26. 그 매각대금을 다 냈다 (2014. 9. 26. 소유권 취득, 민법 187조).

⑩ 그런데 J종중은 망A의 상속인들을 상대로 'J종중의 대표자 B가 특별수권 없이 A의 상속인들의 청구를 인낙하였다'는 이유로 위 인낙조서의 취소를 구하는 준재심의 소를 제기하였다.

⑪ 위 준재심의 소송절차 제1심에서 2013. 3. 28. 위 인낙조서의 취소를 명하는 판결이 선고되었다(수원지방법원 평택지원 2012재가합13). 그러나 항소심에서는 2014. 1. 16. 이 사건 준재심의 소가 준재심 제기기간이 지난 후에 제기되었다는 이유로 제1심판결을 취소하고 준재심의 소를 각하하는 판결이 선고되었다(서울고등법원 2013나27932). 다시 당사자가 불복, 대법원은 2016. 10. 13. 항소심이 준재심 제기기간의 기산일을 오해하였다는 이유로 위 항소심판결을 파기하여 환송하는 판결이 선고되었고(대법원 2014다12348), 현재 준재심의 소가 환송 후 원심인 서울고등법원에 계속 중임(서울고등법원 2016나209322).

질문에 대한 답변

이 실무상 문제는 민사집행법에서 매우 중요한 쟁점들이 도사리고 있습니다.

법률 케이스 공부에서 사실관계의 파악은 공부의 절반 이상이라고 말할 수 있습니다. 그래서 매우 자세하게 시간과 사건의 흐름에 따른 관계자와 법률쟁점의 등장을 위와 같이 도표의 변화로 보여주었습니다. 비록 초보자였다고 하더라도 이해하였으리라 생각합니다.

위 질문에서 매수인(경락인) 갑은 임야의 일부지분을, 공유지분에 대한 부동산근저당권실행으로 인한 경매절차에서 적법·유효하게 취득하였습니다. 그런데 2016. 11. 11. 이 사건 준재심의 소에 관하여 대법원에서 파기환송 판결이 내려져 부동산소유권을 취득할 수 있는지 여부가 불확실하게 되었다고 판단됩니다. 경매와 공신적 효과 인정문제에 대하여 다른 질문에서 자세히 살펴보겠지만 이 사례와 같은 담보권실행경매(임의경매)에서는 일단 유효한 근저당권이 존재하다가 소멸하여야 공신적 효과가 인정될 수 있습니다.

이 판례사안에서 임야 12,991㎡에 관하여 소유자 J종중을 대표한 B의 특별수권 자체가 존재하지 않는다면 망A의 상속인 중 C 앞으로 경료된 지분(684/2142 지분)이전등기는 그 등기원인인 인락조서가 불성립 내지 무효가 되어 등기원인의 무효로 말소될 운명에 처해질 것입니다.

그러므로 C의 지분(684/2142 지분)등기에 터잡은 D의 163.56/2142 지분 이전등기는 원인무효등기를 승계한 등기가 되어 무효가 됩니다(우리 민법상 부동산등기의 공신력 부정. 그러나 동산에 대하여는 공신력이 인정된다. 이른바 Hand wahre Hand.). 따라서 D의 소유지분에 설정된 E의 근저당권 역시 무효인 소유지분등기에 터잡은 지분에 대한 근저당권등기여서 마찬가지로 무효가 됩니다. 성립에 무효원인이 있으므로 임의경매의 공신적 효력도 미치지 않습니다.

그래서 매수인(경락인) 갑은 자신이 납부한 매수대금(경락대금)을 돌려받아야 합니다. 어떠한 민사집행법상 구제수단이 유효할까요?

☞ 1. 민사집행법 제96조 제1항(같은 법 제268조에 의해 임의경매에 준용)의 집행취소신청이 가능한가?

민사집행법 제96조는 '부동산의 멸실 등으로 말미암은 경매취소'라는 제목하에 "부동산이 없어지거나 매각 등으로 말미암아 권리를 이전할 수 없는 사정이 명백하게 된 때에는 법원은 강제경매의 절차를 취소하여야 한다."(법 제96조 제1항)고 규정하고 있다.

매수인 갑은 위 제96조 제1항에서 정한 '권리(=부동산의 소유권)를 이전할 수 없는 사정이 명백하게 된 때'에 해당하는 사유가 발생하였다고 주장하면서 이 사건 경매절차는 취소되어야 한다고 주장하였다. 그런데 이미 매각절차는 모두 종결되었고 경매절차의 제3단계인 배당절차를 앞두고 있었기 때문에 위 평택지원에 집행에 관한 이의를 신청한 것이다.

그런데 민사집행법 제268조에 의해 담보권 실행을 위한 경매절차에 준용되는 제96조 제1항은 "부동산이 없어지거나 매각 등으로 말미암아 권리를 이전할 수 없는 사정이 명백하게 된 때에는 법원은 강제경매의 절차를 취소하여야 한다."라고 규정하고 있으나, 위 규정에서 정한 경매절차의 취소사유는 **매각대금을 다 내기 전에 발생한 것이어야 한다**(대법원 2017. 4. 19.자 2016그172 결정 [집행에관한이의] 특별항고 [공2017상, 1071], 원심결정: 수원지법 평택지원 2016. 11. 18.자 2016타기168 결정). 매수(경락)대금을 납부하여 갑이 소유권을 취득한 것은 2014. 9. 26.인데 위 준재심의 소는 제1심판결이 2013. 3. 28.에 선고되었지만 대법원 판결은 2016. 10. 13.에야 선고되었다.

즉 경매절차의 취소사유는 적어도 대법원판결 선고일인 2016. 10. 13. 이후 판결확정일에 발생한다고 보는 것이 옳으므로[28] 매수인이 경매절차에서 부동산에 대한 매각허가결정을 받아 매각대금까지 내고 소유권을 취득한 후 매매의 목적물의 권리가 타인에게 속하게 되는 사유로 소유권을 상실하게 된 것이어서 부동산의 매각 등으로 소유권의 이전이 불가능하였던 것은 아니다.

그러므로 대법원판례에 따를 때 이러한 사유는 민사집행법 제268조, 제96조 제1항에서 정한 경매절차의 취소사유에 해당하지 않는다.

2. 경매절차와 민법상 담보책임의 유추적용

만일 위 준재심의 소에서 J종중의 승소판결이 내려지고 그 판결이 확정되어 갑(경매절차 매수인, 집행이의신청의 특별항고인)이 문제된 지분에 대한 소유권을 상실하게 된다면, 이는 매매의 목적이 된 권리가 타인에게 속하여 매수인에게 그 권리를 취득하여 매수인에게 이전할 수 없게 된 경우에 해당할 것이다. 이러한 경우에는 매수인 갑은 민법 제578조, 제570조에 따라 경매에 의한 매매계약을 해제하고 매도인인 채무자를 상대로 담보책임을 물을 수 있다.

이러한 담보책임은 매수인이 경매절차 밖에서 별소로써 채무자 또는 채권자를 상대로 추급하는 것이 원칙이다. 다만 아직 배당이 실시되기 전이라면 매수인으로 하여금 배당이 실시되는 것을 기다렸다가 경매절차 밖에서 별소에 의하여 담보책임을 추급하게 하는 것은 가혹하므로, 매수인은 민사집행법 제96조를 유추적용하여 집행법원에 대하여 경매에 의한 매매계약을 해제하고 납부한 매각대금의 반환을 청구하는 방법으로 담보책임을 추급할 수 있다는 것이 판례이다. 만약 배당절차가 종결된 경우라면 채무자의 자력이 없는 경우 대금의 배당을 받은 채권자를 상대로 그 대금의 전부 또는 일부의

---

28) 대법원도 대법원 2017. 4. 19.자 2016그172 결정 [집행에관한이의] 특별항고 기각결정 이유에서 괄호를 표시하고 그 안에 "더구나 이 사건 준재심의 소에 관해 상고심에서 파기환송 판결이 내려졌다고 하더라도 이 사건 종중의 승소판결이 확정된 것이 아니므로 특별항고인의 이 사건 지분에 대한 소유권 상실 여부가 확정되지도 않은 상태이다"라고 설시하여 이 점을 지적하였다.

반환을 청구할 수 있다.

> **참조조문**

　　민법 제569조(타인의 권리의 매매) 매매의 목적이 된 권리가 타인에게 속한 경우에는 매도인은 그 권리를 취득하여 매수인에게 이전하여야 한다.

　　민법 제570조(동전-매도인의 담보책임) 전조의 경우에 매도인이 그 권리를 취득하여 매수인에게 이전할 수 없는 때에는 매수인은 계약을 해제할 수 있다. 그러나 매수인이 계약당시 그 권리가 매도인에게 속하지 아니함을 안 때에는 손해배상을 청구하지 못한다.

　　민법 제576조(저당권, 전세권의 행사와 매도인의 담보책임) ①매매의 목적이 된 부동산에 설정된 저당권 또는 전세권의 행사로 인하여 매수인이 그 소유권을 취득할 수 없거나 취득한 소유권을 잃은 때에는 매수인은 계약을 해제할 수 있다.

　　②전항의 경우에 매수인의 출재로 그 소유권을 보존한 때에는 매도인에 대하여 그 상환을 청구할 수 있다.

　　③전2항의 경우에 매수인이 손해를 받은 때에는 그 배상을 청구할 수 있다.

　　민법 제578조(경매와 매도인의 담보책임) ①경매의 경우에는 경락인은 전8조의 규정에 의하여 채무자에게 계약의 해제 또는 대금감액의 청구를 할 수 있다.

　　②전항의 경우에 채무자가 자력이 없는 때에는 경락인은 대금의 배당을 받은 채권자에 대하여 그 대금전부나 일부의 반환을 청구할 수 있다.

　　③전2항의 경우에 채무자가 물건 또는 권리의 흠결을 알고 고지하지 아니하거나 채권자가 이를 알고 경매를 청구한 때에는 경락인은 그 흠결을 안 채무자나 채권자에 대하여 손해배상을 청구할 수 있다.

참고문헌

민일영, 경매와 담보책임의 법리 – 임차주택의 경매를 중심으로, 법조 53권 1호, 2004

박준의, 경매절차에 있어서 담보책임의 일환인 대금감액신청과 이를 둘러싼 집행실무상의 제문제 – 결정에 대한 불복절차를 중심으로, 민사집행법연구 10권, 한국사법행정학회 2014

양창수, 채무자 소유 아닌 부동산에 대한 경매와 담보책임, 경영법무통권 123호, 2005

오시영, 채무자 소유 아닌 부동산 경매와 담보책임과의 관계, 민사법학 42호, 한국사법행정학회, 2008

열네 번째 물음

마스터 실무사례

안녕하십니까? 저는 집행사건 담당 대리인 변호사입니다.

공장 및 광업재단저당법(舊 공장저당법)에 의한 기계기구목록을 포함하여 공장용지와 건물 및 도로 등을 함께 일괄매각을 하여 2회 매각기일에 20% 저감된 금액으로 최고가매수인에게 매각되고 매수인이 매각대금을 납부하였습니다.

그런데 기계기구목록에 포함된 3개의 기계 중 2개가 감정시에는 존재하였으나 매각 후 어느 시점에선가 없어졌습니다. 이에 매수인은 대금을 납부한 후였기에 이에 대하여 (소유자 등을 상대로) 형사고소를 하였고, 집행법원에 대금감액을 신청하였습니다.

(1) 민사집행절차에서 대금감액결정을 하는 법적 근거
(2) 대금감액신청이 경매의 담보책임을 묻는 것이라고 한다면 민법 채권법상 해제의 의사표시를 하여야 하는지 여부
(3) 사법보좌관이 대금감액결정을 하는 것인지, 아니면 집행판사가 대금감액결정을 하는지 여부
(4) 대금감액결정을 할 때 금액산정에 있어서 2회 매각기일의 최저매각가격을 기준으로 (없어진)기계금액 해당분을 감액할 것인지, 아니면 최초의 1회 최저매각가격 중에서 (없어진)기계금액 해당분을 감액할 것인지 여부에 대하여 답변을 주시면 좋겠습니다.

> 질문에 대한 답변

우리 민사집행실무에서 매우 중요한 쟁점이자 실무의 내용입니다. 경매절차와 담보책임이라고 논의되고 있으며 앞의 몇 개 사례에서 그 논의가 펼쳐지는 모습을 보았지만 이렇게도 문제된다는 것을 알아야 실무에서 능동적으로 대처할 수 있을 것입니다. 이하에서 여러분의 이해의 필요한도에서 경매절차의 담보책임에 관한 이론적 기술을 하면서 답변하겠습니다. 전문적인 내용이 나오지만 법률이란 것이 그런 것입니다.

> 참조조문 - 우리나라 현행 민법

제578조(경매와 매도인의 담보책임) ①경매의 경우에는 경락인은 전8조의 규정에 의하여 채무자에게 계약의 해제 또는 대금감액의 청구를 할 수 있다.
②전항의 경우에 채무자가 자력이 없는 때에는 경락인은 대금의 배당을 받은 채권자에 대하여 그 대금전부나 일부의 반환을 청구할 수 있다.
③전2항의 경우에 채무자가 물건 또는 권리의 흠결을 알고 고지하지 아니하거나 채권자가 이를 알고 경매를 청구한 때에는 경락인은 그 흠결을 안 채무자나 채권자에 대하여 손해배상을 청구할 수 있다.
제580조(매도인의 하자담보책임) ①매매의 목적물에 하자가 있는 때에는 제575조 제1항의 규정을 준용한다. 그러나 매수인이 하자있는 것을 알았거나 과실로 인하여 이를 알지 못한 때에는 그러하지 아니하다.
②전항의 규정은 경매의 경우에 적용하지 아니한다.

1. 경매절차에서 담보책임의 특유성

민법 제578조의 담보책임에 관한 규정은 실체법적인 구제방법을 나타내는 것으로 매수인의 보호를 위한 역할이 매우 중요하지만, 다양한 유형으로 나타나는 경매의 현실을 구체적으로 반영하지 못함으로써, 해석상의 논란 여지를 남기고 있을 뿐만 아니라 입법정책적인 고려를 필요로 하게 되었다.[29]

또한 물건의 하자와 권리의 하자 가운데 물건의 하자에 대하여는 담보책임을 묻지 못하게 하여(민법 제580조 제2항), 경매에서 담보책임은 경감되어 있다. 또한 공경매에 한하여 제578조가 적용됨[30])은 우리나라의 강제집행절차가 국가에 의해 행하여지는 당연한 입법정책적인 결과이다. 다만 물건의 하자에 담보책임을 지운 집행법상 결정이 확정되면 그 실체법적 하자는 치유된다고 생각된다(私見).

비교법적으로 살펴보면, 독일에 있어서 경매와 매도인의 담보책임에 관하여는 일반규정은 없다고 한다.[31]) 다만, 독일민법 제445조에서 "물건이 담보권에 기하여 공경매에서 담보물로 표시되어 매각되는 때에는 매수인은 매도인이 하자를 알고도 밝히지 아니하였거나 물건의 성상에 대한 보장을 인수한 경우에 한하여 하자로 인한 권리를 갖는다"고 규정하여 공경매의 경우에 담보책임을 제한하고 있는데 이것은 우리 민법 제578조 제3항이 일반매매의 담보책임에 비하여 손해배상청구권을 제한한 취지와 유사하다. 그러나 물건의 하자와 권리의 하자를 구별하지 않고 취급하는 점에서 우리 민법과 차이가 있다.[32])

---

29) 배종을, 부동산경매에서의 매도인의 담보책임에 관한 연구, 성균관대학교 법학과 석사학위논문, (2008. 12.), 31.
30) 지원림, 민법강의 (홍문사, 2009), 1371.
31) 배종을, 위의 논문, 32.
32) 배종을, 의외 논문, 33. 임건면, 독일민법상 매도인의 하자담보책임에 있어서의 '하자'의 개념 비교사법 11권2호 (한국비교사법학회 2004) 145~146면은 "개정 독일민법이 매도인의 하자담보책임과 관련하여 매우 중요한 전기를 마련하는 것은 「매도인은 물건의 하자 또는 권리의 하자 없는 목적물을 이행하여야 한다」고 규정하고 있는 제433조 제1항 제2문이며, 이는 법이론적으로 뿐만 아니라, 실무상으로도 매우 중요한 의미가 있다. 이 규정은 개정 전의 규정과 비교하여 볼 때 매우 중요한 차이점을 보이고 있는데, 개정 전의 매매법은 매수인의 이행청구권을 물건의 인도와 소유권의 이전에 중점을 두었지만, 개정 매매법은 제433조 제1항 제2문에 「하자 없는」에 무게중심을 둠으로써 매수인의 하자 없는 급부에 대한 청구권을 명문화하고 있고, 이 내용이 개정 매매법의 핵심을 이루고 있다. 즉 독일의 개정 담보책임법의 가장 큰 특징 중의 하나는 지금까지의 경우와는 달리 「하자

2017년 일본에서는 채권법 전면개정이 1896년 일본민법 제정 이래 처음으로 이루어졌다. 2011년 일본 은행법무誌에 하야시 케이스케 오오사카지방재판소 판사는 기고한 글에서 "경매의 하자담보책임에 관한 채권법개정의 기본방침이 나왔다. 현행민법과의 주요한 변경점은 ①물건의 하자담보도 대상으로 하여, ②채무자가 무자력인 때에는 매수인은 채권자로부터 배당금의 반환을 청구할 수 있도록 한 것이다."라고 하였다.33) 그러나 2017년 6월 2일에 공포된 일본 개정민법34)은 제568조의 제목을 "(경매의 담보책임 등)"으로 고쳐 동조 제1항 중 "강제경매"를 "민사집행법 기타 법률의 규정에 의한 경매(이하 이 조에서 단순히 "경매"라 한다)"로 고치고, "제561조 내지 전조"를 "제541조 및 제542조 규정 및 제563조(제565조에서 준용하는 경우를 포함한다)"으로 고쳤다.

필자 주: 제541조 및 제542조는 해제권의 행사의 최고 및 계약해제에 관한 규정인데 제541, 제542조도 일부개정 되었다. 그리고 같은 조에 제4호를 신설, "전3항의 규정은 경매의 목적물의 종류 또는 품질에 대한 부적합 내용

(Mangel)」에 관하여 언급하고 있는 것이 아니라,「하자 없음(Mangelfreiheit)」에 중점을 두고 있다는 점"이라고 한다.

33) 林圭介,「競賣時の瑕疵擔保責任に關する債權法改正による實務的影響」銀行法務2155권 4호(730호) (경제법령연구회 2011) 1면

34) 헤세이 29년(2017년) 5월 26일 민법의 일부를 개정하는 법률(헤세이 29년 법률 제44호)이 성립되었다(동년 6월 2일 공포). 민법 중 채권관계규정(계약등)은 메이지 29년(1896년)에 민법이 제정된 후 약 120년간 거의 개정되지 않았다. 이번 개정은 민법 중 채권관계규정에 대한 거래사회를 지탱하는 가장 기본적인 법적 기초인 계약에 관한 규정을 중심으로 사회・경제적 변화에 대한 대응을 도모하기 위한 검토를 실시함과 동시에 민법을 일반 국민이 알기 쉬운 것으로 하는 관점에서 실무에서 통용되고 있는 기본적인 규칙을 적절하게 명문화하기로 한 것이다. 이 개정안은 일부 규정을 제외하고, 레이와(れいわ, 令和) 2년(2020년) 4월 1일부터 시행된다. 2019년 5월 1일 천황의 양위로 연호가 헤세이 31년에서 레이와 원년으로 바뀌었다(필자 註).
위 내용은 일본 법무성 홈페이지 (www.moj.go.jp) 해당 부분 참조.

은 적용하지 않는다."라는 내용을 규정하였다.[35] 담보책임이 경매 목적물의 종류 또는 품질이 부적합하다는 이유로는 인정되지 않는다는 것을 명확히 한 것으로서 독일민법의 태도와 다른 것으로 보인다.

참조조문 - 일본 2017년 개정민법 참고조문

★(경매의 담보책임 등)

제568조[36] 민사집행법 기타 법률의 규정에 의한 경매(이하 이 조에서 단순히 "경매"라 한다)의 매수인은 제541조 및 제542조 규정 및 제563조(제565조에서 준용하는 경우를 포함한다)의 규정에 의하여 채무자에게 계약의 해제를 하거나 대금의 감

---

[35] 第五百六十八条の見出しを「（競売における担保責任等）」に改め´ 同条第一項中「強制競売」を「民事執行法その他の法律の規定に基づく競売（以下この条において単に「競売」という°）」に´「第五百六十一条から前条まで」を「第五百四十一条及び第五百四十二条の規定並びに第五百六十三条（第五百六十五条において準用する場合を含む°）」に改め´ 同条に次の一項を加える°
　4　前三項の規定は´ 競売の目的物の種類又は品質に関する不適合については´ 適用しない°

[36] （競売における担保責任等）
　第五百六十八条　民事執行法その他の法律の規定に基づく競売（以下この条において単に「競売」という°）における買受人は´ 第五百四十一条及び第五百四十二条の規定並びに第五百六十三条（第五百六十五条において準用する場合を含む°）の規定により´ 債務者に対し´ 契約の解除をし´ 又は代金の減額を請求することができる°（改正）
　2　前項の場合において´ 債務者が無資力であるときは´ 買受人は´ 代金の配当を受けた債権者に対し´ その代金の全部又は一部の返還を請求することができる°（新舊條項同一）
　3　前二項の場合において´ 債務者が物若しくは権利の不存在を知りながら申し出なかったとき´ 又は債権者がこれを知りながら競売を請求したときは´ 買受人は´ これらの者に対し´ 損害賠償の請求をすることができる°（新舊條項同一）
　4　前三項の規定は´ 競売の目的物の種類又は品質に関する不適合については´ 適用しない°（新設）

액을 청구할 수 있다. (필자 주: 개정)

　　2. 전항의 경우에 채무자가 무자력인 때에는 매수인은 대금의 배당을 받은 채권자에 대하여 그 대금의 전부 또는 일부의 반환을 청구 할 수 있다. (필자 주: 新舊조항 변경없음)

　　3. 전2항의 경우에 채무자가 물건 또는 권리의 부존재를 알면서 알리지 않은 때 또는 채권자가 이를 알고도 경매를 청구한 때에는 매수인은 그 사람에 대해 손해배상청구를 할 수 있다. (필자 주: 新舊조항 변경없음)

　　4. 전3항의 규정은 경매의 목적물의 종류 또는 품질에 대한 부적합 내용은 적용하지 않는다. (신설)

(매수인의 대금감액청구권)
제563조37)

　　전조 제1항 본문에 규정하는 경우에 매수인이 상당한 기간을 정하여 이행의 추완의 최고를 하고 그 기간 내에 이행의 추완이 없는 때에는 매수인은 부적합의 정도에 따라 대금의 감액을 청구 할 수 있다.

　　② 제1항의 규정에 불구하고 다음 각호의 경우에는 매수인은 동항의 최고를 하지 않고 즉시 대금의 감액을 청구 할 수 있다.

---

37) (買主の代金減額請求権)
　　第五百六十三条　前条第一項本文に規定する場合において、買主が相当の期間を定めて履行の追完の催告をし、その期間内に履行の追完がないときは、買主は、その不適合の程度に応じて代金の減額を請求することができる。
　　2　前項の規定にかかわらず、次に掲げる場合には、買主は、同項の催告をすることなく、直ちに代金の減額を請求することができる。
　　一　履行の追完が不能であるとき。
　　二　売主が履行の追完を拒絶する意思を明確に表示したとき。
　　三　契約の性質又は当事者の意思表示により、特定の日時又は一定の期間内に履行をしなければ契約をした目的を達することができない場合において、売主が履行の追完をしないでその時期を経過したとき。
　　四　前三号に掲げる場合のほか、買主が前項の催告をしても履行の追完を受ける見込みがないことが明らかであるとき。
　　3　第一項の不適合が買主の責めに帰すべき事由によるものであるときは、買主は、前二項の規定による代金の減額の請求をすることができない。

1. 이행의 추완이 불가능한 때.
   2. 매도인이 이행의 추완을 거절하는 의사를 명확하게 볼 때.
   3. 계약의 성질 또는 당사자의 의사 표시로 특정 시간 또는 일정 기간 내에 이행을 하지 않으면 계약을 한 목적을 달성 할 수없는 경우에 매도인이 이행의 추완을 하지 그시기를 경과 한 때.
   4. 전3호에 정한 경우 외에는 매수인이 전항의 최고를 하고도 이행의 추완을 받을 가망이 없는 것이 분명할 때.
   ③ 제1항의 부적합이 매수인의 귀책사유에 의한 것인 때에는 매수인은 전2항의 규정에 의한 대금의 감액을 청구할 수 없다.

경매절차에서는 원칙적으로 담보책임을 구하지 못하도록 하는 것이 절차의 원활한 진행과 경매제도의 신용유지에 기여할 것이지만[38] 최근 판례의 경향은 배당실시 전이라면 담보책임을 절차 내에서 추급하게 하기도 하며, 더 나아가 담보책임의 일환인 대금감액청구권에 대하여는 경매절차 내에서의 행사를 인정하는 방향으로 실무를 확립해나가고 있다.

2. 경매절차내에 있어서 대금감액신청과 집행법원의 실무

가. 총설

대금감액의 '절차'를 규정하는 민사집행법상의 독자적인 규정은 없다. 그 결과 감액여부에 대한 집행법원의 결정에 대하여 불복수단이 무엇인지도 규정하지 않고 있다. 이를 입법의 불비로 볼 수 있을지 여부는 매우 조심스러운 검토를 요하므로 여기서 논외로 한다. 왜냐하면 통설은 담보책임 자체를

---

[38] 경락인이 가등기가 경료된 부동산을 경락받았으나 아직 가등기에 기한 본등기가 경료되지 않은 경우, 경락인이 경매신청 채권자에 대하여 민법 제578조에 따른 담보책임을 물을 수 없다는 취지의 판시에, 대법원 1999. 9. 17. 선고 97다54024 판결 참조. 다만 이 판결은 경락인이 아직 소유권을 상실하지 아니한 상태여서 제578조의 손해발생이 없다는 취지이므로 경매절차에서 원칙적으로 담보책임을 구하지 못한다는 것으로 읽히지는 아니한다.

'원칙적으로' 경매절차가 종결된 이후(정확히는 배당실시 이후) 문제되는 것으로 이해하기 때문이다.39) 여하튼 <u>대금감액은 담보책임의 일 내용으로서 반드시 계약전체의 해제를 전제로 하는 것이 아니며 계약의 일부해제에 해당한다고 해석되고</u>40) 특히 필자는 해제의 요건으로서 대금감액과 관련하여서는 <u>최고를 요하지 않는다고 생각하므로</u> - 일본 개정민법 채권편에서 경매에서의 계약해제와 대금감액에 관한 제568조 제1항은 계약해제절차에 관한 제541조, 제542조41)를 준용하고 있는데, <u>제542조는 제1항에서 최고에 의</u>

---

39) 민일영, 경매와 담보책임의 법리 - 임차주택의 경매를 중심으로 - 법조 53권1호(568호) (법조협회, 2004) 26. "담보책임의 추궁은 최후의 구제수단이므로 경매절차에서 해결할 수 있는 한에서는 그렇게 하는 것이 보다 간명한 권리구제방법일 것이다." 같은 27면 "결국 낙찰자의 구제를 위한 담보책임의 법리가 적용되는 것은 배당이 실시된 후만으로 국한되는 셈이다" / 김능환, 경락인이 인수할 부담의 증가와 경락인의 구제, 법조 48권5호(512호) (법조협회, 1999) 173면 "…채무자는 무자력일 터이므로 경락인으로 하여금 하자담보책임의 법리에 의하여 구제받으려고 하는 것은, 집행법원은 채권자들에게 대금을 배당할 터이니 경락인은 다시 그 배당금을 회수하라고 하는 것과 다를 바 없을 것이다. 이것이 부당함은 두말할 나위가 없다."

40) 대금감액은 일부해제에 해당한다고 보는 견해, 지원림, 민법강의 (홍문사, 2009) 1361.

41) (催告による解除) / 第五百四十一条 / 当事者の一方がその債務を履行しない場合において′相手方が相当の期間を定めてその履行の催告をし′その期間内に履行がないときは′相手方は′契約の解除をすることができる°ただし′その期間を経過した時における債務の不履行がその契約及び取引上の社会通念に照らして軽微であるときは′この限りでない°
(催告によらない解除) / 第五百四十二条 / 次に掲げる場合には′債権者は′前条の催告をすることなく′直ちに契約の解除をすることができる°
一 債務の全部の履行が不能であるとき°
二 債務者がその債務の全部の履行を拒絶する意思を明確に表示したとき°
三 債務の一部の履行が不能である場合又は債務者がその債務の一部の履行を拒絶する意思を明確に表示した場合において′残存する部分のみでは契約をした目的を達することができないとき°
四 契約の性質又は当事者の意思表示により′特定の日時又は一定の期間内に履行をしなければ契約をした目的を達することができない場合におい

하지 않고 행하는 전부해제(1항), 일부해제(2항)를 규정하고 특히 제2항 제1호는 "② 다음의 경우에는 채권자는 전조의 최고를 하지 않고 즉시 계약의 일부 해제를 할 수 있다. / 1 채무의 일부이행이 불능인 경우"라고 규정을 하였다. 이와 같은 일본개정민법 채권법의 이 부분에 관한 입법자의 견해는 일부해제에 의한 대금감액시 최고도 필요 없다고 보는 입장에 서 있는 것으로 생각된다(私見).

즉 경매절차에서 대금감액을 하는 경우에 매매계약해제를 위한 최고불요설을 지지하는 비교법적 입법태도라고 생각된다 ― 경매절차 내에서 이러한 담보책임의 일 내용인 대금감액을 집행법원의 재판으로서 인정한다고 하여 별달리 문제될 것은 없고, 경매목적물의 일부가 이행불능으로 확정된 이상 최고를 필요로 하지 않고 계약해제를 할 수 있으며, 그 해제는 집행법원에 의한 매각허가결정의 일부취소결정의 송달로 그 일부해제의 의사표시가 상대방(전소유자가 누구냐에 따라 집행채무자 또는 소유자)에 도달한다고 해석하면 충분하다. 현재 집행실무 및 판례도 대금감액을 인정하고 있다.

2. 경매절차내에 있어서 대금감액결정이 가능한지 여부

가. 전제되는 논의들

(1) 경매절차 내에서의 담보책임 인정 여부

매수가격을 신고하기 전에 부동산에 현저한 손상이 생긴 경우 집행법원

て´ 債務者が履行をしないでその時期を経過したとき˚
五 前各号に掲げる場合のほか´ 債務者がその債務の履行をせず´ 債権者が前条の催告をしても契約をした目的を達するのに足りる履行がされる見込みがないことが明らかであるとき˚

2 次に掲げる場合には´ 債権者は´ 前条の催告をすることなく´ 直ちに契約の一部の解除をすることができる˚
一 債務の一部の履行が不能であるとき˚
二 債務者がその債務の一部の履行を拒絶する意思を明確に表示したとき˚

은 재평가명령을 내려서 절차를 다시 진행한 다음 최저매각가격을 변경하여 매각을 실시한다. 만일 이와 같은 절차를 다시 밟지 않은 채 매각을 실시한 경우에는 매각불허가사유(법 제121조 제5호, 제6호)에 해당됨은 물론 매각허가결정에 대한 즉시항고(법 제129조)사유가 된다.

부동산의 현저한 훼손뿐 아니라 매수인이 소유권을 취득하지 못하거나 또는 인수할 권리가 변동되는 것과 같은 중대한 권리관계의 변동이 매각절차의 진행 중에 발생하는 경우도 마찬가지이다.[42] 매각허가결정 확정 후 대금납부시 사이에 부동산에 현저한 손상이 생긴 경우에는 매수인은 매각허가결정의 취소신청(법 제127조 제1항)을 할 수 있다. 부동산에 대한 현저한 손상 등에 대하여 매수인의 귀책사유가 없어야 함은 물론이다.

여기서 나아가 매수인은 민법 제578조의 담보책임을 주장할 수 있을까. 유력설[43]은 담보책임의 법리가 적용되는 것은 배당이 실시된 후만으로 국한된다고 한다.[44] 그러나 현재 다수설과 판례는 배당실시 후로 국한하지 않는다.

생각건대 매매목적인 권리에 양적 하자가 있는 경우라면 대금감액청구권이 인정될 여지가 있고 오히려 인정하는 것이 우회적 권리구제절차를 피하여 신속하게 집행권리관계를 정리하는 수단으로 활용될 수 있어 타당하다. 그러므로 매수의 목적을 달성할 수 있기 때문에 경매목적물의 일부소유권상실을 무릅쓰고서 적극적으로 대금감액을 신청해오는 경우에는 담보책임의 일 효과라 하더라도 집행법원은 경매절차 내에서 예외적으로 민법 제578조를 유추적용하여 대금감액결정을 할 수 있다고 생각된다.[45]

---

42) 법원실무제요, 민사집행 2권, 299.
43) 민일영, 앞의 논문, 27.
44) 백철욱, 앞의 논문, 143. 민일영 前대법관님의 견해를 인용하고 있다.
45) 윤경, 민사집행(부동산집행)의 실무, (육법사 2008) 932면에서도 "담보책임은 매각절차 외에서 별소에 의하여 청구할 수 있지만, 매각절차진행 중에 담보책임의 사유가 발생할 수 있으므로 매각절차 내에서 청구하는 것도 가능하다"고 기술하고 있다.

그러므로 민법 제570조 내지 제577조의 담보책임규정은 예외적으로 경매절차내에 적용될 수 있다{민법 제578조(경매와 매도인의 담보책임) 제1항 경매의 경우에는 경락인은 전8조의 규정에 의하여 채무자에게 계약의 해제 또는 대금감액의 청구를 할 수 있다.}

(2) 매매계약 해제가 필수요건인지 여부
(가) 경매절차에서의 매매계약 해제와 매각허가결정과의 상호관계

해제로 인하여 매각허가결정의 효력이 무효가 되는 것인가에 대하여 경매는 매매로서의 성질[46]도 가지지만 다른 한편 채무자의 의사에 기하지 아니한 강제환가라는 점에서 공적처분으로서의 성질도 아울러 가진다는 점에

---

[46] 판례는 경매의 법적 성질을 사법상의 매매로 보고 있는 것으로 해석된다. 대법원 1969. 11. 19.자 69마989 결정, 대판 1998. 3. 27. 선고 97다32680 판결, 대법원 1991. 10. 11. 선고 91다21640 판결, 대법원 1993. 5. 25. 선고 92다15574 판결("…민법 제578조 제1항, 제2항은 <u>매매의 일종인 경매에 있어서</u> 그 목적물의 하자로 인하여 경락인이 경락의 목적인 재산권을 완전히 취득할 수 없을 때에 <u>매매의 경우에 준하여</u> 매도인의 위치에 있는 경매의 채무자나 채권자에게 담보책임을 부담시켜 경락인을 보호하기 위한 규정으로서 <u>그 담보책임은 매매의 경우와 마찬가지로</u> 경매절차는 유효하게 이루어졌으나 경매의 목적이 된 권리의 전부 또는 일부가 타인에게 속하는 등의 하자로 경락인이 완전한 소유권을 취득할 수 없거나 이를 잃게 되는 경우에 인정되는 것이고 경매절차 자체가 무효인 경우에는 경매의 채무자나 채권자의 담보책임은 인정될 여지가 없다."), 대법원 2004. 6. 24. 선고 2003다59259 판결, 대법원 2009. 2. 26. 선고 2006다72802 판결("…부동산등기에는 공신력이 인정되지 아니하므로, 부동산의 소유권이전등기가 불실등기인 경우 그 불실등기를 믿고 부동산을 매수하여 소유권이전등기를 경료하였다 하더라도 그 소유권을 취득한 것으로 될 수 없고, 부동산에 관한 소유권이전등기가 무효라면 이에 터잡아 이루어진 근저당권설정등기는 특별한 사정이 없는 한 무효이며, 무효인 근저당권에 기하여 진행된 임의경매절차에서 부동산을 경락받았다 하더라도 그 소유권을 취득할 수 없다." 筆者 註: 만약 경매를 공법상의 처분으로 이해한다면 매매의 일반법리를 적용하여 매수인을 보호하지 아니하는 이러한 일련의 판결은 공법상 신뢰보호의 원칙에 비추어 재고되어야 했을 사안이다.) 등 참조.

서 매수인의 해제의사표시는 경매가 매매로서의 성질을 가지는 측면에서만 효력을 발휘하여야 하고 공적처분이라는 측면까지 당연히 영향을 미칠 수는 없다는 견해가 있다.[47] 이에 관해 실무는 혼선에 빠져있다.

생각건대 담보책임을 경매절차 내에서 인정하는 전제에 선다면 예컨대 담보책임의 일례로서 대금감액을 하는 경우 매각허가결정을 一部取消하는 절차를 취하여야 한다고 본다(私見, 실무에서 반대설도 있었다). 이렇게 解하는 것이 경매를 사법상 매매로 보는 대법원의 일련의 판결들과 조화된다.

(나) 대금감액결정 전에 반드시 해제가 전제되어야 하는지 여부

대금감액을 비롯한 담보책임을 경매절차 내에서 묻기 위하여 매매계약을 반드시 해제하여야 하는가에 대하여 견해가 대립된다. 대법원 1996. 7. 12. 선고 96다7106 판결은 "…계약을 해제함이 없이 채무자나 경락대금을 배당받은 채권자들을 상대로 경매목적물상의 대항력 있는 임차인에 대한 임대차보증금에 상당하는 경락대금의 전부나 일부를 부당이득하였다고 하여 바로 그 반환을 구할 수 있는 것은 아니다."라고 하여 계약해제를 전제하지 않은 대금감액은 허용되지 않는다고 한다.

이에 의하면 원래 매매계약의 당사자는 경매목적물의 ①매수인과 채무자(채무자 겸 소유자인 경우) 또는 ②매수인과 소유자(채무자와 소유자가 다른 경우, 즉 물상보증인인 경우)가 되므로[48] 매수인이 경우에 따라 채무자 또는 소유자에게 계약해제의 의사표시를 하여야 한다는 결론이 된다.

생각건대 경매목적물의 일부가 이행불능으로 확정된 이상 최고를 필요로

---

47) 민일영, 앞의 논문, 31.
48) 민법학계의 통설이자 민일영, 앞의 논문, 34면에서도 이에 동의하신다. 판례도 같은 태도로 해석된다. 대법원 1988. 4. 12. 선고 87다카2641 판결 【대여금】
【판결요지】
가. 민법 제578조 제1항의 채무자에는 임의경매에 있어서의 물상보증인도 포함되는 것이므로 경락인이 그에 대하여 적법하게 계약해제권을 행사했을 때에는 물상보증인은 경락인에 대하여 원상회복의 의무를 진다.

하지 않고 계약해제를 할 수 있으며, 그 해제는 매수인(경락인)이 채무자 내지 (매수인에 대한) 전소유자에게 직접 할 필요가 없으며, 경매법원에 대한 대금감액의 신청서 제출이 해제의 의사표시이며 경매법원 사법보좌관의 매각허가결정 일부취소결정 및 그에 대한 법원의 송달에 의하여 매수인의 계약일부해제 의사표시가 도달되는 것이라고 해석된다(私見).

3. 대금감액결정의 법적 근거

가. 실체법적 근거

민법 제578조 제1항, 제574조, 제575조, 제576조 등이다.

나. 절차법적 근거

(1) 매각허가결정 일부취소설 (민사집행법 제96조, 제127조 유추적용설)

민사집행법 제96조 제1항은 "부동산이 없어지거나 매각 등으로 말미암아 권리를 이전할 수 없는 사정이 명백하게 된 때에는 법원은 강제경매의 절차를 취소하여야 한다."고 규정하고 있고, 법 제127조 제1항은 법 제121조 제6호의 사유인 천재지변, 그 밖에 자기가 책임질 수 없는 사유로 부동산이 현저하게 훼손된 사실 또는 부동산에 관한 중대한 권리관계가 변동된 사실이 경매절차의 진행 중에 밝혀진 때에는 매수인은 대금을 낼 때까지 매각허가결정의 취소신청을 할 수 있다고 규정하고 있는바, 매수인이 대금감액 사유가 될 객관적 사실을 알지 못하고 입찰에 응하여 최고가매수신고인이 되고 그 후 매각허가결정이 확정되거나, 또는 매각허가결정확정 후 대금납부 전에 매수인의 귀책사유로 돌릴 수 없이 경매목적물의 일부가 멸실[49]되거나 이와 동일시할 수 있는 객관적 사유가 발생한 경우에 매각대금의 전액을 납부하

---

[49] 낙찰목적물의 일부가 "멸실" 된 때라 함은 물리적인 멸실 뿐만 아니라 경매개시결정이 취소되는 등의 사유로 낙찰인이 당해 목적물의 소유권을 취득할 수 없게 된 경우도 이에 포함된다고 봄이 상당하다(대법원 2005. 3. 29.자 2005마58 결정).

게 함이 공평의 관념에 비추어 심히 부당하다고 인정되는 경우 매수인은 민법 제578조, 제575조 또는 제576조 등을 유추적용하여 담보책임을 추급할 수 있으며, 경매절차 내에서 배당절차가 실시되기 전이라면 예외적으로 담보책임을 경매절차 내에서도 추급할 수 있고 그 유추적용의 근거는 위 법 제96조 제1항, 제127조 제1항이 된다는 견해이다.

이 설은 대금감액결정이 매각허가결정의 중요한 요소인 매각대금에 관한 일부취소의 효과를 가져오는 점에 주목하고, 공평의 원칙상 대금감액을 인정하면서도 유추적용 조문을 민사집행법 내에서 찾는다는 데 의의가 있다고 하겠다(私見 및 후술하는 판례의 기본입장).

(2) 매각허가결정 경정설 (민사소송법 제211조 준용 내지 유추적용설)

대금감액결정은 원결정인 매각허가결정에 대한 경정결정의 성질을 지니고, 감액결정이 확정되면 그 효력은 원결정의 확정시로 소급하여 효력이 발생된다고 보면서, 감액결정에 대하여 즉시항고(註: 즉시항고설을 취한다는 전제에 서 있다)를 제기하면 그 확정 전까지는 이전에 지정한 대금지급기한의 지정 및 통지는 그 효력이 없거나 즉시항고로 인하여 당연히 정지된다고 해석하는 입장이다. 論者에 따라서는 감액결정에 대한 즉시항고가 확정되어야 비로소 원 매각허가결정이 확정된다고 보는 입장도 있다.

이 설에 의하면 매각허가여부의 결정은 확정되어야 효력(법 제142조 제1항)이 생기므로, 대금감액결정에 대한 즉시항고가 있으면 집행법원은 대금지급 및 배당기일을 지정하거나 실시할 수 없게 된다.[50] 사실상 매각절차를 진행할 수 없게 된다는 것이다. 원 매각허가결정이 확정된 후 대금감액결정에 대한 즉시항고가 제기된 경우 원 결정의 확정에는 영향이 없다고 보는 입장도 실무상 있으나 이 설은 절차진행이 정지된다는 면에서 즉시항고를 민사

---

[50] 법원실무제요 민사집행 2권 (법원행정처 2003) 329면 (11)

소송법상의 즉시항고로 이해하고 있는 것으로 보인다(민사집행법 제23조, 민사소송법 제447조, 제211조).

(3) 판 례

대법원 2004. 12. 24.자 2003마1665 판결, 대법원 2005. 3. 29.자 2005마58 결정, 대법원 2011. 8. 10.자 2011마1426 결정[51] 등은 일관되게 "…임의경매절차가 진행되어 그 낙찰허가결정이 확정되었는데 그 낙찰대금 지급기일이 지정되기 전에 그 낙찰목적물에 대한 소유자 내지 채무자 또는 그 매수인의 책임으로 돌릴 수 없는 사유로 말미암아 그 낙찰목적물의 일부가 멸실되었고, 그 낙찰인이 나머지 부분이라도 매수할 의사가 있어서 경매법원에 대하여 그 낙찰대금의 감액신청을 하여 왔을 때에는 경매법원으로서는 민법상의 쌍무계약에 있어서의 위험부담 내지 하자담보책임의 이론을 적용하여 그 감액결정을 허용하는 것이 상당하다"고 판시하였다.

또한 대법원 1997. 11. 11.자 96그64 결정은 "소유권에 관한 가등기의 목적이 된 부동산을 낙찰받아 낙찰대금까지 납부하여 소유권을 취득한 낙찰인이 그 뒤 가등기에 기한 본등기가 경료됨으로써 일단 취득한 소유권을 상실하게 된 때에는 매각으로 인하여 소유권의 이전이 불가능하였던 것이 아니므로, 민사소송법 제613조(註: 현행 민사집행법 제96조)에 따라 집행법원으로부터 그 경매절차의 취소결정을 받아 납부한 낙찰대금을 반환받을 수는 없다고 할 것이나,

이는 매매의 목적부동산에 설정된 저당권 또는 전세권의 행사로 인하여 매수인이 취득한 소유권을 상실한 경우와 유사하므로, 민법 제578조, 제576조를 유추적용 하여 담보책임을 추급할 수는 있다고 할 것인바, 이러한 담보책임은 낙찰인이 경매절차 밖에서 별소에 의하여 채무자 또는 채권자를 상

---

[51] 이 대법원 결정은 상고심절차에 관한 특례법 제7조, 제4조에 의하여 재항고가 이유 없음이 명백하여 심리 없이 기각한 사례이다. 여기서 원심인 대전지방법원 2011. 6. 15.자 2010라548 결정은 위 일련의 대법원의 판단을 그대로 따르고 있다.

대로 추급하는 것이 원칙이라고 할 것이나, 아직 배당이 실시되기 전이라면, 이러한 때에도 낙찰인으로 하여금 배당이 실시되는 것을 기다렸다가 경매절차 밖에서 별소에 의하여 담보책임을 추급하게 하는 것은 가혹하므로, 이 경우 낙찰인은 민사소송법 제613조(註: 현행 민사집행법 제96조)를 유추적용하여 집행법원에 대하여 경매에 의한 매매계약을 해제하고 납부한 낙찰대금의 반환을 청구하는 방법으로 담보책임을 추급할 수 있다."고 하여 예외적으로 경매절차내에서 담보책임을 추급할 수 있다고 판시하였다.

요컨대 판례의 태도는 경매절차 내에서 담보책임으로서 대금감액을 예외적으로 인정할 수 있다는 점을 천명하고 있는 것이며 그 절차법적 근거로 구 민사소송법 제613조(현행 민사집행법 제96조)를 든 것인데 최근의 하급심판결들, 예컨대 의정부지방법원 2012. 12. 26.자 2012라414 결정(확정)은 "(前略) … 매수인이 이러한 취지의 청구를 하는 경우 집행법원으로서는 법 제96조 제1항 또는 제127조 제1항을 유추적용하여 매각대금을 감액하는 결정을 하여야 한다."고 하여 민사집행법 제127조도 추가로 들고 있다.

(4) 검토 및 결론

판결의 경정이라 함은 판결내용을 실질적으로 변경하지 않는 범위 내에서, 판결서에 표현상의 잘못이 생겼을 때에 판결법원 스스로 이를 고치는 것으로, 이 정도의 오류의 정정에 구태여 상소로 시정을 구할 것까지 없이, 간이한 결정절차로 고치는 길을 열어놓은 것이다.[52] 그런데 매각대금은 매각허가결정의 가장 중요한 부분 중의 하나라 할 것인데 이것을 변경하는 것은 경정의 한계 그 자체를 일탈하는 것이다.

따라서 첫째 경정(更正)의 개념 자체에서 볼 때 경정의 범위를 넘어서는 것이므로 경정결정이라고 할 수 없고, 둘째 특히 매각허가결정이 확정된 후 대금납부기한 전에 발생한 일부멸실 등의 사유를 가지고 대금감액신청을 하는 경우에는 원 결정 후 새로운 사유 발생으로 인한 것이기 때문에 이를 원

---

[52] 이시윤, 신민사소송법, (박영사 2011) 575면

결정 경정의 범주에 넣을 수가 없다. 또한 매각허가결정경정설은 감액결정에 대한 즉시항고를 민사집행법상의 즉시항고로 보지 아니하고 민사소송법상의 즉시항고로 이해하기 쉽기 때문에 이 또한 따를 수 없다.

따라서 유추적용도 따르기 어렵다. 그러므로 민사집행법 제96조 제1항 또는 제127조 제1항의 유추적용설이 현행 민사집행법의 해석상 타당하다. 판례도 같은 입장으로 추측된다.

4. 대금감액신청과 결정주체 · 사유 · 절차등

가. 대금감액결정의 주체

대금감액은 결정의 형식으로 행해지며 그 결정의 주체는 집행법원이다. 그런데 보다 구체적으로 집행법원 내부의 사무분담 차원에서 들여다보면 법원조직법, 사법보좌관규칙 등과의 관계에서 사법보좌관이 결정을 할 것인지, 감독판사가 결정을 할 것인지가 명확하지는 않다. 그러나 현재 전국의 일반적인 실무는 사법보좌관이 대금감액결정을 하고 감액여부 결정에 대한 불복이 있는 경우 집행판사가 인가 또는 불인가결정을 행하는 있는 것으로 보인다. 즉 매각불허가결정 내지 매각허가결정취소에 대한 즉시항고(법 제129조 제1항, 제127조 제2항)와 유사하게 운영되고 있으므로 법 제130조 제3항의 적용이 없어서 실무는 항고보증금을 납부하지 않는 것[53]으로 판단된다.

나. 대금감액의 형식

실무는 집행법원의 결정의 형식으로 사법보좌관이 자신의 명의로 작성하고 날인한다. 대금납부 전이라면 "2013. . . 자 매각허가결정 중 매각대금 부분을 취소하고 매각대금을 (   )원으로 정한다."라는 주문의 형식이

---

[53] 대법원 2011. 8. 10.자 2011마1426 결정의 원심결정인 대전지방법원 2011. 6. 15.자 2010라548 결정을 추적하여 알아본 결과 항고보증금은 납부되지 아니하였음을 확인하였다.

될 수 있고, 대금납부 후 배당실시전에 하는 대금감액결정은, 이때의 대금감액신청이 매각대금의 일부반환의 의미를 갖는다는 점에서 "2013. . . 자 매각허가결정 중 매각대금 부분을 취소하고 매각대금을 (   )원으로 정한다. 이 금액을 초과하는 금원은 이를 매수인에게 반환한다."라고 주문을 작성할 수 있을 것이다. 대금감액결정의 주문에 대하여 현재까지 통일된 기준은 제시되어 있지 아니한 것으로 보인다.[54]

다. 대금감액의 사유

대금감액신청을 하기 위해서는 원칙적으로 매매의 목적인 권리에 양적 하자(量的瑕疵)가 있는 경우여야 한다. 질적 하자가 있는 경우에는 감액되어야 할 매매대금을 비율적으로 산정할 수 없기 때문이다.[55]

[케임브리지대학교 퀸스칼리지(Queens' College) 앞에 놓여있는 수학의 다리]

---

[54] 2012년도 사법보좌관 직무수행연수자료, 사법연수원 45면 이하의 '사법보좌관결정문 작성 방법'(김갑수 前 사법보좌관)에도 대금감액결정에 대한 예시는 없는 것으로 보인다.
[55] 조원철, 앞의 논문, 340.

열다섯 번째 물음

> 마스터 실무사례

경매절차에서 매수인(낙찰자)A가 매각(경매)공고, 매각물건명세서 및 집행기록 등을 토대로 경매목적물에 관한 권리관계를 분석하여 경매참가 여부 및 매수신고가격 등을 결정하였는데, 매각(경매)기일이 지난 후에 발생한 위와 같은 사정변경(임대차관계보다 선행하는 근저당권의 말소로 인하여 당초에는 경매절차에서 대항력이 없는 임차인 병이 2번 근저당권보다는 주민등록(전입신고일)과 아파트점유일자에 있어서 법적으로 앞서기 때문에 대항력이 있는 경우) 매수인 A가 임대차를 승계하게 되어 발생한 손해를 누구에게 책임을 물을 수 있는가요?

질문에 대한 답변

위 사례에서 쟁점이 되는 것은 경매와 담보책임으로서 대금감액신청을 매수인(낙찰자) A가 주장할 수 있는지 여부와 만약 주장할 수 없다면 어떤 조치를 누구에게 취할 수 있는지 여부입니다.

리딩케이스처럼 알려져 있지만 위와 같이 상세하게 파악하지 못하는 경우가 대부분입니다. 경매와 담보책임법리를 이해하는 연장선에서 위 사례를 이해해 봅시다.

☞ **채무자 겸 소유자의 낙찰자에 대한 고지의무위반과 대금감액신청 문제 그리고 손해배상책임 인정 여부**

[圖解]

정=B에 대하여 집행권원을 가진 일반채권자=**강제경매신청채권자**

⇩

B=경매목적물 구로구 ○○동 아파트 **소유자=집행채무자** = 피고

★중요등장인물 : 경매목적물 구로구 ○○동 아파트 임차인=병

①경매법원[56]) : 1999. 12. 23. 강제경매개시결정 및 경매절차 진행 &

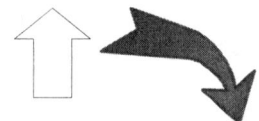

2000. 12. 20. 매각(낙찰)허가결정

2000. 12. 13. 입찰(응찰) A=매수인(낙찰자)=원고
입찰가액=77,932,000원

이 사건 강제경매개시결정 당시 등기부 을구순위

순위 번호	등기목적	접수	등기원인	권리자 및 기타사항
1	근저당권설정	1998년 5월 29일	1998년 5월 28일	채권최고액 36,000,000원 채무자 B 주소 근저당권자 갑 주민번호 주소
2	근저당권설정	1999년 10월18일	1999년 10월18일	채권최고액 24,000,000원 채무자 B 주소 근저당권자 을 주민번호 주소

---

56) 서울지방법원 남부지원 99타경55837호

등기부에는 등기되어 있지 않지만 매각물건명세서(2004년 민사집행법 제정 전에는 입찰물건명세서라고 불렸다)에 기재되어 공고된 내용에는 임차인 병의 임대차내용이 아래와 같이 자세히 기재되어 있었음.

- ☞ 임대차관계 : 점유관계 1999. 6.~ / 임차보증금 7,000만 원 / 임차인 병의 처(妻) 1999. 6. 29. 주민등록전입신고

② 경매법원 : 대금납부기일을 2001. 1. 10.로 지정 (필자 주: 이 판례사안은 현행 민사집행법이 아닌 구민사소송법하 대금납부기일 제도하에서 판례이기 때문에 납부기일을 잡았으나 현행법하에서는 대금납부기한을 잡는다. 다만 이 사례의 쟁점과 무관하므로 그대로 놔두었다.)

③ ★★대금납부기일 전(2001. 1. 5.) 1번 근저당권등기 말소 : 그런데, 경매 아파트 소유자 B가 대금납부기일 전인 2001. 1. 5. 1번 근저당권자인 갑에 대한 채무를 변제하고 그 다음 날 근저당권설정등기를 말소하였다.

④ 매수인(낙찰자) A의 대금납부 : 매수인(낙찰자) A는 이러한 사정을 모른 채 대금납부기일인 2001. 1. 10. 낙찰대금을 납부한 후 같은 날 자기 앞으로 소유권이전등기경료

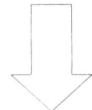

⑤ 경매법원 : 2001. 2. 16. 배당기일 실시 (임차인 병을 배당에서 제외하고 배당)

위 ①~⑤도해의 사건진행과정에서 본 바와 같이,

1. 대항력 있는 임차인 병측이 매수인(낙찰자) A를 상대로 한 임대차보증금 반환청구소송을 제기(2001. 3. 8.)

이 소송은 서울지방법원 남부지원 2001가단10575호, 항소심인 서울고등법원 2001나50137 사건에서 2002. 6. 19. 전부 승소판결, 대법원 2002다39258 사건으로 2002. 9. 30. 상고기각(심리불속행)되어 임차인 병측의 승소가 확정되었다.

2. 임차인에게 진 매수인(낙찰자) A의 구제책

날벼락을 맞은 A는 이 사건 경매목적물 구로구 ○○동 아파트 **소유자였던 B(집행채무자)를** 피고로 하여 2001. 11. 15. 자신이 임차인에게 지급한 금원의 배상을 구하는 소를 제기하였다.[57] 쟁점이 된 것은 두 가지이다.

가. 민법 제578조 제1항, 제575조에 의한 대금감액주장

민법 제578조(경매와 매도인의 담보책임) ①경매의 경우에는 경락인은 전8조의 규정에 의하여 채무자에게 계약의 해제 또는 대금감액의 청구를 할 수 있다.
②전항의 경우에 채무자가 자력이 없는 때에는 경락인은 대금의 배당을 받은 채권자에 대하여 그 대금전부나 일부의 반환을 청구할 수 있다.
③전2항의 경우에 채무자가 물건 또는 권리의 흠결을 알고 고지하지 아니하거나 채권자가 이를 알고 경매를 청구한 때에는 경락인은 그 흠결을 안 채무자나 채권자에 대하여 손해배상을 청구할 수 있다.

민법 제575조(제한물권있는 경우와 매도인의 담보책임) ①매매의 목적물이 지상

---

[57] 제1심(서울지방법원 남부지원 2002. 2. 26. 2001가단64268 판결)과 항소심(서울고등법원 2002. 11. 1. 선고 2002나18604 판결)에서 모두 패소하였지만 대법원에 상고하여 파기환송판결을 받아낸다. 즉 매수인 A는 구제를 받게 되는데 그 법적 근거를 살펴보는 것이 중요하다.

권, 지역권, 전세권, 질권 또는 유치권의 목적이 된 경우에 매수인이 이를 알지 못한 때에는 이로 인하여 계약의 목적을 달성할 수 없는 경우에 한하여 매수인은 계약을 해제할 수 있다. 기타의 경우에는 손해배상만을 청구할 수 있다.

②전항의 규정은 매매의 목적이 된 부동산을 위하여 존재할 지역권이 없거나 그 부동산에 등기된 임대차계약이 있는 경우에 준용한다.

③전2항의 권리는 매수인이 그 사실을 안 날로부터 1년내에 행사하여야 한다.

매수인(낙찰자) A는 민법 제578조 제1항, 제575조에 의한 대금감액을 받을 수 있을까?

위 경매절차의 입찰당시에 임차인인 병의 대항력이 선순위 근저당권의 존재로 인하여 소멸하여 매수인(낙찰자)에게 대항할 수 없음을 확인하고 응찰하였는데, 그 후 소유자 B가 대금지급기일 전에 선순위 근저당권을 말소하여 병의 임차권의 대항력이 존속하는 것으로 변경시켜 낙찰부동산의 부담을 현저하게 증가시켰다. 그러므로 민법 제578조 제1항, 제575조에 따라서 경매의 목적물이 대항력 있는 임차권의 목적이 된 경우에 해당하여, 매수인(낙찰자)인 A는 채무자 겸 소유자인 B에 대하여 담보책임의 일환으로써 병의 임차보증금 상당액 7,000만 원의 대금감액청구를 하고 B에게 위 금원의 지급을 청구하는 것을 생각해 볼 수 있다. 실제 이 주장이 매수인(낙찰자)인 원고에 의하여 이루어졌다.

민법 제578조에 의할 때, "경매의 경우에는 경락인은 전8조의 규정에 의하여 채무자에게 계약의 해제 또는 대금감액의 청구를 할 수 있고(제1항)", "매매의 목적물이 지상권, 지역권, 전세권, 질권 또는 유치권의 목적이 된 경우에 매수인이 이를 알지 못한 때에는 이로 인하여 계약의 목적을 달성할 수 없는 경우에 한하여 매수인은 계약을 해제할 수 있다. 기타의 경우에는 손해배상만을 청구할 수 있다(제575조 제1항), 전항의 규정은 매매의 목적이 된 부동산을 위하여 존재할 지역권이 없거나 그 부동산에 등기된 임대차계약이 있는 경우에 준용한다(제575조 제2항)."고 하므로, 「경매의 목적이 된 부동산에 등기된 임대차계약이 있는 경우에 매수인이 이를 알지 못한 때에는 이로 인하여 계약의 목적을 달성할 수 없는 경우에 한하여 매수인(낙찰자)은 계약을 해제할 수 있다. 기타의 경우에는 손해배상만을 청구할 수 있다」고 해석할 수 있다. 즉 전부계약해제 또는 손해배상의 문제이지 대금감액의 문제는 아니라고 해석된다. 이 소송의 항소심판단도 같다. 이 판단에 대하여 대법원에 상고는 없었으므로 그대로 확정된 판단이다. 참고로 확정일자부 임차권은 저당권유사의 효력을 가지는 물권에 해당되므로 등기된 임대차계약이라고 보아 무방하다(임차권의 물권화경향).

대금감액청구가 인정될 수 없는 것은 또 다른 측면에서 설명된다. 민법 제575조는 매매의 목적물 위에 용익적 권리에 의한 제한이 있는 경우의 매도인의 담보책임을 규정한 것이고, 또한 민법 제575조에 의한 담보책임은 매수인이 선의인 경우에 한하여 인정된다. 선의의 매수인은 계약해제권과 손해배상청구권을 갖는다. 위 사례에서 매매의 목적인 권리에 양적 하자가 있는 것이 아니라 질적 하자가 있는 것이므로 감액되어야 할 매매대금을 비율적으로 산정할 수 없기 때문에 대금감액청구권이 인정되지 않는다는 것이다.[58)59)] 그러나 반대견해는 이때에도 대금감액을 인정할 수 있다고 한다.[60)]

---

58) 주석민법(제3판) 채권각칙(3), 한국사법행정학회, 129.
59) 조원철, 강제경매절차에 있어서 채무자의 담보책임, 대법원판례해설 44호, 2003년 상반기(법원도서관 2004), 340.
60) 민일영, 경매와 담보책임의 법리- 임차주택의 경매를 중심으로, 법조 53권1호(2004), 39~40. 참조. 서술내용을 발췌인용한다. "본래 주택임대차보호법 제3조 3항이 준용하도록 하고 있는 민법 제575조 제1항은 매도인의 담보책임에 관한 민법 제570조 내지 제577조의 규정을 경매에도 적용하여 낙찰자가 계약의 해제 또는 대금감액의 청구를 할 수 있다고 규정하고 있는바, 민법 제570조 내지 제577조 중 계약을 해제함이 없이 대금감액의 청구를 인정하는 것은 목적물에 민법 제572조(권리의 일부가 타인에게 속한 경우) 또는 제574조(수량 부족, 일부멸실의 경우)의 흠이 있는 경우일 뿐이라는 점에서, 경매목적물이 대항력 있는 임차권과 같은 용익적 권리에 의하여 제한을 받고 있는 경우(민법 제575조 1항)는 대금감액청구가 인정되지 않는다고 보는 것이 민법 제578조의 문리적 해석에 부합한다고 볼 때 위 대법원판결의 논리가 일견 타당하다고 할 수 있다. …(중략) 여기서

나. 민법 제578조 제3항에 의한 손해배상청구

매수인(낙찰자) A는 병의 임차권의 대항력이 선순위 근저당권의 존재로 인하여 소멸하여 낙찰자에게 대항할 수 없음을 확인한 다음 이를 감안하여 입찰가액을 금 77,932,000원으로 정하여 입찰한 것인데, 그 후 채무자 겸 소유자 B가 대금지급기일 직전에 선순위 근저당권의 피담보채무를 변제하여 근저당권설정등기를 말소하면서도 이를 입찰자인 A나 경매법원에 고지하지 아니한 결과, A가 이를 모른 채 위 임차권이 소멸할 것을 전제로 한 낙찰가액 전부를 납입하였는바, A로서는 대항력 있는 임차인인 병에 대한 임차보증금반환채무를 인수하게 되어 확정판결에 따라 임차인 병에게 임차보증금 7,000만 원의 반환채무를 부담하게 되었으므로, 채무자 겸 소유자 B는 그의 위와 같은 고지의무 위반으로 인하여 A가 입게 된 위 임차보증금 상당의 손해를 민법 제578조 제3항에 따라 A에게 배상하여야 한다. 채무자가 물건 또는 권리의 흠결을 알고 고지하지 아니한 때에는 경락인은 그 흠결을 안 채무자에 대하여 손해배상을 청구할 수 있기 때문이다(민법 제578조 제3항 참조). 한편 경매법원은 매각공고 후 입찰기일 직전에 등기부를 다시 조사하여야 할 의무가 인정되지 아니한다.

실무도 같다.

항소심인 서울고등법원과 상고심인 대법원의 견해는 서로 다르다. 당연

낙찰은 그대로 유지한 채 대금의 일부만 반환하는 길을 열어 놓을 필요가 있으며, 그러기 위해서는 민법 제578조 제1항, 제2항이 규정하고 있는 대금감액청구권을 위와 같이 제한적으로만 해석할 일이 아니라고 할 것이다.
  본래 용익권의 존재는 소유권에 대한 질적인 하자가 되어 감축하여야 할 액수를 산정할 수 없기 때문에 민법 제575조가 대금감액을 인정하지 않고 단지 계약해제 또는 손해배상만 인정하는 것이라고 보는 것이 일반적이나, 그렇다면 감액 산정이 용이한 경우에는 대금감액을 인정하여 보다 적정한 결과를 도출하는 것이 바람직할 것이다."

히 서울고등법원판결이 파기되었는데 대법원도 민법 제578조 제3항에 의한 손해배상청구를 긍정하였다. 매수인(낙찰자) A는 구제된 것이다. 서울고법이 "경매절차의 특성상 입찰자는 자신의 위험부담하에 경매목적물에 관한 권리관계를 분석하여 자신의 책임으로 입찰에 임하는 것인 점…"이라고 설시한 내용은 타당하지만 경매대금을 납부하기 직전까지 등기부를 다시 열람하고 권리분석을 하여 등기부상 선순위저당권이 말소되어 대항력 없는 임차인이 매수인(낙찰자)에게 인수되는 대항력 있는 임차인으로 바뀌어 버린 사실까지 파악해야 하는 부담을 지울 수는 없을 것으로 본다(私見).

대법원도 "경매기일이 지난 후에 발생한 위에서 본 바와 같은 사정변경에 관하여는 그로 인한 부담을 최고가매수신고인 또는 경락인에게 귀속시킬 수는 없다"고 명백히 설시하였다. 실무상식적으로는 위와 같은 난리를 피하기 위해서는 대금납부를 할 때 등기부를 다시 한 번 확인해 보는 것이 좋을 것이다.

서울고등법원 2002. 11. 1. 선고 2002나18604 판결	대법원 2003. 4. 25. 선고 2002다70075 판결
B에게 민법 제578조 제3항에 따른 손해배상책임을 지우기 위하여는, B가 자신의 근저당권설정등기말소로 인하여 병의 임차권의 대항력이 소멸하지 않고 존속하게 되어 이를 가지고 낙찰자에게 대항할 수 있으며, 이로 인하여 낙찰자인 A가 병에 대한 임차보증금반환채무를 인수하게 되어 A에게 그 금액 상당의 손해가 발생한다는 사실을 알고 있었어야 할 것인데, … 이 사건 아파트의 임차인인 병은 이 사건 아파트에 대한 경매절차	부동산의 경매절차에 있어서 주택임대차보호법 제3조에 정한 대항요건을 갖춘 임차권보다 선순위의 근저당권이 있는 경우에는, 낙찰로 인하여 선순위 근저당권이 소멸하면 그보다 후순위의 임차권도 선순위 근저당권이 확보한 담보가치의 보장을 위하여 그 대항력을 상실하는 것이지만, 낙찰로 인하여 근저당권이 소멸하고 낙찰자가 소유권을 취득하게 되는 시점인 낙찰대금지급기일 이전에 선순위 근저당권이 다른 사유로 소멸한 경우에는, 대항력이 있는 임차권의

가 진행되자 자신의 임차권보다 선순위 근저당권의 존재로 말미암아 임대차보증금을 전혀 회수할 수 없게 된다고 생각하여 임대인인 B에게 지속적으로 보증금반환을 요구하여 왔으나, B가 이를 반환하지 못하자, 병은 다시 B에게 자신의 임차권의 대항력이라도 유지될 수 있도록 선순위 근저당권을 말소하여 줄 것을 간청하였고, 이를 견디다 못한 B가 대금납부기일 직전에 선순위 근저당권의 피담보채무를 변제하고 그 등기를 말소한 사실을 인정할 수 있는바, 그렇다면 B로서는 병의 독촉에 밀려 선순위 근저당권설정등기를 말소하면서 그 당시 그로 인하여 병의 임차권의 대항력이 소멸하지 않고 존속하게 되어 이를 가지고 낙찰자에게 대항할 수 있으며, 이로 인하여 낙찰자인 A가 병에 대한 임차보증금반환채무를 인수하게 되어 A에게 그 금액 상당의 손해가 발생한다고 하는 구체적인 사실과 그 법률적 효과를 확실히 알고 있었다고는 볼 수 없으므로, 이러한 B에게 이를 고지하지 아니하였다고 하여 그에게 손해배상책임을 지울 수는 없다고 할 것이어서, A의 이 부분 주장 역시 이유 없다(B로서는 자신의 채무를 변제하지 못하여 진행되는 이 사건 아파트의 경매 진행에 관하여 별다른 관심이 없을 뿐만 아니라, 법률전문가도 아니므로 자신의 선순위 존재로 인하여 담보가치의 손상을 받을 선순위 근저당권이 없게 되므로 임차권의 대항력이 소멸하지 아니하고(대법원 1998. 8. 24.자 98마1031 결정 참조), 선순위 근저당권의 존재로 후순위 임차권이 소멸하는 것으로 알고 부동산을 낙찰받았으나, 그 후 채무자가 후순위 임차권의 대항력을 존속시킬 목적으로 선순위 근저당권의 피담보채무를 모두 변제하고 그 근저당권을 소멸시키고도 이 점에 대하여 낙찰자에게 아무런 고지도 하지 않아 낙찰자가 대항력 있는 임차권이 존속하게 된다는 사정을 알지 못한 채 대금지급기일에 낙찰대금을 지급하였다면, 채무자는 민법 제578조 제3항 의 규정에 의하여 낙찰자가 입게 된 손해를 배상할 책임이 있다 할 것이다.

원심이 인정한 사실관계를 위와 같은 법리에 비추어 볼 때, B가 채무자로서 경매목적물인 이 사건 아파트에 병의 대항력 있는 임차권의 존속이라는 부담이 발생하게 된 사정을 잘 알면서도 낙찰자인 A에게 이를 고지하지 아니한 이상, 이로 인하여 A가 입게 된 손해를 배상할 책임이 있다 할 것이다.

한편, 경매에 참가하고자 하는 자는 자기의 책임과 위험부담하에 경매공고, 경매물건명세서 및 집행기록 등을 토대로 경매목적물에 관한 권리관계를 분석하여 경매참가 여부 및 매수신고가격 등을 결정하여야 하나, 경매기일이 지난 후에 발생

근저당권설정등기의 말소로 인하여 발생하게 되는 법률효과를 잘 알지 못할 것이며, 단지 B로서는 말소로 인하여 임차인인 병이 임차보증금을 받게 될 수 있을 것이라고만 생각하였을 터인데, 그와 같은 경우에까지 민법 제578조 제3항에서 규정하는 손해배상책임발생의 요건을 확장할 수는 없을 것이다. 또한, 경매절차의 특성상 입찰자는 자신의 위험부담하에 경매목적물에 관한 권리관계를 분석하여 자신의 책임으로 입찰에 임하는 것인 점에서도 같은 결론에 이르게 된다).

한 위에서 본 바와 같은 사정변경에 관하여는 그로 인한 부담을 최고가매수신고인 또는 경락인에게 귀속시킬 수는 없다 할 것이다.

이와 달리 원심은 판시와 같은 이유로 B에게 손해배상책임을 물을 수 없다고 판단하였으니, 거기에는 민법 제578조에 정한 경매와 매도인의 담보 책임에 관한 법리를 오해한 위법이 있다.

열여섯 번째 물음

마스터 실무사례

경매절차에서 논을 낙찰받은 매수인(낙찰자)입니다. 낙찰받고 나서 실측을 해 보니까 '매각공고된 논'의 면적(등기부상 면적)과 '실제 논'의 면적에 차이가 있습니다. 저는 입찰표에 제가 써낸 매각(매수)대금을 다 낼 수가 없습니다. 어떤 법적 방법이 시도될 수 있는가요?

> 질문에 대한 답변

경매와 담보책임의 문제로서 특히 담보책임의 요건에 해당하는지 여부가 핵심입니다. 판례는 민법 제574조 前文, 즉 '수량을 지정한 매매의 목적물이 부족되는 경우'에서 '수량을 지정한 매매'의 의미에 관하여, "당사자가 매매의 목적인 특정물이 일정한 수량을 가지고 있다는 데 주안을 두고 대금도 그 수량을 기준으로 하여 정한 경우를 말하는 것이므로, 토지의 매매에 있어 목적물을 등기부상의 면적에 따라 특정한 경우라도 당사자가 그 지정된 구획을 전체로서 평가하였고 면적에 의한 계산이 하나의 표준에 지나지 아니하여 그것이 당사자들 사이에 대상토지를 특정하고 그 대금을 결정하기 위한 방편이었다고 보일 때에는 이를 가리켜 수량을 지정한 매매라 할 수 없다.

일반적으로 담보권실행을 위한 임의경매에 있어 경매법원이 경매목적인 토지의 등기부상 면적을 표시하는 것은 단지 토지를 특정하여 표시하기 위한 방법에 지나지 아니한 것이고, 그 최저경매가격을 결정함에 있어 감정인이 단위면적당 가액에 공부상의 면적을 곱하여 산정한 가격을 기준으로 삼았다 하여도 이는 당해 토지 전체의 가격을 결정하기 위한 방편에 불과하다

할 것이어서, 특별한 사정이 없는 한 이를 민법 제574조 소정의 '수량을 지정한 매매'라고 할 수 없다."고 판시하면서, 경매목적물 중 대지의 실측면적이 등기부상 표시면적인 327㎡보다 49.587㎡ 부족하므로 경매채권자인 피고는 원고에게 민법 제578조, 제574조에 따라 배당받은 금원 중 일부를 반환할 의무가 있다는 원고의 주장을 배척한 원심의 조치가 정당하다고 하였습니다.[61]

이 판결은 수량지정매매가 아니므로 제574조의 담보책임을 적용하지 아니한 것입니다. 따라서 逆으로 수량지정매매로 해석된다면 담보책임의 적용이 가능하다는 판례로 해석됩니다. 그런데 또 다른 판례는 비율적 산정이 필요 없는 경우에는 양적 하자의 경우가 아닌 질적 하자가 있는 경우라 하더라도 담보책임의 유추적용을 긍정한 것이 있는데,[62] 이를 제한적 긍정설로 분류할 수 있을 것입니다. 이러한 판례의 태도는 최근까지 유지되고 있으며 실무가들이 리딩케이스로 여기는 의정부지방법원 제4민사부 2012. 12. 26.자 2012라414 결정도 유사한 사례로 보입니다.

---

[61] 대법원 2003. 1. 24. 선고 2002다65189 판결【손해배상(기)】

[62] 대법원 1997. 11. 11.자 96그64 결정【부동산강제경매】소유권에 관한 가등기의 목적이 된 부동산을 낙찰받아 낙찰대금까지 납부하여 소유권을 취득한 낙찰인이 그 뒤 가등기에 기한 본등기가 경료됨으로써 일단 취득한 소유권을 상실하게 된 때에는 매각으로 인하여 소유권의 이전이 불가능하였던 것이 아니므로, 민사소송법 제613조에 따라 집행법원으로부터 그 경매절차의 취소결정을 받아 납부한 낙찰대금을 반환받을 수는 없다고 할 것이나, 이는 매매의 목적 부동산에 설정된 저당권 또는 전세권의 행사로 인하여 매수인이 취득한 소유권을 상실한 경우와 유사하므로, 민법 제578조, 제576조를 유추적용하여 담보책임을 추급할 수는 있다고 할 것인바, 이러한 담보책임은 낙찰인이 경매절차 밖에서 별소에 의하여 채무자 또는 채권자를 상대로 추급하는 것이 원칙이라고 할 것이나, 아직 배당이 실시되기 전이라면, 이러한 때에도 낙찰인으로 하여금 배당이 실시되는 것을 기다렸다가 경매절차 밖에서 별소에 의하여 담보책임을 추급하게 하는 것은 가혹하므로, 이 경우 낙찰인은 민사소송법 제613조(註: 현행 민사집행법 96조)를 유추적용하여 집행법원에 대하여 경매에 의한 매매계약을 해제하고 납부한 낙찰대금의 반환을 청구하는 방법으로 담보책임을 추급할 수 있다.

즉 이 하급심결정은 "(필자 加筆 : 경매에 있어서의) 담보책임은 매수인이 경매절차 밖에서 별소에 의하여 채무자 또는 채권자를 상대로 추급하는 것이 원칙이나, 아직 배당이 실시되기 전이라면, 이러한 때에도 매수인으로 하여금 배당이 실시되는 것을 기다렸다가 경매절차 밖에서 별소에 의하여 그 담보책임을 추급하게 하는 것은 가혹하므로, 이 경우 매수인은 법 제96조 제1항 및 제127조 제1항을 유추적용하여 집행법원에 대하여 경매에 의한 매매계약을 해제하고 납부한 매각대금의 감액을 청구하는 방법으로 위 담보책임을 추급할 수 있다"고 합니다.

답변 : 원칙적으로 수량지정매매로 보기 어려워서 담보책임에 의한 대금감액신청이 가능하지 않을 것으로 보입니다. 그런데 토지의 매매에 있어 목적물을 등기부상의 면적에 따라 특정한 경우라도 당사자가 그 지정된 구획을 전체로서 평가하였고 면적에 의한 계산이 하나의 표준에 지나지 아니하여 그것이 당사자들 사이에 대상토지를 특정하고 그 대금을 결정하기 위한 방편이었다고 볼 수 있을지 여부는 사실관계의 확정문제이기 때문에 다툴 여지는 있어 보입니다.

열일곱 번째 물음

> 마스터 실무사례

경매절차에서 양평의 전원주택을 낙찰받은 매수인입니다. 낙찰받고 보니까 이 2층짜리 단독주택이 내부 벽에 금이 많이 가 있고 마루바닥도 거실 쪽에 폭 2미터 정도가 내려앉아 있습니다. 저는 응찰할 때 몰라서 높은 가격에 써 내서 낙찰받았는데 어떻게 방법이 없을까요?

매각대금을 안내면 민사집행절차에 의하여 매수보증금을 전액 몰수할 수밖에 없다고 경매법원 계장님이 얘기합니다.

질문에 대한 답변

실무에서 쉽사리 접할 수 있는 본격적인 경매와 담보책임의 문제이지만 일반적으로 경매절차의 담보책임에 의한 대금감액결정을 받기 어렵습니다. 대금감액신청을 하기 위해서는 원칙적으로 매매의 목적인 권리에 양적 하자(量的瑕疵)가 있는 경우여야 하며, 질적 하자가 있는 경우에는 감액되어야 할 매매대금을 비율적으로 산정할 수 없기 때문에 경매목적물의 질적 하자는 대금감액신청의 대상이 아닙니다.[63]

그러나 판례는 비율적 산정이 필요 없는 경우에는 양적 하자의 경우가 아닌 질적 하자가 있는 경우라 하더라도 담보책임의 유추적용을 긍정한 예가 있기는 합니다. 결국 민법 제578조 제1항에 의하여 준용되는 민법 제570

---

[63] 조원철, 앞의 논문, 340.

조 내지 제577조 중에서 계약을 해제함이 없이 대금감액의 청구를 인정하는 것은 목적물에 민법 제572조(권리의 일부가 타인에게 속한 경우) 또는 제574조(수량 부족, 일부멸실의 경우)의 흠이 있는 경우 등입니다. 앞에서 논의했듯이 경매목적물이 대항력 있는 임차권과 같은 용익적 권리에 의하여 제한을 받고 있는 경우(민법 제575조 제1항)는 대금감액청구가 인정되지 않는다고 보는 것이 민법 제578조의 해석상 타당하다 할 것입니다.

또 앞서 논의한대로 독일민법은 "물건이 담보권에 기하여 공경매에서 담보물로 표시되어 매각되는 때에는 매수인은 매도인이 하자를 알고도 밝히지 아니하였거나 물건의 성상에 대한 보장을 인수한 경우에 한하여 하자로 인한 권리를 갖는다"고 규정하여 공경매의 경우에 담보책임을 제한하고 있지만 물건의 하자와 권리의 하자를 구별하지 않고 취급합니다. 그러나 2017년 6월 2일에 공포된 일본 개정민법[64]은 제568조는 제4항을 신설하여, "전3항의 규정은 경매의 목적물의 종류 또는 품질에 대한 부적합 내용은 적용하지 않는다."라는 내용을 규정하였습니다. 담보책임이 경매 목적물의 종류 또는 품질이 부적합하다는 이유로는 인정되지 않는다는 것을 명확히 한 것으로서 독일민법의 태도와 다르고 우리 민법과 유사하다고 보입니다.

---

[64] 헤세이 29년(2017년) 5월 26일 민법의 일부를 개정하는 법률(헤세이 29년 법률 제44호)이 성립되었다(동년 6월 2일 공포). 민법 중 채권관계규정(계약등)은 메이지 29년(1896년)에 민법이 제정된 후 약 120년간 거의 개정되지 않았다. 이번 개정은 민법 중 채권관계규정에 대한 거래사회를 지탱하는 가장 기본적인 법적 기초인 계약에 관한 규정을 중심으로 사회·경제적 변화에 대한 대응을 도모하기 위한 검토를 실시함과 동시에 민법을 일반 국민이 알기 쉬운 것으로 하는 관점에서 실무에서 통용되고 있는 기본적인 규칙을 적절하게 명문화하기로 한 것이다. 이 개정안은 일부 규정을 제외하고, 레이와(れいわ, 令和) 2년(2020년) 4월 1일부터 시행된다. 2019년 5월 1일 천황의 양위로 연호가 헤세이 31년에서 레이와 원년으로 바뀌었다(필자 註).

위 내용은 일본 법무성 홈페이지 (www.moj.go.jp) 해당 부분 참조.

다시 사례로 돌아가 보면 위 사례는 실무에서 흔히 담보책임을 주장하면서 대금감액신청을 하는 사례 중의 하나이지만, 결론적으로 독일민법과는 달리 우리 민법의 담보책임의 범위에는 해당되지 않는 사례에 해당합니다. 그러나 만약 이해관계인 특히 매수인과 신청채권자 사이에 대금감액의 합의를 한다면 경매법원이 이를 전적으로 무시하기는 어렵지 않을까 생각됩니다.

이것은 경매절차상 매수인과 당사자, 이해관계인 사이의 화해의 유추적용가능성 문제로 논의될 여지가 충분합니다. 절차유지의 원칙상 매각불허가 결정으로 인한 경매절차의 지연을 피하고, 적정선에서 타협을 본다면 오히려 신청채권자에게 불리하지 않은 경우도 있을 수 있습니다. 물론 신청채권자가 대금감액의 합의를 하지 않으려는 경우가 대부분일 것이기 때문에 실무에서 매수인에게 어려움이 예상됩니다.

열여덟 번째 물음

마스터 실무사례

[앞의 질문] 경매절차에서 가평의 전원주택을 낙찰받은 매수인입니다. 낙찰받고 보니까 이 2층짜리 단독주택이 내부 벽에 금이 많이 가 있고 마루바닥도 거실 쪽에 폭 2미터 정도가 내려앉아 있습니다. 저는 응찰할 때 몰라서 높은 가격에 써 내서 낙찰받았는데 어떻게 방법이 없을까요? 매각허가를 취소받고 싶은데 매각허가결정 후에도 취소하는 경우가 있다고 들었습니다.

매각대금을 안내면 민사집행절차에 의하여 매수보증금을 전액 몰수할 수밖에 없다고 경매법원 담당자는 얘기합니다.

☞ 위 사례에서 대금감액이 받아들여지지 않고 매각허가결정도 취소되지 않는 경우에 매수인(낙찰자)이 대금납부를 포기하고 매수보증금을 몰수당하였다. 그리고 현재 재매각절차가 진행 중인데, 이전 절차에서 단독주택의 내부조사를 하지 않은 감정평가사의 손해배상책임이 문제될 여지는 없는가요? 매각물건명세서에 내부파손 이야기가 써 있지 않았어요.

질문에 대한 답변

단독주택의 내부조사를 하지 않은 감정평가사 등의 손해배상책임 문제

> **[질문을 토대로 한 사례화]**
>
> 매각허가결정을 하고 대금지급기한이 지정된 후 대금납부를 하였다. 그런데 낙찰자(매수인)는 대금납부 후에 주택 내부에 들어갔는데 바닥과 벽의 심한 균열을 발견하였다. 이것은 매각물건명세서에 전혀 기재가 없었던 것이었다.
>
> (1) 매수인이 그 공사비용 등을 감안하여 매수대금 감액신청을 한다면?
> (2) 누구의 과실로 건물에 심한 균열이 생겼는지 알 수 없는 경우에 민법상 채무자위험부담주의가 적용될 수 있는가?
> (3) 만약 위험부담이론으로도 해결되지 않는 경우에 내부조사를 하지 않은 감정인의 감정평가보고서 작성의 과실책임을 물을 수 있는가? (낙찰자는 대금납부 전에 경매목적물의 상태를 확인하는 것이 보통이므로 매수인(낙찰자)의 잘못이라고 현재 감정인이 주장하고 있다.)

1. 집합건물 내부에 대해 '감정평가사의 직접조사의무'를 부과할 것인지의 여부

가. 통용되는 평가실무

1심 집행법원의 실무태도는 그 타당성은 별론으로 하고, 대체로 아파트나 다세대주택 등과 같은 '집합건물'의 경우에는 구분건물 내부에 직접 들어가서 그 내부 상태를 확인해 조사할 의무가 있다고는 보지 않는 것으로 판단된다. 대다수가 그 내부의 발코니확장 정도 차이밖에 없고, 채무자나 임차인이 내부조사에 대개 협조하지 않으므로 이러한 실무관행이 형성된 것으로 보인다.

나. 집합건물 아닌 단독주택의 경우 '감정평가사의 직접조사의무' 문제를 달리 볼 것인지의 여부

실무의 제1설은 아파트를 포함한 집합건물과 단독주택을 나누어 적어도 단독주택의 경우에는 내부를 감정인이 육안으로 조사할 의무가 있다고 한다(私見, 아래 대법원판결들 참조). 그러나 내부육안 조사의무를 일반적으로 인정한다면 이를 단독주택과 집합건물의 전유부분을 각각 나누어 고찰해야 할 합리적 이유를 찾기 어렵고, 따라서 이러한 의무를 인정하려면 전부 인정하는 것이 옳고, '내부(육안확인) 조사의무'를 부정하려면 두 경우 모두 부정하는 것이 옳다는 설(제2설)이 있다.

다. 판례 등

이에 관해 직접 판결한 사례를 찾기는 어려우나 다음의 판례들이 참고가 된다.

첫 번째, "서울민사지방법원 집달리가 1967년 6월 서울민사지방법원 판사에게 제출한 보고서의 기재에 보면, 이 사건 경매목적물 중 건물에 있어서 등기부상 세멘부록조 세멘와즙 평가건 창고 1동 건평 15평 5홉의 부분은 실지는 세멘트 단즙으로 개조되어 공장으로 사용 중이라고 되어 있는데 주식회사 제일은행의 감정서의 기재에 보면, 위에서 본 부분의 평가를 모두 실지 현상대로 하지 아니하고 오직 등기부상의 표시에만 의존하여 평가하고 있으니 경매법원은 이와 같은 잘못된 평가를 기준으로 하여 이 사건 경매를 진행하였으므로 경매법원이 한 평가절차에는 위법이 있다"는 취지의 판례(대법원 1968. 8. 26.자 68마798 결정 【부동산경락허가결정에대한재항고】)는 집달리의 현황조사보고서와 감정서 기재가 다름을 지적하면서 현황보고서와 다른 감정서를 나무란 것이다. 법원실무제요 민사집행 제2권, 140~141면에서는 평가서에 '폐문부재'라는 이유로 부동산의 현황을 육안으로 확인하지 아니하고 감정가액을 산출한 것이면, 부동산의 현황을 육안으로 확인하여 재조사하여 감정하도록 보정을 명한다고 하나, 실무상 집합건물에는 적용하지 않는 경향이 있다. 私見으로 일본의 내람신청제도와 같은 제도 도입이 필요하다고 생각된다.

두 번째, 개인이 중앙토지수용위원회와 서울특별시 강동구를 피고로 한 【토지수용이의재결처분취소등】 사건에서 대법원 1995. 12. 8. 선고 95누5561 판결은 "… 원심감정인은 그 감정서에서, 물건확인에 관하여 수차에 걸쳐 소재지, 수목의 관리상태, 수목의 모양과 생육상태 등을 확인하였다는 취지로 기재하고 있으나, 대상수목의 수량에 관하여 쌍방의 주장이 위와 같이 대립되고 있는 이 사건에 있어서 각 주장 사이의 위와 같은 현저한 차이를 해소시킬 만한 구체적이고 상세한 설명이 없을 뿐만 아니라, 이 사건 이의재결의 기초가 된 각 감정평가 중 ○○감정평가법인의 감정서에 피수용자가 이 사건 대상수목 외에 주변에 있는 농장 전체의 수목에 대한 보상요구를 하여 시행자측의 협의보상을 위한 물건목록과 상당한 차이가 있다는 취지의 기재가 있는 점과 원심감정인의 감정서 중 대상수목의 품목, 규격 및 수량 등 구체적인 표시가, A가 주장하는 것과 상당한 부분 일치하고 있는 점 등을 참작하면 원심감정인의 위 감정평가는 실지답사나 확인을 거치지 아니하고 주로 A의 주장만을 근거로 하여 이루어진 것이 아닌가 하는 의심을 품게 한다.

따라서 원심으로서는 원심감정인의 감정결과 중 감정목적물의 수량 등 확인부분에 대하여 원심감정인을 환문하는 등의 방법으로 신빙성 여부를 심리하여 본 후에 그 채용 여부를 결정하였어야 할 것임에도 불구하고, 이에 이르지 아니한 채 원심감정인의 감정결과를 만연히 채용하여 이 사건 수목의 적정한 손실보상액을 산정한 원심의 조치는 심리 미진이나 채증법칙 위배로 사실을 잘못 인정하여 판결에 영향을 미친 위법을 저지른 것이다."라고 하여 감정평가사의 실지답사나 실지확인의무를 인정하고 있다.

세 번째, 감정평가업자가 감정평가 대상 기계들을 제대로 확인하지 않았음에도 이를 확인하여 종합적으로 감정한 것처럼 허위의 감정평가서를 작성한 경우, 구 지가공시및토지등의평가에관한법률 제33조 제4호 위반죄에 해당한다고 한 판례(대법원 2003. 6. 24. 선고 2003도1869 판결 【지가공시및토지등의평가에관한법률위반】)가 있는 바, 현재의 집합건물에 대한 감정평가실무상 내부조사 없이 평가서 후반부 항목에 「(9) 공부와의 차이/없음」으로 추측기재하고 있는 것이 대부분이므로 판례와 상반되는 듯한 면이 없지 않은 것이다.

그런데 대법원 1986. 10. 14. 선고 86도1367 판결은 감정평가에관한법률 제26조 제3호, 제16조 소정 허위감정죄의 요건과 관련하여 "감정평가에관한법률 제26조 제3호, 제16조 소정의 허위감정죄는 고의범에 한하고 여기에서 말하는 허위감정이라 함은 신빙성 있는 감정자료에 의한 합리적인 감정결과에 현저히 반하는 자의적 방법에 의한 감정을 일컫는 것이어서 정당하게 조사 수집하지 아니하여 사실에 맞지 아니하는 감정자료임을 알면서 그것을 기초로 감정함으로써 허무한 가격으로 평가하거나 정당한 감정자료에 의하여 평가함에 있어서도 합리적인 평가방법에 의하지 아니하고 고의로 그 평가액을 그르치는 경우에 성립한다 하겠으나 다만 감정평가의기준에관한규칙 제6조 단서 규정에 비추어 감정인이 신빙할 수 있는 자료에 의하여 감정을 하였다면 비록 실지조사는 하지 않았다 하더라도 특별한 사정이 없는 한 이를 가지고 허위감정이라거나 허위감정의 고의가 있었다고 단정할 수는 없다"고 판시한 것이 있어 이해에 혼선을 준다.

생각건대 대법원 1986. 10. 14. 선고 86도1367 판결과 대법원 2003. 6. 24. 선고 2003도1869 판결이 서로 다른 입장에 서 있다고 하더라도 이는 허위감정과 관련된 것으로서 일반의 경매감정에 확대적용할 일은 아니다.[65]

---

[65] 같은 취지에, 박형남, 「감정평가과오에 대한 법적 책임 −전문가책임의 관점에서−」 『법조』 47권 12호 박형남 법조협회 p.40에서는 위 86도1367를 소개하면서도 "현장을 확인하지 아니한 감정평가는 적어도 토지나 건물에 대하여는 부당하다고 생각한다."고 기술하고 있다.

라. 검토 및 결론

사법보좌관제도 시행 후 전국 집행법원의 실무는 대체로 집합건물의 경우에는 내부조사의무를 감정인에게 부과하고 있지 않는 듯하다. 감정평가사는 그 평가서 항목 후반부에서 대개 다음과 같은 기재를 하고 있다. 즉, "임대차관계 미상, 내부조사는 집합건축물대장에 의거하였고 임대관계 미상" 또는 "현장조사시 관계인을 만날 수 없어 임대관계는 조사하지 못하였으며, 문이 잠겨 내부를 확인하지 못하였으나, 유사물건의 평가선례, 이웃주민의 설명 등을 참고하여 내부를 추정하였음"과 같다. 물론 집행법원의 임대차관계의 조사 및 매각물건명세서 기재는 현황조사명령과 이를 받은 집행관의 현황조사보고서를 기초로 한다.

일선의 감정평가 실무에서 당해 부동산의 소유주 등이 내부조사를 거절한다면 특별한 경우가 아닌 한 강제로 집 내부에 들어갈 수 없으므로, 이러한 경우에 한하여 감정평가업자는 간접조사방식으로(사진이 있다면 사진으로, 그 부동산에 대하여 잘 아는 사람이 있다면 인터뷰를 통하여) 그 부동산의 내부를 추정할 수 있다고 보거나 아파트·연립주택 등 집합건물(필자 변경인용 : 원문은 아파트연립주택·건물 등)은 대동소이하고 건물 내부에 따라서 감정평가 가격에 많은 차이가 나지 않으므로, 특별한 경우가 아니면 내부조사는 필요하지 않다는 견해[66]를 보이고 있는 것이다. 이러한 감정평가 업계의 견해를 현행 집행실무는 그대로 따르고 있는 것으로 보인다.

생각건대, 건물의 '내부조사의무'를 부과할 것인가에 대한 논란은 ①감정목적물의 평가가격 결정에 어떠한 하자가 있지는 않았는가 하는 점과, ②집행의 신속이라는 면, 이 두 가지가 민사집행법상 가치적으로 충돌하는 것과 관련이 있다. 집행의 신속을 우선시한다면, 건물내부조사를 흠결한 감정평가 결과목적물의 실제가치가, 감정평가서 및 최저매각가격을 기재한 매각물건

---

[66] 박형남, 앞의 논문, pp.40~41.

명세서상의 명목상의 금원에 미달하는 경우 감정인의 과실책임은 부정하면서도 매각허가결정에 대한 즉시항고사유로 삼을 수 있는 여지가 있을 것이다.

그런데 앞에서 본 바와 같이 현장답사를 하지 않은 감정이 위법하다는 판결, 공부만을 보고 감정한 감정평가사에게 직무의무 위반을 인정하고 있는 판례에 비추어 전술한 실무의 태도는 재고의 여지가 있다. 그렇다고 단순히 집합건물의 내부조사를 흠결하였음을 이유로 매각불허가사유에 무조건 해당한다고 단정할 수는 없는 것이고 적어도 불법개축이나 발코니확장, 예상하기 어려운 내부구조 변경 등의 사유를 소명한다면 「민사집행법」 제121조 제5호, 제7호를 유추 적용하여 매각불허가 사유로 삼는 것이 타당하지 않을까 하는 생각이다(私見).[67]

이와 관련하여 최근 일본의 논의는 참고할 만하다. 즉 적정가격의 형성을 위해 동영상 촬영과 인터넷에서의 정보개시를 제안하는 견해가 그것이다.[68]

일부 학설도 이 견해를 인용하면서 우리 대법원 법원경매정보 인터넷 사이트(http://www.courtauction.go.kr)를 이러한 방향에서 좀 더 적극적으로 운영한다면 좋을 것이라고 제안하고 있다.[69] 마쓰무라의 제안은 2003년에 일본 민사집행법에 신설된 제도인 이른바 내람제도를 '대체'하는 방법으로 제안된 것인데, 이른바 내람제도는 경매 목적물에 거주하는 자의 사생활 침

---

[67] 이상의 私見과 쟁점에 관한 내용은, 필자가 대한법무사협회지에 기고한 논문을 바탕으로 기술한 것이다.
박준의, "집합건물을 둘러싼 최근 집행 실무상의 제 문제와 일본 '담보부동산 수익집행제도'의 시사점 (1)~(3) 연재 중 (1)", (법무사 2013).
[68] 송촌화덕, 검증・「담보법・민사집행법の개정」 (3) 신민사집행법における채권자・채무자간の이해조정(その2) 부동산내람제도, 은행법무21(2004. 8), 54 참조.
[69] 전병서, 「민사집행에서의 실효성 확보를 위한 제안」, 민사집행법연구, 한국민사집행법학회지 7권(한국사법행정학회 2011), 47.

해 문제가 제기되기 때문이다. 필자는 마쓰무라의 제안에 찬동하면서 이 문제에 관한 보다 근본적인 해결이 되기 위해서는 다음의 보완책이 가미되어야 한다고 생각한다.

즉, 감정평가사는 닫힌 문을 강제로 열 수 있는 권한이 없으므로 그 조사력에 한계를 가질 수밖에 없다. 따라서 개별사건마다 건건이 건물을 조사방문한 후에야 건물 내부에 진입할 수 없음을 알고 되돌아온 다음 집행관의 강제원조를 구하는 신청서를 집행법원에 내도록 하는 것은 대단히 비능률적이고 집행의 신속을 해하게 된다. 따라서 경매목적물인 당해 건물에 대한 집행관과 감정평가사의 조사일시를 같은 날짜, 같은 일시로 정하고 집행관이 현장에서 강제개문(强制開門)하여 건물 내부 구석구석 전체를 차례로 캠코더 촬영한 다음에 이 녹화파일을 대법원 법원경매정보 홈페이지에 동영상으로 개시하는 방법이다. 이것은 향후 입법론이며 실제 제도운용에 있어서는 많은 어려움이 있을 것으로 생각된다.

일본의 내람제도

일본에서는 2003년 7월 25일에 「담보물권 및 민사집행제도의 개선을 위한 민법 등의 일부를 개정하는 법률」에 의하여 몇 가지 제도개선을 하였는데 그 중 하나가 물건의 실체가 불분명하여 불안한 매수희망자에게 물건 내에 들어가 견학할 수 있는 제도를 신설한 것이다.[70] 부동산 경매를 보다 매매에 접근시키는 수단으로 내람을 원하는 매수신청인을 위한 것이라고 한다.[71] 일본 민사집행법 제64조의2는 (내람)이라는 제목하에 제1항에서 제6항까지 규정하고 있다. 제1항, 제2항만 소개해놓는다.

---

70) 전병서, 위의 논문 및 같은 논문 각주 20)에 소개된 곡구원혜 외 2인, 담보물권급び민사집행제도의개선のための민법등の일부を개정する법률の개요, 판례タイムズ(2004. 1. 15), 4면 이하 참조.
71) 전병서, 위의 논문 Ⅲ.1.(1)④2행~3행.

제1항 "최고재판소는 압류채권자(배당요구종기후에 강제경매 또는 경매신청을 한 압류채권자를 제외한다)의 신청이 있는 때에는 집행관에 대하여 내람(부동산의 매수를 희망하는 자를 그곳에 들어가게 하여 견학할 수 있도록 하는 것을 말한다. 이하 이 조에 있어서 같다)의 실시를 명하지 않으면 안된다. 다만 당해 부동산의 점유자의 점유권원이 압류채권자, 가압류채권자 및 제59조 제1항의 규정에 따라 소멸한 권리를 갖는 자에 대하여 대항할 수 있는 경우 당해 점유자가 동의하지 않는 때에는 이 한도에서는 아니된다."

제2항 "전항의 신청은 최고재판소규칙에 정한 바에 따라 매각을 실시하도록 하는 재판소서기관의 처분시까지 하지 않으면 안된다."

사례에 대한 해결

매각허가결정을 하고 대금지급기한이 지정된 후 매수인이 경매목적물의 내부를 확인하지도 않고 대금을 납부한 사례이다. 낙찰자(매수인)는 어떻게 된 연유인지 대금납부 후에 주택 내부에 들어갔는데 바닥과 벽의 심한 균열을 발견한 것이었다. 이에 대한 내용은 매각물건명세서에 전혀 기재가 없었고 감정인의 평가서에도 전혀 기재되어 있지 않았다.

먼저 첫 번째 (1) 매수인이 그 공사비용 등을 감안하여 매수대금 감액신청을 한다면? 이라는 질문에 대하여, 대금감액은 담보책임의 일내용인데 담보책임이 적용되려면 매매(경매)계약체결 전의 권리의 하자에 관한 것이어야 한다. 매매(경매)계약체결시점에 견해대립이 있으나 매각허가결정선고시 또는 확정시 이전에 이미 발생한 하자여야 하는데 이를 알 도리는 없게 된 것이다. 더군다나 위와 같은 건물 내부의 균열은 경매목적물 즉 특정물건의 하자에 해당되는 것이고 경매대금의 비례적 감액이 가능하지 않다. 결국 이해관계인 합의 없이는 원칙적으로 대금감액은 불가능하다.

두 번째 (2) 누구의 과실로 건물에 심한 균열이 생겼는지 알 수 없는 경우에 민법상 채무자위험부담주의가 적용될 수 있는가? 에 대하여 검토해 본다.

참조조문

{민법 제537조(채무자위험부담주의) 쌍무계약의 당사자 일방의 채무가 당사자쌍방의 책임없는 사유로 이행할 수 없게 된 때에는 채무자는 상대방의 이행을 청구하지 못한다. / 제538조(채권자귀책사유로 인한 이행불능) ①쌍무계약의 당사자 일방의 채무가 채권자의 책임있는 사유로 이행할 수 없게 된 때에는 채무자는 상대방의 이행을 청구할 수 있다. 채권자의 수령지체 중에 당사자쌍방의 책임없는 사유로 이행할 수 없게 된 때에도 같다. / ②전항의 경우에 채무자는 자기의 채무를 면함으로써 이익을 얻은 때에는 이를 채권자에게 상환하여야 한다.}

민법상 위험부담의 문제가 되기 위해서는 계약체결 후에 발생한 이행불능이어야 한다. 계약체결시점은 매각허가선고시점 또는 매각허가결정확정시점 이후이므로 그 이후에 발생한 이행불능이어야 한다. 그러나 위 사례에서 매수인(낙찰자)은 이를 증명할 수가 없을 것이 명백하다. 구체적 사실관계에 따라서 다를 것이지만 만약 임차인이 매각허가선고기일 전에 이미 퇴거한 공실이었고 임차인조사도 여의치 않거나 임차인을 심문하여도 집행법원은 소송절차에서 사실관계의 확정을 하는 것과 같은 심판권이 없으므로 사실을 알 수는 없는 경우가 대부분일 것이다. 매수인의 이익을 추정하여 매각허가선고시점 또는 매각허가결정확정시점 이후에 발생한 건물의 균열이라고 하더라도 이것이 '이행할 수 없게 된 때'라고 말할 수 있을까? 후발적 일부불능은 채무불이행의 문제일 뿐이기 때문이다. 건물이 화재로 전소된 것과 같이 멸실에 이르렀다면 위험부담의 법리가 적용될 수 있다.

그러나 이러한 건물의 균열만으로는 위험부담에 관한 민법 제537조가 적용될 수 없다. 불완전이행의 문제는 일반 매매계약에서 논의되고 경매절차에서는 적용될 수 없다는 것이 통설이다(이것이 경매를 사법상 매매계약으로 보는 이론과 주류적 판례가 가지는 한계이자 특징이라고 생각된다. 이 점 때문에 경매절차를 공법상 처분절차로 보는 반대견해가 제기된다.).

세 번째 질문, (3) 만약 위험부담이론으로도 해결되지 않는 경우에 내부조사를 하지 않은 감정인의 감정평가보고서 작성의 과실책임을 물을 수 있는가? 에 대하여 판단해 보자.

필자가 아는 한 아직 이에 관한 대법원판결이 없는 듯하다.

그런데 감정인은 매수인(낙찰자)은 대금을 납부하기 전에 경매목적물의 상태를 확인하는 것이 보통이므로 매수인(낙찰자)의 잘못이라고 주장한다. 실제로 이 사안에서 매수인(낙찰자)이 현장에 가보지 않은 이유를 알 수는 없지만 만약 매수인이 현장확인만 했더라도 대금납부를 하지 않았을 것이고 대금미납부 상태에서 건물내부의 균열을 보게 되었다면 그(그녀)는 민사집행법 제127조에 의한 집행취소신청을 할 수 있었을 것이다. 물론 민사집행법 제121조(매각허가에 대한 이의신청사유) 가운데에 「6. 천재지변, 그 밖에 자기가 책임을 질 수 없는 사유로 부동산이 현저하게 훼손된 사실 또는 부동산에 관한 중대한 권리관계가 변동된 사실이 경매절차의 진행중에 밝혀진 때」의 요건, 다시 말하면 부동산이 현저하게 훼손되어야 하므로 단순훼손인지 현저한 훼손인지 여부에 대한 판단의 문제는 남는다. 그러나 이러한 법률요건이 있는 것과 없는 것의 차이는 실무에서 천지차이라 말할 수 있다. 적어도 다투어 볼 근거가 있는 것이다.

이 사례와 유사한 사안이 실제 대법원의 판단까지 받게 된다면 감정인의 책임이 어디까지 인정될지는 알 수 없다. 또한 현황조사를 하는 집행관도 책임을 완전히 면하기는 어려울 것이다. 다만 매수인(낙찰자)도 과실책임이 있기 때문에 일정부분 과실상계처리될 가능성이 높아 보인다. 여기에서 특히 단독주택의 내부조사의 중요성이 부각된다. 아파트에는 대부분 임차인이 존재하기 때문에 원인불명의 내부파손이 실무상 문제로 부각되기가 쉽지 않다. 매수인(낙찰자)은 대금납부 전에 반드시 목적물을 확인하여야 할 것이다. 집행법원은 당사자, 이해관계인 사이의 집행법상 화해를 유도해 볼 수도 있을 것이다. 일단 여기까지만 언급하기로 한다.

열아홉 번째 물음

> 마스터 실무사례

공매로 농지취득 하였으나 농지취득자격증명을 발급받지 않고 있었는데 민사집행에 의한 가압류를 본압류로 이전하는 강제경매가 이루어져서 매수인이 경매대금을 모두 납부하고 농지취득자격증명을 취득한 경우,

(1) 소유권은 공매절차 매수인과 경매의 매수인 중에서 누가 취득하나요?
(2) 만약 공매절차에서의 매수인(낙찰자)이 소유권을 취득하지 못한다면 매수인(낙찰자)은 경매절차의 담보책임을 물어서 배분절차에서 배당받은 채권자들을 상대로 부당이득반환청구를 할 수 있는 것이죠?

질문의 구체적 사례정리

갑 소유인 파주시 ○○동 225-4 전 136㎡(이하 대상 부동산)에 1999. 1. 14. 주식회사 서울은행이 채권자인 가압류 등기가 마쳐졌다. 은평구청은 2001. 10. 22. 갑의 지방세 체납을 이유로, 서대문세무서는 2001. 10. 27. 갑의 국세체납을 이유로 각 대상 부동산에 압류등기를 마쳤다.

(1) 2005. 6. 27.에 서대문세무서는 한국자산관리공사(KAMCO)에 대상 부동산의 공매대행을 의뢰하였다.
A는 이 사건 공매절차에 입찰하여 2005. 9. 21. 대상 부동산을 4,130만 원에 매수하는 매각결정을 받고 2005. 11. 21. 대금을 완납하였다. 그러나 농

지법 제8조가 정한 농지취득자격증명을 발급받지 못하여 소유권이전등기를 마치지 못하였다. 공매대행을 의뢰받은 한국자산관리공사는 배분절차를 진행하여 2005. 12. 13. 위 매각대금에서 공매행정비 1,126,870원을 공제하고 대한민국(B)에 34,906,520원을, 서울특별시(C)에 5,266,610원을 각 배분하였다.

(2) 그런데 한국자산관리공사는 위 가압류채권자인 주식회사 서울은행으로부터 위 가압류채권을 양수한 다음 집행권원을 얻어서 의정부지방법원 고양지원 2008타경10941호로 대상 부동산에 대한 강제경매를 신청하여 2008. 5. 23. 강제경매개시결정을 받았다. 이 경매절차에서 D가 대상 부동산을 매수하고 2009. 3. 2. 매각대금을 완납하여 소유권이전등기를 마쳤다.

(1) 소유권은 공매절차 매수인 A와 경매절차의 매수인 D 중에서 누가 취득하는 것인가?

(2) 만약 공매절차에서의 매수인(낙찰자)A가 소유권을 취득하지 못한다면 A는 경매절차의 담보책임을 법적 근거로 배분절차에서 배당받은 채권자들을 상대로 부당이득반환청구를 할 수 있는가?

질문에 대한 답변

일반인들로서는 상당히 이해하기 어려운 문제라고 할 수 있겠습니다. 그러나 경매지식이 있는 사람들은 찬찬히 읽어 보면 이해가 불가능한 것도 아닙니다. 농지취득자격증명이 경매나 공매절차에서 어떻게 작용하는지 여부가 이해의 핵심입니다.

1. 국세징수법상 공매절차와 민사집행법에 의한 경매절차의 관계

국세징수법상 공매절차는 체납처분절차이고, 경매는 민사집행절차라는 것은 주지의 사실이다. 그런데 위의 사례와 같이 체납처분절차에 의한 매각과 민사집행절차에 의한 매각이 따로 이루어져서 서로 그 결과가 달라지는 경우와 같이 두 절차가 충돌하는 경우 문제가 발생한다. 따라서 이에 따르는 문제를 해결하기 위하여 양 절차를 조정하는 법률이 필요하다는 것이 대부분의 견해이다. 두 절차의 병존가능성에 관한 학설상 논의[72]는 이 책에서 자세히 언급할 필요는 없을 것이다. 실무에서는 판례의 태도가 중요하기 때문이다.

비교법적으로 일본의 체납처분 및 강제집행등의 절차조정에 관한 법률에 의하면 민사집행에 의한 압류가 있은 후 체납처분에 의한 압류가 된 때에는, 담당 공무원 등은 그 취지를 집행재판소에 통지하여야 하고(같은 법 제29조, 제36조), 이 경우 민사집행절차가 취소, 취하 등에 의하여 종료되거나 집행재판소의 속행승인결정이 없는 한 체납처분절차는 진행되지 아니한다(같은 법 제30조, 제36조)고 한다. 반대로 체납처분에 의한 압류가 있는 부동산에 대하여 경매개시결정이 있는 경우, 재판소서기관은 그 취지를 체납처분에 의한 압류를 한 담당 공무원 등에 통지를 하여야 하고(같은 법 제12조 제2항, 제20조), 이 때 압류등기 촉탁 및 경매개시결정 정본의 채무자에 대한 송달은 할 수 있으나, 앞서 본 바와 같이 원칙적으로 민사집행절차는 진행되지 아니한다. 다만, 선행의 체납처분이 해제된 경우 및 집행재판소의 속행결정이 있는 경우에는 후행의 민사집행절차가 진행된다(같은 법 제13조 제1항, 제20조).[73]

우리나라 현행법상으로는 체납처분절차와 민사집행절차는 별개의 절차이고 두 절차 상호간의 관계를 조정하는 법률의 규정이 없어 한쪽의 절차가 다른 쪽의 절차에 간섭할 수 없으므로, 체납처분에 의하여 압류된 채권에 대하여도 민사집행법에 따라 압류 및 추심명령을 할 수 있고, 그 반대로 민사집행법에 따른 압류 및 추심명령의 대상이 된 채권에 대하여도 체납처분에 의한 압류를 할 수 있다.[74] 한쪽의 절차가 다른 쪽의 절차에 간섭할 수 없다는

---

[72] 강인애, "국세징수법해설", 한일조세연구서(1994), 238. 김상수, "체납처분과 민사집행의 경합", 조세법연구 7권 (2001), 68 이하 각 참조.

[73] 전용범, "일본의 부동산경매 제도 중 1998년, 2003년, 2004년의 개정에 관하여", 외국사법연수논집 제116집, (법원도서관 2008), 257.

것은 민사집행절차로 진행되는 경우 체납조세도 민사집행법의 법리에 따라 배당순위가 정해지고, 만약 공매절차로 진행되는 경우에는 공매의 법리에 따라야 한다는 뜻이다.[75]

2. 판례의 구체적 입장

구법시대부터 국세징수법에 의한 체납처분에 의하여 압류기입의 등기 있는 부동산에 대하여 다시 임의 또는 강제경매를 진행할 수 없다는 규정이 없고 이를 조절하는 규정이 없으므로, 행정청과 사법기관은 각자 그 독자적 절차에 의하여 경매절차를 진행할 수 있고, 양 경락자 중 선순위로 소유권을 취득한 자가 진정한 소유자로 확정되고 후순위자는 소유권을 취득하지 못하는 결과가 발생할 수밖에 없다고 판시하였다.

민사소송법 시행 후에도 국세체납처분에 의한 절차가 진행 중인 부동산에 대하여 강제경매 또는 임의경매의 신청이 있는 경우에 이를 수리하여 경매개시결정촉탁등기를 하고 별도로 그 경매절차를 진행할 수 있다고 판시(1961. 2. 9. 선고 4293민상124 판결)하였으며, 현행법상 국세체납절차와 민사집행절차는 별개의 절차로서 그 절차 상호간의 관계를 조정하는 법률의 규정이 없으므로 한 쪽의 절차가 다른 쪽의 절차에 간섭을 할 수 없는 반면, 쌍방 절차에서의 각 채권자는 서로 다른 절차에서 정한 방법으로 그 다른 절차에 참여할 수밖에 없다고 판시하고 있다(대법원 1989. 1. 31. 선고 88다카42 판결, 대법원 1999. 5. 14. 선고 99다3686 판결, 대법원 2002. 12. 24. 선고 2000다26036 판결 등).

---

74) 대법원 2007. 9. 6. 선고 2007다29591 판결, 대법원 2015. 7. 9. 선고 2013다60982 판결 "민사집행법에 따른 압류 및 추심명령과 체납처분에 의한 압류가 경합하는 경우에 제3채무자는 민사집행절차에서 압류 및 추심명령을 받은 채권자와 체납처분에 의한 압류채권자 중 어느 한쪽의 청구에 응하여 그에게 채무를 변제하고 그 변제 부분에 대한 채무의 소멸을 주장할 수 있으며, 또한 민사집행법 제248조 제1항에 따른 집행공탁을 하여 면책될 수도 있다."
75) 박준의, "신채권집행실무", 제2전면개정판 (2015), 1299 이하.

요컨대 판례에 의하면 체납처분과 민사집행 상호간에는 무제한적으로 이중 압류가 허용되고, 동일한 재산에 대하여 체납처분절차와 민사집행절차가 경합하는 경우에 각 절차는 다른 절차에 관계없이 각자의 근거법률에 따른 집행을 할 수 있다는 것으로서, 이중 압류 나아가 이중 환가를 인정할 뿐만 아니라, 매수자의 소유권취득도 이중으로 인정하되 먼저 소유권을 취득한 자가 우선한다는 것이다. 배당(배분)단계에서도 배당(배분)재원이 있으면 어느 절차에서든 각자의 정한 법에 따라 하면 괜찮다는 취지로 해석된다.[76]

확립된 판례이론에 의할 때 위 사례에서도 소유권을 먼저 취득한 자가 우선하게 된다. 그렇다면 누가 소유권을 먼저 취득한 것인가에 우리의 관심이 집중된다.

3. 공매 또는 경매절차에서의 농지취득자격증명과 소유권취득

위 사례는 대법원 2014. 2. 13. 선고 2012다45207 판결 【부당이득금반환】의 구체적 사안이다. 최근 이 판결에 대한 평석 가운데에는 "농지취득자격증명은 농지에 대한 소유권을 취득하기 위한 요건이 아니라 농지를 취득하는 자가 그 소유권에 관한 등기를 신청할 때에는 첨부하여야 하는 서류에 불과하며, 공매절차에서 매수인은 매수대금을 납부한 때에 매각재산을 취득하므로(국제징수법 제77조 제1항), 원고는 농지취득자격증명을 발급받지 못하였더라도 공매절차에서 이 사건 부동산에 대한 소유권을 취득한 것"이라는 학설[77]이 있다. 이 견해에 의하더라도 위 사례의 결론만은 대법원 판단과 달라지지 않지만, 소유권취득시기에 있어서 중대한 차이를 가져온다.

---

[76] 김주석, "국세징수법상 공매에 있어서의 쟁점 – 판례를 중심으로", 재판자료 제121집 : 조세법 실무연구 II (2010년, 하권), 132. ; 김경종, "민사집행법의 당면과제와 실무상 쟁점 1", 법무사저널 통권 159호(2006).

[77] 양형우, "농지에 대한 공매·경매와 매도인의 담보책임 – 대상판결: 대법원 2014. 2. 13. 선고 2012다45207 판결", 홍익법학 제16권 제3호 (2015), 744 이하 참조.

위 학설의 논지는

①공매절차에서 농지취득자격증명 제출은 특별매각조건이 아니며,

②농지매매에 있어서 농지취득자격증명 제출은 강학상 인가가 아닌 확인 내지 공증행위에 불과하고,

따라서 ③농지취득자격증명을 발급받을 필요 없이 공매대금 납부시에 공매절차의 매수인은 민법 제187조에 의하여 등기 없이 소유권을 취득한다는 주장이다. 농지취득자격증명을 발급 받아 제출하지 못하면 집행기관(세무서 등)은 관련 법령의 규정에 따라 직권으로 관할등기소에 소유권이전 등의 등기촉탁을 할 수 없을 뿐이라는 것이다.[78]

필자는 과거 법무연구에 기고한 글에서 농지매매증명과 소유권취득요건의 추후보완, 소유권취득시기의 소급여부에 관하여 언급한 바 있다.[79] 당시 평석대상이던 대법원 2012. 11. 29. 선고 2010다68060 판결, 대법원 2008. 2. 1. 선고 2006다27451 판결과 관련한 것이었는데 이에 관하여 알아 둘 필요가 있다.

대법원은 농지매매증명의 경우에는 농지매매증명이 물권변동의 효력발생요건이므로 이를 발급받지 않으면 설사 매수인 명의로 소유권이전등기가 마쳐졌더라도 그 소유권이전등기는 원인무효로서 소유권취득의 효과가 전혀 인정되지 않는다고 한다.[80] 그렇다면 농지취득자격증명 없이 경료된 소유권이전등기의 효력은 어떠한가. 농지취득자격증명의 법적 성질에 관하여 학설은 대립하고 있다. 이 문제는 특히 농지취득자격증명과 구법상의 농지매매증

---

[78] 양형우, 758.
[79] 박준의, 현행 집행실무에 있어서 농지경매를 둘러싼 실무상의 제문제 — 특히 농지의 불법형질변경 등과 농지취득자격증명 不提出 등에 포커스를 맞추어, 법무연구 4권 (2014), 187~224.
[80] 대법원 1984. 11. 13. 선고 84다75 판결, 대법원 2000. 8. 22. 선고 99다62609, 62616 판결 각 참조.

명이 서로 성질이 같은 것인지 여부를 놓고서 견해가 극명하게 대립된다. 양자의 성질이 같다고 보는 견해[81]와 성질이 다르다고 보는 견해가 나뉘는데, 前說은 농지취득자격증명의 발급처분을 공법상의 인가[82]에 해당한다고 보는 견해이며 後說은 준법률행위적 행정행위 의 일종인 공증이라고 해석하는 견해이다. 논자에 따라서는 행정처분으로서 공법상의 인가에는 해당하나 매매계약의 효력요건이거나 물권변동의 요건은 아니라고 하는 입장[83]도 있다.

---

81) 곽윤직, 부동산등기법, 박영사(2001), 205. 곽윤직 前 서울대학교 법과대학 교수는 농지취득자격증명은 농지매매증명을 갈음한 것이라고 하신다. ; 양경승, 법률행위의 요건과 농지매매증명 및 농지취득자격 증명의 성질, 사법논집 제48집, (법원도서관, 2009) 509면에서는 "농지매매증명 및 농지취득자격증명은, 매매 등 채권행위를 원인으로 농지를 취득하고자 하는 경우에 있어 그 채권행위의 효력을 완성시켜주는 인가로서의 효력이 있음은 물론이다. 그러나 구체적인 경우에 있어, 위 증명을 받지 아니한 상태에서의 채권계약의 효력 또는 매도인과 매수인 사이의 법률관계가 어떻게 되는지, 그 증명이 없이 소유권이전등기가 이루어진 경우 그 등기의 유·무효 여부, 소송절차에 있어 그 주장책임과 입증책임의 대상 및 그 책임의 부담자, 그것이 법원의 직권조사사항인지 여부 등 여러 가지 문제가 있다."고 기술하고 있다.

82) 인가라 함은 "타인의 법률적 행위를 보충하여 그 법률적 효력을 완성시켜 주는 행정행위" {박균성, 행정법강의, 제3판(박영사 2006) 251.} 내지는 "행정청이 직접 자신과 관계없는 법률관계의 당사자의 법률행위를 보충하여 그 법률상 효력을 완성시켜주는 보충행위" {정하중, 행정법총론, 제2판(법문사 2004) 223.}로 정의되고 있다. 농지 소재지관서의 증명은 발급관청이 농지의 매수인이 농지개혁법이 정하고 있는 여러 요건들을 구비하고 있는가를 심사하여 매수인이 그러한 요건을 갖추고 있다는 사실을 증명하여 주어, 농지매매계약의 효력을 완성시켜 주는 행정행위로서 인가로 보는 견해에, 강신섭, "농지매매와 소재지관서의 증명", 사법논집 제25집, (법원도서관, 1994) 110. 농지 소재지관서의 증명, 즉 농지매매증명 및 농지취득자격증명의 성질의 법적 성격에 관한 상세한 학설·판례 등 소개에, 양경승, 법률행위의 요건과 농지매매증명 및 농지취득자격 증명의 성질, 사법논집 제48집, (법원도서관, 2009) 493 이하를 참조.

83) 사동천, 농지소유제도에 관한 비판적 고찰, 법조 626호(2008. 11.) 223 내지 225 참조. 대략적 내용은 다음과 같다. "농지취득자격증명은 농지법 제8조 제4항에 의하여 소유권이전등기 신청시에 첨부해야 하는 서류로서 규정하고 있을 뿐, 그것이 매매계약에서 어떤 기능을 하는가에 관해서는 언급이 없다. 따라서 농지취득자격

현재 대법원은 농지취득자격증명을 물권변동의 효력발생요건이 아니라 소유권이전등기 신청시에 첨부할 서류 즉 등기요건으로만 파악하고 있다. 농지취득자격증명이 없다고 하더라도 농지매매계약의 효력은 여전히 유효하게 발생하나 다만 등기를 하지 못함으로써 소유권을 취득하지 못하게 되는 것이다. 농지매매증명 없는 소유권이전등기의 효력에 관한 대법원 판결 중에서 등기의 적법 추정, 입증책임, 추완에 관한 부분은 농지취득자격증명에도 마찬가지로 적용된다고 한다.[84]

2012년 대법원[85]은 "… <u>농지를 취득하려는 자가 농지에 대하여 소유권증명이 농지매매의 특별요건인가, 농지 소유권이전(물권변동)의 특별요건인가, 아니면 농지매매의 효력이나 물권변동의 효력과는 관계없는 별개의 서류에 지나지 않는가에 관하여 농지취득자격증명이 없거나 그 발급이 무효인 경우에 매매계약이나 물권변동의 효력에 어떤 영향을 주는가가 문제될 수 있다. 판례는 "농지법 제8조 제1항 소정의 농지취득자격증명은 농지를 취득하는 자가 그 소유권에 관한 등기를 신청할 때에 첨부하여야 할 서류로서(농지법 제8조 제4항), 농지를 취득하는 자에게 농지취득의 자격이 있다는 것을 증명하는 것일 뿐 농지취득의 원인이 되는 법률행위(매매 등)의 효력을 발생시키는 요건은 아니다"라고 한다. 나아가 구 농지개혁법 제19조 제2항에서는 농지소유권이전의 특별요건으로서 「농지매매증명」을 요하였는데, 이것은 양당사자가 협력하여야만 발급받을 수 있는 것이었고, 매도인은 농지매매증명발급에 협력해야 할 의무가 있는 것으로 해석하였다. 그러나 현행 농지법 제8조에 의하여 대체된 농지취득자격증명의 발급은 오로지 매수인의 영역에 속하는 것으로 바뀌었다. 이로써 현행 농지법은 농지취득자격증명을 농지에 대한 소유권이전등기 신청 시에 첨부할 서류로만 규정하는 데에 그치고, 농지취득자격증명은 농지매매 자체에 대한 증명이 아니라 단지 농지취득의 자격요건을 증명하는 것에 불과하다. 따라서 그 성질은 문헌이나 판례에 의한 명시적 언급은 없지만, 행정처분 및 공법상의 認可의 성질만을 갖는 것이고, 사법상으로는 매매계약의 효력발생요건이라거나 물권변동의 요건은 아니다. 즉, 농지취득자격증명은 이제는 채권계약이나 물권계약의 효력발생요건이 아니라, 단지 소유권이전등기를 신청하는 데에 필요한 첨부서류로서의 의미만을 지닌다고 판시한 것으로 볼 수 있다."</u>

[84] 박창수, 농지취득자격증명의 법적 성질과 매매, 경매 및 소유권이전등기의 효력에 대한 종합적 고찰, 저스티스 통권 제84호(한국법학원 2005), 81.

이전등기를 마쳤다 하더라도 농지취득자격증명을 발급받지 못한 이상 그 소유권을 취득하지 못하고, 이는 공매절차에 의한 매각의 경우에도 마찬가지라 할 것이므로, 공매부동산이 농지법이 정한 농지인 경우에는 매각결정과 대금납부가 이루어졌다고 하더라도 농지취득자격증명을 발급받지 못한 이상 소유권을 취득할 수 없고, 설령 매수인 앞으로 소유권이전등기가 경료되었다고 하더라도 달라지지 않으며, 다만 매각결정과 대금납부 후에 농지취득자격증명을 추완할 수 있을 뿐이다…"라는 이유로 파기환송하였다. 이는 공매와 소유권추완에 관한 거의 최초의 판결로 생각되었다.

경매절차에 관하여는 대법원 2008. 2. 1. 선고 2006다27451 판결에서 "농지법 소정의 농지취득자격증명은 농지를 취득하는 자가 그 소유권에 관한 등기를 신청할 때에 첨부하여야 할 서류로서 농지를 취득하는 자에게 농지취득의 자격이 있다는 것을 증명하는 것일 뿐 농지취득의 원인이 되는 매매 등 법률행위의 효력을 발생시키는 요건은 아니며(대법원 1998. 2. 27. 선고 97다49251 판결 등 참조), 농지에 관한 경매절차에서 이러한 농지취득자격증명 없이 낙찰허가결정 및 대금납부가 이루어지고 그에 따른 소유권이전등기까지 경료되었다 하더라도 농지취득자격증명은 그 후에 추완하여도 무방하다 할

---

85) 대법원 2012. 11. 29. 선고 2010다68060 판결 【판결요지】 농지취득자격증명은 농지를 취득하는 자에게 농지취득의 자격이 있다는 것을 증명하는 것으로, 농지를 취득하려는 자는 농지 소재지를 관할하는 시장, 구청장, 읍장 또는 면장에게서 농지취득자격증명을 발급받아야 하고, 농지취득자격증명을 발급받아 농지를 취득하는 자가 그 소유권에 관한 등기를 신청할 때에는 농지취득자격증명을 첨부하여야 한다(농지법 제8조 제1항, 제4항). 따라서 농지를 취득하려는 자가 농지에 대하여 소유권이전등기를 마쳤다 하더라도 농지취득자격증명을 발급받지 못한 이상 그 소유권을 취득하지 못하고, 이는 공매절차에 의한 매각의 경우에도 마찬가지라 할 것이므로, 공매부동산이 농지법이 정한 농지인 경우에는 매각결정과 대금납부가 이루어졌다고 하더라도 농지취득자격증명을 발급받지 못한 이상 소유권을 취득할 수 없고, 설령 매수인 앞으로 소유권이전등기가 경료되었다고 하더라도 달라지지 않으며, 다만 매각결정과 대금납부 후에 농지취득자격증명을 추완할 수 있을 뿐이다.

것이다."라고 판시한 바 있다.

여기서 전자의 판결은 농지법 하의 공매절차에서 농지취득자격증명 없이 매각허가결정·대금납부 및 소유권이전등기가 이루어진 경우 매수인이 소유권을 취득하는지 여부에 관하여 판시한 거의 최초의 판결인 점에서 당시 주목되었다. 이 사례로 돌아와 대법원은 뒤에 소개한 바와 같이 같은 판시를 하고 있어서 이제 확립된 견해로 보아도 무방하겠다.

이 사례들이 주목을 끄는 이유는, 농지취득자격증명원을 발급받은 경우에만 소유권을 취득하게 된다고 함에 따라 농취증을 발급받지 못한 때에는, 민법 제187조에 따라 매각대금납부로 등기 없이 소유권을 취득한다는 대명제(법률의 규정에 의한 물권변동)에도 불구하고 소유권을 취득하지 못할 우려가 발생한다는 데에 있다. 학설의 비판도 이 부분에 집중되는 것으로 보인다.

다시 위 질문으로 돌아가 보자.

먼저 진행된 공매절차에서의 매수인 A는 민사집행법에 의한 강제경매절차의 매수인 D가 소유권이전등기를 먼저 경료하였으므로 소유권을 취득하지 못하였다고 판단하여 배분절차에서 배분을 받은 대한민국(B)과 지방자치단체(C)에 대하여 부당이득반환을 구한 것으로 보인다.

민법 제576조 제1항은 "매매의 목적이 된 부동산에 설정된 저당권 또는 전세권의 행사로 인하여 매수인이 그 소유권을 취득할 수 없거나 취득한 소유권을 잃은 때에는 매수인은 계약을 해제할 수 있다."라고 규정하고 있다. 그리고 가압류의 목적이 된 부동산을 매수한 사람이 그 후 가압류 채권에 근거한 강제집행으로 부동산의 소유권을 상실하게 되었다면 이는 매매의 목적 부동산에 설정된 저당권 또는 전세권의 행사로 인하여 매수인이 취득한 소유권을 상실한 경우와 유사하므로, 이러한 경우 매도인의 담보책임에 관한 민법 제576조의 규정이 준용된다는 것이 판례이다(대법원 2011. 5. 13. 선고 2011다1941 판결 참조).[86]

즉, 가압류 결정의 기입등기 후 매매계약을 체결하여 가압류의 목적이 된 부동산을 매수한 사람은 가압류 결정의 처분금지적 효력에 의하여 그 가압류 채권에 근거한 강제집행절차에서 부동산의 소유권을 취득한 매수인에게 대항할 수 없으므로 소유권을 상실하게 되는데, 이러한 경우에 민법 제576조가 준용되는 이유는 매매계약 체결 당시 이미 존재하였던 원인에 의하여 후발적으로 소유권을 상실한다는 점에서 저당권 또는 전세권의 행사로 인하여 소유권을 상실하는 경우와 유사하기 때문이다.[87] 그런데 이 사례의 공매절차 매수인 A는 여기에 해당하지 않는다.

왜냐하면 매각대금 납부와 동시에 소유권을 취득하는 일반적인 사례에서 경매절차의 소멸주의에 의하여 가압류는 소멸되기 때문에(참고로 위에서 소개한 학설도 필자와 같은 입장[88]) 가압류의 본압류이전 집행에 의하여 후발

---

[86] 대법원 2011. 5. 13. 선고 2011다1941 판결 [부동산경매취소등][공2011상,1172]
【판시사항】 가압류 목적이 된 부동산을 매수한 이후 가압류에 기한 강제집행으로 부동산 소유권을 상실한 경우에도 매도인의 담보책임에 관한 민법 제576조가 준용되는지 여부(적극)
【판결요지】 가압류 목적이 된 부동산을 매수한 사람이 그 후 가압류에 기한 강제집행으로 부동산 소유권을 상실하게 되었다면 이는 매매의 목적 부동산에 설정된 저당권 또는 전세권의 행사로 인하여 매수인이 취득한 소유권을 상실한 경우와 유사하므로, 이와 같은 경우 매도인의 담보책임에 관한 민법 제576조의 규정이 준용된다고 보아 매수인은 같은 조 제1항에 따라 매매계약을 해제할 수 있고, 같은 조 제3항에 따라 손해배상을 청구할 수 있다고 보아야 한다.

[87] 대법원 2014. 2. 13. 선고 2012다45207 판결【부당이득금반환】판결이유 중에서 인용

[88] 체납처분절차가 가압류에 선행한 경우, 양 절차의 경합을 인정하지만, 체납처분절차가 먼저 종료하면 그 후에 된 가압류는 말소되어야 한다. 즉 체납처분의 집행에 영향이 없는 한 가압류권자의 지위를 존중하는 것이 타당하므로 가압류가 체납처분에 의한 압류보다 선행한 경우에도 가압류의 효력은 체납처분에 의한 압류에 의하여 바로 소멸되지는 않지만, 체납처분에 의한 매각이 되어 매수인이 소유권을

적으로 소유권을 상실하는 일은 있을 수 없기 때문이다. 또한 이 사례의 특수성, 즉 농지취득자격증명을 발급받지 못했기 때문에 소유권을 취득한 적도 없으므로 취득한 소유권을 상실할 일은 더더욱 있을 수가 없다. 그러므로 제576조의 담보책임이 적용될 여지가 없다. 아래 판결이유를 읽을 때 선뜻 이해가 안될 수가 있으나 이러한 내용을 설시하고 있는 것이다.

📖 **대법원 2014. 2. 13. 선고 2012다45207 판결 【부당이득금반환】**

원심판결 의정부지방법원 2012. 4. 26. 선고 2011나6091 판결

[주 문]
원심판결을 파기하고, 사건을 의정부지방법원에 환송한다.

[이 유]
상고이유를(피고 서울특별시에 대하여는 직권으로) 판단한다.
원심은 그 판시 증거를 종합하여, 갑 소유인 대상 부동산에 주식회사 서울은행이 채권자인 가압류 등기가 마쳐져 있었는데, 그 후 서대문세무서가 갑의 국세체납을 이유로 위 부동산에 압류등기를 마치고 한국자산관리공사에 이 사건 공매 대행을 의뢰한 사실, 원고는 이 사건 공매절차에 입찰하여 대상 부동산을 매수하는 매각결정을 받고 대금을 완납하였으나 농지법에서 정한 농지취득자격증명을 발급받지 못하여 소유권이전등기를 마치지 못한 사실, 한국자산관리공사는 원고가 납부한 매각대금 중 공매행정비를 공제한 나머지를 채권자인 피고들에게 배분한 사실, 그 후 한국자산관리공사는 주식회사 서울은행으로부터 위 가압류 채권을 양수한 다음 집행권원을 받아 강제경매를 신청하였고, 위 경매절차에서 D가 대상 부동산을 매수하고 대금을 완

취득한 때에는 소멸되는 것으로 본다. 민사집행법에 의한 경매나 국세징수법에 의한 공매로 인한 담보권 등 권리의 소멸시기가 언제인지에 대하여는 명문의 규정이 없지만, 민사집행법 제135조, 국세징수법 제77조에 의한 소유권의 이전시기는 매수대금을 납부한 때이고(민법 제187조), 또 이 경우 법원(세무서장 등)은 소유권이전 및 제등기의 말소촉탁을 채무자(체납자)를 대위하여 직권으로 하여야 하므로(민사집행법 제144조 제1항, 부동산등기법 제97조), 매수인이 대금납부를 한 때 담보권 등은 소멸한다고 보아야 한다. 양형우, 앞의 논문, 759.

납하여 소유권이전등기를 마친 사실 등을 인정한 다음, 민법 제578조 제1항, 제2항의 '경매'에는 공매도 포함되는 점, 가압류의 목적이 된 부동산을 매수한 사람이 그 후 가압류에 근거한 강제집행으로 부동산 소유권을 상실하게 된 경우 매도인의 담보책임에 관한 민법 제576조의 규정이 준용되어 매매계약을 해제할 수 있는 점, 원고 A가 사후에 농지취득자격증명을 취득할 경우 언제든지 소유권 취득이 가능하고, 민법 제576조 제1항은 소유권을 취득한 후 경매되어 소유권을 상실하는 경우뿐만 아니라 매매계약 후 소유권을 취득하기 전에 경매되어 소유권을 취득하지 못하는 경우에도 담보책임을 인정하고 있는 점 등에 비추어 보면, 원고는 민법 제578조, 제576조에서 정한 매도인의 담보책임에 의하여 이 사건 공매를 해제할 수 있다고 판단하였다.

그러나 원심의 위와 같은 판단은 다음과 같은 이유에서 수긍하기 어렵다.

민법 제576조 제1항은 "매매의 목적이 된 부동산에 설정된 저당권 또는 전세권의 행사로 인하여 매수인이 그 소유권을 취득할 수 없거나 취득한 소유권을 잃은 때에는 매수인은 계약을 해제할 수 있다."라고 규정하고 있고, 가압류의 목적이 된 부동산을 매수한 사람이 그 후 가압류 채권에 근거한 강제집행으로 부동산의 소유권을 상실하게 되었다면 이는 매매의 목적 부동산에 설정된 저당권 또는 전세권의 행사로 인하여 매수인이 취득한 소유권을 상실한 경우와 유사하므로, 이러한 경우 매도인의 담보책임에 관한 민법 제576조의 규정이 준용된다(대법원 2011. 5. 13. 선고 2011다1941 판결 참조). 즉, 가압류 결정의 기입등기 후 매매계약을 체결하여 가압류의 목적이 된 부동산을 매수한 사람은 가압류 결정의 처분금지적 효력에 의하여 그 가압류 채권에 근거한 강제집행절차에서 부동산의 소유권을 취득한 매수인에게 대항할 수 없으므로 소유권을 상실하게 되는데, 이러한 경우에 민법 제576조가 준용되는 이유는 매매계약 체결 당시 이미 존재하였던 원인에 의하여 후발적으로 소유권을 상실한다는 점에서 저당권 또는 전세권의 행사로 인하여 소유권을 상실하는 경우와 유사하기 때문이다.

한편 민법 제578조 제1항은 "경매의 경우에는 경락인은 전 8조의 규정에 의하여 채무자에게 계약의 해제 또는 대금감액의 청구를 할 수 있다."고 규정하고, 같은 조 제2항은 "전항의 경우에 채무자가 자력이 없는 때에는 경락인은 대금의 배당을 받은 채권자에 대하여 그 대금 전부나 일부의 반환을 청구할 수 있다."라고 규정하고 있는데, 위 조항에서 말하는 '경매'에는 국세징수법 제61조 제9항에 따라 한국자산관리공사가 대행하는 공매도 포함된다. 그런데 국세체납절차와 민사집행절차는 별개의 절차로서 그 절차 상호 간의 관계를 조정하는 법률의 규정이 없으므로 한쪽의 절차가 다른 쪽의 절차에 간섭할 수 없는 반면 쌍방절차에서의 각 채권자는 서로 다른 절차에서 정한 방법으로 그 다른 절차에 참여할 수밖에 없으므로, 부동산에 대한 가압류집행이 있다고 하더라도 국세체납처분에 의한 공매처분이 종결되면 위 부동산 가압류의 효력은 상실된다(대법원 1989. 1. 31. 선고 88다카42 판결 참조). 또한, 농지법상 농지에 관한 공매절차에서 매각결정과 대금납부가 이루어졌다고 하더라도 매수인은 농지법에서 정한 농지취득자격증명을 발급받지 못하는 이상 그 소유권을 취득할 수 없고, 공매대상 농지의 원소유자가 여전히 그 농지의 소유자이므로(대법원 2002. 7. 26. 선고 2000다65147 판결 참조), 공매절차의 매수인이 위와 같은 사유로 소유권을 취득하지 못하던 중 원소유자에 대한 가압류 채권에 근거한 민사집행절차에서 그 농지를 매수한 매수인이 농지취득자격증명을 발급받고 대금을 완납한 때에는 적법하게 그 농지의 소유권을 취득하고, 공매절차의 매수인은 소유권을 취득할 수 없게 된다. 그러나 이러한 결론은 **공매절차의 매수인이 가압류의 처분금지적 효력에 의하여 민사집행절차의 매수인에게 대항할 수 없어 발생하는 것이 아니라, 국세체납절차와 민사집행절차가 별개의 절차로 진행된 결과일 뿐이므로**, 공매절차의 매각결정 당시 이미 존재하였던 원인에 의하여 후발적으로 소유권을 취득할 수 없게 되는 경우에 해당하지 아니하고, 이러한 경우에까지 민법 제578조, 제576조가 준용된다고 볼 수는 없다.

그런데도 원고 A가 민법 제578조, 제576조에 따라 이 사건 공매를 해제할 수 있다고 판단한 원심판결에는 민법 제578조, 제576조에서 정한 매도인의 담보책임에 관한 법리를 오해한 위법이 있다. 그러므로 나머지 상고이유에 관한 판단을 생략한 채, 원심판결을 파기하고, 사건을 다시 심리·판단하게 하기 위하여 원심법원에 환송하기로 하여, 관여 대법관의 일치된 의견으로 주문과 같이 판결한다.

[대법원의 파기환송후 판결]

📖 **의정부지방법원 2015. 1. 8. 선고 2014나2816 판결 부당이득금반환**

환송전 판결 의정부지방법원 2012. 4. 26. 선고 2011나6091 판결
환송 판결 대법원 2014. 2. 13. 선고 2012다45207 판결

[주 문]
1. 제1심 판결 중 피고들 패소부분을 취소한다.
2. 위 취소부분에 해당하는 원고의 피고들에 대한 청구를 모두 기각한다.
3. 원고와 피고들 사이의 소송총비용은 원고가 부담한다.

[청구취지 및 항소취지]

[청구취지]
원고에게, 피고 대한민국은 34,906,520원과 이에 대하여 2010. 8. 10.부터, 피고 서울특별시는 5,266,610원과 이에 대하여 2010. 10. 7.부터 각 2011. 2. 15.까지는 연 5%, 그 다음날부터 갚는 날까지는 연 20%의 각 비율로 계산한 돈을 각 지급하라(원고의 피고들에 대한 청구 중 제1심에서 기각된 부분은 환송 전 당심 판결 선고와 동시에 확정되어 위와 같은 청구만 남았다).

[항소취지]
주문 제1, 2항과 같다.

[이 유]
1. 기초사실
(생략)
2. 청구원인에 대한 판단
 가. 원고의 주장
이 사건 공매 후 원소유자에 대한 가압류 채권에 근거한 강제집행절차가 개시되어 D가 소유권을 취득하고 결국 원고는 소유권을 취득할 수 없게 되었으므로 이 사건 공매는 무효이다. 따라서 피고들은 원고에게 배분금 상당액을 부당이득으로 반환하여야 한다.
그렇지 않더라도 원고가 민법 제578조, 제576조에서 정한 매도인의 담보책임에 의하여 이 사건 공매를 해제하였고, 채무자 갑은 무자력이므로 배분채권자인 피고들은 민법 제578조 제2항에 따라 원고에게 배분금을 부당이득으로 반환할 의무가 있다.

나. 판단
1) 이 사건 공매가 무효라는 주장에 대한 판단
아래에서 보는 바와 같이 농지법상 농지에 관한 공매절차에서 매각결정과 대금납부가 이루어졌다고 하더라도 매수인은 농지법에서 정한 농지취득자격증명을 발급받지 못하는 이상 그 소유권을 취득할 수 없고, 국세체납절차와 민사집행절차가 별개의 절차로 진행되므로, 이 사건에서 원고가 농지법상 농지취득자격증명을 발급받지 못하여 소유권을 취득하지 못하던 중 원소유자 갑에 대한 가압류 채권에 근거한 강제집행절차에서 대상 부동산을 매수한 D가 농지취득자격증명을 발급받고 대금을 완납함으로써 소유권을 취득하였다고 하여 이 사건 공매가 무효라고 볼 수 없다.

2) 매도인의 담보책임(민법 제576조, 제578조) 주장에 대한 판단
민법 제576조 제1항은 "매매의 목적이 된 부동산에 설정된 저당권 또는 전세권의 행사로 인하여 매수인이 그 소유권을 취득할 수 없거나 취득한 소유권을 잃은 때에는 매수인은 계약을 해제할 수 있다."라고 규정하고 있고, 가압류의 목적이 된 부동산을 매수한 사람이 그 후 가압류 채권에 근거한 강제집행으로 부동산의 소유권을 상실하게 되었다면 이는 매매의 목적 부동산에 설정된 저당권 또는 전세권의 행사로 인하여 매수인이 취득한 소유권을 상실한 경우와 유사하므로, 이러한 경우 매도인의 담보책임에 관한 민법 제576조의 규정이 준용된다(대법원 2011. 5. 13. 선고 2011다1941 판결 참조). 즉, 가압류 결정의 기입등기 후 매매계약을 체결하여 가압류의 목적이 된 부동산을 매수한 사람은 가압류 결정의 처분금지적 효력에 의하여 그 가압류 채권에 근거한 강제집행절차에서 부동산의 소유권을 취득한 매수인에게 대항할 수 없으므로 소유권을 상실하게 되는데, 이러한 경우에 민법 제576조가 준용되는 이유는 매매계약 체결 당시 이미 존재하였던 원인에 의하여 후발적으로 소유권을 상실한다는 점에서 저당권 또는 전세권의 행사로 인하여 소유권을 상실하는 경우와 유사하기 때문이다.

한편 민법 제578조 제1항은 "경매의 경우에는 경락인은 전 8조의 규정에 의하여 채무자에게 계약의 해제 또는 대금감액의 청구를 할 수 있다."고 규정하고, 같은 조 제2항은 "전항의 경우에 채무자가 자력이 없는 때에는 경락인은 대금의 배당을 받은 채권자에 대하여 그 대금 전부나 일부의 반환을 청구할 수 있다."라고 규정하고 있는데, 위 조항에서 말하는 '경매'에는 국세징수법 제61조 제9항에 따라 한국자산관리공

사가 대행하는 공매도 포함된다. 그런데 국세체납절차와 민사집행절차는 별개의 절차로서 그 절차 상호 간의 관계를 조정하는 법률의 규정이 없으므로 한쪽의 절차가 다른 쪽의 절차에 간섭할 수 없는 반면 쌍방절차에서의 각 채권자는 서로 다른 절차에서 정한 방법으로 그 다른 절차에 참여할 수밖에 없으므로, 부동산에 대한 가압류 집행이 있다고 하더라도 국세체납처분에 의한 공매처분이 종결되면 위 부동산 가압류의 효력은 상실된다(대법원 1989. 1. 31. 선고 88다카42 판결 참조).

또한, 농지법상 농지에 관한 공매절차에서 매각결정과 대금납부가 이루어졌다고 하더라도 매수인은 농지법에서 정한 농지취득자격증명을 발급받지 못하는 이상 그 소유권을 취득할 수 없고, 공매대상 농지의 원소유자가 여전히 그 농지의 소유자이므로(대법원 2002. 7. 26. 선고 2000다65147 판결 참조), 공매절차의 매수인이 위와 같은 사유로 소유권을 취득하지 못하던 중 원소유자에 대한 가압류 채권에 근거한 민사집행절차에서 그 농지를 매수한 매수인이 농지취득자격증명을 발급받고 대금을 완납한 때에는 적법하게 그 농지의 소유권을 취득하고, 공매절차의 매수인은 소유권을 취득할 수 없게 된다. 그러나 이러한 결론은 공매절차의 매수인이 가압류의 처분금지적 효력에 의하여 민사집행절차의 매수인에게 대항할 수 없어 발생하는 것이 아니라, 국세체납절차와 민사집행절차가 별개의 절차로 진행된 결과일 뿐이므로, 공매절차의 매각결정 당시 이미 존재하였던 원인에 의하여 후발적으로 소유권을 취득할 수 없게 되는 경우에 해당하지 아니하고, 이러한 경우에까지 민법 제578조, 제576조가 준용된다고 볼 수는 없다.

위 법리에 비추어 보면, 원고는 민법 제578조, 제576조에 따른 해제권을 행사하여 피고들에게 배분금 반환을 청구할 수 없다.

3. 결론 그렇다면, 원고의 피고들에 대한 청구는 모두 이유 없어 기각할 것인데 제1심 판결 중 피고들 패소부분은 이와 결론이 달라 부당하므로, 제1심 판결 중 피고들 패소부분을 취소하고 위 취소부분에 해당하는 원고의 피고들에 대한 청구를 모두 기각한다.

> 생각해 볼 문제

농지취득자격증명의 추완과 소유권취득시기[89]

> P는 토지의 일부 위에 아무런 권원 없이 비닐하우스와 컨테이너박스를 설치하고 조경수를 식재한 Q에게 토지의 인도 및 차임 상당의 부당이득 반환을 구하는 소를 제기하였다. Q는 P가 농지취득자격증명을 받지 못하였으므로 소유권을 취득하지 못하였다는 이유로 P의 청구가 부당하다고 주장하였고, 1, 2심은 P가 승소하였으며 상고심 계속 중에 P는 농지취득자격증명을 발급받았다.
>
> 공매절차의 매수인 P가 매각대금을 납부하고 ○○구에 농지취득자격증명을 신청하였으나 끝내 농지취득자격증명을 얻지 못하였다. 반려처분의 사유는 다음과 같다. '이 사건 토지는 지목상 전(田)이지만 오래전부터 피고 Q가 농사용 비닐하우스로 개조하여 불법사용 중' P는 농지취득자격증명신청서 반려통지서를 첨부하여 등기를 신청하였고 공매를 원인으로 한 소유권이전등기 등이 경료되었다.

1. 대법원 2012. 11. 29. 선고 2010다68060 판결의 사안과 전개

이 사건의 제1심과 제2심은 P이 농지취득자격증명을 얻지 못하였다 하더라도 매각허가결정을 받고 매각대금을 납부하였으므로 이 사건 토지의 소유권을 취득하였다는 것을 전제로 P의 청구를 인용하여 "Q는 P에게 이 사건 토지를 인도하고 3,223,440원 및 이에 대한 지연이자를 지급하라"는 취지의 판결을 하였는데 Q의 상고로 대법원에 올라가서 파기되었다. P는 상고심 계속 중인 2012. 4. 10.에 농지취득자격증명을 발급받아 제출하면서 소유권이전등기 후 농지취득자격증명의 추완을 이유로 소유권 취득을 주장하였지만 사실심이 아니었기 때문에[90] 추완이 인정되지 아니하였다.

---

89) 박준의, 앞의 논문(법무연구 4권 게재논문)의 Ⅳ.항에서 인용하였다.
90) 대법원 2007. 6. 29.자 2007마258 결정 【부동산매각불허가결정에대한이의】

환송심에서는 2012. 4. 10. 농지취득자격증명을 발급받았으므로, 추완이 인정될 것은 명백하지만 추완으로 언제 소유권을 취득하는 것으로 볼 것인가 하는 문제가 제기된다.

2. 소유권취득의 시기

경매와 공매 모두 매각허가결정과 대금납부 및 농지취득자격증명원 발급 및 제출의 요건을 모두 갖춘 때 소유권을 취득하게 된다. 만약 P가 농지취득자격증명을 추후보완한 결과 ①대금납부시에 소유권을 취득하는 것(소급설)으로 보면, P에게는 아무런 손해가 발생하지 않지만, ②추후보완(농지취득자격증명 발급)시에 소유권을 취득하는 것(비소급설)으로 보게 되면, P는 대금납부 후부터 추후보완 전까지의 차임 상당액을 받을 수 없게 되어 그 만큼의 손해를 입게 된다. 만약 아무런 권원 없이 점유하고 있는 제3자 Q가 차임 상당의 부당이득반환 등을 거부하는 경우에는 국가배상이 문제될 수 있다.

만약 위 사례에서 추완시설(소유권취득시점 비소급설)을 따르고, 추완시점 이전에 담보권 등이 설정되었다면 무권리자로부터 설정된 담보권이어서 그 담보권의 효력 또한 문제될 여지가 있다. 또 만약 끝까지 농지취득자격증명을 발급받지 못하면 매수인 명의로 매각허가결정이 있고, 매각대금 전액을 납부하였으며 소유권이전등기가 경료되었다 하더라도 소유권을 취득할 수 없다는 결론이 된다. 농지취득자격증명의 법적 성격을 공법상 인가로 보는 소수설에 따르면 인가의 보충적 효력에 의하여 기본행위시로 소급하여 효력

"이 사건 토지에 관한 농지취득자격증명을 제출하지 아니하였다는 이유로 경매법원이 매각불허가결정을 한 이후, 재항고인이 그 결정에 대하여 항고를 하고 그 항고가 기각되자 재항고를 하여, 재항고사건이 계속 중에 비로소 농지취득자격증명을 제출하였다고 하더라도, 재항고심은 법률심으로서 사후심이므로 그와 같은 사유는 재항고심의 고려사유가 될 수 없다."

이 발생한다고 보아야 할 것으로 생각된다(私見).

그러나 판례는 농지법 시행 이후 농지취득자격증명을 준법률행위적 행정행위 가운데 공증으로 이해하여 등기요건에 불과한 것으로 본다.

이후 환송심[91]은 피고의 항소를 기각하면서 소유권취득시기에 관한 구체적 판단은 없었는데 다시 상고되었고 대법원 2013. 8. 22. 선고 2013다42779 판결로 상고기각, 확정되었다. 환송심에서 위 논의가 구체적 쟁점이 되지는 아니한 것으로 보인다. 생각건대 농지취득자격증명의 법적 성질에 관하여 등기요건에 불과하다고 보는 대법원의 견해에 선다 하더라도, 행정청의 농지취득자격증명 발급은 신청인(부동산경매절차에서 최고가매수신고인)이 농지법이 요구하는 요건을 충족하고 있다는 사실의 존재에 대하여 공적 증거력을 부여하는 강학상 공증행위에 불과한 것이고, 공증행위에 법규정 또는 법해석에 의하여 일정한 법률효과가 부여된다고 하여 그것을 흠결한 사인간의 법률행위의 효력이 사후의 추완에 의하여 소급적 효력을 갖지 못할 이유는 없다고 생각된다{私見, 소유권취득시점 소급설(遡及說)}.

다만 이는 사견이며 대법원의 견해는 명확히 알 수 없다고 생각된다. 그리고 여기서 첨언하고 싶은 것은 집행법원으로서는 매각허가결정시 농지취득자격증명이 필요한 경우인데도 의도적으로 필요 없다고 판단하여 섣불리 매각허가결정을 하여서는 안 될 것이라는 점이다.

---

91) 서울동부지방법원 2013. 4. 24. 선고 2012나12483 【지료】

스물 번째 물음

마스터 실무사례

농지경매절차에서 매각공고의 매각물건명세서 비고란에 "농지취득자격증명 미제출시 보증금 몰수"라고 되어 있었지만 설마하고 응찰했는데 최고가매수인으로 낙찰된 후에 농지소재지관서에 가보니 담당자가 "불법형질변경된 농지라서 원상회복명령이 발해질 것이기 때문에 농지취득자격증명을 내줄 수가 없다"고 딱 잘라 말하고 있습니다. 그래서 매각허가결정일까지 농지취득자격증명을 법원 경매계에 제출하지 못했습니다. 제 매수보증금은 몰수되고 마는 것인지, 저로서는 매우 황당합니다. 어떠한 구제방법이 있는지요?

질문에 대한 답변

최고가매수인에게는 참으로 황당한 일이라고 생각되는 사례입니다. 실무에서 농지를 경매진행하다가 보면, 농지소재지관서에서 최고가 매수신고인에게 농지로의 원상복구를 요구하면서 농지취득자격증명 신청을 반려하는 경우를 많이 볼 수 있습니다. 소재지관서는 반려처분통지서에서 대체적으로 농지에 대한 불법형질변경으로 인하여 농지로서 보존되어 있지 아니하므로 농지법 제8조, 농지법 시행령 제10조 제2항에 저촉된다는 반려처분사유를 제시하며, 불법으로 형질변경된 부분을 농작물 및 다년생 식물의 재배가 가능한 토지로 원상복구한 후 농지취득자격증명 발급이 가능하다는 대안을 제시하기도 합니다.

그런데 집행법원은 거의 예외없이 "농지취득자격증명미제출시 보증금 몰수"라는 특별매각조건을 결정으로 정하여 농지매각절차를 진행하기 때문에 최고가 매수신고인이 농지취득자격증명을 제출하지 못하면 결국 보증금을 몰수 내지 몰취하는 예가 많았습니다. 실무가로서는 난감한 문제라고 아니할 수 없습니다.

판례(대법원 2007. 3. 29. 선고 2007누3176 판결)에 의하면, 행정청은 농지가 불법형질변경되어 원상회복이 되어있지 않다는 이유로 농지취득자격증명 신청을 반려할 수 없으며, 행정청으로서는 매수인이 토지를 취득한 후 원상회복을 위한 조치를 취하도록 별도의 행정상 강제를 할 수 있는 것은 별론으로 하고, 원상복구되기 전이라 하더라도 매수인에게 농지취득자격증명을 발급해 주어야 합니다. 문제는 실무에서 농지소재지관청이 이 판례를 모르거나 또는 무시하고 업무를 처리하는 것입니다. 다만 구체적 사례마다 다소간 사실관계에서 차이가 있을 수 있기 때문에 농지의 현상황을 정확히 파악하는 것이 중요합니다. 해결방안에 관한 다섯 가지 설이 제시되어 있습니다.

이에 관하여 과거에 훌륭한 논의(아래 FUTHER STUDY 참조)가 있습니다. 현재 실무에서도 그 처리방법이 다양한 것으로 보이는데 이를 요약하면, ① 농지취득자격증명을 제출하지 아니하였으므로 보증금을 몰취한다는 특별매각조건을 정한 경우 집행법원은 매각불허가결정 후에 보증금을 몰취하여야 한다는 입장, ② 최고가매수신고인이 책임질 수 없는 사유로 농지취득자격증명을 제출하지 못한 경우이므로 보증금 몰취의 특별매각조건을 정하였더라도 매각을 불허가하고 매수신청보증금을 반환하여야 한다는 견해 및 이에 더하여 특별매각조건의 취소와 매각물건명세서에 기재된 '농지취득자격증명 필요' 부분을 삭제하고 대신 '불법형질변경된 부분은 매수인이 원상회복의무를 부담할 수 있음'이라고 기재한 후 처음부터 다시 매각기일을 진행하자는 견해, ③ 기본적으로 ②설 중 후자의 설과 같은 입장이면서도 처음부터 다시 매각기일을 진행하는 것은 경매절차의 신속이라는 기본이념을 부당하게 저해하는 결과를 초래하므로 최저매각가격이 저감된 직전 매각기일의 최저매각가격으로 진행하면 된다는 견해, ④ 소재지 관서가 대집행 등으로 장애 사유를 제거할 때까지 매각결정기일을 추정하자는 견해, ⑤ 소재지 관서의 거부처분을 무시하고 매각허가결정과 소유권이전등기촉탁을 하자는 견해 등이 제시되어 있습니다.

FURTHER STUDY

1. 특별매각조건으로서의 매수보증금몰취

가. 의의

집행실무에서 가장 문제되는 것 중의 하나가 매수보증금 몰수 내지 몰취에 관한 것이다. 실무에서는 몰취, 몰수 양자의 용어가 혼용되고 있는데 어느 경우든 민사집행법이나 민사집행규칙상의 용어는 아니다.

농지법상 농지로서 집행법원이 재판예규 제943호에 따른 주의의무를 다하여 농지취득자격증명 제출을 법정매각조건으로 정하였으며 특별매각조건으로서, "농지에 대한 최고가 매수신고인이 매각결정기일까지 농지법에 의한 농지취득자격증명을 제출하지 아니함으로 인하여 매각불허가결정이 된 때에는 매수보증금은 이를 반환하지 아니하고 배당할 금액에 산입한다."라는 결정을 하여 매각기일에 넣는 경우 최고가매수신고인이 농지취득자격증명을 제출하지 아니하면 집행법원 사법보좌관은 직권으로 매각불허가결정을 하고 매수보증금을 몰취한다.[92]

---

[92] 사법보좌관실무편람, 법원행정처(2009) 360에는 다음과 같이 기술되어 있다. 「公簿上 地目이 농지이고, 감정서 및 현황조사 등으로 보아 농지임이 명백하여 농지취득자격증명을 제출하여야 하는 경우, 매각절차의 원활한 진행을 위하여 최고가

다만 이러한 특별매각조건 결정시 집행법원 사법보좌관으로서 다음과 같은 단서 조항 즉, "다만, 최고가 매수신고인이 매각불허가결정이 선고된 날로부터 7일 이내에 부득이한 사유로 농지취득자격증명을 발급받을 수 없었음을 소명한 때에는 그러하지 아니하다."라는 문구를 반드시 삽입하여야 하는 것인가에 대하여는 견해가 일치하지 아니한다. 이에 관하여는 이하 관련되는 곳에서 살핀다.

나. 제도적 취지 - 경매지연책으로써 활용 방지

채무변제를 하지 못하여 금전집행을 당하는 채무자나 소유자는 어떻게든 집행절차를 지연시켜서 그 사이에 급전(急錢)을 마련하여 경매신청채권자에게 채무를 변제하거나 합의를 시도하여 경매절차를 종결시키려는 갖은 노력을 쏟게 된다. 실무에서 집행채무자의 연기신청은 집행법원이 받아들이지 않는 것이 일반적이지만 집행채권자의 연기신청은 대개 2~3회에 걸쳐서 받아주는 경향이 있다. 채무자나 소유자는 채권자에게 사정을 호소하여 채권자로 하여금 연기신청을 하도록 유도하든지 아니면 경매절차의 지연책을 강구하게 된다. 실무에서 지연책은 경매절차 전반에 걸쳐 나타나고 있는데 지금까

매수신고인이 농지취득자격증명을 매각허가결정기일까지 제출하지 못하여 그 매각불허가결정이 확정된 때에는 매수신청의 보증(=매수보증금, 민사집행법 제정 전에는 입찰보증금이라고 불렀다)을 몰취한다는 특별매각조건을 정하여 진행할 수 있다. 이 경우에는 그 취지를 매각물건명세서에 기재하고 신문에도 공고하여야 하는바, 이 경우에는 별지부동산목록의 매각기일란 하단에 "농지취득자격증명 제출요(미제출시 보증금 미반환)"라고 기재하고, 매각물건명세서의 비고란에 "특별매각조건, 이 사건 토지 취득시 농지취득자격증명을 제출하여야 하며 최고가매수신고 후 매각허가기일까지 제출하지 아니한 경우에는 부득이한 사유가 없는 한 매각보증금을 반환하지 아니함"이라고 기재한다.」그런데 매각물건명세서에의 기재나 공고는 매수인의 편의제공을 위한 것일 뿐 민사집행법의 조문에 근거한 것은 아니다. 따라서 이를 집행법원의 절대적 의무라거나 농지취득자격증명 제출을 요구한 것까지 특별매각조건으로 보아서는 안된다. 다시 말하지만 농지법상의 조건에 불과한 법정매각조건일 뿐이다.

지 가장 많이 알려진 것은 가장(假裝) 내지 허위유치권신고에 기한 것이다. 그러나 이 외에도 경매지연의 방책은 얼마든지 강구될 여지가 있다.

농지경매의 경우 농지취득자격증명이 매각허가요건임을 악용할 우려가 있다. 즉 처음부터 가장(假裝)의 최고가 매수신고인을 내세워서는 농지취득자격증명을 제출하지 아니하는 방법으로 입찰절차를 지연시키는 반면에, 선의의 최고가 매수신고인의 경우에는 어쩔 수 없는 사정에 의하여 농지취득자격증명을 제출하지 못함으로써 이 경우 매수보증금(筆者 註: 구법상 '입찰보증금'이라는 용어를 사용함)을 반환하지 아니한다는 특별매각조건에 의하여 법원에 보관한 매수보증금을 반환 받지 못하게 되는 문제가 생긴다.[93] 여기서 경매절차 지연 방지와 일부 선의의 입찰자 구제의 필요성 중 어느 것을 우선으로 할 것인지, 또는 상반되는 두 가지의 필요성을 어느 선에서 조화시키는 방향으로 매수보증금을 처리할 것인가가 문제된다.

농지에 대해 법정매각조건으로 농지취득자격증명을 제출할 것을 요하는 경우 만약 최고가매수신고인이 이를 제출하지 못하면 집행법원은 매각불허가결정을 하게 되고 차순위매수신고인이 없는 한(물론 그도 담합한 자이면 농지취득자격증명을 제출하지 않을 것이다) 새매각절차에 들어가고 매수보증금은 돌려주게 된다. 이러한 경우 '페널티'를 가하지 아니하면 기일은 공전(空轉)되어 신속한 매각의 원칙은 공염불(空念佛)이 되고 만다. 아주 오래전부터 '특별매각조건'으로 매수보증금몰취를 정하는 집행법원의 관례가 생긴 이유이다.

다. 몰취의 법적 근거

민사집행법상 매수보증금은 매각불허가결정을 하고 이 결정이 확정된 후

---

[93] 최승록, "농지취득자격증명 미제출시의 입찰보증금 몰취", 부동산입찰제도 – 실무상 제문제, (법원행정처 1997) 149. 박창수, 앞의 논문, 87. 이하

새매각절차를 진행하는 경우에는 최고가매수신고인에게 반환되는 것이지만[94] 몰취의 특별매각조건이 붙어 있는 경우에는 반환하지 아니하고 배당재단에 편입하는 것이 실무의 태도이다. 이것은 법 제138조 제4항 및 제147조 제1항 제5호에 기한 것이 아니라 특별매각조건을 부가한 집행법원의 재판(결정)에 기인하는 것이다. 경매의 법적 성격을 사법상 매매로 보는 것이 대법원판례의 확립된 입장이므로[95] 절차법적 근거로는 법 제147조 제1항 제5호를 유추적용하여도 무방하다고 본다(異說 있음).[96] 통설도 경매의 성격은

---

[94] 윤경, 937. 민사집행법 제133조 및 법원보관금취급규칙 제13조 각 참조.

[95] 대법원 1967. 7. 12.자 67마507 결정, 대법원 1991. 10. 11. 선고 91다21640 판결, 대법원 1993. 5. 25. 선고 92다15574 판결, 대법원 1998. 3. 27. 선고 97다32680 판결 등 참조. 같은 취지의 판시가 최근까지 이어지고 있다.

[96] 과거 몰취부정설이 주장되었음을 문헌에서 확인할 수 있으나 현재 몰취부정설을 지지하는 입장은 발견하기 어렵다. 최승록, "농지취득자격증명 미제출시의 입찰보증금 몰취", 부동산입찰제도 - 실무상 제문제, (법원행정처 1997) 161면에서는 몰취긍정설을 취하면서 몰취부정설을 다음과 같이 소개한다. "부정설은, 공법적인 절차인 입찰절차는 사법적인 행위인 매매와는 그 성질에 차이가 있어 그 절차에 있어서 매매보다는 엄격한 제한이 가해져야 하는 것이므로, 매각조건에 관하여 강제집행법에 규정된 매각조건을 변경하는 것은 허용되나 강제집행법에 전혀 열거되지 아니한 내용을 매각조건으로 새로이 설정하는 것은 허용되지 아니한다고 하면서 위와 같은 특별매각조건을 가능하게 하기 위하여서는 민소법 제623조 제1항을 매각조건의 변경 외에 '새로운 매각조건도 설정' 할 수 있도록 개정하여야 한다고 한다." 또한 추신영, 경매에 의한 농지취득의 문제점, 토지법학 25-1호(한국토지법학회 2009. 6.) 44면에서는, "매수신청보증금을 몰취하는 근거와 적법성 여부에 대해서는 의문을 가지지 않을 수 없다. 우선 민사집행법 제111조 제1항에서「거래의 실상을 반영하거나 경매절차를 효율적으로 진행하기 위하여 필요한 경우에 법원은 배당요구의 종기일까지 매각조건을 바꾸거나 새로운 매각조건을 설정할 수 있다」고 하고, 동법 제112조도「집행관은 기일입찰 또는 호가경매의 방법에 의한 매각기일에는 매각물건명세서·현황조사보고서 및 평가서의 사본을 볼 수 있게 하고, 특별한 매각조건이 있는 때에는 이를 고지하며, 법원이 정한 매각방법에 따라 매수가격을 신고하도록 최고하여야 한다.」고 하여 집행법원이 특별매각조건을 정할 수 있는 근거는 마련되어 있다고 볼 수 있다. 그러나 특별매각조건의 범위를 지나치게 확대하여 집행법원이 매수신청보증금의 몰취까지 가능한 것인지에 대해서는 의문의 여지가 있다."는 언급을 하고 있으나 같은 논문 후반부에서는

기본적으로 사법상 매매와 같은 것으로서 매매의 경우에도 사회상규나 매매계약의 본질에 반하지 않는 한, 계약자유의 원칙에 따라 당사자가 자유로이 계약내용에 조건을 붙일 수 있듯이 경매에 있어서도 그 내용에 조건을 붙일 수 있다고 하여 긍정설의 입장이다.[97]

판례는 대법원 2004. 11. 30.자 2004마796 결정에서 방론(傍論)으로 "다만, 집행법원으로서는 재항고인의 매수신고에 대하여 특별매각조건으로 정한 최고가매수인이 매각결정기일까지 농지취득자격증명을 제출하지 아니함으로써 매각불허가결정이 된 때에 해당하지 아니하므로 재항고인이 매수신고의 보증으로 제공한 입찰보증금을 반환하여야 한다는 점을 지적하여 둔다"라고 설시하여, 특별매각조건을 충족하면 매수보증금을 반환하지 아니하고, 몰취한다는 실무의 태도를 간접적으로 받아들인 것으로 평가된다.

라. 매수보증금의 몰취시기등

대법원은 2004. 2. 25.자 2002마4061 결정에서 "구 민사소송법(2002. 1. 26. 법률 제6626호로 전문 개정되기 전의 것)이 적용되는 사건에서 경매법원에 의하여 경락불허가결정이 내려진 이후 그 결정에 대한 항고사건 계속 중에 농지취득자격증명이 제출된 경우에는 항고법원으로서는 이와 같은 사유까지 고려하여 경락불허가결정의 당부를 판단하여야 할 것이다."라고 설시하였는바 이 결정은 항고심이 속심(續審)[98]이라는 점을 여실히 보여주는 선

몰취긍정설을 지지하고 있다. 생각건대 민사집행법 제111조 제1항 후문에서 새로운 매각조건을 설정할 수 있다고 구민소법과는 다르게 규정하고 있는 이상 몰취긍정설이 당연히 타당하다고 해야 할 것이다.

97) 박창수, 앞의 논문, 88. 및 박창수, 농지취득과 등기에 관한 이론과 실무, (법률정보센타, 2005) 55. 최승록, "농지취득자격증명 미제출시의 입찰보증금 몰취", 부동산입찰제도 - 실무상 제문제, (법원행정처, 1997) 161면; 추신영, 경매에 의한 농지취득의 문제점, 토지법학 25-1호(한국토지법학회 2009. 6.) 50. 참조.
98) 이시윤, 신민사소송법, (박영사 2005) 756. 및 대법원 1978. 12. 19.자 77마452

례이다.

매각허가결정에 대한 항고이유의 판단기준시는 항고심 종결시이며, 농지취득자격증명을 항고심 종결시까지 제출하면 농취증을 제출하지 못한 흠이 치유된다. 재야실무에서의 명언, 즉 "농지매수인! 시간이 없으면 일단 매각불허가결정에 대하여 즉시항고를 해놓고 항고심 진행 중에 농지취득자격증명원을 발급받아서 내세요!"라는 말이 유래된 계기로 생각된다. 어차피 농지취득자격증명원이 나중에 제출된다면 즉시항고심에 가서 매각불허가결정이 취소환송될 것이므로 제1심 사법보좌관은 매각불허가결정 확정 전에 농취증이 제출된 경우에는 매각불허가결정을 취소하고 매각허가결정을 선고하는 것이 타당하다.[99]

그러므로 매수보증금의 몰취시기는 매각불허가결정이 확정된 때라고 보아야 할 것이다. 또한 몰취된 매수보증금은 배당재단에 산입된다고 해석하는 것이 타당하며(법 제147조 제1항 제5호 유추), 만약 이후 매각절차가 적법하게 취소·취하된다면 처음부터 경매신청이 없었던 것과 마찬가지의 상태로 복귀하므로 매수보증금도 반환하여야 할 것이다.

마. 몰취에 대한 불복수단 - 즉시항고냐, 집행에 관한 이의냐?

이때 특별매각조건을 정한 재판에 의해서 매수보증금이 몰취되는 사례에서는 최고가 매수신고인은 어떤 방법으로 불복할 수 있을까.

이에 대하여 직권에 의한 특별매각조건 자체를 다투어야 하므로 즉시항고(법 제111조 제2항)를 제기하여야 한다는 입장과 몰취처분에 중점을 두어 집행에 관한 이의를 할 수 있다는 입장이 있을 수 있다. 그러나 집행법원의 집행절차에 관한 재판으로서 즉시항고를 할 수 없는 것이 집행에 관한 이의의 대상이 되고, 즉시항고가 허용되는 집행법원의 재판에 대하여는 집행에 관한 이의를 신청할 수 없다는 점[100], 집행법원의 특별매각조건 중에서 합의에 의

전원합의체 결정 참조
99) 같은 취지에 최승록, 위의 논문, 162.

한 것이 아니라 직권에 의하여 부가된 특별매각조건은 즉시항고가 가능하다는 명문의 규정이 있는 점[101]에서 민사집행법상 즉시항고만을 제기할 수 있다고 이론구성 될 수 있을 것이다.

그런데 문제는 "항고인(抗告人)은 재판을 고지받은 날부터 1주의 불변기간 이내에 항고장(抗告狀)을 원심법원에 제출하여야 한다(법 제15조 제2항)"는 점이다. 특별매각조건은 당해 매각기일에서 집행관에 의하여 구두로 고지되는바 최고가매수신고인이 매각기일에 이를 고지받았다는 전제하에 응찰하는 것이 상식적이므로 매각기일로부터 1주일 후에 열리는 매각허가결정기일 당일의 24시까지 즉시항고장을 접수하지 아니하면 즉시항고의 기회를 상실하게 될 우려가 있다. 따라서 집행에 대한 이의를 인정할 필요도 있을 수 있다고 본다(중첩적 긍정설, 私見).

이러한 이론구성에 대하여 다음과 같은 비판이 있을 것이다. 즉 매각허가결정일로부터 1주일 이내에 즉시항고를 제기하고 그 사이 관할관청으로부터 농지취득자격증명을 발급받아서 항고심에 제출하면 간명하게 구제가 되는 것이 아니냐는 비판이 그것이다. 그러나 농지소재지 관할관청이 부당하게 농취증 발급을 반려하는 경우라면 문제가 달라지게 된다. 집행법원이 매각허가결정기일을 추후지정해주지도 않고 또한 완강하게 매수보증금도 반환해주지 아니하는 경우 최고가 매수신고인으로서는 다른 불복수단에 의존할 수밖에 없다.

---

[100] 기타집행재판실무편람 (타기사건), 기타집행재판실무편람 집필위원회, (2007) 10.
[101] 민사집행법 제111조(직권에 의한 매각조건의 변경) ① 거래의 실상을 반영하거나 경매절차를 효율적으로 진행하기 위하여 필요한 경우에 법원은 배당요구의 종기까지 매각조건을 바꾸거나 새로운 매각조건을 설정할 수 있다. / ②이해관계인은 제1항의 재판에 대하여 즉시항고를 할 수 있다. / ③제1항의 경우에 법원은 집행관에게 부동산에 대하여 필요한 조사를 하게 할 수 있다.

다만 이러한 논의는 농지불법형질변경 등 특별한 사례의 경우에 타당한 것이며 일반적인 농지경매에 대하여 모두 타당할 수는 없을 것이다. 왜냐하면 통상적으로는 사법보좌관처분에 대한 이의신청 내지 즉시항고를 제기하여 항고심에서 농지취득자격증명을 제출하면 항고심은 제1심의 매각불허가결정을 취소하고 환송할 것이기 때문이다. 이때 즉시항고의 대상은 1심 감독판사의 인가결정이므로 항고심에서 취소된 결정도 엄밀히는 1심 매각불허가결정에 대한 인가결정이다. 따라서 논란이 있으나 매각허가결정은 사법보좌관의 처분을 바로잡는다는 의미에서 1심 집행법원 감독판사가 하여야 할 것이다(私見).

2. 농지의 불법형질변경 또는 농지전용허가가 있었으나 일시적 현상변경에 불과한 경우

가. 사례의 구체화 및 문제의 제기

집행법원 실무에서 농지가 불법형질 변경되었다는 이유로 농지소재지관서가 농지취득자격증명의 발급을 거부하는 사례가 많다. 즉 소재지 관서가 최고가매수신고인의 농지취득자격요건과 무관하게 '농지에 해당하지만 그 지상에 무허가 불법건축물이 있고 농지의 현상이 일부 변경되었으므로 원상복구되기 전에는 농지취득자격증명을 발급할 수 없다'는 등의 내용으로 농지취득자격증명신청에 대한 반려를 하는 경우가 많아 실무상 문제가 되어왔다. 이러한 반려는 지방자치단체에 따라 반드시 같다고 하기 어려우나 대체로 현재까지도 계속되고 있는데 이와 같은 거부처분이 적법한 것인지 문제된다.

이 질문사례에서도 이와 같은 것이 문제되었을 것이다.

나. 경매절차에 있어서 대상토지가 농지인지 여부에 관한 판단의 주체

농지법상의 농지에 해당하는지에 대한 판단의 권한이 소재지관서에만 있는것인지 아니면 집행법원도 판단권한을 갖는 것인지에 대하여, 학설은 대립되고 있다. ① 삼권분립의 원칙상 소재지관서만이 유권적 판단권한을 갖는다는 견해[102]와 ② 집행법원과 소재지관서가 모두 유권적 판단권한을 갖는다는 견해[103]의 대립이 그것이다.

前說은 소재지관서는 해당 토지를 농지로 판단하나 집행법원이 농지로 판단하지 아니하는 경우나, 집행법원은 농지로 판단한 토지를 소재지관서가 농지로 판단하지 아니하여 혼란을 초래할 수 있다는 점, 삼권분립의 원칙이라든가 농지의 유권적 판단기관을 이원화 시키는 것은 바람직하지 않다는 점을 논거로 들고 있으나 이는 실무의 혼란상일 뿐 비송법원적인 성격을 갖는 집행법원이 농지임을 판단하지 못하는 이론적 근거가 되기 어렵다.

왜냐하면 집행법원은 사법작용을 행하는 판단기관이자 일정한 경우 집행기관으로서의 지위를 겸유하는 중첩적 지위를 가지며, 부동산경매절차에 있어서는 집행기관으로서 기능하지만 사법판단기관으로서의 지위를 상실하는 것이 아니기 때문이다.[104] 만약 소재지 관서가 농지취득자격증명의 발급거부 사유로 들 수 없는 것을 들어 사실상 부당하게 거부하는 경우 매수인은 거부처분취소소송을 제기하여 농지취득자격증명을 발급받을 수 있고 이에

---

[102] 강신섭, "농지매매와 소재지관서의 증명", 사법논집 제25집, (법원도서관, 1994) 110. 박형연, "농지취득자격증명 없는 농지매매계약의 효력", 인권과 정의 325호 (2003. 9.) 194. 추신영 앞의 논문, 52. 이하.

[103] 박창수, 앞의 책, 63. 박창수, 농지취득자격증명의 법적 성질과 매매, 경매 및 소유권이전등기의 효력에 대한 종합적 고찰, 저스티스 통권 제84호(한국법학원 2005) 91~92.

[104] 우리나라는 집행기관을 세 가지로 나누어 사실적·실력적 요소가 많은 집행은 집행관이, 독립한 법률적 판단이 요구되는 것은 법원이 담당하도록 하되 법원이 담당하는 집행 중에서도 어떤 것은 집행법원이 담당하고 어떤 것은 제1심수소법원이 담당하도록 입법적으로 배분하고 있다. 즉 집행법원은 부동산강제경매와 강제관리 및 채권에 대한 강제집행을 담당하고, 작위·부작위채무의 강제집행, 즉 대체집행과 간접강제는 제1심수소법원이 담당한다. 이에 관한 보다 상세한 내용은, 박두환, 민사집행법, (법률서원 2002) 24 ; 강대성, 민사집행법, {삼영사(4판) 2008} 112. 참조.

대한 최종판단은 행정법원이 행하게 되지만 집행법원이 농지여부에 대한 해석권을 상실하거나 아예 농지여부에 대한 해석권이 없다고 보아 농지소재지 관서의 사실조회 회신에 구속되어야 한다는 주장은 집행법원의 판단기능을 도외시하는 것이며, 경매절차의 비송사건성, 집행실무에 비추어 현실에 동떨어진 해석이 아닐 수 없다.

또한 농지 소재지관서 담당공무원은 '농지취득자격증명발급심사요령'(농림축산식품부예규 제3호 2013. 5. 16. 일부개정·시행된 것) 제8조 제1항 제8호, 제7조 제3항 제1호[105])에 근거하여 판단하는바 이는 행정부 내부의 행정규칙에 불과한 것이어서 원칙적으로 대외적구속력이 없는 것인데, 나아가 (견해대립이 있지만) 만약 집행절차를 비송절차라고 보는 시각에서 부동산경매절차를 일부 행정적 성격을 갖는 것으로 파악한다고 하더라도 비송집행법원은 상급의 판단기관의 지위에 서는 것이다.

따라서 판단기관이 사실조회에 구속될 이유도 없고, 일선 행정청이 유일한 해석권을 갖거나 유일한 판단기관일 필요도 없다. 또한 집행법원의 비송법원적 성격으로 인하여 삼권분립원칙위반이라는 비판도 설득력이 약하다고

---

105) 농지취득자격증명발급심사요령'(농림축산식품부예규 제3호 2013. 5. 16. 일부개정·시행된 것) 제7조(자격증명의 발급신청) ③시·구·읍·면장은 자격증명을 발급받고자 하는 자에 대하여 다음 각 호에 해당하는 서류를 추가로 제출하게 할 수 있다.
  1. 취득하고자 하는 농지가 형질변경 등으로 인해 통상적으로 경작 또는 재배가 곤란한 경우에는 농지로의 복구계획서(농업경영계획서에 복구계획이 포함되지 아니한 경우에 한정한다)
  제8조(자격증명 발급요건) ①농지취득자격증명신청서를 접수한 시·구·읍·면장은 농지취득자격증명신청서 및 농업경영계획서의 기재사항과 주민등록 및 농지원부 등에 따라 신청인이 다음 각 호의 요건에 해당하는지를 확인·심사한 후 적합하다고 인정할 때에는 지체 없이 자격증명을 발급하여야 한다. 이 경우 신청인이 농업경영계획서를 제출한 경우로서 필요하다고 판단되는 경우에는 현지 확인 등을 하여야 한다.
  8. 제7조 제3항 제1호에 따라 농지로의 복구계획서를 제출하거나 농업경영계획서에 복구계획을 포함하여 작성한 경우에는 그 계획이 실현 가능할 것

할 것이다. 집행법원은 '엄밀한 의미의 사법권'을 행사하고 있는 것이 아니기 때문이다. 이상의 이유로 後說을 지지한다(중첩적 해석기관설).

다. 농지의 불법형질변경 또는 농지전용허가가 있었으나 일시적 현상변경에 불과한 경우 집행법원이 매각조건으로 농지취득자격증명제출 및 미제출시 보증금몰수를 정하였을 때 발생하는 실무상의 문제점과 해결방안

(1) 관할청의 반려행위(=거부처분)의 위법성

판례에 의하면 행정청은 농지가 불법형질변경되어 원상회복이 되어있지 않다는 이유로 농지취득자격증명 신청을 반려할 수 없으며, 행정청으로서는 매수인이 토지를 취득한 후 원상회복을 위한 조치를 취하도록 별도의 행정상 강제를 할 수 있는 것은 별론으로 하고, 원상복구되기 전이라 하더라도 매수인에게 농지취득자격증명을 발급해 주어야 한다. 실무상 중요한 사례이므로 도해하기로 한다.

📖 **대법원 2007. 3. 29. 선고 2007누3176 판결 【농지취득자격증명신청서반려처분취소】 및 이 사건의 원심판결인 부산고등법원 2006. 12. 22. 선고 2006누1791 판결**

☞ 피고는 농지취득자격증명신청 반려처분을 한 대저 1동장이었다. 원고들은 부산 강서구 대저1동 (지번생략) 답 5,064㎡(이하 '위 전체토지'라 한다) 중 손○○ 소유의 18분의 4지분(이하 '위 토지'라 한다)에 관하여 진행된 부산지방법원 2004타경28923호 부동산임의경매 사건의 입찰에 참여해 최고가 매수신고인이 된 다음, 2005. 11. 7. 피고에게 그 낙찰에 필요한 농지취득자격증명의 발급을 신청하였는데 피고는 2005. 11. 8. 원고들에게, 위 토지는 농지로서 보존되어 있지 아니하므로 불법으로 형질변경한 부분에 대한 복구가 필요하여 농지법 제8조 및 법 시행령 제10조 제2항에 저촉된다는 이유로 위 신청을 반려한다고 통지한 사례이다.

[도해]

대법원 2007. 3. 29. 선고 2007누3176 판결 【농지취득자격증명신청서반려처분취소】 및 원심판결인 부산고등법원 2006. 12. 22. 선고 2006누1791 판결 사안

대상토지의 상황	현재 위 전체토지 위에는 파이프조 차양막 지붕 단층 건물 840㎡의 작업장, 파이프조 차양막 지붕 단층건물 119㎡의 창고, 목조 차양막 지붕 단층건물 51.3㎡가 들어서 있고 나머지 부분에도 고철, 재활용품 등이 적치되어 있는 반면, 농작물이 재배되고 있지는 않으며, 한편 위 전체 토지에 이르는 수로는 끊어져 있는 상태임.	
농업경영계획서의 주요내용	①위 토지(손○○ 소유의 18분의 4지분을 말한다)의 취득목적은 농업경영 ②위 전체 토지 중 1,688㎡(위 토지의 지분면적은 약 1,125㎡이므로 계산착오에 따른 적시이다)에 벼를 재배할 예정이며 영농경력은 없으나 노동력을 '일부고용'의 방법으로 확보하여 2006. 6.부터 영농을 착수할 계획임	
대저 1동 동장의 처분 통지서	반려사유란의 기재	'위 전체토지는 취득시 농지취득자격증명을 발급받아야 하는 농지이나, 농지로서 보존되어 있지 아니하므로 법 제8조, 법 시행령 제10조 제2항에 저촉된다.'
	대안란의 기재	'위 전체토지에 불법으로 형질변경된 부분을 농작물 및 다년생 식물의 재배가 가능한 토지로 원상복구한 후 발급이 가능하다'
원고의 주장	(가) 위 전체토지의 지목은 '답'으로 법상 농지에 해당하므로, 일시적인 현상변경이 있다 하여도, 장차 농업경영계획대로 영농이행이 가능한 원고들에게 농지취득자격증명을 발급해야 한다. (나) 원고들은 위 토지에 관하여 아직 소유권을 취득하지 않아 아무런 권원이 없으므로,	피고(대저1동장)의 주장	(가) 위 토지는 그 지목이 답으로 되어 있기는 하나, 그 현황상 불법건축물이 설치되어 있고, 각종 건설자재, 재활용품 등이 적치되어 있는 등 불법적인 형질변경이 되어 있기 때문에 사실상 농지로서의 복구가 불가능하여 농지로 볼 수 없으므로, 위 토지에 관하여 농지취득자격증명을 발급할 수 없다.

불법적으로 형질변경된 부분에 대하여 원상복구가 필요하다며 원고들의 신청을 반려하는 것은 법률상 불가능한 것을 요구하는 것이다.	(나) 원고들이 농지취득자격증명을 발급받기 위해서는 취득 대상 농지에 대한 영농가능성이 구체적으로 현실화되어 있어야 하나, 원고들은 위 토지에 관해 구체적이고 현실성 있는 농지사용계획을 제출하지 못하였으므로 법이 정한 자격요건을 충족하지 못하였다.

법원의 판단은 첫째 이 사건 전체토지 위에 견고한 구조물 등이 축조되어 있지 않은데다가 크게 현상변경이 이루어진 것은 아닌 점 등에 비추어 위 토지의 변경 상태는 일시적인 것으로서 그 원상회복이 비교적 용이하게 이루어질 수 있다고 보았다[106](농지법상의 농지에 해당함을 인정→농지취득자격증명 발급 필요). 둘째 피고 동장이 위 토지의 불법형질변경을 이유로 거부처분을 한 것에 대하여 "경매절차를 통하여 위 토지를 낙찰받기 위하여 농지취득자격증명을 발급받으려는 자는 위 토지를 낙찰받아 소유권을 취득하기 전에는 원상회복 등의 조치를 할 아무런 권원이 없으므로 그에게 형질변경된 부분의 복구를 요구한다는 것은 법률상 불가능한 것을 요구하는 것인

---

[106] 대법원 1999. 2. 23.자 98마2604 결정 [낙찰허가] 【결정요지】 지목이 답으로 되어 있는 토지에 대하여 제3자 명의로 주택 부지로의 농지전용허가가 되었다는 점만으로는 이미 농지로서의 성질을 상실하고 사실상 대지화되었다고 보기 어렵고, 여름철에 야영장 등으로 이용되면서 사실상 잡종지로 활용될 뿐 농작물의 경작에 이용되지 않고 있다고 하여도, 그 토지에 별다른 견고한 구조물이 축조되어 있지 아니하고 터파기작업 등이 이루어져 현상이 크게 변동된 것도 아니어서 그 원상회복이 비교적 용이해 보이는 점 등에 비추어 그 현상 변경이 일시적인 것에 불과하다면 그 토지는 농지법상의 농지로서 그 취득에 소재지 관서의 농지취득자격증명이 필요하다고 본 사례. 同旨判例에 대법원 2007. 6. 29.자 2007마258 결정 등.

점, 불법적으로 형질변경된 농지에 대하여 농지취득자격증명의 발급을 거부한다면, 농지의 소유자가 농지를 금융기관에 담보로 제공한 후 농지를 불법으로 형질변경하거나 지상에 무허가건물을 짓는 경우에는 스스로 원상복구하지 않는 한 제3자가 이를 경락받지 못하므로 담보물권자는 농지를 환가할 수 없게 되는 점 등을 참작하면, 불법으로 형질변경된 위 토지에 대하여는 농작물의 재배가 가능한 토지로 원상복구된 후에 농지취득자격증명의 발급이 가능하다는 피고의 처분사유는 적법한 것이라고 할 수 없다"고 하였다. 또한 부산고법은 방론으로 원고들이 위 토지를 취득한 다음 관할관청에서 그 원상회복을 위한 행정조치를 취하는 것은 별개의 문제라고 친절하게 설시하여 주고 있다.[107]

(2) 최고가 매수신고인에게 매각허가결정기일까지 사실상 농지취득자격증명의 제출을 기대할 수 있는지 여부

만약 관할청이 농지취득자격증명발급심사요령(농림축산식품부예규 제3호) 제8조 제1항 제8호, 제7조 제3항 제1호에 근거하여 심사한 후 최고가매수신고인에 대하여 농지취득자격증명의 발급을 거부한 경우에 집행법원은 언제나 매각불허가결정을 하고 매수신청의 보증을 몰취하여야 하는가? 위 판례를 들어 농지소재지관서가 농취증을 발급하도록 최고가매수인이 강하게 요청하였음에도 별다른 사유 없이 거부처분한다면 이는 국가배상의 문제로 이어질 수도 있다. 위에서 도해한 판례사안에서 보는 바와 같이 이는 농지소재지 행정청이 농지취득자격증명의 발급거부 사유로 들 수 없는 것을 들어 사실상 부당하게 거부하는 경우가 대부분이라 할 것이다.

그런데 최고가 매수신고인으로서는 통상적으로 매각기일에 최고가 낙찰사실을 확인한 그 때 이후부터 관할청에 농지취득자격증명 신청을 할 것이고, 이때에야 비로소 1주일 후인 매각허가결정기일까지 농취증을 발급받는

---

107) 원고들의 영농계획의 실현가능성 쟁점에 대하여 법원은 이를 어렵지 않게 인정하고 있다.

것이 불가능하다는 것을 깨닫게 될 것이다. 관할청이 완강하게 거부처분하는 경우 이를 강제할 행정쟁송절차에 오랜 시일이 소요되기 때문이다.

(3) 해결방안에 관한 다섯 가지 견해

이에 관하여 과거에 훌륭한 논의[108]가 있었다. 현재 실무에서도 그 처리방법이 다양한 것으로 보이는데 이를 요약하면, ①농지취득자격증명을 제출하지 아니하였으므로 보증금을 몰취한다는 특별매각조건을 정한 경우 집행법원은 매각불허가결정 후에 보증금을 몰취하여야 한다는 입장, ②최고가매수신고인이 책임질 수 없는 사유로 농지취득자격증명을 제출하지 못한 경우이므로 보증금 몰취의 특별매각조건을 정하였더라도 매각을 불허가하고 매수신청보증금을 반환하여야 한다는 견해[109] 및 이에 더하여 특별매각조건의 취소와 매각물건명세서에 기재된 '농지취득자격증명 필요' 부분을 삭제하고 대신 '불법형질변경된 부분은 매수인이 원상회복의무를 부담할 수 있음'이라고 기재한 후 처음부터 다시 매각기일을 진행하자는 견해, ③기본적으로 ②설 중 후자의 설과 같은 입장이면서도 처음부터 다시 매각기일을 진행하는 것은 경매절차의 신속이라는 기본이념을 부당하게 저해하는 결과를 초래하므로 최저매각가격이 저감된 직전 매각기일의 최저매각가격으로 진행하면 된다는 견해, ④소재지 관서가 대집행 등으로 장애 사유를 제거할 때까지 매각결정기일을 추정하자는 견해, ⑤소재지 관서의 거부처분을 무시하고 매각허가결정과 소유권이전등기촉탁을 하자는 견해[110] 등이 제시되어 있다.

---

108) 최승록, 앞의 논문, 157 이하 참조.
109) 최승록, 앞의 논문, 159 이하는 이 입장에 기본적으로 서 있다. 즉 "특별매각조건을 설정하여 농지취득자격증명 미제출로 인하여 낙찰이 불허되는 경우 원칙적으로 입찰보증금을 반환하지 아니하되, 다만, 그 최고가 매수신고인이 부득이한 사정으로 농지취득자격증명을 발급 받을 수 없었음을 소명하는 경우에만 입찰보증금을 반환하는 방안이다."라고 소개하면서 이 설을 지지하고 있다.
110) 박창수, 앞의 논문, 97. 조심스럽지만 이 입장에 서 있다.

(4) 일단 농지전용허가가 있는 경우 그 취소 전까지는 농지취득자격증명이 필요 없는지 여부

위 (3)의 견해대립에 관한 결론을 내리기에 앞서 먼저 이 문제를 살핀다. 일단 농지전용허가가 내려진 경우에는 농지전용허가가 취소되기 전까지는 농지취득자격증명이 필요 없는 것이 아닌가 하는 의문이 제기될 수도 있다.

대법원 1999. 2. 23.자 98마2604 결정에서 재항고인이 주장한 재항고이유 중의 하나인바 대법원은 "경락인인 재항고인이 전용허가를 받기 전에는 재항고인과의 관계에서는 농지전용허가가 없는 것이므로 위와 같은 주장은 어느 모로 보아도 받아들일 수 없다."고 명쾌하게 설시하였다.

즉 농지전용허가는 대물적 처분[111]이 아니기 때문에 물건의 소유권이전에 부수하지 않는다 할 것이다. 따라서 <u>경락인이 농지의 소유자로부터 승계취득한다고 하더라도 농지전용허가는 자신의 명의로 재차 받아야 하는 것이므로 매수인(경락인)에 대하여 농지취득자격증명이 필요 없다는 주장은 성립될 수 없다.</u>

(5) 비판적 검토 및 결론

먼저 ①설(매각불허가결정 및 매수보증금 몰취결정설)은 최고가 매수신고인에게 가혹한 결과를 야기하며, 특별매각조건을 유지하는 것에 합리적 이유를 대기 어렵다. 또 ④설(매각결정기일 추후지정설)에 대하여는 농지가 불법형질변경되거나 지상에 무허가건물이 들어서면 소재지관서의 장은 스스로 또는 상급관청에 의뢰하여 대집행으로 철거하는 등으로 불법행위를 단속할 의무가 있는데, 오히려 불법형질변경이나 무허가건물이 있다는 이유로 농지취득자격증명발급신청을 거부하는 것은 결국 행정청의 직무유기로 인한 불이익을 최고가매수신고인에게 전가하는 결과가 되어[112] 부당함은 말할 것도

---

111) 대물적 행정행위에 대하여는 박균성, 앞의 책, 216; 정하중, 앞의 책, 202 참조. 특히 대물적 행정행위의 효과의 승계에 대하여는 박균성, 217.
112) 박창수, 앞의 논문, 96.

없는데 이러한 직무유기상태를 야기한 소재지관서의 장에게 대집행을 기대하는 것은 거의 불가능하다고 할 것이다. 나아가 이러한 기일추정은 법원의 이른바 '장기미제' 사건을 양산하게 되는 문제점도 있고, 재감정을 좀처럼 허용하지 아니하는 대법원판례에 비추어 추정된 이후의 시세변동을 전혀 반영하지 못하게 되는 문제점이 생길 것이다.

또 최고가매수인은 원상회복비용을 고려하지 아니하고 입찰표에 매수가격을 썼을 것이므로 농지의 원상회복에 적극적으로 나서려 하지 않을 가능성이 있고, 소유자는 원상회복을 할 경제적 능력이 안 되며, 행정청은 집행비용보전이 어려움을 예상하여 대집행실행에 소극적이 될 가능성 또한 높은 것이다.

또 만약 ⑤설{농지소재지관서의 거부처분 무시설＝매각허가결정설(절차진행설)}에 의한다면, 등기실무에서 매수인이 농지취득자격증명을 제출하지 못하였음을 이유로 등기관이 집행법원의 소유권이전등기촉탁을 각하할 가능성이 많고, 설사 등기를 경료한다 하더라도 현재 판례이론에 의한다면 무효의 등기가 될 것이어서 매수인은 결국 소유권을 취득하지 못하게 될 것인바 그 책임을 누구에게 귀속시켜야 하는가에 대한 중대한 논란이 발생할 수도 있다.

②설(매각불허가결정 및 매수보증금반환설) 가운데 전자는 관할관청의 잘못(위법부당한 반려처분)을 매수인에게 부담시키지 않아 일견 온당해 보이는 듯하지만 이후의 실무처리를 어떻게 할 것인가, 다시말하면 그 후의 매각절차를 어떻게 진행할 것인가에 대하여 뚜렷한 대책이 없는 것이 문제이다. 관할 행정관서의 태도가 바뀌지 않는 이상, 계속 무익한 절차를 반복할 수밖에 없으므로 받아들이기 어렵다. ②설 중 후자의 견해(매각불허가결정 및 매수보증금반환설을 취하면서 그 후의 절차는 특별매각조건의 취소와 매각물건명세서에 기재된 '농지취득자격증명 필요' 부분을 삭제하고 대신 '불법형질변경된 부분은 매수인이 원상회복의무를 부담할 수 있음'이라고 기재한 후 처음부터 다시 매각기일을 진행하자는 설)와 ③설(매각불허가결정 및 매

수보증금반환설을 취하면서 경매절차의 신속을 위하여 최저매각가격이 저감된 직전 매각기일의 최저매각가격으로 절차진행설)은 기본적으로 농지취득자격증명이라는 법정매각조건을 삭제하고 매각을 진행하자는 주장인바 이를 따른다면 기본적으로 경매대상토지가 농지인데 농지취득자격증명이 필요 없다는 전제에서 새매각을 해야 하는 부담을 집행법원이 떠안게 되는 문제점을 노정(露呈)한다. 나아가 ②설의 두 갈래 학설과 ③설 모두 매각불허가결정을 하고 매수보증금을 몰취하지 아니하는 결과 채무자・소유자 또는 매각절차의 이해관계인들이 '매수보증금의 배당재단에의 귀속'을 주장하며 불복을 할 수 있을 것인지 여부에 관하여 새로운 논의가 발생하게 된다. 결국 어느 견해도 문제점은 있다.

또 농지의 불법형질변경 사안은 집행법원이 쉽사리 파악이 가능하다 하더라도 채무자 겸 소유자가 농지전용허가를 받은 사안인 경우에는 과연 그것이 일시적인 현상변경에 해당하는 것인지 아니면 농지로서의 기능을 완전히 상실하여 향후 원상회복명령을 발할 가능성이 없는 경우인지를 판단하기가 용이하지 아니하다. 집행관의 현황조사의 실태라든가 때때로 보이는 감정평가서의 부실함을 고려해 볼 때 집행법원에서 직접 현장검증을 해 볼 필요가 있을 수도 있다.

그러므로 먼저 매각준비의 단계 이전에서 농지매각의 경우 집행법원(사법보좌관)은 불법형질변경이 있는지 여부를 정확히 공시하도록 법원 소속 집행관을 독려하여 완벽한 현황조사서를 만들도록 하여야 할 것이다. 또한 감정인으로 하여금 농지감정가산정은 객관적으로 하되 원상회복에 드는 비용을 개략적으로 산정하여 이를 감정서에 별도로 명시하도록 하여 매수인의 응찰가 산정에 편의를 제공하는 것이 필요하다고 본다. 매각물건명세서에는 농지취득자격증명서 필요, 불법형질변경 여부, 농지전용허가가 있다면 이것이 일시적인지 여부에 대하여 판단가능 한 경우라면 가급적 이를 명시하여

주는 것이 좋다. 농지소재지 행정청의 유권해석을 존중할 것이지만 집행법원이 농지 여부에 대한 2차적이고 중복적인 사실판단과 법령해석권을 가짐은 당연하다.

생각건대 원칙적으로 ④설(매각결정기일 추후지정설)의 입장을 지지하므로, 최고가 매수신고인으로 하여금 행정소송을 제기하도록 유도하여 승소확정될 때까지 기일을 추정하는 것이 옳다(소수설). 피고 농지소재지관청은 거부처분취소판결 후 피고 처분청에게 발생하는 재처분의무(행정소송법 제30조 제2항)에 의하여 패소확정 후 원고에게 농지취득자격증명을 발급하여야 한다.

그러나 최고가 매수신고인이 이러한 안내 내지 권고에도 불구하고 행정소송을 제기하지 아니하고 매수보증금의 반환을 원한다면 최고가 매수신고인에게 입찰지연의도가 없었음을 소명시킨 후 매각불허가결정을 하고 매수보증금을 반환하되, 매각물건명세서, 감정평가서, 현황조사서가 완벽하게 기록에서 사실관계를 현출하고 있다면 새매각절차 진행시, 농지취득자격증명이 필요하다는 법정매각조건을 매각물건명세서 비고란에 환기차원에서 기재하고 최저매각가격은 매각불허가결정을 한 매각기일의 최저매각가격으로 하여 기일공전(期日空轉)으로 인한 매각지연을 최대한 저지할 것이다. 또한 비고란에 발급반려처분시 행정소송을 제기할 것과 그 소송결과가 확정될 때까지 매각허가결정기일을 추정할 것임을 함께 기재하는 수밖에 없을 것이다(私見, 매각결정기일 추후지정설을 기초로 한 절충설). 법원의 견해에도 불구하고 농지취득자격증명신청에 대한 위법한 반려처분을 반복하는 농지소재지관서는 국가배상책임을 져야 할 것으로 본다.

따라서 집행법원은 처음부터 매각물건명세서 비고란에 농지취득자격증명 미제출시 제출할 때까지 매각불허가결정을 하지 아니하고 사건을 추정한다고 매각물건명세서에 기재하여서는 안 된다. 이는 집행법원에 자승자박이 될 우려가 있다. 요컨대 만약 최고가 매수신고인이 매수를 원하는 경우라면 농지취득자격증명을 발급받아 제출할 때까지 직권으로 매각허가결정기일을 추정하고, 매수를 원하지 아니하는 경우에는 경매절차지연의도가 없음을 확인하고 매각불허가결정을 하여야 할 것이다.

한편 매각불허가결정을 하면서 특별매각조건으로 매수보증금을 몰취하는 실무례는 부당하다고 생각된다. 집행법원이 농지경매절차에서 특별매각조건으로 몰취규정을 두는 이유는 누구나 수긍하는 농지인 경우에 농지법 제8조의 농지취득자격증명을 매각허가결정의 요건으로 요구함과 동시에 농지취득자격증명을 제출하지 못하는 경우 경매절차의 신속한 진행을 방해하는 매수인의 행위에 대하여 일종의 페널티를 가하기 위함이다. 여기서 매수보증금 몰취는, 만약 부동산경매절차를 비송절차로 파악하고 비송의 본질을 행정작용으로 본다면 일종의 행정질서벌 내지 과태료적 색채를 띠게 된다.

또한 소재지관서의 농지취득자격증명을 발급받은 자에게만 농지를 소유하도록 함으로써 농지소유권의 귀속을 행정적으로 규제하는데 있어 집행법원이 사법적 협력을 기하려는 취지로도 해석된다. 그러므로 특별매각조건으로 몰취가 가능하다 하더라도 명문의 법적 근거가 없고 유추적용 내지 재판(결정)에 의하여 인정되는 매수보증금 몰취는 최대한 신중하여야 한다고 본다. 불법형질변경 등의 케이스에서는 소재지관서의 위법한 발급거부처분에 대한 불이익을 경매절차의 매수인에게 전가(轉嫁)하는 것이 되기 때문이다(私見).

다른 각도에서 살펴보면 이때의 집행법원의 매수보증금 몰취는 농지특별매각조건 본래의 취지를 벗어나는 것으로 해석될 여지가 있다. 집행법원으로서는 소재지관서의 실무의 태도를 잘 파악하고 있다고 여겨지는바 농지취득자격증명을 제출하지 못할 것을 명약관화하게 예상하면서 "농지취득자격증명 미제출시 매수보증금 몰취"라는 특별매각조건을 붙이는 것은 적어도 위법한 특별매각조건은 아니라고 하더라도 부당한 특별매각조건으로 해석될 수 있고, 소유자, 배당채권자의 이익에 치우친다는 오해를 받을 우려도 발생한다. 만약 최고가매수인이 행정소송제기를 이유로 매각허가결정기일 추정을 신청한 경우 이를 거부하고 특별매각조건에 의하여 매수보증금을 몰취한다면 최고가매수신고인은 매수보증금몰취에 대하여 불복할 수 있다고 생각된다.

스물한 번째 물음

마스터 실무사례

낙찰인이 낙찰을 받은 직후에 적법한 절차를 거쳐 현황대로 농지전용허가가 이루어짐으로써 향후 원상회복명령이 발하여질 가능성이 소멸된 경우 농지취득자격증명이 필요한가요?

질문에 대한 답변

매수인(낙찰인)이 낙찰을 받은 직후에 적법한 절차를 거쳐 농지전용허가가 이루어짐으로써 향후 원상회복명령이 발하여질 가능성이 소멸되었다면, 판례는 낙찰허가결정 당시 그 토지는 이미 농지법 제2조 소정의 농지에 해당한다고 볼 수 없으므로, 매수인(낙찰인)이 임의경매절차에서 최고가입찰자로서 그 토지를 낙찰받음에 있어서 농지법 제8조 소정의 농지취득자격증명을 발급받을 필요는 없다고 하였습니다.

📖 **대법원 1997. 12. 23. 선고 97다42991 판결 【토지소유권말소등기】**

【판결요지】

"지적공부상 토지의 지목이 답으로 되어 있기는 하나 그 토지에 대한 낙찰허가결정 훨씬 전에 인근 토지보다 약 1~2m나 성토되어 그 지상에 콘테이너박스와 창고가 설치되는 등 이미 타용도로 전용되어 상당 기간 동안 건축자재 하치장으로 사용되어 왔기 때문에 농지로서의 기능을 완전히 상실하였고, 또한 낙찰인이 낙찰허가결정 이전에 농지취득자격증명의 발급을 신청하였음에도 해당 관서에서 농지로 볼 수 없다는 이유로 신청 자체가 반려된 점이나 낙찰인이 낙찰을 받은 직후에 적법한 절차를 거쳐 현황대로 농지전용허가가 이루어짐으로써 향후 원상회복명령이 발하여질 가능성이 소멸된 점을 고려하여 볼 때, 낙찰허가결정 당시 그 토지는 이미 농지법

제2조 소정의 농지에 해당한다고 볼 수 없으므로, 낙찰인이 임의경매절차에서 최고가입찰자로서 그 토지를 낙찰받음에 있어서 농지법 제8조 소정의 농지취득자격증명을 발급받을 필요는 없다."

스물두 번째 물음

마스터 실무사례

(1) 벼 경작지로 이용되어 오다가 건물부지, 주차장, 잔디밭 등으로 불법형질변경된 토지가 있는데 공부상 잡종지로 되어 있습니다.

(2) 이 토지가 원래 농지로 이용될 것이 전제되지 않았던 잡종지로서 농지 보전의 필요성이 상대적으로 강하다고 보이지 아니한다는 등의 이유를 들어, 그 변경 상태의 일시성이나 원상회복의 용이성을 인정함에 있어서 공부상 지목이 전·답·과수원인 토지와 다른 기준을 적용, 원상회복이 용이하게 이루어지기 어렵다고 볼 수 있나요?

질문에 대한 답변

농지법 제2조 제1호는 농지에 관한 정의 규정인데, (가)목 전단에서 농지의 원칙적 형태는 "전·답, 과수원, 그 밖에 법적 지목을 불문하고 실제로 농작물 경작지 또는 다년생식물 재배지로 이용되는 토지"라고 말하고 있습니다. 따라서 어떤 토지가 이 규정에서 말하는 '농지'인지는 공부상의 지목과 관계없이 토지의 사실상 현상에 따라 판단하여야 합니다(현황주의).

어떠한 농지가 불법전용된 경우에 그 변경상태가 일시적이 아니라면 원상회복이 용이하게 이루어지기 어려울 것입니다. 농지법은 농지전용허가 등을 받지 않고 농지를 전용하거나 다른 용도로 사용한 경우 관할청이 그 행위를 한 자에게 기간을 정하여 원상회복을 명할 수 있고, 그(그녀)가 원상회복 명령을 이행하지 않으면 관할청이 대집행으로 원상회복을 할 수 있도록 정함으로써(농지법 제42조 제1항, 제2항), 농지가 불법전용된 경우에는 농지로 원상회복되어야 함을 분명히 하고 있습니다. 그러므로 <u>대법원은 농지법상 '농지'였던 토지가 현실적으로 다른 용도로 이용되고 있더라도 그 토지가 농지전용허가 등을 받지 않고 불법 전용된 것이어서 농지로 원상회복되어야 하는 것이라면 그 변경 상태는 일시적인 것이고 여전히 '농지'에 해당한다는 견해를 확립</u>113)하고 있습니다.

위 질문으로 돌아가 봅니다.

이것은 판례사안(2006두8235)입니다. 대법원은 결국 농지에 해당한다고 판단하였습니다. 그러나 원심은 농지가 아니라고 보았는데 원심의 판단내용114)은 각주로 소개합니다. 물론 농지가 아니라는 원심판결(원심의 결론:

---

113) 대법원 2019. 4. 11. 선고 2018두42955 판결 [기타이행강제금부과처분취소] 참조.
114) 원심은 채택 증거를 종합하여 판시와 같은 사실을 인정한 다음, 이 사건 각 토지가 1979년경부터 1992년 또는 1993년경까지 벼의 경작지로 이용된 적이 있었고 그 상태에서 별도의 절차 없이 전용되어 현재에 이르렀으며, 피고에 의해 최근까지 행정상 답으로 조사·관리되어 왔다고 하더라도, 이 사건 각 토지는 원래 농지로 이용될 것이 전제되지 않았던 잡종지로서 농업진흥지역 또는 농업보호구역 밖에 있어 농지 보전의 필요성이 상대적으로 강하다고 보이지 아니하고, 1992년 또는 1993년경 이후부터 10여 년이 지나 이 사건 처분이 있기 전까지는 이 사건 각 토지가 더 이상 농작물의 경작 등에 이용된 바 없이 건물부지, 주차장, 야적장, 축구장, 체력단련장 등으로 이용되어 왔으며, 그 현상이 변경되기 전인 벼의 경작지로 원상회복하기 위하여는 이미 성토되고 조성된 부지를 제거하는 데에 결코 적지 않은 비용이 소요될 것으로 보여, 이 사건 각 토지는 이미 농지로서의 현상을 상실하였고 그 변경 상태가 일시적이거나 농지로서의 원상회복이 용이하게 이루어질 수 있다고 보기 어렵다는 이유로, 이 사건 각 토지는 이 사건 처분 당시 농지조성비 부과대상이 되는 농지법 소정의 농지에 해당하지 않는다고 판단하였다.

이미 농지로서의 현상을 상실하였고 그 변경 상태가 일시적이거나 농지로서의 원상회복이 용이하게 이루어질 수 있다고 보기 어렵다는 이유로, 이 사건 각 토지는 이 사건 처분 당시 농지조성비 부과대상이 되는 농지법 소정의 농지에 해당하지 않는다)에 관하여 대법원은 원심이 잘못 판결했다고 파기하여 돌려보냈습니다.

대법원 2007. 5. 31. 선고 2006두8235 판결

[농지조성비부과결정등취소][공2007. 7. 1.(277), 989]

【판시사항】
[1] 구 농지법 제2조 제1호에서 정한 '농지'의 판단 기준
[2] 벼 경작지로 이용되어 오다가 건물부지, 주차장, 잔디밭 등으로 불법형질변경된 토지가 구 농지법상 농지에 해당한다고 본 사례

【판결요지】
[1] 농지전용에 따른 농지조성비를 부과하기 위하여는 그 토지가 구 농지법(2005. 7. 21. 법률 제7604호로 개정되기 전의 것) 제2조 제1호 소정의 농지여야 하는데, 위 법조 소정의 농지인지의 여부는 공부상의 지목 여하에 불구하고 당해 토지의 사실상의 현상에 따라 가려져야 할 것이고, 농지의 현상이 변경되었다고 하더라도 그 변경 상태가 일시적인 것에 불과하고 농지로서의 원상회복이 용이하게 이루어질 수 있다면 그 토지는 여전히 농지법에서 말하는 농지에 해당하며, 공부상 지목이 잡종지인 토지의 경우에도 이를 달리 볼 것은 아니다. 또한, 구 농지법 소정의 농지가 현실적으로 다른 용도로 이용되고 있다고 하더라도 그 토지가 적법한 절차에 의하지 아니한 채 형질변경되거나 전용된 것이어서 어차피 복구되어야 할 상태이고 그 형태와 주변토지의 이용상황 등에 비추어 농지로 회복하는 것이 불가능한 상태가 아니라 농지로서의 성격을 일시적으로 상실한 데 불과한 경우라면 그 변경 상태가 일시적인 것에 불과하다고 보아야 한다.
[2] 벼 경작지로 이용되어 오다가 건물부지, 주차장, 잔디밭 등으로 불법형질변경된 토지에 대하여, 전체 토지면적 중 건물부지가 차지하는 부분이 극히 일부이고 주차장이나 잔디밭에 깔린 자갈, 잔디 등은 비교적 쉽게 걷어낼 수 있는 점 등에 비추

어 농지의 성격을 완전히 상실하여 농지로 회복이 불가능한 상태에 있는 것이 아니라 농지의 성격을 일시적으로 상실하여 그 원상회복이 비교적 용이한 상태에 있다고 보아 구 농지법상 농지에 해당한다고 한 사례.

참조조문

[1] 구 농지법(2005. 7. 21. 법률 제7604호로 개정되기 전의 것) 제2조 제1호, 제36조, 제40조, 제44조 [2] 구 농지법(2005. 7. 21. 법률 제7604호로 개정되기 전의 것) 제2조 제1호, 제36조, 제40조, 제44조

【참조판례】

[1] 대법원 1996. 6. 14. 선고 95누18901 판결
　　대법원 2001. 9. 14. 선고 2000두2266 판결
　　대법원 2004. 4. 16. 선고 2002두4693 판결

【전 문】

【원고, 피상고인】 ○○철강 주식회사 (소송대리인 변호사 생략)

【피고, 상고인】 아산시장 (소송대리인 ○○법무법인 담당변호사 생략)

【원심판결】 대전고법 2006. 4. 27. 선고 2005누1679 판결

【주 문】

원심판결을 파기하고, 사건을 대전고등법원에 환송한다.

【이 유】

상고이유를 본다.

농지전용에 따른 농지조성비를 부과하기 위하여는 그 토지가 구 농지법(2005. 7. 21. 법률 제7604호로 개정되기 전의 것, 이하 '농지법'이라 한다) 제2조 제1호 소정의 농지이어야 하는데, 위 법조 소정의 농지인지의 여부는 공부상의 지목 여하에 불구하고 당해 토지의 사실상의 현상에 따라 가려져야 할 것이고, 농지의 현상이 변경되었다고 하더라도 그 변경 상태가 일시적인 것에 불과하고 농지로서의 원상회복이 용이하게 이루어질 수 있다면 그 토지는 여전히 농지법에서 말하는 농지에 해당하며(대법원 1996. 6. 14. 선고 95

누18901 판결, 2004. 4. 16. 선고 2002두4693 판결 등 참조), 공부상 지목이 잡종지인 토지의 경우에도 이를 달리 볼 것은 아니다.

또한, 농지법 소정의 농지가 현실적으로 다른 용도로 이용되고 있다고 하더라도 그 토지가 적법한 절차에 의하지 아니한 채 형질변경되거나 전용된 것이어서 어차피 복구되어야 할 상태이고 그 형태와 주변토지의 이용상황 등에 비추어 농지로 회복하는 것이 불가능한 상태가 아니라 농지로서의 성격을 일시적으로 상실한 데 불과한 경우라면 그 변경 상태가 일시적인 것에 불과하다고 보아야 할 것이다. (필자 주: 원심의 판단내용 생략. 앞의 각주 참조)

그런데 기록에 의하면, 이 사건 각 토지상의 건물이나 주차장, 잔디 등은 농지전용허가나 농지전용협의 없이 설치 또는 식재된 것인 점, 위 건물의 면적은 이 사건 각 토지의 전체 면적인 16,747㎡ 중 극히 일부인 170㎡에 불과한 점, 주차장에 깔린 자갈이나 쌓여져 있는 흙 및 잔디도 이를 쉽게 걷어낼 수 있을 것으로 보이는 점, 원고는 1994년과 1997년에 이 사건 각 토지의 인근 잡종지에 공장을 설립할 당시에도 농지전용협의를 거쳐 농지전용에 따른 농지조성비를 부과 받았고, 그때로부터 불과 3년여가 지난 시점에서 이 사건 각 토지를 매수하고는 불법으로 형질을 변경한 점 등을 알 수 있는바, 사정이 이와 같다면 이 사건 각 토지는 농지로서의 성질을 완전히 상실하여 농지로 회복하는 것이 불가능한 상태에 있었던 것이 아니라, 농지로서의 성질을 일시적으로 상실한 상태에 있었고 그 원상회복이 비교적 용이하다고 보이므로, 여전히 농지법 소정의 농지에 해당한다고 할 것이다.

그럼에도 불구하고, 원심은 이와 달리 이 사건 각 토지가 원래 농지로 이용될 것이 전제되지 않았던 잡종지로서 농지 보전의 필요성이 상대적으로 강하다고 보이지 아니한다는 등의 이유로 그 변경 상태의 일시성이나 원상회복의 용이성을 인정함에 있어 공부상 지목이 전·답·과수원인 토지와 다른 기준을 적용하여 원상회복이 용이하게 이루어지기 어렵다고 보았는바, 이러한 원심판결에는 농지법 소정의 농지에 대한 법리오해 등의 위법이 있고,

이러한 위법은 판결에 영향을 미쳤음이 분명하다. 이 점을 지적하는 상고이유의 주장은 이유 있다.

그러므로 원심판결을 파기하고, 사건을 다시 심리·판단하게 하기 위하여 원심법원으로 환송하기로 하여 관여 대법관의 일치된 의견으로 주문과 같이 판결한다.

생각해 볼 문제

이행강제금에 관한 불복절차에 대하여
오해가 유발되어 함정에 빠진 당사자와 소송대리인

1. 대법원 2019. 4. 11. 선고 2018두42955 판결 [기타이행강제금부과처분취소][115]의 사안의 전개

{참조조문} [시행 2019. 11. 26.] [법률 제16652호, 2019. 11. 26. 타법개정]
농지법 제62조(이행강제금) ①시장(구를 두지 아니한 시의 시장을 말한다. 이하 이 조에서 같다)·군수 또는 구청장은 제11조 제1항[116](제12조 제2항에 따른 경우를 포함한다)에 따라 처분명령을 받은 후 제11조 제2항에 따라 매수를 청구하여 협의 중인 경우 등 대통령령으로 정하는 정당한 사유 없이 지정기간까지 그 처분명령을 이행하지 아니한 자에게 <u>해당 농지의 토지가액의 100분의 20에 해당하는 이행강제</u>

---

115) 법원공보 2019상, 1116.
116) 농지법 제11조(처분명령과 매수 청구) ①시장(구를 두지 아니한 시의 시장을 말한다)·군수 또는 구청장은 제10조에 따른 처분의무 기간에 처분 대상 농지를 처분하지 아니한 농지 소유자에게 6개월 이내에 그 농지를 처분할 것을 명할 수 있다. / 농지법 제10조(농업경영에 이용하지 아니하는 농지 등의 처분) ①농지 소유자는 다음 각 호의 어느 하나에 해당하게 되면 그 사유가 발생한 날부터 1년 이내에 해당 농지(제6호의 경우에는 농지 소유 상한을 초과하는 면적에 해당하는 농지를 말한다)를 처분하여야 한다. 〈개정 2009. 5. 27., 2013. 3. 23.〉 1호 내지 8호 생략

금을 부과한다.

③시장·군수 또는 구청장은 제1항에 따른 이행강제금을 부과하는 경우 이행강제금의 금액, 부과사유, 납부기한, 수납기관, 이의제기 방법, 이의제기 기관 등을 명시한 문서로 하여야 한다.

⑥제1항에 따른 이행강제금 부과처분에 불복하는 자는 그 처분을 고지받은 날부터 30일 이내에 시장·군수 또는 구청장에게 이의를 제기할 수 있다.

⑦제1항에 따른 이행강제금 부과처분을 받은 자가 제6항에 따른 이의를 제기하면 시장·군수 또는 구청장은 지체 없이 관할 법원에 그 사실을 통보하여야 하며, 그 통보를 받은 관할 법원은 「비송사건절차법」에 따른 과태료 재판에 준하여 재판을 한다.

⑧제6항에 따른 기간에 이의를 제기하지 아니하고 제1항에 따른 이행강제금을 납부기한까지 내지 아니하면 「지방세외수입금의 징수 등에 관한 법률」에 따라 징수한다. 〈개정 2013. 8. 6.〉

[이 사건의 경과]

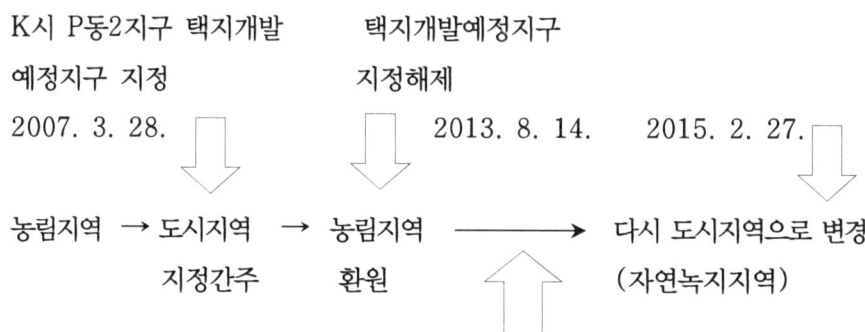

2014~2015 무렵 이 사건 토지에서 경량철골조 비닐하우스가 사무실로 사용되고 있었고 그 밖의 부분은 벽돌이 쌓여 있었으며 콘크리트 등으로 포장되어 있지는 않았으나, 2016년에는 비닐하우스 부분만 남아있고 그 밖의 부분에 있던 물건은 모두 제거되었다. 원고의 불법 농지전용이 적발되어, 2014. 11. 13. 농지법 위반죄로 벌금 200만 원의 약식명령 및 이후 약식명령 확정

① K시 P동 국민임대 주택단지 예정지구(이하 'P동2지구'라 한다)가 2007. 3. 28. 택지개발예정지구로 지정됨에 따라, 그 예정지구 안에 위치한 이 사건 토지는 농림지역에서 도시지역(세부용도지역 미지정) 및 지구단위계획구역으로 지정된 것으로 간주되었다. 위 예정지구 지정 무렵이나 그 이후에 이 사건 토지의 용도로 농지를 전용하는 것에 관하여 농림부장관과 협의를 한 적이 없다.

② 이 사건 토지는 2013. 8. 14. 택지개발예정지구 지정에서 해제되어 도시지역에서 농림지역으로 환원되었고, 2015. 2. 27. 다시 도시지역(자연녹지지역)으로 변경되었다.

③ 이 사건 처분명령의 사전절차가 시작된 2014년과 2015년 무렵에는 이 사건 토지에서 경량철골조 비닐하우스가 사무실로 사용되고 있었고 그 밖의 부분은 벽돌이 쌓여 있었으며 콘크리트 등으로 포장되어 있지는 않았으나, 2016년에는 비닐하우스 부분만 남아있고 그 밖의 부분에 있던 물건은 모두 제거되었다.

④ 원고는 이 사건 토지의 불법 농지전용이 적발되어, 2014. 11. 13. 농지법 위반죄로 벌금 200만 원의 약식명령을 받았고, 그 무렵 약식명령이 확정되었다.

⑤ 이 사건 농지처분명령을 받은 원고는 2016. 2. 11. 피고에게 이 사건 토지를 농지로 원상회복하였다는 농지원상회복 신고서를 현장사진과 함께 제출하였다.

2. 불복절차에 관한 판단

대법원 2019. 4. 11. 선고 2018두42955 판결 [기타이행강제금부과처분취소][공2019상,1116]의 상고이유 제1점인 이행강제금 부과처분에 대한 청구 부분의 적법 여부에 관한 판단을 소개하면 다음과 같다(원고는 피고 구청을 상대로 행정법상 일반원칙 중 하나인 신뢰보호원칙을 근거로 하여 이행강제금 부과처분에 대하여 주위적으로 취소청구, 예비적으로 무효확인청구를 하였으나 원심은 부적법각하 하였다. 원고가 상고하였으나 상고기각).

"…농지법은 농지 처분명령에 대한 이행강제금 부과처분에 불복하는 자가 그 처분을 고지받은 날부터 30일 이내에 부과권자에게 이의를 제기할 수 있고, 이의를 받은 부과권자는 지체 없이 관할 법원에 그 사실을 통보하여야 하며, 그 통보를 받은 관할 법원은 비송사건절차법에 따른 과태료 재판에 준하여 재판을 하도록 정하고 있다(제62조 제1항, 제6항, 제7항).

따라서 농지법 제62조 제1항에 따른 이행강제금 부과처분에 불복하는 경우에는 비송사건절차법에 따른 재판절차가 적용되어야 하고, 행정소송법상 항고소송의 대상은 될 수 없다(건축법상 이행강제금 부과처분에 관한 대법원 2000. 9. 22. 선고 2000두5722 판결 등 참조). 농지법 제62조 제6항, 제7항이 위와 같이 이행강제금 부과처분에 대한 불복절차를 분명하게 규정하고 있으므로, 이와 다른 불복절차를 허용할 수는 없다. 설령 피고가 이행강제금 부과처분을 하면서 재결청에 행정심판을 청구하거나 관할 행정법원에 행정소송을 할 수 있다고 잘못 안내하거나 경기도행정심판위원회가 각하재결이 아닌 기각재결을 하면서 관할 법원에 행정소송을 할 수 있다고 잘못 안내하였다고 하더라도, 그러한 잘못된 안내로 행정법원의 항고소송 재판관할이 생긴다고 볼 수도 없다."

3. 농지전용허가 의제(擬制) 효력이 발생하는지 여부 – 대법원의 판단

(1) 이 사건 토지는 용도지역이 농지전용에 관한 협의를 필요로 하는 주거지역·상업지역·공업지역으로 지정된 적이 없었을 뿐만 아니라, 농지전용에 관한 협의도 없었다. 이 사건 토지가 도시지역(세부용도지역 미지정, 자연녹지지역)으로 지정된 적이 있었다는 사정만으로 농지전용에 관한 협의가 있었다고 볼 수 없다.

(2) 국토해양부장관은 P동2지구 택지개발사업의 실시계획을 승인하기 전

에 미리 농지법상 농지전용허가를 관할하는 농림부장관과 이 사건 토지의 농지전용에 관하여 협의하는 절차를 밟지 않았다. 설령 P동2지구 택지개발사업의 실시계획이 승인되었다고 하더라도 구 택지개발촉진법 제11조 제1항 제11호가 정하는 농지전용허가 의제의 효력이 발생하였다고 볼 수 없다. 뿐만 아니라, P동2지구 택지개발사업은 그 실시계획 승인이 이루어지지 않은 채 2013. 8. 14. 택지개발예정지구 지정이 해제되었으므로, 구 택지개발촉진법 제11조 제1항에 따른 관련 인허가 의제의 효력이 발생할 여지가 없다.

(3) 비록 이 사건 토지가 농지에서 공작물의 부지나 물건의 적치장으로 변경되었더라도, 농지전용허가 등을 받지 않고 불법 전용된 것이므로 농지로 원상회복되어야 한다. 그 공작물의 부지나 물건의 적치장으로서의 상태는 일시적인 것이므로, 이 사건 토지는 여전히 농지법상 농지에 해당한다.

스물세 번째 물음

> 마스터 실무사례

매수인(낙찰자)의 원소유자(=체육시설업자)의 의무승계 여부와 담보신탁을 근거로 한 매매에의 적용 여부

(1) 체육시설, 예를 들어 골프장업의 필수시설인 건물과 토지에 대한 담보권실행 등을 위한 경매절차에서 매수인(경락인)이 체육시설업(골프장업)과 관련하여 형성된 체육시설업자(골프장업자)와 회원 사이의 사법상 약정에 따른 권리·의무(골프장입회보증금반환채무)를 승계하는가요?

(2) 만약 담보신탁계약에서 정한 공개경쟁 입찰방식이나 수의계약 방식에 의한 매매(=담보신탁을 근거로 한 매매)에 따라 체육필수시설을 인수한 매수인이라도 결과는 위 (1)과 같은가요?

질문에 대한 답변

체육시설업의 시설 기준에 따른 필수시설과 체육시설법 제27조 제2항의 해석

> **참조조문**

체육시설의 설치·이용에 관한 법률 (약칭: 체육시설법) [시행 2019. 9. 19.] [법률 제15767호, 2018. 9. 18., 일부개정] **제27조(체육시설업 등의 승계)** ①체육시설업자가 사망하거나 그 영업을 양도한 때 또는 법인인 체육시설업자가 합병한 때에는 그 상속인, 영업을 양수한 자 또는 합병 후 존속하는 법인이나 합병(合倂)에 따라 설립되는 법인은 그 체육시설업의 등록 또는 신고에 따른 권리·의무(제17조에 따라 회원을 모집한 경우에는 그 체육시설업자와 회원 간에 약정한 사항을 포함한다)를 승계한다.

②다음 각 호의 어느 하나에 해당하는 절차에 따라 문화체육관광부령으로 정하는 체육시설업의 시설 기준에 따른 필수시설을 인수한 자에게는 제1항을 준용한다.
1. 「민사집행법」에 따른 경매
2. 「채무자 회생 및 파산에 관한 법률」에 의한 환가(換價)
3. 「국세징수법」·「관세법」 또는 「지방세징수법」에 따른 압류 재산의 매각
4. 그 밖에 제1호부터 제3호까지의 규정에 준하는 절차

③제12조에 따른 사업계획 승인의 승계에 관하여는 제1항과 제2항을 준용한다.

부동산경매에서 특수한 사례들은 원소유자의 일정한 권리 또는 의무를 특정승계하게 되는지 여부가 불투명한 것이 있습니다. 만약 경매목적물을 낙찰받았다는 이유만으로 원소유자의 채무를 떠안게 된다면 낙찰자는 상당히 억울할 것입니다. 이러한 내용들은 경매절차에 참여하는 댓가 내지 경매의 함정이 될 수 있으므로 법률전문가들도 이 부분에 대하여 주의하지 않으면 안 됩니다.

「민사집행법」에 따른 경매절차에 따라 문화체육관광부령으로 정하는 체육시설업의 시설 기준에 따른 필수시설을 인수한 자에게는 그 체육시설업의 등록 또는 신고에 따른 권리·의무가 승계되고 그 권리의무의 내용에는 체육시설법 제17조에 따라 회원을 모집한 경우의 그 체육시설업자와 회원 사이의 약정사항도 승계됩니다(체육시설의 설치·이용에 관한 법 제27조 제2항 제1호, 제1항 참조). 필자도 골프장 건물과 토지에 대하여 담보권실행을 위한 경매절차를 진행해 본 적이 있는데 그 당시 개별법을 찾아보고 해석하면서 알게 된 새로운 것들이 있었습니다.

문화체육관광부령으로 정하는 체육시설업에는 무엇이 있을까요?
체육시설법 시행규칙에서는 골프장업, 스키장업, 요트장업, 조정장업 및

카누장업, 빙상장업, 자동차경주장업, 승마장업, 종합 체육시설업, 수영장업, 체육도장업, 골프연습장업, 체력단련장업, 당구장업, 썰매장업, 무도학원업 및 무도장업이 열거되고 있습니다.[117] 당구장업이 체육시설업이고 탁구장업은 없다는 것이 아이러니합니다. 그리고 필수시설은 이 질문의 끝에 언급해 놓은 [별표 4]를 읽어보면 이해가 될 것으로 봅니다.

체육시설의 설치·이용에 관한 법 제27조 제2항 제2호의 「채무자회생 및파산에관한법률」에 의한 환가(換價), 제3호의 「국세징수법」·「관세법」 또는 「지방세징수법」에 따른 압류 재산의 매각, 즉 실무상 한국자산관리공사의 공매절차에 의하여 이루어지는 매각절차에도 같은 법 제27조 제1항이 준용되므로, 위 각 절차에 의하여 필수체육시설을 인수한 자에게도 마찬가지로 체육시설업의 등록 또는 신고에 따른 권리·의무가 승계되고 그 권리의무의 내용에는 체육시설법 제17조에 따라 회원을 모집한 경우의 그 체육시설업자와 회원 사이의 약정사항도 승계되는 것입니다.

그러므로 예를 들어 골프장업, 스키장업, 승마장업, 종합 체육시설업, 수영장업에 관한 필수시설인 건물과 토지를 경매절차, 공매절차, 채무자회생법에 의한 환가절차에서 취득하는 매수인은 회원보증금을 내고 그 시설의 회원으로 가입한 회원들에게 원소유자의 입회보증금반환채무를 승계하게 됩니다. 이 점에 관하여는 의문이 없겠습니다.

그런데 한 걸음 더 나아가서 특히 담보신탁계약에서 정한 공개경쟁 입찰방식이나 수의계약 방식에 의한 매매의 매수인도 여기에 포함되는 것인지가 문제됩니다. 이것은 달리 말한다면, 체육시설법 제27조 제2항 제4호 '그 밖에 제1호

---

117) 체육시설의 설치·이용에 관한 법 제11조(시설 기준 등) ①체육시설업자는 체육시설업의 종류에 따라 문화체육관광부령으로 정하는 시설 기준에 맞는 시설을 설치하고 유지·관리하여야 한다.
체육시설의 설치·이용에 관한 법률 시행규칙 [시행 2019. 12. 26.]
[문화체육관광부령 제359호, 2019. 6. 25., 일부개정]
제8조(체육시설업의 시설 기준) 법 제11조 제1항에 따른 체육시설업의 종류별 시설 기준은 별표 4와 같다.

부터 제3호까지의 규정에 준하는 절차'에 담보신탁을 근거로 한 이와 같은 매매가 포함되는지 여부인데 실제로 최근 판례사안으로 문제가 되어 대법원까지 사건이 올라갔습니다. 1심과 2심은 담보신탁에서 정한 수의계약방식의 매매절차를, 체육시설법 제27조 제2항 제4호의 '그 밖에 제1호부터 제3호까지의 규정에 준하는 절차'에 포함되지 않는다고 하였습니다만, 대법원은 2심을 파기하였습니다. 포함된다는 것이죠. 제4호에 담보신탁에서 정한 수의계약방식이 포함된다면 그 매수인도 승계의무를 진다는 결론이 됩니다.

☞ 함정에 빠진 매수인

만약 담보신탁계약에서 정한 공개경쟁 입찰방식이나 수의계약 방식에 의하여 골프장업의 필수시설인 토지와 건물을 인수한 매수인이 다음과 같은 생각을 한다면, 즉 "매도인이 입회보증금반환채무를 지고 있다는 것은 알지. 하지만 체육시설법 제27조 제2항 제1호 내지 제4호의 적용을 받지 않는 경우이므로 괜찮겠지. 골프장회원으로 가입한 회원들에게 매도인(원소유자)의 입회보증금반환채무를 나는 승계하지 않는다"라고 신뢰하였다면 이것은 민사집행절차는 아니지만 담보신탁을 근거로 한 매매절차의 함정에 빠지고 마는 것입니다.

아래에서 자세한 설명을 해놓겠습니다.

♣ 담보신탁계약에 의한 매각절차에서 골프장시설을 취득한 자의 입회보증금반환채무 승계 여부 – 대법원 2018. 10. 18. 선고 2016다220143 판결

[사실관계]

① 2007. 11. 30. 신탁계약 & (등기원인: 신탁) 소유권이전등기경료

甲회사 --------------------------- 乙은행
　　A토지 (=이 사건 사업부지)

[신탁계약의 내용]
① 甲회사가 위탁자 겸 수익자로서 乙은행에 사업부지를 신탁
② 사업자금의 대출채권자인 乙은행 등에게 우선수익권 설정
③ 만약 甲회사가 대출채무불이행시 우선수익자의 요구에 따라 수탁자가 신탁부동산을 처분 → 대금을 대출채무 변제에 충당 → 나머지는 위탁자(甲회사)에 반환

[A토지=이 사건 사업부지]
(사진은 이 내용과 관련없음)

甲회사의 목적 = 乙은행을 비롯한 금융기관들로부터 자금을 대출받아 A토지에 OO컨트리클럽이라는 골프장을 건설, 운영하는 사업 목적

② 이후 A토지에 골프장 클럽하우스등 건물 신축하고, 위 ①과 같은 내용의 신탁계약을 체결(갑회사와 을은행)
2012. 7. 12. 골프장 건물 5동 (신탁원인) 등기이전경료

이 사건 사업부지 A토지 + 골프장 건물 5동
  = '이 사건 신탁부동산'

③ 甲회사는 2013. 12. 5. 경상북도지사에게 체육시설업(골프장업)을 조건부등록함 (2008. 1. 21. 김천시장이 골프장 설치 사업시행자로 지정하고 사업실시계획인가)
④ <u>甲회사는 乙은행에 대한 대출채무의 이행을 지체</u>, 乙은행은 이 사건 신탁부동산(감정가 700억 원)에 관한 공매 공고를 하는 등 <u>그 처분을 위한 절차를 진행</u> (필자 주: 여기서의 공매는 한국자산관리공사가 세무서위탁으로 행하는 공매절차가 아닌 점에 주의할 것)
⑤ 乙은행은 2014. 5. 22. 이 사건 공매절차에서 14억 1,000만 원으로 입찰에 참가하여 낙찰자로 선정된 소외 丙과 이 사건 신탁부동산에 관한 매매계약 체결
⑥ 丙이 계약금을 지급하였으나 잔금 지급기한인 2014. 5. 28.까지 잔금을 지급하지 않았다.

丙은 乙은행에 매매계약⑤에서의 계약자 지위 및 낙찰자 지위를 다른 사람에게 이전하겠다는 내용의 계약자(낙찰자)지위 양도확인서를 작성해주었다.

⑦ 乙은행은 2014. 5. 29.경 이 골프장을 운영하고자 하는 주식회사 丁(이하 '피고'로 약칭. 다만 피고 戊.己와 구별할 필요가 있는 경우에만 '피고 丁')과 매매대금 14억 1,000만 원으로 하여 수의계약 방식으로 이 사건 신탁부동산에 관한 매매계약(이하 '이 사건 매매계약')을 체결하고, 다음날인 2014. 5. 30. 피고 앞으로 이 사건 신탁부동산에 관한 소유권이전등기를 마쳤다.

⑧ 피고 丁은 2014. 6. 26. 피고 戊회사와 사이에 이 사건 사업부지 A토지에 관하여 신탁계약을 체결하고, 2014. 6. 27. 피고 戊 앞으로 이 사건 사업부지에 관한 소유권이전등기를 마쳤다. 또한 피고 丁과 피고 戊는 이 사건 신탁계약에서 피고 己를 신탁원본 및 신탁수익의 우선수익자로, 피고 丁을 신탁원본 및 신탁수익의 수익자로 각 지정하였다.

[원고들 및 피고들의 각 주장]

	원고들	피고 丁, 피고 戊, 己
지위	甲회사에 회원보증금을 내고 이 사건 골프장 회원으로 가입한 人들	피고 丁= 수의계약방식에 의한 신탁부동산의 매수인
		피고 戊=2014. 6. 26. 신탁계약에 기한 A토지(이 사건 사업부지) 취득자
소송상 청구	피고 丁을 상대로는 입회보증금반환채무의 승계를 주장하면서 보증금의 반환청구 피고 戊와 피고 己를 상대로는 이 사건 사업부지에 관한 담보신탁계약이 사해행위에 해당함을 이유로 그 취소와 원상회복 청구	
廣義의 청구원인	담보신탁에 의한 공매절차는 체육시설의 설치 및 이용에 관한 법률 제27조 제2항의 민사집행법상 경매(제1호), 채무자회생법상 환가(제2호), 국세징수법 등 세금징	이에 대해 피고 丁은 이 사건 매매계약이 체육시설법 제27조 제2항 제4호에서 정하는 절차에 해당하지 않으

수법상 압류재산의 매각(제3호)에 **준하는 절차(제4호)**에 해당한다. 따라서 **피고 丁은 원고들에게 입회보증금을 반환할 의무가 있다.**	므로 甲회사가 원고들에 대하여 지는 입회금반환채무를 승계하지 않는다고 주장하였다.
또한 피고 丁은 A토지에 관한 소유권취득 후 한 달이 지나기도 전에 피고 戊와 신탁계약을 체결하였고, 피고 丁은 A토지 외에는 입회보증금반환 채무액 상당의 책임재산이 없는 상태에서 A토지에 대한 신탁등기를 마쳤다. 이는 **신탁법에서 규정한 사해신탁에 해당한다.**	피고 戊,己는 피고 丁이 입회보증금반환채무를 승계하지 않기 때문에 사해행위의 피보전채권이 인정되지 않는다고 주장하였다.

[제1심과 제2심의 판단]118) - 원고청구 기각

1심법원과 항소심(2심, 원심)의 결론이 같으며, 판시이유도 거의 같기 때문에 묶어서 소개한다.

1. 피고 丁에 대한 청구를 기각한 이유

가. 법적 근거

① 체육시설법 제27조 제2항 제1호 내지 제3호에 규정된 절차의 공통점은 모두 법률의 규정에 의하여 권리변동이 일어나는 경우로서 그 인수자의 인수조건 역시 법률의 규정에 의하여 정하여지는 절차인데, 신탁재산의 처분은 반드시 공매 등 경쟁을 통한 매각절차에 의하여 법에 강제되어 있지 않고 위탁자와 수탁자 사이의 약정으로 처분방법

---

118) 대구지방법원 김천지원 2015. 6. 26. 선고 2014가합1556 판결, 대구고등법원법 2016. 4. 21. 선고 2015나22107 판결

이 정해지는 점에서 차이가 있다.

2 신탁재산이 공매 등으로 처분되더라도 체육시설법 제27조 제2항 제1호 내지 제3호에서 정한 절차와는 달리 **신탁재산상의 제한물권이나 보전처분 등의 부담이 소멸하는 것도 아니어서 법적 성격에 있어 중요한 차이**가 있다.

3 체육시설법 제27조 제2항은 일정한 인수자로 하여금 강제적으로 회원에 대한 권리·의무를 인수하도록 함으로써 회원의 법적 지위를 보호함과 함께 그 인수가 일어나는 경우를 명확히 한정함으로써 권리변동에 있어서 항상 고려되어야 할 거래의 안전(필수시설 인수자의 승계범위 확정)을 도모하는 규정으로 볼 수 있으므로, 체육시설법 제27조 제2항 제4호에서 정한 '그 밖에 제1호부터 제3호까지의 규정에 준하는 절차'를 엄격하게 해석할 필요가 있다.

4 체육시설법 제27조 제2항 제4호는 같은 항 제1호 내지 제3호에 준하는 절차로 인수인이 해당 체육시설의 회원에 대한 권리의무를 승계하는 사유를 한정하고 있는 바, 위 제1호 내지 제3호의 절차는 모두 양도인인 기존 체육시설의 소유자의 의사와 무관하게 절차가 개시될 뿐 아니라 양도인이 자신의 회원에 대한 권리의무의 승계에 관하여 양수인과의 사이에 인수조건을 정할 여지가 없다는 공통점이 있고, <u>그와 같은 성격이 없는 권리변동의 절차에서는 종전의 체육시설업자와 체육시설의 인수인 간에 회원에 대한 권리·의무의 승계에 관하여 자율적으로 정하도록 할 수 있고, 법률의 규정으로 그 승계를 강제할 필요가 없다고 할 것</u>(체육시설업자가 인수인에게 기존 회원에 대한 권리, 의무를 승계시키지 않는 대신 매매대금을 보다 높게 정할 수도 있고 그러한 결과가 반드시 회원들에게 불리하다고 단정할 수도 없다)이므

로 그러한 절차는 체육시설법 제27조 제2항 제4호에서 정한 절차에 포함된다고 보기 어렵다.

체육시설법 제27조 제2항은 위와 같이 권리·의무의 승계가 일어나는 경우를 한정적으로 열거함으로써 체육시설에 관한 권리변동에 있어 거래의 안전을 도모하고 있는데, 만일 같은 항 제4호의 절차를 넓게 해석할 경우에는 체육시설의 회원에게 사실상 어떠한 소유자의 변동에도 불구하고 회원의 지위를 주장할 수 있는 대항력을 부여하는 것과 마찬가지의 결과가 되어 해당 부동산에 거액의 부담을 주게 되고, 그 결과 회원권의 액수와 규모를 정확히 알지 못하는 상태로 공매가 이루어져 인수가격이 낮아질 가능성이 높으며, 담보채권자 등이 제대로 채권의 만족을 얻을 수도 없게 되는바, 체육시설법 제27조 제2항 제4호에서 정한 '그 밖에 제1호부터 제3호까지의 규정에 준하는 절차'를 함부로 넓게 인정할 수 없다.

⑤ 영업양도로도 볼 수 없다(대구고법 2016. 4. 21. 선고 2015나22107 판결에서 추가판단 한 사항). 다시 말해서 체육시설법 제27조 제1항에 규정된 체육시설업자의 영업의 양도는 '영리를 목적으로 체육시설을 설치, 경영하는 업을 수행하기 위하여 조직화된 인적, 물적 조직을 그 동일성을 유지하면서 일체로서 이전하는 것'을 의미하는데(대법원 2006. 11. 23. 선고 2005다5379 판결 참조), 피고 丁이 乙은행으로부터 이 사건 신탁부동산을 매수한 사실만으로는 甲회사의 이 사건 골프장 영업에 관한 인적, 물적 조직을 그 동일성을 유지하면서 일체로서 이전받은 것으로 보기 어렵다. 따라서 피고 丁이 체육시설법 제27조 제1항에서 규정한 영업양수인에 해당한다고 볼 수 없다.

나. 결론

피고 丁이 이 사건 공매절차에서 수의계약으로 이 사건 사업부지인 A토지를 매수한 것은 체육시설법 제27조 제2항 제4호에서 규정한 절차에 따라 이 사건 사업부지를 인수한 경우에 해당한다고 할 수 없으므로, 피고 丁이 원고들에 대한 입회보증금반환채무를 승계하지 않는다.

2. 피고 戊.己에 대한 청구도 기각한 이유

피고 丁이 甲회사의 원고들에 대한 입회보증금반환채무를 승계하지 않으므로, 원고들이 피고 丁에 대하여 입회보증금반환채권을 가지고 있음을 전제로 한 원고들의 피고 戊.己에 대한 사해신탁계약의 취소청구는 그 피보전채권이 인정되지 않는다.

★대법원(법률심, 상고심)의 판단 - 원심 파기환송(대법원 2018. 10. 18. 선고 2016다220143 판결)

[다수의견] 담보신탁계약에 따른 공매나 수의계약은 체육시설법 제27조 제2항 제4호에서 정한 절차에 해당한다. 그러므로 피고의 입회보증금반환채무의 승계를 인정해야 함에도 원심이 승계를 인정하지 않았으므로 원심판결을 파기하고 사건을 다시 심리, 판단하도록 원심법원에 환송하였다.

① 체육시설법 제27조 제1항은 상속과 합병 외에 영업양도의 경우에도 체육시설업의 등록 또는 신고에 따른 권리의무를 승계한다고 정하고, 제2항은 경매를 비롯하여 이와 유사한 절차로 체육시설업의 시설 기준에 따른 필수시설을 인수한 자에 대해서도 제1항을 준용하고 있다. 위와 같은 방법으로 체육시설업자의 영업이나 체육필수시설이 타인에게 이전된 경우 <u>영업양수인 또는 체육필수시설의 인수인 등은 체육시설업과 관련하여 형성된 공법상의 권리의무뿐만 아니라 체육시설업자와 회원 간의 사법상 약정에 따른 권리의무도 승계한다.</u>

② 체육시설업자가 담보 목적으로 체육필수시설을 신탁법에 따라 담보신탁을 하였다가 채무를 갚지 못하여 체육필수시설이 공개경쟁 입찰방식에 의한 매각(공매[119]) 절차에 따라 처분되거나 공매절차에서 정해진 공매조건에 따라 수의계약으로 처분되는 경우가 있다. 이와 같이 <u>체육필수시설에 관한 담보신탁계약이 체결된 다음 그 계약에서 정한 공매나 수의계약으로 체육필수시설이 일괄하여 이전되는 경우에 회원에 대한 권리의무도 승계되는지 여부가 문제인데, 이러한 경우에도 체육시설법 제27조의 문언과 체계, 입법 연혁과 그 목적, 담보신탁의 실질적인 기능 등에 비추어 체육필수시설의 인수인은 체육시설업자와 회원 간에 약정한 사항을 포함하여 그 체육시설업의 등록 또는 신고에 따른 권리의무를 승계한다고 보아야 한다</u>는 내용으로 판결하였다.

[대법관 조희대, 대법관 권순일, 대법관 이기택, 대법관 민유숙, 대법관 이동원의 반대의견]

① 담보신탁계약에서 정한 공개경쟁 입찰방식이나 수의계약 방식에 의한 매매(담보신탁을 근거로 한 매매)에 따라 체육필수시설을 인수한 자는 그 체육시설업의 등록 또는 신고에 따른 권리의무를 승계하지 않고, 이와 같은 매매 절차는 체육시설법 제27조 제2항 제4호에서 정하는 '그 밖에 제1호부터 제3호까지의 규정에 준하는 절차'에도 해당하지 않는다고 보아야 한다.

② 담보신탁을 근거로 한 매매는 법적 성격이 체육시설법 제27조 제1항에서 규정하는 영업양도나 합병과는 전혀 다르다. 또한 체육시설법 제27조 제2항 제1호 내지 제3호에서 규정하는 민사집행법에 따른 경매절차 등과도 그 시행 주체, 절차, 매매대금의 배분방식 등에서 성격을 달리한다.

③ 채무자의 재산이 어떤 사유로 제3자에게 처분된다고 하더라도, 채무자가 부담하던 의무는 그 재산의 소유권을 취득한 제3자에게 승계되지 않는

---

[119] 한국자산관리공사가 세무서의 대행으로 온비드로 진행하는 공매를 의미하는 것이 아니다.

것이 일반적인 법 원칙이다. 체육시설법 제27조가 체육시설업자의 의무를 승계하는 근거 규정을 둔 것은 이와 같은 법원칙에 대한 예외를 정한 것이므로, 그 예외규정의 해석이 명확하지 않은 경우에는 일반적인 법원칙으로 돌아가야 하는 것이지 예외규정을 확장해석해서는 아니 된다.

체육시설법 제27조 제2항 제4호는 같은 항 제1호부터 제3호까지 정한 절차와 본질적으로 유사한 절차를 염두에 둔 규정이므로, 적어도 그 절차 자체에 관하여 법률에 구체적 규정을 두고 있고, 법원, 공적 기관 또는 공적 수탁자가 그 절차를 주관하는 등의 근거를 갖추었을 때 적용된다고 보는 것이 문리해석상으로도 자연스럽다.

☞ 필자 주: 소수의견의 논거가 설득력이 있어 보이지만 실무가는 다수의견을 따르는 수밖에 없다.

■ 체육시설의 설치·이용에 관한 법률 시행규칙 [별표 4] 〈개정 2019. 10. 7.〉

체육시설업의 시설 기준(제8조 관련)

1. 공통기준

구분	시설기준
가. 필수시설 (1) 편의시설	○ 수용인원에 적합한 주차장(등록 체육시설업만 해당한다) 및 화장실을 갖추어야 한다. 다만, 해당 체육시설이 다른 시설물과 같은 부지에 위치하거나 복합건물 내에 위치한 경우로서 그 다른 시설물과 공동으로 사용하는 주차장 및 화장실이 있을 때에는 별도로 갖추지 아니할 수 있다. ○ 수용인원에 적합한 탈의실과 급수시설을 갖추어야 한다. 다만, 신고 체육시설업(수영장업은 제외한다)과 자동차경주장업에는 탈의실을 대신하여 세면실을 설치할 수 있다.
(2) 안전시설	○ 체육시설(무도학원업과 무도장업은 제외한다) 내의 조도(照度)는 「산업표준화법」에 따른 조도기준에 맞아야 한다. ○ 부상자 및 환자의 구호를 위한 응급실 및 구급약품을 갖추어야 한다. 다만, 신고 체육시설업(수영장업은 제외한다)과 골프장업에는 응급실을 갖추지 아니할 수 있다. ○ 적정한 환기시설을 갖추어야 한다. ○ 어린이 이용자를 운송하기 위한 차량을 운행하는 경우에는 「도로교통법」 제52조에 따라 신고된 어린이통학버스를 갖추어야 한다.
(3) 관리시설	○ 등록 체육시설업에는 매표소·사무실·휴게실 등 그 체육시설의 유지·관리에 필요한 시설을 설치하여야 한다. 다만, 관리시설을 복합 용도의 시설물 내 다른 시설물과 공동으로 사용하는 경우에는 이를 별도로 갖추지 아니할 수 있다.
나. 임의시설 (1) 편의시설	○ 관람석을 설치할 수 있다. ○ 체육용품의 판매·수선 또는 대여점을 설치할 수 있다. ○ 관계 법령에 따라 식당·목욕시설·매점 등 편의시설을 설치할 수 있다(무도학원업과 무도장업은 제외한다).
(2) 운동시설	○ 등록 체육시설업에는 그 체육시설을 이용하는 데에 지장이 없는 범

	위에서 그 체육시설 외에 다른 종류의 체육시설을 설치할 수 있다. ○ 하나의 체육시설을 계절 또는 시간에 따라 체육종목을 달리하여 운영하는 경우에는 각각 해당 체육시설업의 시설기준에 맞아야 한다.

2. 체육시설업의 종류별 기준
   가. 골프장업

구분	시설기준
필수시설 ① 운동시설	○ 회원제 골프장업은 3홀 이상, 정규 대중골프장업은 18홀 이상, 일반 대중골프장업은 9홀 이상 18홀 미만, 간이골프장업은 3홀 이상 9홀 미만의 골프코스를 갖추어야 한다. ○ 각 골프코스 사이에 이용자가 안전사고를 당할 위험이 있는 곳은 20미터 이상의 간격을 두어야 한다. 다만, 지형상 일부분이 20미터 이상의 간격을 두기가 극히 곤란한 경우에는 안전망을 설치할 수 있다. ○ 각 골프코스에는 티그라운드·페어웨이·그린·러프·장애물·홀컵 등 경기에 필요한 시설을 갖추어야 한다.
② 관리시설	○ 골프코스 주변, 러프지역, 절토지(切土地) 및 성토지(盛土地)의 경사면 등에는 조경을 하여야 한다.

나. 스키장업

구분	시설기준
필수시설 ① 운동시설	○ 슬로프는 길이 300미터 이상, 폭 30미터 이상이어야 한다(지형적 여건으로 부득이한 경우는 제외한다). ○ 평균 경사도가 7도 이하인 초보자용 슬로프를 1면 이상 설치하여야 한다. ○ 슬로프 이용에 필요한 리프트를 설치하여야 한다.
② 안전시설	○ 슬로프 내 이용자가 안전사고를 당할 위험이 있는 곳에는 안전망과 안전매트를 함께 설치하거나 안전망과 안전매트 중 어느 하나

	를 설치하여야 한다. 이 경우 안전망은 그 높이가 지면에서 1.8미터 이상, 설면으로부터 1.5미터 이상이어야 하고, 스키장 이용자에게 상해를 일으키지 않도록 설계하여야 하며, 안전매트는 충돌 시 충격을 완화할 수 있는 제품을 사용하되, 그 두께가 50밀리미터 이상이어야 한다. 안전망과 안전매트의 최하부는 모두 설면과 접촉하여야 한다. ○ 구급차와 긴급구조에 사용할 수 있는 설상차(雪上車)를 각각 1대 이상 갖추어야 한다. ○ 정전 시 이용자의 안전관리에 필요한 전력공급장치를 갖추어야 한다.
③ 관리시설	○ 절토지 및 성토지의 경사면에는 조경을 하여야 한다.

다. 요트장업

구분	시설기준
필수시설 ① 운동시설	○ 3척 이상의 요트를 갖추어야 한다. ○ 요트를 안전하게 보관할 수 있는 계류장(繫留場) 또는 요트보관소를 갖추어야 한다.
② 안전시설	○ 긴급해난구조용 선박 1척 이상 및 요트장을 조망할 수 있는 감시탑을 갖추어야 한다. ○ 요트 내에는 승선인원 수에 적정한 구명대를 갖추어야 한다.

라. 조정장업 및 카누장업

구분	시설기준
필수시설 ① 운동시설	○ 5척 이상의 조정(카누)을 갖추어야 한다. ○ 수면은 폭 50미터 이상, 길이 200미터 이상이어야 하고, 수심은 3미터 이상이어야 하며, 유속은 시간당 5킬로미터 이하여야 한다.
② 안전시설	○ 조정장(카누장)의 수용능력에 적정한 구명대 및 1척 이상의 구조용 선박(모터보트)과 조정장(카누장) 전체를 조망할 수 있는 감시탑을 갖추어야 한다.

마. 빙상장업

구분	시설기준
필수시설 안전시설	○ 빙판 외곽에 높이 1미터 이상의 울타리를 견고하게 설치하여야 한다. ○ 유해 냉각매체를 사용하지 않는 제빙시설을 설치하여야 한다.

바. 자동차경주장업

1) 2륜 자동차경주장업

구분	시설기준
필수시설 ① 운동시설	○ 트랙은 길이 400미터 이상, 폭 5미터 이상이어야 한다. ○ 트랙의 바닥면은 포장한 곳과 포장하지 아니한 곳이 있어야 한다.
② 안전시설	○ 트랙의 양편에는 폭 3미터 이상의 안전지대를 설치하여야 한다. ○ 경주장 전체를 조망할 수 있는 통제소를 설치하여야 한다.
③ 관리시설	○ 2륜 자동차를 수리할 수 있는 시설을 갖추어야한다.

2) 4륜 자동차경주장업

구분	시설기준
필수시설 ① 운동시설	○ 트랙은 길이 2킬로미터 이상으로서 출발지점과 도착지점이 연결되는 순환형태여야 하고, 트랙의 폭은 11미터 이상 15미터 이하여야 하며, 출발지점에서 첫 번째 곡선 부분 시작지점까지는 250미터 이상의 직선구간이어야 한다. ○ 트랙에는 전 구간에 걸쳐 차량의 제동거리를 고려하여 적절한 시계(경주 중인 선수가 진행방향으로 장애물 없이 트랙이 보이는 거리)가 확보되어야 한다. ○ 트랙의 바닥면은 포장 또는 비포장이어야 한다. ○ 트랙의 종단 기울기(차량진행방향으로의 경사를 말한다)는 오르막 20% 이하, 내리막 10% 이하여야 한다. ○ 트랙의 횡단 기울기(차량진행방향 좌우의 경사를 말한다)는 직선구간은 1.5% 이상 3% 이하, 곡선구간은 10% 이하여야 한다. ○ 트랙의 양편 가장자리는 폭 15센티미터의 흰색선으로 표시하여야

	한다.
② 안전시설	○ 출발지점을 제외한 트랙의 직선 부분은 트랙의 좌우 흰색선 바깥쪽으로 3미터 이상 5미터 이하의 안전지대를 두어야 하며, 트랙의 곡선 부분은 다음의 공식에 따른 폭의 안전지대를 두어야 한다. 다만, 안전지대의 바닥에 깊이 25센티미터 이상으로 자갈을 까는 경우 안전지대의 폭은 트랙의 직선 부분은 2미터 이상, 곡선 부분은 위의 공식에 따라 산출된 폭의 2분의 1 이상으로 할 수 있다. 안전지대의 폭(미터)=(속도)2/300 ※ 속도의 단위는 시간당 킬로미터임 ○ 트랙 양편의 안전지대 바깥쪽 경계선에는 경주 중인 차량이 트랙을 이탈하는 경우 안전지대 바깥쪽으로 벗어나지 아니하고 정지할 수 있는 정도의 수직 보호벽(높이 69센티미터 이상이어야 한다)을 가드레일(2단 이상)이나 콘크리트벽으로 설치하여야 한다. ○ 관람객과 다른 시설물 등을 경주 중인 차량의 사고로부터 보호하고 경주장 외부로부터 무단 접근을 방지하기 위하여 수직 보호벽 바깥쪽에 3미터 내외의 간격을 두고 높이 1.8미터 이상의 견고한 철망·울타리 등을 설치하여야 한다. ○ 경주의 안전한 진행에 필요한 종합통제소·검차장·표지판 및 신호기 등을 갖추어야 한다. ○ 감시탑은 트랙의 전체를 조망할 수 있고 경주 중인 차량이 잘 보이는 곳으로서 트랙의 여러 곳에 설치하되, 감시탑 간의 간격은 직선거리 500미터 이하여야 하고, 감시탑 간에는 육안으로 연락할 수 있어야 한다. ○ 견인차, 구급차, 소화기 탑재차 및 트랙의 이상 유무를 확인할 수 있는 통제차를 각 1대 이상 배치하여야 한다. ○ 긴급사고 발생 시 견인차, 구급차, 소화기 탑재차 등이 트랙에 쉽게 접근할 수 있도록 비상도로를 설치하여야 한다.

사. 승마장업

구분	시설기준
필수시설	○ 실내 또는 실외 마장면적은 500제곱미터 이상이어야 하고, 실외

운동시설	마장은 0.8미터 이상의 나무울타리를 설치하여야 한다. ○ 3마리 이상의 승마용 말을 배치하고, 말의 관리에 필요한 마사(馬舍)를 설치하여야 한다.

아. 종합 체육시설업

구분	시설기준
1) 필수시설	○ 해당 체육시설업의 필수시설기준에 따른다.
2) 임의시설	○ 해당 체육시설업의 임의시설기준에 따른다. ○ 수영조 바닥면적과 체력단련장 및 에어로빅장의 운동전용면적을 합한 면적의 15퍼센트 이하의 규모로 체온관리실[온수조·냉수조·발한실(發汗室: 땀 내는 방)]을 설치할 수 있다. 다만, 체온관리실은 종합 체육시설업의 시설이용자만 이용하게 하여야 한다.

자. 수영장업

구분	시설기준
1) 필수시설 ① 운동시설	○ 물의 깊이는 0.9미터 이상 2.7미터 이하로 하고, 수영조의 벽면에 일정한 거리 및 수심 표시를 하여야 한다. 다만, 어린이용·경기용 등의 수영조에 대하여는 이 기준에 따르지 아니할 수 있다. ○ 수영조와 수영조 주변 통로 등의 바닥면은 미끄러지지 아니하는 자재를 사용하여야 한다. ○ 도약대를 설치한 경우에는 도약대 돌출부의 하단 부분으로부터 3미터 이내의 수영조의 수심은 2.5미터 이상으로 하여야 한다. ○ 도약대는 사용 시 미끄러지지 아니하도록 하여야 한다. ○ 도약대로부터 천장까지의 간격이 스프링보드 도약대와 높이 7.5미터 이상의 플랫폼 도약대인 경우에는 5미터 이상, 높이 7.5미터 이하의 플랫폼 도약대인 경우에는 3.4미터 이상이어야 한다. ○ 물의 정화설비는 순환여과방식으로 하여야 한다. ○ 물이 들어오는 관과 나가는 관의 배관설비는 물이 계속하여 순환되도록 하여야 한다. ○ 수영조 주변 통로의 폭은 1.2미터 이상(핸드레일을 설치하는 경우

② 안전시설	에는 1.2미터 미만으로 할 수 있다)으로 하고, 수영조로부터 외부로 경사지도록 하거나 그 밖의 방법을 마련하여 오수 등이 수영조로 새어 들 수 없도록 하여야 한다. ○ 이용자의 안전을 위하여 수영조 전체를 조망할 수 있는 감시탑을 설치하여야 한다. 다만, 호텔 등 일정 범위의 이용자에게만 제공되는 수영장은 감시탑을 설치하지 아니할 수 있다.
2) 임의시설 편의시설	○ 물 미끄럼대, 유아 및 어린이용 수영조를 설치할 수 있다.

차. 체육도장업

구분	시설기준
필수시설 운동시설	○ 운동전용면적 3.3제곱미터당 수용인원은 1명 이하가 되도록 하여야 한다. ○ 바닥면은 운동 중 발생하는 충격의 흡수가 가능하게 하여야 한다. ○ 해당 종목의 운동에 필요한 기구와 설비를 갖추어야 한다.

카. 골프연습장업

구분	시설기준
1) 필수시설 ① 운동시설	○ 실내 또는 실외 연습에 필요한 타석을 갖추거나, 실외 연습에 필요한 2홀 이하의 골프 코스(각 홀의 부지면적은 1만 3천제곱미터 이하이어야 한다) 또는 18홀 이하의 피칭연습용 코스(각 피칭연습용 코스의 폭과 길이는 100미터 이하이어야 한다)를 갖추어야 한다. 다만, 타구의 원리를 응용한 연습 또는 교습이 아닌 별도의 오락·게임 등을 할 수 있는 타석을 설치하여서는 아니 된다. ○ 타석 간의 간격이 2.5미터 이상이어야 하며, 타석의 주변에는 이용자가 연습을 위하여 휘두르는 골프채에 벽면·천장과 그 밖에 다른 설비 등이 부딪치지 아니하도록 충분한 공간이 있어야 한다.

② 안전시설	○ 연습 중 타구에 의하여 안전사고가 발생하지 않도록 그물・보호망 등을 설치하여야 한다. 다만, 실외 골프연습장으로서 위치 및 지형상 안전사고의 위험이 없는 경우에는 그러하지 아니하다.
2) 임의시설 운동시설	○ 연습이나 교습에 필요한 기기를 설치할 수 있다. ○ 2홀 이하의 퍼팅연습용 그린을 설치할 수 있다. 다만, 퍼팅의 원리를 응용하여 골프연습이 아닌 별도의 오락・게임 등을 할 수 있는 그린을 설치하여서는 아니 된다.

타. 체력단련장업

구분	시설기준
필수시설 운동시설	○ 바닥면은 운동 중 발생하는 충격을 흡수할 수 있어야 한다. ○ 신장기・체중기 등 필요한 기구를 갖추어야 한다.

파. 당구장업

구분	시설기준
필수시설 운동시설	○ 당구대 1대당 16제곱미터 이상의 면적을 확보하여야 한다.

하. 썰매장업

구분	시설기준
필수시설 ① 운동시설	○ 슬로프 규모에 적절한 썰매와 제설기 또는 눈살포기(자연설을 이용할 수 있는 지역만 해당한다) 등을 갖추어야 한다.
② 안전시설	○ 슬로프의 가장자리에는 안전망과 안전매트를 설치하여야 한다.

거. 무도학원업 및 무도장업

구분	시설기준
필수시설 운동시설	○ 무도학원업은 바닥면적이 66제곱미터 이상이어야 하며, 무도장업은 특별시와 광역시의 경우에는 330제곱미터 이상, 그 외의 지역

의 경우에는 231제곱미터 이상이어야 한다. ○ 소음 방지에 적합한 방음시설을 하여 소리가 밖으로 새어 나가지 아니하도록 하여야 한다. ○ 바닥은 목재마루로 하고 마루 밑에 받침을 두어 탄력성이 있게 하여야 한다. ○ 무도학원업과 무도장업으로 사용되고 있는 건축물의 용도가 「건축법 시행령」 별표 1의 **용도별 건축물의 종류**에 적합하여야 하고, 그 밖에 「건축법」 및 「국토의 계획 및 이용에 관한 법률」에 적합한 위치이어야 한다. ○ 운동시설은 사무실 등 다른 용도의 시설과 완전히 구획되어야 한다. ○ 업소 내의 조도는 무도학원업은 100럭스 이상, 무도장업은 30럭스 이상 되어야 하며, 조명의 밝기를 조절하는 장치를 설치하여서는 아니 된다.

♨ 쉬어가는 코너

케임브리지대학교는 31개의 칼리지가 시티(City) 안에 모두 흩어져서 존재한다. 가히 대학도시라고 할 만하다. 칼리지와 단과대학(Department)은 별도의 존재다. 모르고 처음 오면 이 복잡한 시스템을 이해하는데 사람들은 많은 시간을 소비하게 된다. 신입생들은 모두 칼리지별로 배속이 되며, 예를 들어 같은 트리니티칼리지 학생들이라도 단과대학은 제각각 다르다.

시티 중심가에 고색창연한 건물 앞을 한 동양계 여학생이 바삐 지나가고 있다(2019년).

> 생각해 볼 문제

체육시설의 설치·이용에 관한 법률 제17조에 따라 모집한 회원에 대한 입회금액의 반환채무 금액이 일반 채권자들의 공동담보에 제공되는 책임재산에 포함되는가?

1. 구체적 사실관계

주식회사 ○○스포츠센터(=채무자)는 체육시설법이 정한 체육시설업자로 신고하고, 원심판결문 별지 제1목록 부동산(생략)의 대부분을 종합체육시설(수영장, 골프연습장, 체력단련장, 실내스키장 등)로 하여 회원제 스포츠센터인 '○○스포츠센터'를 운영하였는데, 2009. 2. 12. 채무자는 피고와 제1부동산에 관하여 부동산담보신탁계약을 체결하고 2009. 2. 13. 피고에게 신탁계약을 원인으로 한 소유권이전등기를 마쳐주었다.

당시 채무자의 재산은 적극재산으로 가액이 345억 원인 제1부동산이 있고, 소극재산으로 제1부동산에 설정된 근저당권의 피담보채무 238억 원과 민사집행법에 따른 경매절차가 이루어질 경우 매수인이 승계하게 되는 스포츠센터 회원보증금 반환채무 332억 7,400만 원이 있었다.

채권자인 원고 신용보증기금이 신탁계약을 원인으로 제1부동산의 소유권을 취득한 피고를 상대로 사해행위취소의 소를 제기한 것이다.

2. 문제된 쟁점

이 사건은 대법원판결의 판례사안이다. 즉 대법원 2013. 11. 28. 선고 2012다31963 판결 【사해행위취소】[공2014상,43]의 쟁점은 아래 두 가지였다.

(1) 민사집행법에 따른 경매 등을 통하여 체육시설업의 시설 기준에 따른 필수시설을 인수한 자가 승계하게 되는 체육시설의 설치·이용에 관한 법률 제17조에 따라 모집한 회원에 대한 입회금액의 반환채무 금액이 일반 채권자들의 공동담보에 제공되는 책임재산에 포함되는지 여부

(2) 책임재산의 범위에서 공제되는 금액이 목적물의 가격을 초과하고 있는 경우 당해 목적물의 양도가 사해행위에 해당하는지 여부

3. 대법원의 견해(원심파기환송)

어느 부동산에 관한 법률행위가 사해행위에 해당하는 경우에는 원칙적으로 그 사해행위를 취소하고 소유권이전등기의 말소 등 부동산 자체의 회복을 명하여야 하는 것이나, 다만 원물반환이 불가능하거나 현저히 곤란한 경우에는 원상회복의무의 이행으로서 사해행위 목적물 가액 상당의 배상을 명하여야 하는 것이고, 이러한 가액배상에 있어서는 일반 채권자들의 공동담보로 되어 있어 사해행위가 성립하는 범위 내의 가액 배상을 명하여야 하는 것이다(대법원 2003. 12. 12. 선고 2003다40286 판결 등 참조).

한편 체육시설의 설치·이용에 관한 법률(이하 '체육시설법'이라 한다) 제27조 제1항은 "체육시설업자가 사망하거나 그 영업을 양도한 때 또는 법인인 체육시설업자가 합병한 때에는 그 상속인, 영업을 양수한 자 또는 합병 후 존속하는 법인이나 합병에 따라 설립되는 법인은 그 체육시설업의 등록 또는 신고에 따른 권리·의무(제17조에 따라 회원을 모집한 경우에는 그 체육시설업자와 회원 간에 약정한 사항을 포함한다)를 승계한다."고 규정하고, 같은 조 제2항은 "다음 각 호의 어느 하나에 해당하는 절차에 따라 문화체육관광부령으로 정하는 체육시설업의 시설 기준에 따른 필수시설을 인수한 자에게는 제1항을 준용한다."고 규정하면서 제1호로 '민사집행법에 따른 경매'를 들고 있다.

따라서 <u>민사집행법에 따른 경매 등을 통하여 체육시설법령으로 정하는 체육시설업의 시설 기준에 따른 필수시설을 인수한 자가 승계하게 되는 체육시설법 제17조에 따라 모집한 회원에 대한 입회금액의 반환채무 금액 부분은, 민사집행법에 따른 경매절차 등에서 매각대금이 그 반환채무 금액을 감안하여 결정되는 것이 통상적이라는 점 등에 비추어 일반 채권자들의 공동담보에 제공되는 책임재산에 포함되지 않는다고 할 것이므로 그 상당액은</u> 공제되어야 할 것이다. 그리고 위와 같이 책임재산의 범위에서 공제되는 금액이 목적물의 가격을 초과하고 있는 때에는 당해 목적물의 양도는 사해행위에 해당한다고 할 수 없다(대법원 1997. 9. 9. 선고 97다10864 판결, 대법원 2007. 7. 12. 선고 2007다24954 판결 등 참조).

원심이 인정한 사실관계를 앞서 본 법리에 비추어 살펴보면, 제1부동산에 설정된 근저당권의 피담보채무액 238억 원과 체육시설법령에서 정한 입회금액으로서 <u>경매절차의 매수인 등이 승계하게 되는 회원보증금 반환채무 금액 332억 7,400만 원 부분은</u> 이 사건 채무자의 책임재산의 범위에서 공제되어야 할 것이고, 책임재산의 범위에서 공제되는 금액의 합계가 제1부동산의 가액인 345억 원을 초과하고 있으므로 채무자가 채무초과상태에서 피고에게 제1부동산을 신탁하였다고 하여 이를 두고 사해행위에 해당한다고 할 수 없을 것이다.

그럼에도 이와 달리 원심은 스포츠센터 회원들의 보증금 반환채권에 우선변제권이 인정되지 않는다는 이유만으로 일반채권자의 공동담보에 제공되는 책임재산이 존재한다고 보아 이 사건 신탁계약이 사해행위에 해당한다고 판단하고 말았으니, 원심판결에는 사해행위 취소소송에서의 책임재산의 범위에 관한 법리를 오해하여 판결에 영향을 미친 위법이 있다. 이 점을 지적하는 상고이유 주장은 이유 있다.

스물네 번째 물음

마스터 실무사례

콘도미니엄시설 경매취득에서 회원권 인수의 범위

사실관계 요약

D레저투자개발 주식회사는 휴양콘도미니엄업자로서 관광숙박업등록을 하고 경기 가평군에 지하2층, 지상7층, 객실 176개 규모의 청평 ○○콘도미니엄을 신축하기 위하여 P산업에 도급을 주고 건축을 완료하였습니다. 그 사이에 객실을 분양하고 회원권도 모집하였죠. A등은 콘도미니엄 분양 및 입회계약을 체결하고 대금완납 후 회원카드를 받아 공유제 회원 또는 회원제 회원으로 되었습니다. P산업은 자신이 받을 공사대금의 지급담보를 위하여 콘도미니엄과 그 부대시설 등 부지 10필지에 근저당권을 설정하였는데 D레저투자개발이 부도가 나자 P산업이 경매를 신청하여 스스로 낙찰받았어요. P산업은 경기도지사에게 위 콘도미니엄의 인수자로서 관광사업 지위승계를 신고하여 대표이사 명의로 된 관광사업등록증을 발급받았고 그 후에 원고에게 위 휴양콘도미니엄 영업을 양도하고 경기도지사에게 이를 신고, 원고 회사는 대표이사 명의로 된 관광사업등록증을 발급받았습니다.

P산업으로부터 관광사업 지위를 승계한 원고 회사는 A등을 피고로 하여 회원권리부존재확인의 소를 제기하였습니다.

[질문]

전전 휴양콘도미니엄업자로부터 분양 및 입회계약을 체결하고 대금을 완납 한 후 회원카드를 받은 공유제 회원 또는 회원제 회원들인 피고 A등은 의무승계를 주장하여 위 소송에서 이길 수 있을까요?

(1999년 관광진흥법이 적용되는 경우와 현재의 법이 적용되는 경우 차이가 있는지 등)

질문에 대한 답변

위 질문은 구 관광진흥법(1999. 1. 21. 법률 제5654호로 전문 개정되기 전의 것) 제13조 제4항(현행 제8조 제2항 참조)이 적용되어 판결되었던 대법원 1999. 6. 8. 선고 97다30028 판결[회원권리부존재확인][공1999. 7. 15.(86), 1332]의 판례사안을 간략하게 압축한 것입니다. 당시 대법원은 원심 서울고법판결을 파기환송하면서 아래와 같은 요지의 판시를 하였습니다.

【판결요지】

구 관광진흥법(1999. 1. 21. 법률 제5654호로 전문 개정되기 전의 것) 제13조 제4항은, "민사소송법에 의한 경매, 파산법에 의한 환가나 국세징수법·관세법 또는 지방세법에 의한 압류재산의 매각 기타 이에 준하는 절차에 따라 문화체육부령이 정하는 주요한 관광사업시설의 전부를 인수한 자는 그 관광사업자의 지위를 승계한다. 이 경우 종전의 관광사업자에 대한 등록 등은 그 효력을 잃는다."라고 규정하고 있는 바, 위 법이 경매 등의 절차에 의한 관광사업자의 지위승계에 관한 규정을 두고 있는 것은, 종전의 관광사업자가 이미 관광진흥법 소정의 관광사업 등록기준에 적합한 시설을 구비하고 소정의 심사절차를 거쳐 관광사업자 등록을 마친 이상 종전의 관광사업자로부터 주요한 관광사업시설의 전부를 인수한 인수인이 **별도로 신규의 등록절차를 거치지 아니하더라도 그 인수인에 대하여 종전의 관광사업자와 같은 관광사업자로서의 지위를 인정하여 주려는 데에 그 취지가 있다** 할 것이므로, **달리 특별한 규정이 없는 한**, 그 인수인이 종전의 관광사업자의 관광사업자로서의 지위를 승계하였다고 하여 당연히 콘도미니엄 회원권 분양계약에 따른 분양계약상의 권리·의무와 같이 종전의 관광사업자의 제3자에 대한 일반 사법상의 권리·의무까지 포괄적으로 승계하는 것이라고는 할 수 없다.

결론은 피고들이 콘도미니엄에 관한 회원의 권리가 없다는 것입니다. 그런데 위 대법원판결은 구 관광진흥법 하에서의 판결입니다. 그 후 관광진흥법은 여러 번 개정을 거쳤는데 관련조문을 살펴보겠습니다(후술하는 바와 같이 현재 특별한 규정이 있다).

이 판례가 적용한 법률 (☞ 1. 관광진흥법)

☞ 1. 관광진흥법 [시행 1998. 1. 1.] [법률 제5454호, 1997. 12. 13., 타법개정]

제13조 (관광사업의 양도·양수등) ①관광사업을 양도·양수하고자 하는 자는 문화체육부령이 정하는 바에 의하여 문화체육부장관에게 신고하여야 한다. 〈개정 1997. 12. 13.〉

②관광사업을 경영하는 법인을 합병하고자 할 때에는 문화체육부장관에게 신고하여야 한다. 다만, 관광사업을 경영하는 법인이 관광사업을 경영하지 아니하는 법인을 흡수합병할 때에는 그러하지 아니하다. 〈개정 1997. 12. 13.〉

③관광사업을 양수한 자 또는 합병후 존속하는 법인은 그 관광사업자의 지위를 승계한다. 〈개정 1994. 8. 3.〉

④민사소송법에 의한 경매, 파산법에 의한 환가나 국세징수법·관세법 또는 지방세법에 의한 압류재산의 매각 기타 이에 준하는 절차에 따라 문화체육부령이 정하는 주요한 관광사업시설의 전부를 인수한 자는 그 관광사업자의 지위를 승계한다. 이 경우 종전의 관광사업자에 대한 등록등은 그 효력을 잃는다. 〈신설 1993. 12. 27, 1994. 8. 3, 1997. 12. 13.〉

1999. 2. 8.에 개정되어 1999. 5. 9.에 시행된 법률 제5925호에서는 위 내용이 제8조에서 규정되었는데 분양 또는 회원모집을 한 경우 그 관광사업자와 공유자 또는 회원간에 약정한 사항이 양수의 경우와 법인의 신설합병 내

지 흡수합병의 경우에는 승계된다는 내용을 새로이 규정하였다(제8조 제1항). 그러나 제8조 제2항의 민사소송법에 의한 경매, 파산법에 의한 환가나 국세징수법·관세법 또는 지방세법에 의한 압류재산의 매각 기타 이에 준하는 절차에서는 제1항과 같은 약정사항의 승계 내용이 규정되지 않음으로써 간접적으로 부정한 것으로 해석된다.

☞ 2. 관광진흥법 [시행 1999. 5. 9.] [법률 제5925호, 1999. 2. 8., 타법개정]

제8조 (관광사업의 양수등) ①관광사업을 양수한 자 또는 관광사업을 경영하는 법인의 합병이 있는 경우 합병후 존속하거나 설립되는 법인은 그 관광사업의 등록등 또는 신고에 따른 권리·의무(第19條 第1項의 規定에 의하여 分讓 또는 會員募集을 한 경우에는 그 觀光事業者와 共有者 또는 會員간에 약정한 사항을 포함한다)를 승계한다.

②민사소송법에 의한 경매, 파산법에 의한 환가나 국세징수법·관세법 또는 지방세법에 의한 압류재산의 매각 기타 이에 준하는 절차에 따라 문화관광부령이 정하는 주요한 관광사업시설의 전부를 인수한 자는 그 관광사업자의 지위를 승계한다

그 후 2002. 1. 26. 개정되어 **2002. 2. 27. 시행**된 법률 제6633호 관광진흥법은 개정이유에서 명백히 밝히고 있듯이 "민사소송법에 의한 경매, 파산법에 의한 환가나 국세징수법·관세법 또는 지방세법에 의한 압류재산의 매각 기타 이에 준하는 절차에 따라 관광사업자가 변동되는 경우에는 종전의 관광사업자와 공유자 또는 회원간에 약정한 권리 및 의무사항도 함께 승계되도록 하였다(법 제8조 제2항)." 그러므로 법률 제6633호 관광진흥법이 적용되는 사안부터는 민사집행법에 의한 경매절차에 따라 관광사업자가 변동되는 경우 권리의무의 승계가 법규정에 의하여 이루어지는 것으로 되었다. 현행 관광진흥법도 같다.

☞ 3. 관광진흥법 [시행 2002. 4. 27.] [법률 제6633호, 2002. 1. 26., 일부개정]

◇ 개정이유

고부가가치산업인 관광산업을 국가전략산업으로 육성하기 위하여 민간에 의한 관광인프라의 구축을 촉진하고, 여행업자의 계약 및 약관의 위반행위로 인하여 발생하는 소비자 피해를 예방하여 건전하고 공정한 여행문화를 정착시키는 한편, 환경·미관을 크게 저해하는 경우 관광단지조성계획의 승인취소에 관한 근거규정을 신설하는 등 현행 제도의 운영과정에서 나타난 일부 미비점을 개선·보완하려는 것임.

◇ 주요골자

가. 민사소송법에 의한 경매, 파산법에 의한 환가나 국세징수법·관세법 또는 지방세법에 의한 압류재산의 매각 기타 이에 준하는 절차에 따라 관광사업자가 변동되는 경우에는 종전의 관광사업자와 공유자 또는 회원간에 약정한 권리 및 의무사항도 함께 승계되도록 함(법 제8조 제2항).

나. 여행업자는 여행계약을 체결하는 때에는 당해 서비스에 관한 내용을 기재한 계약서를 여행자에게 교부하도록 함(법 제13조의2 신설).

(이하 생략)

☞ 4. 현행 관광진흥법

[시행 2019. 12. 3.] [법률 제16684호, 2019. 12. 3., 일부개정]

제8조(관광사업의 양수 등) ①관광사업을 양수(讓受)한 자 또는 관광사업을 경영하는 법인이 합병한 때에는 합병 후 존속하거나 설립되는 법인은 그 관광사업의 등록등 또는 신고에 따른 관광사업자의 권리·의무(제20조 제1항에 따라 분양이나 회원 모집을 한 경우에는 그 관광사업자와 공유자 또는 회원 간에 약정한 사항을 포함한다)를 승계한다.

②다음 각 호의 어느 하나에 해당하는 절차에 따라 문화체육관광부령으로 정하는 주요한 관광사업 시설의 전부(제20조 제1항[120])에 따라 **분양한 경우에는 분양한 부분을 제외한 나머지 시설을 말한다**)를 인수한 자는 그 관광사업자의 지위(제20조 제1항에 따라 분양이나 회원 모집을 한 경우에는 그 관광사업자와 공유자 또는 회원 간에 약정한 권리 및 의무 사항을 포함한다)를 승계한다. 〈개정 2008. 2. 29., 2010. 3. 31., 2016. 12. 27., 2019. 12. 3.〉

1. 「민사집행법」에 따른 경매

2. 「채무자 회생 및 파산에 관한 법률」에 따른 환가(換價)

3. 「국세징수법」, 「관세법」 또는 「지방세징수법」에 따른 압류 재산의 매각

4. 그 밖에 제1호부터 제3호까지의 규정에 준하는 절차

③관광사업자가 제35조 제1항 및 제2항에 따른 취소·정지처분 또는 개선명령을 받은 경우 그 처분 또는 명령의 효과는 제1항에 따라 관광사업자의 지위를 승계한 자에게 승계되며, 그 절차가 진행 중인 때에는 새로운 관광사업자에게 그 절차를 계속 진행할 수 있다. 다만, 그 승계한 관광사업자가 양수나 합병 당시 그 처분·명령이나 위반 사실을 알지 못하였음을 증명하면 그러하지 아니하다.

위 제3항은 2004년 개정법에 들어간 것이다. 즉 2004. 10. 16.개정되어 2005. 4. 17. 법률 제7232호로 시행된 관광진흥법은 제8조 제3항 신설하여 관광사업자가 양수 또는 법인의 합병으로 관광사업자의 지위를 승계하는 경우 사업취소·정지처분 등의 행정처분의 효과도 함께 승계되도록 하였다(관광사업 양수 등의 경우 행정처분효과 승계).

---

[120] 관광진흥법 제20조(분양 및 회원 모집) ①관광숙박업이나 관광객 이용시설업으로서 대통령령으로 정하는 종류의 관광사업을 등록한 자 또는 그 사업계획의 승인을 받은 자가 아니면 **그 관광사업의 시설에 대하여 분양(휴양 콘도미니엄만 해당**한다. 이하 같다) 또는 회원 모집을 하여서는 아니 된다.

중요한 개정사항을 더 살펴보면, 관광진흥법[시행 2007. 10. 20.] [법률 제8531호, 2007. 7. 19., 일부개정]은 제20조 제2항 제2호 단서[121]를 신설하여 관광숙박시설과 골프장을 연계한 분양 등을 인정하였다. 회원모집이 허용되어 있는 관광숙박시설 및 체육시설의 경우에 근거법령이 다름에 따라 해당 시설들을 연계하여 하나의 상품으로 분양 또는 회원모집을 하는 것이 고객이나 사업자에게 유리함에도 불구하고 각각 분양 등을 하여야 하는 문제가 있었음을 고려한 것이다. 2015. 2. 3. 개정되어 2015. 8. 4. 법률 제13127호로 시행된 관광진흥법은 관광객 이용시설업에 야영장업을 추가하고, 야영장업의 등록을 한 자는 문화체육관광부령으로 정하는 안전·위생기준을 지키도록 하며, 야영장업을 등록하지 않고 경영한 자에게는 2년 이하의 징역 또는 2천만 원 이하의 벌금에 처하도록 하였다(제3조 제1항 제3호 다목, 제20조의2 및 제83조 제2항 신설).

그리고 무엇보다 중요한 사항으로 지적할 것은 현행 관광진흥법 [시행 2019. 12. 3.] [법률 제16684호, 2019. 12. 3., 일부개정]은 개정이유에서도 밝히고 있듯이 휴양 콘도미니엄업의 경우 주요한 관광사업 시설의 전부를 인수하는 것은 분양된 객실을 제외한 나머지 시설을 인수하는 것을 의미한다는 것을 명확히 하여 해석상 논란을 아예 없애버렸다(제8조 제2항).

---

[121] 관광진흥법 제20조 제2항 관광숙박시설과 관광숙박시설이 아닌 시설을 혼합 또는 연계하여 이를 분양하거나 회원을 모집하는 행위. 다만, 대통령령으로 정하는 종류의 관광숙박업의 등록을 받은 자 또는 그 사업계획의 승인을 얻은 자가 「체육시설의 설치·이용에 관한 법률」 제12조에 따라 골프장의 사업계획을 승인받은 경우에는 관광숙박시설과 해당 골프장을 연계하여 분양하거나 회원을 모집할 수 있다.

요약정리

현행법으로 정리하면, 「민사집행법」에 따른 경매, 채무자 회생 및 파산에 관한 법률」에 따른 환가(換價), 「국세징수법」, 「관세법」 또는 「지방세징수법」에 따른 압류재산의 매각절차에 따라 문화체육관광부령으로 정하는 주요한 관광사업 시설의 전부(제20조 제1항에 따라 분양한 경우에는 분양한 부분을 제외한 나머지 시설을 말한다)를 인수한 자는 그 관광사업자의 지위(제20조 제1항에 따라 분양이나 회원 모집을 한 경우에는 그 관광사업자와 공유자 또는 회원 간에 약정한 권리 및 의무 사항을 포함한다)를 승계한다.

만약 판례사안을 현행법을 기준으로 해석하면 피고 A등은 민사집행법에 의한 경매절차 및 양수도계약에서 회원권이 승계된다는 관광진흥법 제8조 제2항 제1호, 제1항을 들어서 회원권부존재확인의 소에서 방어하여 승소하였을 것이라 본다. 그러나 콘도미니엄 객실을 10구좌씩 쪼개서 공유지분으로 소유지분을 분양받았으나 등기하지 못한 사람들은 현재의 매수인에게 소유권이전등기청구를 하지는 못할 것이다.

첨언하면, 관광진흥법 제3조 제1항은 관광사업의 종류를 규정하고 있다. 또 관광진흥법시행규칙 별표 2는 '관광편의시설업의 지정기준(제15조 관련)'을 정하고 있다. 나아가 별지 제3호 서식은 전문휴양업 및 종합휴양업 시설별 일람표, 별지 제2호 서식은 관광숙박업 시설별 일람표 등이다.
경매에 참여하는 사람들과 경매사건을 처리하는 법률가들에게 실무를 와 닿게 하기 위하여 별표 2를 소개해 둔다.

□ **관광진흥법 제3조(관광사업의 종류) ①관광사업의 종류는 다음 각 호와 같다. 〈개정 2007. 7. 19., 2015. 2. 3.〉**

1. 여행업 : 여행자 또는 운송시설·숙박시설, 그 밖에 여행에 딸리는 시설의 경영자 등을 위하여 그 시설 이용 알선이나 계약 체결의 대리, 여행에 관한 안내, 그

밖의 여행 편의를 제공하는 업.

2. 관광숙박업 : 다음 각 목에서 규정하는 업.

　　가. 호텔업 : 관광객의 숙박에 적합한 시설을 갖추어 이를 관광객에게 제공하거나 숙박에 딸리는 음식·운동·오락·휴양·공연 또는 연수에 적합한 시설 등을 함께 갖추어 이를 이용하게 하는 업.

　　나. 휴양 콘도미니엄업 : 관광객의 숙박과 취사에 적합한 시설을 갖추어 이를 그 시설의 회원이나 공유자, 그 밖의 관광객에게 제공하거나 숙박에 딸리는 음식·운동·오락·휴양·공연 또는 연수에 적합한 시설 등을 함께 갖추어 이를 이용하게 하는 업.

3. 관광객 이용시설업 : 다음 각 목에서 규정하는 업.

　　가. 관광객을 위하여 음식·운동·오락·휴양·문화·예술 또는 레저 등에 적합한 시설을 갖추어 이를 관광객에게 이용하게 하는 업.

　　나. 대통령령으로 정하는 2종 이상의 시설과 관광숙박업의 시설(이하 "관광숙박시설"이라 한다) 등을 함께 갖추어 이를 회원이나 그 밖의 관광객에게 이용하게 하는 업.

　　다. 야영장업: 야영에 적합한 시설 및 설비 등을 갖추고 야영편의를 제공하는 시설(「청소년활동 진흥법」 제10조 제1호 마목에 따른 청소년야영장은 제외한다)을 관광객에게 이용하게 하는 업.

4. 국제회의업 : 대규모 관광 수요를 유발하는 국제회의(세미나·토론회·전시회 등을 포함한다. 이하 같다)를 개최할 수 있는 시설을 설치·운영하거나 국제회의의 계획·준비·진행 등의 업무를 위탁받아 대행하는 업.

5. 카지노업 : 전문 영업장을 갖추고 주사위·트럼프·슬롯머신 등 특정한 기구 등을 이용하여 우연의 결과에 따라 특정인에게 재산상의 이익을 주고 다른 참가자에게 손실을 주는 행위 등을 하는 업.

6. 유원시설업(遊園施設業) : 유기시설(遊技施設)이나 유기기구(遊技機具)를 갖추어 이를 관광객에게 이용하게 하는 업(다른 영업을 경영하면서 관광객의 유치 또는 광고 등을 목적으로 유기시설이나 유기기구를 설치하여 이를 이용하게 하는 경우를 포함한다).

7. 관광 편의시설업 : 제1호부터 제6호까지의 규정에 따른 관광사업 외에 관광진흥에 이바지할 수 있다고 인정되는 사업이나 시설 등을 운영하는 업.

②제1항 제1호부터 제4호까지, 제6호 및 제7호에 따른 관광사업은 대통령령으로

정하는 바에 따라 세분할 수 있다.

제6조(지정) ①제3조 제1항 제7호에 따른 관광 편의시설업을 경영하려는 자는 문화체육관광부령으로 정하는 바에 따라 특별시장·광역시장·특별자치시장·도지사·특별자치도지사(이하 "시·도지사"라 한다) 또는 시장·군수·구청장의 지정을 받아야 한다. 〈개정 2007. 7. 19., 2008. 2. 29., 2009. 3. 25., 2017. 11. 28., 2018. 6. 12.〉

②제1항에 따른 관광 편의시설업으로 지정을 받으려는 자는 관광객이 이용하기 적합한 시설이나 외국어 안내서비스 등 문화체육관광부령으로 정하는 기준을 갖추어야 한다. 〈신설 2017. 11. 28.〉

□ **관광진흥법 시행규칙 제15조(관광 편의시설업의 지정기준) 법 제6조 제2항에서 "문화체육관광부령으로 정하는 기준"이란 별표 2와 같다.**

■ 관광진흥법 시행규칙 [별표 2] 〈개정 2019. 7. 10.〉

관광 편의시설업의 지정기준(제15조 관련)

업종	지정기준
1. 관광유흥음식점업	가. 건물은 연면적이 특별시의 경우에는 330제곱미터 이상, 그 밖의 지역은 200제곱미터 이상으로 한국적 분위기를 풍기는 아담하고 우아한 건물일 것 나. 관광객의 수용에 적합한 다양한 규모의 방을 두고 실내는 고유의 한국적 분위기를 풍길 수 있도록 서화·문갑·병풍 및 나전칠기 등으로 장식할 것 다. 영업장 내부의 노랫소리 등이 외부에 들리지 아니하도록 할 것
2. 관광극장유흥업	가. 건물 연면적은 1,000제곱미터 이상으로 하고, 홀면적(무대면적을 포함한다)은 500제곱미터 이상으로 할 것 나. 관광객에게 민속과 가무를 감상하게 할 수 있도록 특수조명장치 및 배경을 설치한 50제곱미터 이상의 무대가 있을 것 다. 영업장 내부의 노랫소리 등이 외부에 들리지 아니하도록 할 것
3. 외국인전용 유흥음식점업	가. 홀면적(무대면적을 포함한다)은 100제곱미터 이상으로 할 것 나. 홀에는 노래와 춤 공연을 할 수 있도록 20제곱미터 이상의 무대를 설치하고, 특수조명 시설을 갖출 것 다. 영업장 내부의 노랫소리 등이 외부에 들리지 아니하도록 할 것 라. 외국인을 대상으로 영업할 것
4. 관광식당업	가. 인적요건 　1) 한국 전통음식을 제공하는 경우에는 「국가기술자

		격법」에 따른 해당 조리사 자격증 소지자를 둘 것 2) 특정 외국의 전문음식을 제공하는 경우에는 다음의 요건 중 1개 이상의 요건을 갖춘 자를 둘 것 　가) 해당 외국에서 전문조리사 자격을 취득한 자 　나) 「국가기술자격법」에 따른 해당 조리사 자격증 소지자로서 해당 분야에서의 조리경력이 3년(다만, 2019년 6월 30일까지는 2년으로 한다) 이상인 자 　다) 해당 외국에서 6개월 이상의 조리교육을 이수한 자 나. 삭제 <2014. 9. 16.> 다. 최소 한 개 이상의 외국어로 음식의 이름과 관련 정보가 병기된 메뉴판을 갖추고 있을 것 라. 출입구가 각각 구분된 남·녀 화장실을 갖출 것
5. 관광순환버스업	○ 안내방송 등 외국어 안내서비스가 가능한 체제를 갖출 것
6. 관광사진업	○ 사진촬영기술이 풍부한 자 및 외국어 안내서비스가 가능한 체제를 갖출 것
7. 여객자동차터미널업	○ 인근 관광지역 등의 안내서 등을 비치하고, 인근 관광자원 및 명소 등을 소개하는 관광안내판을 설치할 것
8. 관광펜션업	가. 자연 및 주변환경과 조화를 이루는 3층(다만, 2018년 6월 30일까지는 4층으로 한다) 이하의 건축물일 것 나. 객실이 30실 이하일 것 다. 취사 및 숙박에 필요한 설비를 갖출 것 라. 바비큐장, 캠프파이어장 등 주인의 환대가 가능한 1종류 이상의 이용시설을 갖추고 있을 것(다만, 관광펜션이 수개의 건물 동으로 이루어진 경우에는 그 시설을 공동으로 설치할 수 있다)

	마. 숙박시설 및 이용시설에 대하여 외국어 안내 표기를 할 것
9. 관광궤도업	가. 자연 또는 주변 경관을 관람할 수 있도록 개방되어 있거나 밖이 보이는 창을 가진 구조일 것 나. 안내방송 등 외국어 안내서비스가 가능한 체제를 갖출 것
10. 한옥체험업	가. 한 종류 이상의 전통문화 체험에 적합한 시설을 갖추고 있을 것 나. 이용자의 불편이 없도록 욕실이나 샤워시설 등 편의시설을 갖출 것
11. 관광면세업	가. 외국어 안내 서비스가 가능한 체제를 갖출 것 나. 한 개 이상의 외국어로 상품명 및 가격 등 관련 정보가 명시된 전체 또는 개별 안내판을 갖출 것 다. 주변 교통의 원활한 소통에 지장을 초래하지 않을 것
12. 관광지원서비스업	가. 다음의 어느 하나에 해당 할 것 1) 해당 사업의 평균매출액 중 관광객 또는 관광사업자와의 거래로 인한 매출액의 비율이 100분의 50 이상일 것 2) 법 제52조에 따라 관광지 또는 관광단지로 지정된 지역에서 사업장을 운영할 것 3) 법 제48조의10 제1항에 따라 한국관광 품질인증을 받았을 것 4) 중앙행정기관의 장 또는 지방자치단체의 장이 공모 등의 방법을 통해 우수 관광사업으로 선정한 사업일 것 나. 시설 등을 이용하는 관광객의 안전을 확보할 것

스물다섯 번째 물음

마스터 실무사례

1. A는 주유소시설을 민사집행법에 의한 경매로 취득하였습니다. 그런데 원소유자가 이전에 부정휘발유를 판 적이 있는데 경락인(매수인)A는 이 사실을 모르고 경매에 참여하였다고 합니다. 경락인(매수인)A는 경매로 취득하면서 새로이 적법하게 석유판매업허가를 받았습니다. 그런데 관할 행정청은 원소유자의 부정휘발유판매사실을 들어 A에 대한 석유판매업허가를 취소하였다는데 타당한가요?

2. 석유판매업자의 지위를 경매나 공매절차로 승계한 자에 대하여 종전의 석유판매업자가 유사석유제품을 판매하는 위법행위를 하였다는 이유로 행정청이 사업정지처분 또는 사업정지를 갈음하여 부과하는 과징금부과처분을 취할 수 있는 것인가요?

> 쟁 점 : 석유판매업자의 지위를 승계한 자에 대하여 종전의 석유판매업자가 유사석유제품을 판매하는 위법행위를 하였다는 이유로 사업정지 등 제재처분을 취할 수 있는지 여부

질문에 대한 답변

참조조문

석유 및 석유대체연료 사업법

제7조(석유정제업자의 지위 승계) ①다음 각 호의 어느 하나에 해당하는 자는 석유정제업자의 지위를 승계한다.

1. 석유정제업자가 그 사업의 전부를 양도한 경우 그 양수인
2. 석유정제업자가 사망한 경우 그 상속인
3. 법인인 석유정제업자가 합병한 경우 합병 후 존속하는 법인이나 합병으로 설립되는 법인

②다음 각 호의 어느 하나에 해당하는 절차에 따라 석유정제시설의 전부를 인수한 자는 종전의 석유정제업자의 지위를 승계한다. 〈개정 2010. 3. 31., 2016. 12. 27.〉

1. 「민사집행법」에 따른 경매
2. 「채무자 회생 및 파산에 관한 법률」에 따른 환가(換價)
3. 「국세징수법」, 「관세법」 또는 「지방세징수법」에 따른 압류재산의 매각
4. 그 밖에 제1호부터 제3호까지의 규정에 준하는 절차

[전문개정 2009. 1. 30.]

제8조(처분 효과의 승계) 제7조에 따라 석유정제업자의 지위가 승계되면 종전의 석유정제업자에 대한 제13조 제1항에 따른 사업정지처분(제14조에 따라 사업정지를 갈음하여 부과하는 과징금부과처분을 포함한다)의 효과는 새로운 석유정제업자에게 승계되며, 처분의 절차가 진행 중일 때에는 새로운 석유정제업자에 대하여 그 절차를 계속 진행할 수 있다. 다만, 새로운 석유정제업자(상속으로 승계받은 자는 제외한다)가 석유정제업을 승계할 때에 그 처분이나 위반의 사실을 알지 못하였음을 증명하는 경우에는 그러하지 아니하다. 〈개정 2014. 1. 21.〉 [전문개정 2009. 1. 30.]

제10조(석유판매업의 등록 등) ①석유판매업을 하려는 자는 산업통상자원부령으로 정하는 바에 따라 특별시장·광역시장·특별자치시장·도지사·특별자치도지사(이하 "시·도지사"라 한다) 또는 시장·군수·구청장(자치구의 구청장을 말한다. 이

하 같다)에게 등록하여야 한다. 다만, 부산물인 석유제품을 생산하여 석유판매업을 하려는 자는 산업통상자원부장관에게 등록하여야 한다. 〈개정 2010. 6. 8., 2013. 3. 23., 2014. 1. 21.〉

(2항 내지 5항 생략)

⑥제1항 및 제2항에 따라 시·도지사 또는 시장·군수·구청장에게 등록하거나 신고하여야 하는 석유판매업의 종류와 그 취급 석유제품 및 제1항에 따른 석유판매업의 시설기준 등 등록 요건은 대통령령으로 정한다. 〈개정 2017. 12. 12.〉

⑦<u>석유판매업자의 결격사유, 지위 승계 및 처분 효과의 승계에 관하여는 제6조부터 제8조까지의 규정을 준용</u>한다. 이 경우 제6조 각 호 외의 부분 중 "석유정제업"은 "석유판매업"으로 보고, 같은 조 제6호 중 "제13조 제1항"은 "제13조 제4항"으로, "석유정제업"은 "석유판매업"으로 보며, 제7조 중 "석유정제업자"는 "석유판매업자"로, "석유정제시설"은 "석유판매시설"로 보고, 제8조 중 "석유정제업자"는 "석유판매업자"로, "제13조 제1항"은 "제13조 제4항"으로 본다. 〈개정 2017. 4. 18., 2017. 12. 12.〉 [전문개정 2009. 1. 30.]

과거에 석유사업법이었던 것을 정부는 2004. 10. 22., 전부개정되어 2005. 4. 23. 시행된 법률 제7240호는 법률제명을 변경하여 석유 및 석유대체연료 사업법으로 변경하였습니다. 그리고 이 개정에서 종래 발생되던 문제점을 고려하여 '석유정제업자에 대한 행정처분효과의 승계(법 제8조)' 조문을 두었습니다. 지위승계를 받은 자가 종전 사업자의 위반행위 및 과거 행정처분사항 등을 알지 못하고 사업의 인수·영업을 하고 있는 경우, 지위승계 전의 위반행위로 인한 행정처분의 승계여부 및 기간에 대하여 이의신청 또는 분쟁이 발생되었던 것인데, 석유정제업자의 지위승계가 있는 때에는 종전의 석유정제업자에 대한 행정처분의 효과는 그 행정처분의 기간이 만료된 날부터 1년간 그 지위를 승계받은 자에게 승계되도록 한 것입니다. 그 후 2009. 1. 30. 일부개정되어 2009. 5. 1. 법률 제9370호로 시행된 석유 및 석유대체연료 사업법에서는 "제8조 (처분 효과의 승계) 제7조에 따라 석유정제업자의 지위가 승계되면 종전의 석유정제업자에 대한 제13조제1항에 따른 사업정지처분(제14조에 따라 사업정지를 갈음하여 부과하는 과징금부과처분을 포함한다)의 효과는 **처분기간이 끝난 날부터 1년간** 새로운 석유정제업자에게 승계되며, 처분의 절차가 진행 중일 때에는 새로운 석유정제업자에 대하여 그 절차를 계속 진행할 수 있다. 다만, 새로운 석유정제업자(상속으로 승계받은 자는 제외한다)가 석유정제업을 승계할 때에 그 처분이나 위반의 사실을 알지 못하였음을 증명하는 경우에는 그러하지 아니하다. [전문개정 2009. 1. 30.]"라고 규정하였는데, 최근의 개정, 즉 [법률 제12294호, 2014. 1. 21, 일부개정]에서 '처분기간이 끝난 날부터 1년간'이라는 문구를 삭제하여 현재에 이르렀습니다.

석유 및 석유대체연료 사업법 제10조 제7항이 제8조를 준용하므로 이하에서 석유정제업을 석유판매업으로 바꾸어 기술합니다. 경매절차에 의한 승계에 관한 조문은 1995. 12. 29. 전부개정된 석유사업법(법률 제5092호) 제7조[122) 제2항에 처음 들어왔습니다.

그러므로 민사집행법에 의한 경매절차에 참여하여 주유소시설을 낙찰받은 매수인(= 석유판매시설의 전부를 인수한 자)는 종전의 석유판매업자의 지위를 승계하므로 원소유자의 지위를 승계하게 됩니다(석유 및 석유대체연료 사업법 제10조 제7항, 제8조 참조). 그리고 종전의 석유판매업자에 대한 '석유 및 석유대체연료 사업법 제13조 제1항에 따른 사업정지처분(제14조에 따라 사업정지를 갈음하여 부과하는 과징금부과처분을 포함한다)의 효과'는 새로운 석유판매업자인 낙찰자(매수인)에게 승계됩니다. 만약 사업정지처분의 절차

---

122) 석유사업법 제7조(석유정제업자의 지위승계와 신고) ①석유정제업자가 그 석유정제업의 전부를 양도하거나 사망한 때와 법인인 석유정제업자의 합병이 있는 때에는 그 양수인·상속인 또는 합병후 존속하는 법인이나 합병에 의하여 설립되는 법인은 그 석유정제업자의 지위를 승계한다.
②민사소송법에 의한 경매, 파산법에 의한 환가나 국세징수법·관세법 또는 지방세법에 의한 압류재산의 매각 기타 이에 준하는 절차에 따라 석유정제시설의 전부를 인수한 자는 그 석유정제업자의 지위를 승계한다.

가 진행 중일 때에는 새로운 석유판매업자에 대하여 그 절차를 계속 진행할 수 있습니다. 다만, 낙찰받은 매수인이 경매절차로 주유소시설 전부를 취득할 때(= 석유정제업을 승계할 때)에 그 처분이나 위반의 사실을 알지 못하였음을 증명한다면 승계되지 않고, 사업정지처분절차가 매수인에게 진행되지 않습니다. 이것이 현행법의 해석입니다.

한편, 법률제명을 석유사업법에서 석유 및 석유대체연료 사업법으로 바꾼 법률 제7240호, 2004. 10. 22. 전부개정법률(시행 2005. 4. 23.)은 아래 대법원판결의 견해를 반영한 것으로 보입니다. 아래 판례로 인하여 처분효과의 승계에 관한 제8조가 새로이 규정된 것이죠.

☞ **대법원 2003. 10. 23. 선고 2003두8005 판결 [과징금부과처분취소]**

[공2003. 12. 1.(191), 2258]

【판결요지】

[1] 석유사업법 제9조 제3항 및 그 시행령이 규정하는 석유판매업의 적극적 등록요건과 제9조 제4항, 제5조가 규정하는 소극적 결격사유 및 제9조 제4항, 제7조가 석유판매업자의 영업양도, 사망, 합병의 경우뿐만 아니라 경매 등의 절차에 따라 단순히 석유판매시설만의 인수가 이루어진 경우에도 석유판매업자의 지위승계를 인정하고 있는 점을 종합하여 보면, 석유판매업 등록은 원칙적으로 대물적 허가의 성격을 갖고, 또 석유판매업자가 같은 법 제26조의 유사석유제품 판매금지를 위반함으로써 같은 법 제13조 제3항 제6호, 제1항 제11호에 따라 받게 되는 <u>사업정지 등의 제재처분은 사업자 개인의 자격에 대한 제재가 아니라 사업의 전부나 일부에 대한 것으로서 대물적 처분의 성격을 갖고 있으므로, 위와 같은 지위승계에는 종전 석유판매업자가 유사석유제품을 판매함으로써 받게 되는 사업정지 등 제재처분의 승계가 포함되어 그 지위를 승계한 자에 대하여 사업정지 등의 제재처분을 취할 수 있다고 보아</u>야 하고, 같은 법 제14조 제1항 소정의 과징금은 해당 사업자에게 경제적 부담을 주어 행정상의 제재 및 감독의 효과를 달성함과 동시에 그 사업자와 거래관계에 있는 일반 국민의 불편을 해소시켜 준다는 취지에서 사업정지처분에 갈음하여 부과되는 것일 뿐이므로, 지위승계의 효과에 있어서 <u>과징금부과처분을 사업정지처분과 달리 볼 이유가 없다.</u>

[2] 석유사업법 제26조는 사회적·경제적으로 해악을 끼치는 유사석유제품의 유통을 엄중하게 방지한다는 취지에서 규정된 것으로서 그 위반에 따른 제재의 실효성을 확보할 필요가 있는 점, 지위승계 사유의 하나인 경매는 석유판매시설에 대하여만 이루어질 뿐이고, 경매로 말미암아 석유판매사업자의 지위승계가 강제되는 것은 아닌 점, 석유판매업자의 지위를 승계한 자는 종전의 석유판매업자의 위반행위에 대하여 책임을 추궁할 수도 있는 점, 위 과징금은 사업정지처분에 갈음하여 부과될 뿐인 점 등을 종합하여 보면, **석유판매사업자의 지위승계 및 과징금부과처분에 관한 위와 같은 해석은 특히 경매에 의한 지위승계에 있어서 영업의 자유나 재산권의 보장 또는 평등의 원칙 등에 위배되는 것이라고 볼 수 없다.**

【이유】
　석유사업법 제9조 제3항 및 그 시행령이 규정하는 석유판매업의 적극적 등록요건과 제9조 제4항, 제5조가 규정하는 소극적 결격사유 및 제9조 제4항, 제7조가 석유판매업자의 영업양도, 사망, 합병의 경우뿐만 아니라 경매 등의 절차에 따라 단순히 석유판매시설만의 인수가 이루어진 경우에도 석유판매업자의 지위승계를 인정하고 있는 점을 종합하여 보면, 석유판매업 등록은 원칙적으로 대물적 허가의 성격을 갖고, 또 석유판매업자가 같은 법 제26조의 유사석유제품 판매금지를 위반함으로써 같은 법 제13조 제3항 제6호, 제1항 제11호에 따라 받게 되는 사업정지 등의 제재처분은 사업자 개인의 자격에 대한 제재가 아니라 사업의 전부나 일부에 대한 것으로서 대물적 처분의 성격을 갖고 있으므로, 위와 같은 지위승계에는 종전 석유판매업자가 유사석유제품을 판매함으로써 받게 되는 사업정지 등 제재처분의 승계가 포함되어 그 지위를 승계한 자에 대하여 사업정지 등의 제재처분을 취할 수 있다고 보아야 하고(대법원 1986. 7. 22. 선고 86누203 판결, 자동차운수사업에 관한 대법원 1986. 1. 21. 선고 85누685 판결 및 1998. 6. 26. 선고 96누18960 판결, 건설업에 관한 대법원 1994. 10. 25. 선고 93누21231 판결, 공중위생영업에 관한 대법원 2001. 6. 29. 선고 2001두1611 판결 등 참조), 석유사업법 제14조 제1항 소정의 과징금은 해당 사업자에게 경제적 부담을 주어 행정상의 제재 및 감독의 효과를 달성함과 동시에 그 사업자와 거래관계에 있는 일반 국민의 불편을 해소시켜 준다는 취지에서 사업정지처분에 갈음하여 부과되는 것일 뿐이므로 지위승계의 효과에 있어서 과징금부과처분을 사업정지처분과 달리 볼 이유가 없다.
　그리고 석유사업법 제26조는 사회적·경제적으로 해악을 끼치는 유사석유제품의 유통을 엄중하게 방지한다는 취지에서 규정된 것으로서 그 위반에 따른 제재의 실효성을 확보할 필요가 있는 점, 지위승계 사유의 하나인 경매는 석유판매시설에 대하여만 이루어질 뿐이고, 경매로 말미암아 석유판매사업자의 지위승계가 강제되는 것은 아닌 점, 석유판매업자의 지위를 승계한 자는 종전의 석유판매업자의 위반행위에 대하여 책임을 추궁할 수도 있는 점, 위 과징금은 사업정지처분에 갈음하여 부과될 뿐인 점 등을 종합하여 보면, 석유판매사업자의 지위승계 및 과징금부과처분에 관한 위와 같은 해석은 원고가 내세우는 바와 같이 특히 경매에 의한 지위승계에 있어서 영업의 자유나 재산권의 보장 또는 평등의 원칙 등에 위배되는 것이라고 볼 수 없다.

위와 같은 취지에서, 종전의 석유판매업자인 소외 1 소유의 석유판매시설을 경매에 의하여 취득한 후 지위승계보고 및 등록변경신청의 수리를 거쳐 석유판매업자로서의 지위를 승계한 원고에 대하여 위 소외 1의 유사석유제품 판매를 들어 사업정지처분에 갈음하는 과징금을 부과한 이 사건 처분이 적법하다고 판단한 원심의 조치는 정당하고, 거기에 상고이유의 주장과 같이 석유판매업 등록의 법적 성질 및 석유사업법 제7조 등의 위헌성에 관한 법리를 오해한 위법이 있다고 할 수 없다.

요컨대 대법원은 석유판매업자의 지위를 승계한 자에 대하여 종전의 석유판매업자가 유사석유제품을 판매하는 위법행위를 하였다는 이유로 사업정지 등 제재처분을 취할 수 있다고 보았으며, 석유판매시설을 경매에 의하여 취득하여 석유판매업자의 지위를 승계한 자에 대하여 종전의 석유판매업자가 유사석유제품을 판매하는 위법행위를 하였다는 이유로 사업정지 등 제재처분을 취하는 것이 헌법에 위반되지 않는다고 하였습니다.

낙찰받은 매수인으로서는 아닌 밤중에 홍두깨였을 것입니다. 그래서 이 판결 후의 석유사업법 개정에서 제8조 본문 이외에 단서에서 "새로운 석유정제업자(상속으로 승계받은 자는 제외한다)가 석유정제업을 승계할 때에 그 처분이나 위반의 사실을 알지 못하였음을 증명하는 경우에는 그러하지 아니하다"라는 내용을 두게 된 것입니다.

최근 판례는, 이러한 제재사유 및 처분절차의 승계조항을 둔 취지는 제재적 처분면탈을 위하여 석유정제업자 지위승계가 악용되는 것을 방지하기 위한 것이고, 승계인에게 위와 같은 선의에 대한 증명책임을 지운 취지 역시 마찬가지로 볼 수 있으므로, 법 제8조 본문 규정에 의해 사업정지처분의 효과는 새로운 석유정제업자에게 승계되는 것이 원칙이고 단서 규정은 새로운 석유정제업자가 그 선의를 증명한 경우에만 예외적으로 적용될 수 있을 뿐, 승계인의 종전 처분 또는 위반 사실에 관한 선의를 인정함에 있어서는 신중하여야 한다[123]고 하였습니다. 상속으로 승계받은 자는 제외되므로 상속인은 그러한 사실을 몰랐다고 주장할 수 없습니다. 상속인이 사업정지 등 제재처분을 모를 리가 없다고 입법자가 본 것입니다.

(2)번 질문은 '원소유자가 이전에 부정휘발유를 판 적이 있는데 경락인(매수인)A는 이 사실을 모르고 경매에 참여하였다. 경락인(매수인) A는 경매로 취득하면서 새로이 적법하게 석유판매업허가를 받았음에도 관할 행정청은 원소유자의 부정휘발유판매사실을 들어 A에 대한 석유판매업허가를 취소하였다. 이것이 타당한가'라는 질문요지입니다. 현재까지 대법원판결에서 인용되고 있는 ★**대법원 1986. 7. 22. 선고 86누203 판결**[124]**은** 석유판매업이 양도된 경우, 양도인의 귀책사유로 양수인에게 제재를 가할 수 있는지 여부에 관한 선구적 판결로 인용되고 있는데 "석유사업법 제12조 제3항, 제9조 제1항, 제12조 제4항 등을 종합하면 석유판매업(주유소)허가는 소위 대물적 허가의 성질을 갖는 것이어서 그 사업의 양도도 가능하고 이 경우 양수인은 양도인의 지위를 승계하게 됨에 따라 양도인의 위 허가에 따른 권리의무가 양수인에게 이전되는 것이므로 만약 양도인에게 그 허가를 취소할 위법사유가 있다면 허가관청은 이를 이유로 양수인에게 응분의 제재조치를 취할 수 있다 할 것이고, 양수인이 그 양수후 허가관청으로부터 석유판매업허가를 다시 받았다 하더라도 이는 석유판매업의 양수도를 전제로 한 것이어서 이로써 양도인의 지위승계가 부정되는 것은 아니므로 양도인의 귀책사유는 양수인에게 그 효력이 미친다."고 판시하였습니다.

---

123) 대법원 2017. 9. 7. 선고 2017두41085 판결 [사업정지처분취소청구]
124) [석유판매업허가취소처분취소][집34(2)특,290;공1986. 9. 15.(784),1133]

위 대법원판결의 원심인 광주고등법원 1986. 2. 6. 선고 85구91 판결의 판단을 보면 대법원의 견해를 확실히 이해할 수 있습니다. 즉 광주고등법원은 "석유판매업을 하고자 하는 자는 동력자원부령이 정하는 바에 따라, 일정한 물적시설기준을 갖춘 경우에만 허가할 수 있어, 허가의 심사대상이 행위수단인 물적, 객관적 사정에 착안하여 행하여지는 대물적 허가의 성질을 갖는 것으로 규정되어 있으므로, 석유판매업허가는 혼합적 허가의 성질을 가지는 것이고 이러한 경우 대물적 허가사항의 효과는 물적 사정에 변경이 없는 한, 이전성이 인정되나, 대인적 허가사항의 효과는 일신 전속적인 것으로 포괄승계의 경우를 제외하고는 원칙적으로 그 이전성이 인정되지 아니한다 할 것이고, 따라서 주유소시설의 물적 사정에는 아무런 변동이 없는 이 사건의 경우, 전에 허가받은 위 소외 1의 귀책사유는 새로이 허가받은 원고에게는 미치지 아니한다 할 것이므로, 위 소외 1의 귀책사유를 들어, 새로이 적법하게 허가받은 원고에게 과한 피고(전라북도지사)의 이 사건 취소처분은 위법하다고 보았었죠. 대법원은 이러한 원심의 판단을 법리오해라고 깨서(破棄) 돌려보낸(還送) 것입니다.

스물여섯 번째 물음

[마스터 실무사례]

공무원연금에 대한 압류가 전혀 불가능한가요?

[사례]

○○가정법원은 2016. 1. 15. A의 자녀 C의 아버지 B가(주: A와 B는 법적 부부였으나 이혼하였다) A에게 과거의 자녀 C에 대한 양육비 5천만 원과 장래양육비로 60개월 동안 매 월말 70만 원씩을 지급하여야 한다는 결정을 하였고, 이 결정은 그 무렵 확정되었다(사건번호: 2015브○○). A는 공무원연금법 제32조의 규정으로 인해 위 양육비채권을 집행채권으로 하여 A의 자녀 C의 아버지 B가 공무원연금공단으로부터 받는 퇴직연금을 압류하여 강제집행을 할 수 없어 인간다운 생활을 할 권리 등 기본권이 침해되었다고 주장하면서 2016. 3. 28. 공무원연금법 관련조항에 대하여 헌법소원심판을 청구하였다.

> 공무원연금에 대한 압류 가능성을 아래 둘로 나누어 답변해주십시오.
> (1) 일반채권이 집행채권인 경우
> (2) 양육비채권이 집행채권인 경우★

> 쟁 점 : 공무원연금에 대한 압류가 가능한지 여부, 민사집행법 제246조 제1항 제4호의 연금의 2분의 1에 해당되는 금액 압류금지규정과 공무원연금법상 공무원연금의 압류금지규정의 상호관계 및 해석

참조조문

☞ **민사집행법**

제246조(압류금지채권)

①다음 각 호의 채권은 압류하지 못한다. 〈개정 2005. 1. 27, 2010. 7. 23, 2011. 4. 5.〉

1. 법령에 규정된 부양료 및 유족부조료(유족부조료)
2. 채무자가 구호사업이나 제3자의 도움으로 계속 받는 수입
3. 병사의 급료
4. 급료·연금·봉급·상여금·퇴직연금, 그 밖에 이와 비슷한 성질을 가진 급여채권의 2분의 1에 해당하는 금액. 다만, 그 금액이 국민기초생활보장법에 의한 최저생계비를 감안하여 대통령령이 정하는 금액에 미치지 못하는 경우 또는 표준적인 가구의 생계비를 감안하여 대통령령이 정하는 금액을 초과하는 경우에는 각각 당해 대통령령이 정하는 금액으로 한다.
5. 퇴직금 그 밖에 이와 비슷한 성질을 가진 급여채권의 2분의 1에 해당하는 금액
6. 「주택임대차보호법」 제8조, 같은 법 시행령의 규정에 따라 우선변제를 받을 수 있는 금액
7. 생명, 상해, 질병, 사고 등을 원인으로 채무자가 지급받는 보장성보험의 보험금(해약환급 및 만기환급금을 포함한다). 다만, 압류금지의 범위는 생계유지, 치료 및 장애 회복에 소요될 것으로 예상되는 비용 등을 고려하여 대통령령으로 정한다.
8. 채무자의 1월간 생계유지에 필요한 예금(적금·부금·예탁금과 우편대체를 포함한다). 다만, 그 금액은 「국민기초생활 보장법」에 따른 최저생계비, 제195조 제3호에서 정한 금액 등을 고려하여 대통령령으로 정한다.

②법원은 제1항 제1호부터 제7호까지에 규정된 종류의 금원이 금융기관에 개설된 채무자의 계좌에 이체되는 경우 채무자의 신청에 따라 그에 해당하는 부분의 압류명령을 취소하여야 한다. 〈신설 2011. 4. 5.〉

③법원은 당사자가 신청하면 채권자와 채무자의 생활형편, 그 밖의 사정을 고려하여 압류명령의 전부 또는 일부를 취소하거나 제1항의 압류금지채권에 대하여 압류명령을 할 수 있다. 〈개정 2011. 4. 5.〉

④제3항의 경우에는 제196조 제2항 내지 제5항의 규정을 준용한다. 〈개정

2011. 4. 5.〉

제196조(압류금지 물건을 정하는 재판)
①법원은 당사자가 신청하면 채권자와 채무자의 생활형편, 그 밖의 사정을 고려하여 유체동산의 전부 또는 일부에 대한 압류를 취소하도록 명하거나 제195조의 유체동산125)을 압류하도록 명할 수 있다.

---

125) 민사집행법 제195조(압류가 금지되는 물건) 다음 각 호의 물건은 압류하지 못한다. 〈개정 2005. 1. 27.〉
1. 채무자 및 그와 같이 사는 친족(사실상 관계에 따른 친족을 포함한다. 이하 이 조에서 "채무자등"이라 한다)의 생활에 필요한 의복·침구·가구·부엌기구, 그 밖의 생활필수품
2. 채무자등의 생활에 필요한 2월간의 식료품·연료 및 조명재료
3. 채무자등의 생활에 필요한 1월간의 생계비로서 대통령령이 정하는 액수의 금전
4. 주로 자기 노동력으로 농업을 하는 사람에게 없어서는 아니 될 농기구·비료·가축·사료·종자, 그 밖에 이에 준하는 물건
5. 주로 자기의 노동력으로 어업을 하는 사람에게 없어서는 아니 될 고기잡이 도구·어망·미끼·새끼고기, 그 밖에 이에 준하는 물건
6. 전문직 종사자·기술자·노무자, 그 밖에 주로 자기의 정신적 또는 육체적 노동으로 직업 또는 영업에 종사하는 사람에게 없어서는 아니 될 제복·도구, 그 밖에 이에 준하는 물건
7. 채무자 또는 그 친족이 받은 훈장·포장·기장, 그 밖에 이에 준하는 명예증표
8. 위패·영정·묘비, 그 밖에 상례·제사 또는 예배에 필요한 물건
9. 족보·집안의 역사적인 기록·사진첩, 그 밖에 선조숭배에 필요한 물건
10. 채무자의 생활 또는 직무에 없어서는 아니 될 도장·문패·간판, 그 밖에 이에 준하는 물건
11. 채무자의 생활 또는 직업에 없어서는 아니 될 일기장·상업장부, 그 밖에 이에 준하는 물건
12. 공표되지 아니한 저작 또는 발명에 관한 물건
13. 채무자등이 학교·교회·사찰, 그 밖의 교육기관 또는 종교단체에서 사용하는 교과서·교리서·학습용구, 그 밖에 이에 준하는 물건
14. 채무자등의 일상생활에 필요한 안경·보청기·의치·의수족·지팡이·장애보조용 바퀴의자, 그 밖에 이에 준하는 신체보조기구

②제1항의 결정이 있은 뒤에 그 이유가 소멸되거나 사정이 바뀐 때에는 법원은 직권으로 또는 당사자의 신청에 따라 그 결정을 취소하거나 바꿀 수 있다.
③제1항 및 제2항의 경우에 <u>법원은 제16조 제2항에 준하는 결정을 할 수 있다.</u>
④제1항 및 제2항의 결정에 대하여는 즉시항고를 할 수 있다.
⑤<u>제3항의 결정에 대하여는 불복할 수 없다.</u>

제16조(집행에 관한 이의신청)
①집행법원의 집행절차에 관한 재판으로서 즉시항고를 할 수 없는 것과, 집행관의 집행처분, 그 밖에 집행관이 지킬 집행절차에 대하여서는 법원에 이의를 신청할 수 있다.
②법원은 제1항의 이의신청에 대한 <u>재판에 앞서</u>, 채무자에게 담보를 제공하게 하거나 제공하게 하지 아니하고 집행을 일시정지하도록 명하거나, <u>채권자에게 담보를 제공하게 하고 그 집행을 계속하도록 명하는 등 잠정처분(잠정처분)</u>을 할 수 있다.
③집행관이 집행을 위임받기를 거부하거나 집행행위를 지체하는 경우 또는 집행관이 계산한 수수료에 대하여 다툼이 있는 경우에는 법원에 이의를 신청할 수 있다.

☞ **현행 공무원연금법 [시행 2020. 1. 1.] [법률 제16851호, 2019. 12. 31., 타법개정]**

제39조(권리의 보호) ①급여를 받을 권리는 양도, 압류하거나 담보로 제공할 수 없다. 다만, 연금인 급여를 받을 권리는 대통령령으로 정하는 금융회사에 담보로 제공할 수 있고, 「국세징수법」, 「지방세징수법」, 그 밖의 법률에 따른 체납처분의 대상으로 할 수 있다.
②수급권자에게 지급된 급여 중 「민사집행법」 제195조 제3호에서 정하는 금액 이하는 압류할 수 없다.

공무원연금법 [시행 2017. 3. 28.] [법률 제14476호, 2016. 12. 27., 타법개정]

15. 채무자등의 일상생활에 필요한 자동차로서 자동차관리법이 정하는 바에 따른 장애인용 경형자동차
16. 재해의 방지 또는 보안을 위하여 법령의 규정에 따라 설비하여야 하는 소방설비 · 경보기구 · 피난시설, 그 밖에 이에 준하는 물건

제32조(권리의 보호) ①급여를 받을 권리는 양도, 압류하거나 담보로 제공할 수 없다. 다만, 연금인 급여를 받을 권리는 대통령령으로 정하는 금융기관에 담보로 제공할 수 있고, 「국세징수법」, 「지방세징수법」, 그 밖의 법률에 따른 체납처분의 대상으로 할 수 있다. 〈개정 2011. 8. 4., 2015. 6. 22., 2016. 12. 27.〉

②수급권자에게 지급된 급여 중 「민사집행법」 제195조 제3호에서 정하는 금액 이하는 압류할 수 없다. 〈신설 2015. 6. 22.〉

공무원연금법 [시행 2016. 1. 1.] [법률 제13387호, 2015. 6. 22., 일부개정]
제32조(권리의 보호) ①급여를 받을 권리는 양도, 압류하거나 담보로 제공할 수 없다. 다만, 연금인 급여를 받을 권리는 대통령령으로 정하는 금융기관에 담보로 제공할 수 있고, 「국세징수법」, 「지방세기본법」, 그 밖의 법률에 따른 체납처분의 대상으로 할 수 있다. 〈개정 2011. 8. 4., 2015. 6. 22.〉

②수급권자에게 지급된 급여 중 「민사집행법」 제195조 제3호에서 정하는 금액 이하는 압류할 수 없다. 〈신설 2015. 6. 22.〉

☞ 헌법재판소 결정 심판대상조문·결론

□ 심판대상 조문

구 공무원연금법(2015. 6. 22. 법률 제13387호로 개정되고, 2016. 12. 27. 법률 제14476호로 개정되기 전의 것) 제32조 제1항 본문 중 "양도·압류"에 관한 부분
공무원연금법(2015. 6. 22. 법률 제13387호로 개정된 것) 제32조 제2항
공무원연금법(2016. 12. 27. 법률 제14476호로 개정된 것) 제32조 제1항 본문 중 "양도·압류"에 관한 부분

□ 판시사항

공무원연금법상 급여를 받을 권리의 압류를 금지하는 구 공무원연금법(2015. 6. 22. 법률 제13387호로 개정되고, 2016. 12. 27. 법률 제14476호로 개정되기 전의 것) 제32조 제1항 본문 중 "양도·압류"에 관한 부분, 공무원연금법(2016. 12. 27. 법률 제14476호로 개정된 것) 제32조 제1항 본문 중 "양도·압류"에 관한 부분 및 수급권자에게 지급된 급여 중 민사집행법 제195조 제3호에서 정하는 금액 이하의 압류를 금지한 공무원연금법(2015. 6. 22. 법률 제13387호로 개정된 것) 제32조 제

2항(이하 제32조 제1항 본문 중 "양도·압류"에 관한 부분을 '압류금지조항'이라 하고, 제32조 제2항을 '압류제한조항'이라 한다)이 청구인의 재산권을 침해하는지 여부(소극, 헌법재판소 2018. 7. 26. 2016헌마260 결정) → 註: 헌법재판소가 부여한 사건번호가 '헌마'이므로 법률에 대한 헌법소원(이른바 강학상 法令違憲確認訴願)사건임. 헌재가 결국 후술하는 바와 같이 이 사건 위헌확인소원을 기각하였는데 이것은 합헌의견을 표명한 것이다.)

질문에 대한 답변

1. 들어가며

퇴직공무원은 연금을 퇴직일시불로 수령하지 않은 이상 공무원연금수급권을 가진다. 2000년 이전에는 공무원연금을 일시불로 받는 퇴직공무원들도 많았으나, 고령화사회가 되고 곧 초고령화사회로 진입을 앞둔 이 시대에서 미래에 대한 경제적 불안은 대부분의 공무원들이 퇴직연금을 선택하도록 만들고 있다. 최근 공무원연금법 개정으로 인하여 10년, 15년, 20년의 근무기간을 선택하여 그 기간에 해당되는 만큼만 연금을 받을 수 있는 제도를 도입하였는데(연금선택의 다양화) 이러한 입법적 노력은 국가의 연금지급부담을 경감시키려는 취지로 생각된다.

한편 공무원도 일반인들과 마찬가지로 황혼이혼이 증가하고 있다. 그러므로 타방배우자는 유책배우자이자 이혼상대방인 공무원의 퇴직연금에 손을 대고 싶어하는 것이 인지상정이다. 퇴직공무원들의 중요자산이 연금인 점, 국민연금과 비교하여 상대적으로 공무원연금이 고액이기 때문에 강제집행의 충동을 느낄 수밖에 없기 때문이다. 현직공무원들과 달리 2009년 공무원연금법 개정 이전에 대부분의 공무원생활을 보낸 퇴직공무원들은 공무원연금이 대부분 250만 원을 넘어서고 경우에 따라 300만 원을 훌쩍 넘는 연금수급자도 많은 것이 현실이다. 이 판례사안도 그러한 연장선에서 이해하면 될 것이다.

2. 양육비부담의무를 진 퇴직공무원의 의무불이행과 이혼배우자의 강제집행 가능성

앞의 사례에서 보았듯이 자녀 C의 아버지 B가 배우자 A와 이혼하면서 자녀 C에 대한 과거의 양육비 5천만 원, 그리고 장래양육비로 60개월 동안 매 월말 70만 원씩을 지급하여야 할 의무를 지고서도 양육비지급의무를 불이행할 때 공무원연금법상 압류금지조항이 적용되므로 양육비지급명령을 집행권원으로 압류 및 추심신청 또는 전부명령신청을 할 수 없다고 해야 할 것인가?

2016. 1. 15. 가정법원의 결정을 받은 A는 2016. 3. 28. 공무원연금법 관련조항에 대하여 인간다운 생활을 할 권리 침해 등을 이유로 법률위헌확인의 헌법소원심판을 청구했다. 아마도 압류신청을 집행법원에 하였음에도 집행법원이 이를 기각하였거나 공무원연금공단이 압류에 응하지 않았기 때문일 것으로 생각된다.

[참고] 양육비이행관리원 홈페이지(https://www.childsupport.or.kr/)

📖 **양육비 이행확보 및 지원에 관한 법률**

통계청의 「2012년 혼인·이혼통계」에 따르면, 2012년에 이혼한 114,316가정 중 미성년 자녀가 있는 가정은 60,317가정으로 전체 이혼가정의 52.8%를 차지하고 있고, 2012년 한국여성정책연구원의 조사에 따르면 미혼 한부모 가정의 미성년 자녀는 약 3만 5천명에 달하고 있으나, 자녀 양육비의 안정적인 확보를 위한 법·제도적 장치는 아직 미흡하고 특히, 양육부·모가 양육비 채권에 대한 집행권원을 부여받았음에도 양육비 채무자가 양육비를 지불하지 않는 경우, 소송 등을 통하여 양육비의 이행을 확보하기에는 시간 및 비용이 과다 소모되어 실질적으로 양육비의 청구 및 이행을 강제하기 어려운 실정임. 따라서 자녀 양육에 대한 경제적 어려움을 겪는 한부모 가정이 양육비의 원활한 이행을 확보할 수 있도록 지원 체계를 마련하고, 한시적 양육비 긴급 지원제도를 통하여 미성년 자녀가 최소한의 생존권을 누릴 수 있도록 지원함으로써 미성년 자녀의 안전한 양육 환경을 조성하는 것을 목적으로 법률 제12532호로 양육비 이행확보 및 지원에 관한 법률이 2014. 3. 24. 제정, 1년 후인 2015. 3. 25.부터 시행되었다.

<u>양육비 이행확보 및 지원에 관한 법률 제7조</u>는 미성년 자녀의 양육비 청구와 이행확보 지원 등에 관한 업무를 수행하기 위하여 <u>「건강가정기본법」[126]에 따라 설립된 한국건강가정진흥원에 "양육비이행관리원"을 두도록</u> 하였는데 이에 근거하여 양육비 이행관리원이 2015. 3. 25.부터 개원하였다.

가. 종래의 논의

2015년 법개정까지는 퇴직연금 가운데 공무원, 군인, 사립학교교원의 퇴직연금은 특별법에 의하여 각각 그 전액이 압류금지채권으로 되어 있었던 것으로 실무상 해석되었다.

즉 종래의 실무는, ① 민사집행법은 집행법의 일반대원칙을 정한 기본법인 점, ② 민사집행법 제246조 제1항 제4호와 달리 특별법에서 정한 바가 있다면 이는 입법자의 결단이 작용한 것으로서 당연히 특별법우선의 원칙에

---

[126] 건강가족기본법 제34조의2(한국건강가정진흥원의 설립 등) ⑤ 진흥원은 다음 각 호의 사업을 한다.
4. 「양육비 이행확보 및 지원에 관한 법률」에 따른 양육비 이행 전담기관 운영

따르는 것이 정합적(整合的) 해석이 된다는 이유로 공무원, 군인, 사립학교교원연금은 전액 압류금지채권으로 이해하였다. 판례(대법원 2014. 1. 23. 선고 2013다71180 판결 【추심금】)는 민사집행법은 제246조 제1항 제4호에서 퇴직연금 그 밖에 이와 비슷한 성질을 가진 급여채권은 그 1/2에 해당하는 금액만 압류하지 못하는 것으로 규정하고 있으나, 이는 '근로자퇴직급여 보장법'상 양도금지 규정과의 사이에서 일반법과 특별법의 관계에 있으므로, '근로자퇴직급여 보장법'상 퇴직연금채권은 그 전액에 관하여 압류가 금지된다고 판시한 바 있다.[127]

그런데 학설은 대체로 실무입장에 반대하였다. 즉 민사집행법 제246조 제1항 제4호에서 퇴직연금도 2분의 1 범위 내에서 압류금지로 규율하고 있어서 같은 급여소득자 사이에 신분에 따라 그 보호범위가 달라지게 되므로, 여기서 일반법과 특별법의 우선문제가 대두되었다.[128] 그리고 아무리 사회보장에 기한 것이라 하더라도 이들 급부에 대하여는 급부의 성질상 전액에 대하여 압류금지를 할 합리적 근거를 발견할 수 없다는 것이 주석 민사집행법 집필자들의 견해[129]였다. 확실히, 공무원, 군인, 사립학교교직원이었느냐 아니냐 여부에 따라서 민사집행의 범위가 달라진다는 것은 특단의 입법적 고려를 생각한다고 하더라도 문제가 있었다.

나. 연금관련법률의 개정과 법해석

그런데 국회 본회의는 2015. 5. 29. 공무원연금개혁입법을 상정, 통과시켰고, 정부에 6. 11. 이송된 후 6. 22. 공무원연금법 일부개정법률이 공포됨

---

[127] 대법원 2014. 1. 23. 선고 2013다71180 판결 【추심금】
"이 판결은 대법원이 실무의 입장을 받아들여 민사집행법 적용설이 아닌 특별법 적용설을 채택한 것으로 평가되고 있다." 이원, 최근집행관련 대법원판결 검토, 사법보좌관 직무수행연수 1일차 교육강의안 18, 각주 130) 참조.
[128] 주석 민사집행법 5권, (한국사법행정학회 제3판 2012. 5.) 601.
[129] 위의 책, 601.

에 따라, 공무원연금법 제32조 제2항130)도 신설하였다(2016. 1. 1.부터 법시행). 민사집행법 제195조 제3호에 해당하는 금액, 즉 이른바 '1월간의 생계비'를 제외하고는 압류할 수 있다는 취지로 신설된 것이다(공무원연금법 제32조 제2항 반대해석). 군인연금법도 2015. 9. 1. 제7조에 제2항을 신설(부칙상 공포 후 6개월 경과한 날, 즉 2016. 3. 2.부터 시행)하여 위 공무원연금법 제32조 제2항과 동일한 내용을 규정131)하였다. 사립학교교직원연금법은 제40조 제2항을 이미 신설(2013. 12. 30.)하여 수급권자에게 지급된 급여로서 「민사집행법」 제195조 제3호에서 정하는 금액 이하의 급여는 압류할 수 없도록 하고 있었다.

이와같은 관련법률개정은 종래실무에 대한 반성적 고려라고 생각된다. 그러므로 앞서 본 실무와 학계의 견해대립은 국회에서의 법개정으로 종식되었다고 말할 수 있다(私見).

다. 주석서의 기재 오류부분

다만 2018년에 출간된 제4판 주석 민사집행법 5권에서는 아쉽게도 이 부분이 반영되지 않고 전액 압류금지채권으로 기술되어 있다. 즉 "…다만 퇴직연금 중 공무원, 군인, 사립학교 교직원의 퇴직연금은 각각 특별법에 의해

---

130) 공무원연금법 제32조(권리의 보호) ①생략
②수급권자에게 지급된 급여 중 「민사집행법」 제195조 제3호에서 정하는 금액 이하는 압류할 수 없다. 〈신설 2015. 6. 22.〉
131) 군인연금법 제7조(권리의 보호) ①급여를 받을 권리는 양도 또는 압류하거나 담보로 제공할 수 없다. 다만, 다음 각 호의 어느 하나에 해당하는 경우에는 그러하지 아니하다. 〈개정 2015. 9. 1.〉
  1. 대통령령으로 정하는 바에 따라 금융회사 등에 담보로 제공하는 경우
  2. 제37조에 따른 군인연금기금의 대부(貸付) 또는 「국가유공자 등 예우 및 지원에 관한 법률」 및 「제대군인지원에 관한 법률」에 따른 대부를 받기 위하여 국가에 담보로 제공하는 경우
  3. 「국세징수법」이나 「지방세기본법」에 따라 체납처분을 하는 경우
②수급권자에게 지급된 급여 중 「민사집행법」 제195조 제3호에서 정하는 금액 이하의 급여는 압류할 수 없다. 〈신설 2015. 9. 1.〉

그 전액이 압류금지채권으로 규정되어 있다"고 기술한 부분이 그것이다.132) 이 부분은 향후 제5판에서는 정정되어야 할 것으로 본다.

라. 헌법재판소의 최근의 결정에서의 입법촉구 의견

헌법재판소는 압류금지조항과 실질적으로 내용이 같은 구 공무원연금법 (1982. 12. 28. 법률 제3586호로 전문개정되고, 2009. 12. 31. 법률 제9905호로 개정되기 전의 것) 제32조 본문 중 "압류금지" 부분이 헌법에 위반되지 아니한다고 결정한 바 있고(헌재 2000. 3. 30. 98헌마401등), 최근 헌법재판소 2018. 7. 26. 2016헌마260 결정에서 이 선례(주: 헌재 2000. 3. 30. 98헌마401 결정을 가리킨다)의 판단이 달라져야 한다고 볼 수 없다고 판시하였다. 이것은 심판대상조항에 대한 사실상 합헌결정이다(위헌소원 기각 결정).

그리고 다음의 헌재 설시내용이 매우 중요하다고 보인다. 즉 "<u>압류제한조항은 채무자등의 생활에 필요한 1개월간의 생계비에 해당하는 금액 이하만의 압류를 제한하고 있다. 이는 같은 내용의 민사집행법의 규정이 공무원연금으로 받은 금액에 대해서도 적용된다는 것을 주의적으로 확인한 규정에</u> 불과하고, 과잉금지원칙에 위배되지 아니한다. 압류금지조항과 압류제한조항은 청구인의 재산권을 침해하지 아니한다."는 판시가 그것이다.

앞서 서술한 바와 같이 종래 견해대립에서 민사집행법 제246조 제1항 제4호는 퇴직연금도 2분의 1 범위 내에서 압류금지로 규율하고 있으므로 같은 급여소득자 사이에 신분이 공무원, 군인, 사립학교교직원인지 여부에 따라 공무원등인 경우에는 퇴직연금이 전액 압류금지가 되고(특별법 우선적용), 공무원등이 아닌 경우에는 퇴직연금이 2분의 1 범위 내에서 압류금지가 되어 그 보호범위가 달라지게 되는데, 아무리 사회보장에 기한 것이라 하더라

---

132) 주석 민사집행법 5권, (한국사법행정학회 제4판 2018. 10. 31.) 814. 참조

도 이들 급부에 대하여는 급부의 성질상 전액에 대하여 압류금지를 할 합리적 근거를 발견할 수 없기 때문에 특별법 우선적용을 인정할 수 없다는 견해가 학설의 대체적 의견이었던 것이다.

이러한 비합리적 차별을 고려하여 공무원연금법 제32조 제2항이 2015. 6. 22. 신설되어 2016. 1. 1.부터 시행되었는데 "수급권자에게 지급된 급여 중「민사집행법」제195조 제3호에서 정하는 금액 이하는 압류할 수 없다." → 반대해석: 민사집행법 제195조 제3호에 정하는 금액 초과분은 압류할 수 있다는 내용으로 개정된 것이다. 결론적으로 민사집행법 제195조 제3호에 해당하는 금액, 즉 이른바 '1월간의 생계비' 185만 원을 제외하고는 압류할 수 있다는 취지로 신설된 것이다(공무원연금법 제32조 제2항 반대해석). 군인연금법(2015. 9. 1. 제7조에 제2항 신설, 부칙상 공포 후 6개월 경과한 날, 즉 2016. 3. 2.부터 시행)도 공무원연금법 제32조 제2항과 동일한 내용을 규정하고 있으며, 사립학교교직원연금법(2013. 12. 30. 제40조 제2항 신설)도 같다.

그런데 헌법재판소는 위 결정2 판시에서 "헌법재판소는 2000. 3. 30. 98헌마401등 결정에서 압류금지조항의 개정필요성을 지적하였으나 18년이 지나도록 채권자와 채무자의 이익을 합리적으로 균형 있게 조정할 수 있는 규정이 입법되지 않았다. 여전히 공무원연금수급자가 생계비 이상의 연금급여를 받으면서 채무이행을 의도적으로 회피하는 경우 어려운 처지의 채권자가 보호받지 못하는 문제가 해소되지 않고 있으므로, 입법자는 연금수급권자와 채권자의 이해관계를 합리적으로 균형 있게 조정하는 제도적 장치를 조속히 마련하여 압류금지조항을 보완하여야 한다."고 설시하였는바 18년이 지나도록 채권자와 채무자의 이익을 합리적으로 균형 있게 조정할 수 있는 규정이 입법되지 않았다는 내용에는 찬성할 수 없다.

필자가 언급한 바와 같은 공무원연금법 개정으로 인하여 현재 민사집행법 제195조 제3호에 해당하는 금액, 즉 이른바 '1월간의 생계비' 185만 원을 제외하고는 압류할 수 있기 때문이다. 현재 민사집행법 제246조와 공무원연금법 제39조는 서로간에 일반법과 특별법으로서 특별법우선적용의 원칙이 합리적이라고 말할 수 있게 되었다. 괄목할 만한 입법의 진전이다.

마. 이혼배우자의 양육비채권을 집행채권으로 한 공무원연금에 대한 압류 가능성

이 사례와 같이 이혼배우자의 양육비채권을 집행채권으로 한 공무원연금에 대한 압류가 불가능한 것인가?

헌법재판관(이하 '재판관' 약칭) 이진성, 재판관 안창호, 재판관 서기석, 재판관 조용호 재판관 유남석은 압류금지조항에 대한 위헌의견을 제시하였으나 헌법재판소법이 정한 위헌정족수 6인에 1인이 모자라서 위헌의견이 9인 재판관 중 과반수 5인에 해당함에도 위헌결정을 하지 못하였다. 이러한 결정을 과거 헌법학 일부학설에서 헌법불위배결정이라고 부르기도 하였으나 변형결정을 인정하더라도 헌법학계의 통설은 헌법불위배결정의 개념은 인정하지 않는 것 같다. 다수의견이지만 위헌정족수에 못 미친 재판관 5인 의견은 아래와 같다.

"<u>자녀양육권</u>은 혼인과 가족생활을 국가가 보장하여야 한다고 규정한 헌법 제36조 제1항, 행복추구권을 보장하는 헌법 제10조 및 열거되지 아니한 기본권도 보장하도록 하는 헌법 제37조 제1항으로부터 도출되는 기본권임과 동시에, 자녀가 정상적인 사회적 인격체로 성장할 수 있도록 돌보아야 하는 <u>부모의 헌법상 의무이고</u>, <u>부모의 양육에 따라 자녀가 누리는 이익도 헌법의 보호를 받는 법익이다</u>. 양육비채권은 부모가 실제로 공동으로 자녀를 양육하지 못하는 경우에, 부모의 공동부담으로 이루어지는 자녀 양육의 물적 기초를 이루는 재산권으로서, 자녀양육권과도 긴밀한 관련을 가진다.

공무원연금법은 수급권자 본인 뿐 아니라 그가 부양하여야 할 가족의 생활안정도 도모하고 있다. 그러므로 압류금지조항의 입법목적에는 수급권자의 자녀 등 부양가족의 생활을 보호하는 것이 포함된다. 그러나 <u>수급권자가</u>

양육비를 지급하지 아니하여 양육비채권을 집행채권으로 하여 공무원연금법상 수급권을 압류하고자 하는 경우는 수급권자와 양육대상인 자녀의 이해관계가 상충되는 상황이다. 이 경우 압류금지조항은 수급권자 본인과 그와 같이 사는 가족만의 생활을 보호하는 기능을 하고, 양육대상인 자녀의 생활보호를 도외시하는 결과를 가져온다. 양육비를 법원이 정할 경우 부모의 소득 등 재산 상황과 그 밖의 사정을 참작하므로, 다른 채권에 비하여 양육비를 집행채권으로 하여 공무원연금 수급권에 강제집행을 하더라도 수급권자의 생계를 위협하는 가혹한 결과를 가져올 우려는 적다.

압류금지조항이 보호하고자 하는 수급권자 본인 및 그와 같이 사는 가족의 생활보호와, 양육비채권자 및 양육대상 자녀의 법익 사이의 균형이 준수되었는지는 압류금지조항이 없다고 가정할 경우와 있을 때의 법익의 보호정도를 비교함으로써 알 수 있다. 압류금지조항이 없더라도 민사집행법에 따라 수급권자 본인 및 그와 같이 사는 가족은 보호를 받고, 양육비채권의 금액도 수급권자의 생계나 복리에 위해가 될 정도로 과다한 경우가 발생하기 어렵다.

반면, 압류금지조항은 공무원연금수급권 전부에 전혀 압류를 할 수 없도록 하고, 법원이 조정할 여지도 두고 있지 않으며, 연금액이 생계비를 넘어서는 다액이라도 예외를 두고 있지 않으므로, 양육비채권자의 자녀양육권과 재산권에 가해지는 불이익의 정도는 심하다. 특히, 헌법 제36조 제1항의 혼인 및 가족생활의 보장은 미성년의 자녀들이 건강한 환경에서 교육받고 성장할 수 있도록 부모의 자녀양육을 보호할 국가의 과제를 포함하고 있고, 양육비채권은 양육의 필수불가결한 물적 기초를 이루는 것과 동시에 부모가 헌법상 자녀양육의 의무를 이행하기 위한 것임을 고려할 때, 압류금지조항에 의하여 발생하는 청구인의 자녀양육권과 재산권의 제한은 규범적 측면에서도 중대하다. 이와 같이, 압류금지조항 중 집행채권이 양육비채권인 경우는 법익균형성을 충족하지 못하여, 과잉금지원칙을 위반하여 청구인의 자녀양육권과 재산권을 침해하므로, 헌법에 위반된다.

다만, 압류제한조항은 1개월간의 생계비에 해당하는 금액의 압류를 제한할 뿐이어서, 수급권자 및 그와 같이 사는 가족의 최소한의 인간다운 생활을 할 권리를 보장하는 것으로서 과잉금지원칙에 위배되지 아니하므로, 청구인의 기본권을 침해하지 아니한다."

3. 결론

공무원연금법은 위헌여부의 심리대상이었던 법률 제13387호 공무원연금법([시행 2016. 1. 1.], [2015. 6. 22., 일부개정])과 현행 공무원연금법([시행 2020. 1. 1.], [법률 제16851호, 2019. 12. 31., 타법개정]) 모두 공통적으로 제1항은 압류금지조항, 제2항은 압류제한조항의 형식으로 되어 있다. 이른바 헌법불위배의견 재판관 5인의 견해는 제1항인 압류금지조항이 양육비채권의 경우에도 적용한다면 위헌이라는 의견이다.

그런데 압류에 있어서 양육비채권이 집행채권인 경우에도 압류가 금지되는 것은 제1항 본문의 입법취지에서일 뿐 실제로 제2항인 압류제한조항이 적용되어 수급권자에게 지급된 급여 중 민사집행법 제195조 제3호에서 정하는 금액(현재는 185만 원이다) 이상은 압류할 수 있다. 다시 말해서 <u>현행 실무적으로 공무원연금 가운데 185만 원을 초과하는 부분은 압류할 수 있는 것</u>이다. 압류금지조항인 제1항이 양육비채권에 관하여 위헌이 된다면 집행채권이 양육비채권인 경우에는 공무원연금수급권 자체에 압류를 할 수 있게 되어서 집행이 편리하게 된다는 장점이 있을 것이다. 이 사건 헌법소원청구인이 주장한 바와 같이 압류금지조항으로 말미암아 청구인은 연금급여가 지급되는 예금통장을 압류하는 방법으로 채권을 행사할 수밖에 없는데, 수급자는 손쉽게 급여지급통장을 바꿀 수 있으므로 매달 지급받아야 하는 양육비채권을 행사하는데 지장이 있을 수 있다.

그러나 급여지급통장을 특정하는 것은 구체적 실무절차 진행의 문제일 뿐 압류집행에서 본질적인 것은 아니다(실무는 급여계좌압류에서 계좌의 특정을 요구하지 않고, 제3채무자 은행의 특정과 별지목록 예금의 종류에 따른 압류의 순서 등만을 요구하고 있을 뿐이다). 私見이 생각하는 정작의 문제는 압류금지조항 및 압류제한조항이 없을 때와 있을 때의 有不利를 비교해 보는 것이다.

만약 압류금지조항이 없다면, 민사집행법상 압류금지채권에 관한 규정이 적용된다. 민사집행법 제246조 제1항 제4호에 따르면 퇴직연금이나 이와 비슷한 성질을 가진 급여채권의 2분의 1에 해당하는 금액의 압류를 할 수 없는데, 국민기초생활보장법에 의한 최저생계비를 감안하여 압류금지금액의 하한을 정하고, 퇴직금이나 이와 비슷한 성질을 가진 급여채권의 2분의 1에 해당하는 금액의 압류도 금지된다(같은 법 제246조 제1항 제4호, 제5호 참조). 그리고 채권자와 채무자의 생활형편이나 그 밖의 사정으로 인하여 위와 같이 정해진 금액에 조정이 필요한 경우 당사자의 신청에 따라 집행법원이 압류금지범위를 조정할 수도 있다(제246조 제3항).

따라서 압류금지조항이 없다 하더라도 수급권자 본인 및 그와 같이 사는 가족의 법익은 위와 같은 민사집행법 조항들에 의해 상당 부분 보호된다. 양육비는 애당초 채무자의 소득 및 사정을 고려하여 정해지므로, 양육비가 수급권자 본인 및 그와 같이 사는 가족의 생계나 복리에 위해가 될 정도로 과다하게 정해지는 경우는 발생하기 어렵다고 할 것이다. 오히려 한 가정의 가장이었다면 최저생계비 이내에서 당연히 지출하였어야 할 금액이다. 그런데 양육비채권자(이 사례에서 아이의 엄마인 이혼한 A女)는 압류금지조항에 의해 공무원연금법상 급여수급권 전부에 대해 전혀 압류를 할 수 없고(주: 물론 2016년 공무원연금법 제32조 제2항 압류제한조항의 시행에 의하여 최저생계비 이상은 압류가 가능해졌다), 법원이 이를 조정할 여지도 없으며, 수급권자가 생계비를 넘어서는 다액의 연금을 받더라도 양육비채권자로서는 강제집행을 하기 어렵다. 이와 같이 압류금지조항은 그 입법목적 중 하나인 수급권자와 같이 살지 않는 부양가족의 생활 보호를 도외시하여 자녀의 양육이라는 법익을 일방적으로 전부 희생시킨다.

이와 같이 압류금지조항에 의해 양육비지급이 제때 이루어지지 않으면 청구인의 자녀양육에 지장이 초래되고, 그 자녀는 부모의 적정한 분담과 조력에 의한 양육을 제대로 받지 못한 채 성장하게 될 우려가 크다. 또한 양육비지급을 확보하기 위한 가사소송법 등 다른 법률상의 제도들도 충분히 효과적이라고 볼 수 없다.[133] 사례에서 아이의 엄마인 이혼한 A女가 무직자 가정주부라면 문제는 더 커진다. 연금급여수입이 있는 퇴직공무원 B와 A女를 비교하였을 때 양육비지급을 하지 않는다면 그 사이의 자녀 C는 최소한도의 생활도 하지 못할 가능성이 크다.

그러므로 오히려 私見은 퇴직공무원 B가 새로운 가정을 꾸렸을 경우 그 공동체의 보호와 이혼배우자 A女와 자녀 C가 이룬 공동체보호 사이의 선택에 있어서 헌법적 보호의 추는 자녀 C에게 우선되어야 하는 것이 타당하다고 생각한다. 그러므로 현재 공무원연금 지급액이 월 250만 원을 상회하는 것이 대부분인데, 다음과 같은 사례, 즉 세액을 공제하고 공무원연금으로 월 270만 원을 수령하는 B男이 있다고 가정할 때 민사집행법 제246조 제1항 제4호의 한도 퇴직연금이나 이와 비슷한 성질을 가진 급여채권의 2분의 1에 해당하는 금액인 135만 원을 제외한 나머지 135만 원은 압류가 가능하다고 해석해야 할 것이고, 여기에 압류제한조항은 아예 적용이 없다고 해야 할 것이다(私見, 압류제한조항 적용배제설).

공무원연금법 제39조 제2항의 압류제한조항은 양육비채권과 관련해서는 적용이 없게 되어 양육비지급의무자는 자신의 최저생계와 무관하게 양육비를 전 배우자에게 지급하여야 할 것이다. 사견은 결국 구공무원연금법 제32조 제1항, 제2항2 전부가 양육비채권에 적용되는 한 위헌이라는 결론이다. 양육비채권 이외의 채권이 집행채권이라면 구공무원연금법 제32조 제1항, 제2항(현행 공무원연금법 제39조 제1항, 제2항)은 합헌이며 입법자의 입법형성의 자유 안에 있다고 본다.

---

[133] 재판관 5인의견의 논거 중 하나이다.

스물일곱 번째 물음

> 마스터 실무사례

실무사례

채권자 B는 「채무자 = 망했다 주식회사」(이하 채무자회사)를 상대로 대여금소송을 제기하여 승소확정판결을 받았다. 채권자 B는 이 판결을 집행권원으로 채무자회사 명의로 등기된 건물에 관하여 강제경매를 신청하였고, 이 경매절차에 참여하여 낙찰받은 A는 대금납부를 완료하여 소유권을 취득하였다.

그런데 이 사건 강제경매의 <u>배당절차가 완전히 끝나기 전에</u>[134] 채무자회사 명의로 경료되었던 소유권보존등기가 원인무효의 등기라는 이유로 경락인 A에 대하여 채무자회사명의의 보존등기에 터잡아 경료된 A 명의의 소유권이전등기를 말소하라는 내용의 판결이 확정되었다.

(1) 이 케이스에서 소유권등기명의를 말소당한 A는 어떤 구제를 받을 수 있는가요?
(2) 경매절차에 담보책임의 적용사례인가요? 강제경매의 공신적 효과와는 무관한가요?

---

[134] 민사집행법의 고수라면 필자가 이렇게 표현한 이유를 짐작하였을 것이다. 배당기일에 적법한 배당이의가 있으면 배당액은 출급이 사실상 정지된다. 배당이의된 금액은 공탁되기 때문이다. 그리고 배당이의소송 결과에 따라 추가배당이 이루어지게 된다. 따라서 집행의 종료시기에 대하여 배당표가 확정되면 집행절차가 완결된다고 보는 견해, 지급위탁서교부시에 집행절차가 완결된다고 보는 견해 등이 있는데 배당이의가 있는 부분에 관해서는 배당절차가 완전히 종결되었다고 보기는 어려운 측면이 있기 때문에 이러한 표현을 사용하였다. 이 사례는 대법원 2004. 6. 24. 선고 2003다59259 판결 [부당이득금][공2004. 8. 1.(207),1205]의 판례사안인데 이 사건 건물 및 대지에 관한 근저당권자인 피고들이 강제경매절차에서 채권최고액에 해당하는 9억 원을 배당받았으나, 그에 관한 이의가 제기됨에 따라 피고들에 대한 배당금이 공탁되었다.

질문에 대한 해설

위 강제경매절차에서 매수인(경락인)이 된 A는 경매목적물인 건물에 대한 매수대금을 전액 납부하고도 소유권이전등기를 말소 당하게 되었다. 자기의 '바로 전(直前) 소유자 = 경매목적물의 소유자'의 등기가 원인무효라는 이유에서이다. 민법총칙의 일반이론에서 배웠던 것처럼 부동산물권변동에 있어서는 무권리자로부터 권리를 취득할 수는 없는 노릇이다. 이 점 동산물권변동과 큰 차이점이다.

민사집행법을 주관식으로 출제하라고 하면 필자는 이 문제를 출제하고 싶다. 민법이론을 테스트하면서 민사집행법의 핵심이론과 연결시킬 수 있는 능력을 살펴볼 수 있기 때문이다. 실무에서 이러한 질문을 받게 되면 순간 그 사람의 실력이 모두 드러나는 것을 보게 된다.

우선 위 문제는 강제경매의 공신적 효과와 전혀 관련이 없다.

이 점은 새삼 강조할 필요도 없을 것이다. 임의경매와 강제경매의 차이 중에서 특히 중요한 것은 경매절차의 공신적 효과가 인정되는 범위이다. ① 강제경매는 집행력 있는 정본이 존재하는 경우에 한하여 국가의 강제집행권의 실행으로서 실시되므로 일단 유효한 집행력 있는 정본에 기하여 매각절차가 완결된 때에는 후일 그 집행권원에 표상된 실체상의 청구권이 당초부터 부존재·무효라든가 매각절차 완결시까지 변제 등의 사유로 인하여 소멸되거나 재심에 의하여 집행권원이 폐기된 경우라 하더라도 매각절차가 유효한 한 매수인은 유효하게 목적물의 소유권을 취득한다. 즉 강제경매에는 공신적 효과가 있다(대판 1990. 12. 11. 90다카19098, 19104, 19111, 대판 1991. 2. 8. 90다16177 등). {② 이에 반하여 임의경매에 있어서는 담보권자의 담보권에 기한 경매의 실행을 국가기관이 대행하는 것에 불과하므로 담보권에 이상이 있으면 그것이 매각허가결정의 효력에 영향을 미치게 되므로 경매의 공신적 효과는 부정됨이 원칙이다. 즉 임의경매에 있어서는 강제경매의 경우와는 달리 집행법원은 담보권 및 피담보채권의 존부를 심사하여 담보권의 부존재·무효, 피담보채권의 불발생·소멸 등과 같은 실체상의 하자가 있으면 경매개시결정을 할 수 없으며, 나아가 이러한 사유는 매각불허가사유에 해당하며 또 이를 간과하여 매각허가결정이 확정되고 매수인이 매각대금을 완납하고 소유권이전등기를 경료받았다 하더라도 매수인은 매각부동산의 소유권을 취득하지 못한다. 공신적 효과와 관련한 중요사례는 다음 물음항에서 자세히 다룬다.}

그런데 이 케이스는 집행권원에 표상된 실체상의 청구권이 당초(當初)부터 부존재·무효라든가 매각절차 완결시까지 변제 등의 사유로 인하여 소멸되거나 재심에 의하여 집행권원이 폐기된 경우의 문제가 아니라 채무자 겸 소유자인 판결채무자 = 망했다 주식회사의 부동산소유권등기가 원인무효라는 문제 즉 강제집행목적물의 소유권귀속에 관한 문제인 것이므로 전혀 다른 차원의 문제이다. 이 점 헷갈리는 분이 없겠지만 다시 한 번 강조해둔다.

또 다른 측면에서 주의할 것은 "매각절차가 유효한 한" 매수인은 유효하게 목적물의 소유권을 취득한다는 논의는 강제경매의 공신적 효과 외에도 경매절차에서 담보책임에서도 공통적으로 필요로 하는 요건이다. 원인무효로 등기가 말소되는 채무자 겸 소유자의 부동산을 경락받은 낙찰자(매수인)은 결국 타인소유 부동산의 매수인이 되는 것인데 이는 일단 명확히 담보책임의 요건에 해당될 수 있다. 그런데 그 다음으로 중요한 것은 매각절차가 유효했느냐 여부이다. 경매에 담보책임이 적용되기 위해서는 확립된 판례이론에 의할 때, ①물건의 하자가 아닌 권리의 하자여야 하며, ②경매절차는 유효하였어야 한다. 그렇다면 경락인이 강제경매절차를 통하여 부동산을 경락받아 대금을 완납하고 그 앞으로 소유권이전등기까지 마쳤으나, 그 후 강제경매절차의 기초가 된 채무자 명의의 소유권이전등기가 원인무효의 등기이어서 경매 부동산에 대한 소유권을 취득하지 못하게 된 경우, 이러한 강제경매절차는 유효하였던 것인가?

결론적으로 판례에 의할 때 이와 같은 강제경매절차는 무효이며 따라서 담보책임의 적용을 구할 수 없다. 경매절차가 근본적으로 무효가 되는 사례들에 있어서는 담보책임이 성립할 여지가 없다는 것이 일련의 판례(대법원 1991. 10. 11. 선고 91다21640 판결[부당이득금반환] [집39(4)민,27;공1991. 12. 1.(909),2709] 외 多數判例)의 입장이기 때문이다.

즉 민법 제578조 제1항, 제2항의 法義에 대하여 대법원은 "<u>민법 제578조 제1항, 제2항은 매매의 일종인 경매에 있어서 그 목적물의 하자로 인하여 경락인이 경락의 목적인 재산권을 완전히 취득할 수 없을 때에 매매의 경우에 준하여 매도인의 위치에 있는 경매의 채무자나 채권자에게 담보책임을 부담시켜 경락인을 보호하기 위한 규정으로서, 그 담보책임은 매매의 경우와 마찬가지로 경매절차는 유효하게 이루어졌으나 경매의 목적이 된 권리의 전부 또는 일부가 타인에게 속하는 등의 하자로 경락인이 완전한 소유권을 취득할 수 없거나 이를 잃게 되는 경우에 인정되는 것이고, 경매절차 자체가 무효인 경우에는 경매의 채무자나 채권자의 담보책임은 인정될 여지가 없다.</u>"고 밝히고 있다(91다21640, 92다15574 등).

이에 대하여 실무의 일부에서는 만약 민법 제578조, 제570조의 적용범위에서 채무자가 경매목적물의 형식적 소유자에 불과한 경우를 제외한다면, 사실상 위 법조가 적용될 경우를 예상할 수 없게 되는 결과를 초래하고 민법 제570조의 문언에 반할 뿐 아니라, 담보책임에 관한 규정의 전체적인 취지에도 반하는 것이며, 담보책임을 인정하는 경우 반환청구의 상대방, 반환청구의 범위가 확대되고 손해배상청구도 할 수 있다는 점에서 부당이득반환청구권을 행사하는 경우에 비해 매수인을 두텁게 보호할 수 있다는 반론[135]

---

135) 송인권, 경매와 매도인의 담보책임 —채무자가 형식적으로는 경매목적물의 소유

(소수설)을 제기한다.

　소수설이 문제제기하는 것과 같이 채무자가 경매목적물의 형식적 소유자에 불과한 경우(= 채무자회사가 건물에 대하여 보존등기를 하였으나 그 등기가 원인무효의 것이어서 말소될 운명의 것이고 채무자회사는 실제로는 그 건물에 대하여 소유권을 주장할 수 없는 경우)를 제외한다면 민법 제578조는 거의 적용되는 경우를 생각하기가 어려운 면이 있다. 그러나 실무가는 확립된 판례이론을 따를 수밖에 없다. 따라서 현재로서는 이와 같은 강제경매는 무효이며, <u>경락인은 경매 채권자에게 경매대금 중 그가 배당받은 금액에 대하여 일반 부당이득의 법리에 따라 반환을 청구할 수 있고, 민법 제578조 제1항, 제2항에 따른 경매의 채무자나 채권자의 담보책임은 인정될 여지가 없다</u>(대법원 1991. 10. 11. 선고 91다21640 판결, 1993. 5. 25. 선고 92다15574 판결 등).

- Ⓐ 이 사건 건물 및 대지에 관한 강제경매절차에서 원고가 이를 경락받아 경락대금을 완납하고 소유권이전등기를 경료함.
- Ⓑ 피고들이 강제경매절차에서 위 건물 및 대지에 관한 근저당권자로서 채권최고액에 해당하는 9억 원을 배당받는 배당표가 짜여짐.
- Ⓒ 배당표에 관한 이의가 제기됨에 따라 피고들에 대한 배당금이 공탁되었음
- Ⓓ 그 후 강제경매절차의 채무자인 망했다 주식회사 명의로 <u>위 건물에 관하여 경료된 소유권보존등기가 원인무효의 등기</u>라는 이유로, 억울하게도 이미 경락대금을 완납하고 소유권이전등기를 한 원고에 대하여 원고명의등기는 원인무효인 채무자 회사의 등기에 터잡아 경료된 등기이므로 원고 명의의 소유권이전등기가 말소되어야 한다는 내용의 판결이 선고되었고 확정됨.

자로 등재되어 있으나 실질적으로는 소유권을 취득하지 못한 경우를 중심으로- 저스티스 통권 제91호 (한국법학원, 2006) 206~208.

[원심의 견해(Ⓕ,Ⓖ) 및 이를 지지한 대법원 입장]

Ⓕ **이 사건 건물에 대한 강제경매절차는 그 개시 당시부터 채무자 소유가 아닌 타인 소유의 부동산을 대상으로 한 것이어서 무효이므로, 강제경매절차에서 배당받은 피고들은 법률상 원인 없이 이득을 얻었다.** 따라서 피고들은 원고에게 공탁된 배당금 중 이 사건 건물에 관한 부분에 관한 899,929,624원의 청구권을 양도할 의무가 있다.

☞ 필자 주: 경매절차가 무효가 되는 사례에서는 담보책임이 성립할 여지가 없다는 것이 확립된 대법원판례이다(91다21640, 92다15574 등). 민법 제578조 제1항, 제2항은 … 채무자나 채권자에게 담보책임을 부담시켜 경락인을 보호하기 위한 규정으로서, 그 담보책임은 매매의 경우와 마찬가지로 경매절차는 유효하게 이루어졌으나 경매의 목적이 된 권리의 전부 또는 일부가 타인에게 속하는 등의 하자로 경락인이 완전한 소유권을 취득할 수 없거나 이를 잃게 되는 경우에 인정되는 것이기 때문에, 강제경매절차가 채무자 소유가 아닌 타인소유의 부동산을 대상으로 한 것이라면 경매절차 자체가 무효가 되고 그 결과 경매의 채무자나 채권자의 담보책임은 인정될 여지가 없는 것이다. 담보책임을 묻는 경우와 부당이득반환책임을 묻는 경우의 차이는 민법규정과 이론에 의한다.

Ⓖ 위 건물에 관하여 소유권보존등기말소예고등기가 경료되어 있었다거나 원고가 에버그린 주식회사의 이사로서 위 건물의 건축과정에 간여하였다는 등의 사정만으로는 원고의 부당이득반환청구가 신의성실의 원칙 내지 형평의 원칙에 반한다고 할 수 없다.

스물여덟 번째 물음

마스터 실무사례

비트코인에 대한 강제집행가능성 여부

A와 B는 부부였는데 A의 외도로 인하여 재판상 이혼을 하였습니다. 1심 이혼소송에서 패소하고 항소심에서도 패소할 기색이 짙어지자 B는 자신의 전재산을 팔아서 현금을 마련하고서는 비트코인을 매수했습니다. 아래의 각 경우에 어떻게 될까요?

(1) B가 빗썸에 가입해서 비트코인을 매수하여 보유하고 있는 빗썸의 전자지갑에 비트코인을 보유한 경우
(2) B가 업비트에 가입해서 비트코인을 매수하여 자기의 개인지갑에 비트코인을 보유하고 있는 경우

질문에 대한 답변

이 질문은 현재 매우 핫이슈가 되고 있는 이른바 가상화폐의 집행과 관련된 내용입니다.

1. 총설

가상화폐, 특히 비트코인에 대한 집행의 可否는 최근의 뜨거운 감자라고 말할 수 있다. 이 쟁점이 특히 문제되는 이유는 채무자의 전자지갑에 보관된 비트코인의 경우에는 아무런 집행방법이 없다[136]고 보는 견해가 현재 유력

하기 때문이다. 만약, 실무에서 소송의 패소가 예측되는 채무자가 비트코인의 익명성에 기대서 비트코인 지갑을 통해 자신의 자산을 숨기는 선택을 함으로써, 채권자가 승소한 후 취하게 될 민사집행절차에 부정적인 영향을 미치거나 심지어 그것을 배제할 수 있게 된다면[137] 이것은 법원이 민사절차를 남용하는 채무자의 손을 사실상 들어주는 결과가 되기 때문이다.

한국은 물론이려니와 일본의 학자들도 이에 대하여 우려를 나타내고 있다. 만약 민사사건에 있어서 강제집행절차에서 압류를 할 수 없다면 강제집행을 피하기 위해 자산을 가상통화로 만드는 이른바 '법망을 벗어나는 샛길'이 생기게 되고, 나아가 민사재판 절차의 실효성을 손상하는 것으로 이어질 것이다.[138]

물론 채무자에 대한 간접강제를 생각해 볼 수 있지만 만약 채무자가 강제집행을 면탈하기 위해서 자신의 전 재산을 비트코인으로 바꾸어 자신의 개인적인 전자지갑에 보관한 다음 해외로 도피할 경우와 같은 극단적인 케이스에서는 제재를 가하기 어렵게 되는 황당한 결과가 현재로서는 언제든지 발생이 가능하다.[139] 이 문제는 민사소송 등의 실효성을 제도적으로 보장하는 민사집행법의 존재의의에 비추어 반드시 해결하지 않으면 안 될 강제집행의 초현대적 쟁점이 되고 있다.

최근 비트코인에 대한 외국의 연구자 Yalabık는, 사람들이 비트코인의 의미조차도 생소하고 놀라운 것이어서 널리 사용되지 않을 것이기 때문에 피해를 입힐 수 없다고 생각하거나 또는 매우 급속하게 변화할 수 있는 문제이

---

[136] 박영호, "가상화폐와 강제집행", 민사집행법연구회 2018. 하계대회 발표논문, 29.
[137] Yalabık, "Anonymous Bitcoin v enforcement law", International Review of Law, C&T, 33:1, (2019), 36. 이 논문은 이혼사건과 관련된 부채 및 자산 건을 조사대상으로 선택하여 쓰여졌는데 그 이유는 이혼사건에서 당사자가 자신의 부를 공시의무(disclosure obligations)로부터 숨기려고 시도하는 경향이 있기 때문이라고 한다. Yalabık, 34.
[138] 清水 宏, 仮想通貨に対する強制執行について, 東洋法学 第62巻第2号, (2018. 12), 109.
[139] 박영호, 29.

기 때문에 쉽사리 비트코인이 붕괴되리라고 생각하는 것은 매우 잘못된 생각이라고 지적하였다. 이 문제에 대해 법적으로 규제하지 않는 것은 큰 실수라는 것이다.[140]

따서 비트코인의 경우 그 법적 성질을 정하는 법률을 제정하는 한편, 그 법률에서 비트코인에 대한 민사집행방법을 정할 필요가 있다는 입법론[141]이 국내에서도 유력하게 제기되고 있는바, 실무계에서는 먼저 해석론으로 문제해결이 가능할 방법은 없는지 자세히 검토해 보아야 할 것이다.

이하에서 가상화폐 전반을 살펴보고 그 법적 성질, 유럽·일본 등지에서의 논의 실태(實態) 등을 비교법적으로 검토한 후에 구체적 집행방법을 서술하고 결론을 내보고자 한다.

2. 가상화폐란 무엇인가?

가. 개념과 법적 성질

현금 없는 사회의 실현이라는 기치 아래 전세계적으로 Amazon.com으로 대표되는 전자상거래가 차지하는 비율이 압도적으로 증가함에 따라서 결제의 캐시리스화는 앞으로도 더욱 발전할 것인데 현금 아닌 결제수단으로 어음·수표, 신용카드, 선불카드, 직불카드 또는 전자화폐 등이 존재하고 있지만, 근래에는 이른바 가상화폐가 각광을 받고 있다.[142] 가상화폐 내지 가상통화(Virtual Currencies)라는 것이 도대체 무엇이며, 그것들을 화폐라는 범주에 넣을 수 있는 것일까. 현재 가상화폐의 개념정의조차 쉽지 아니하다. 실제로 가상화폐는 '가상'의 의미와는 달리 실제로 컴퓨팅의 세계에서는 실제로 존재하기 때문에 정확하게는 암호화폐라고 부르는 것이 타당할 것이지만, 손으로 만져지지 않고 現物과 다른 차원에서 존재한다는 의미에서 '가상

---

140) Yalabik, 36.
141) 박영호, 통설적 견해로 보인다.
142) 淸水 宏, 주 3), 107.

(virtual)'이라고 부르는 경향이 있다.

가상화폐라 함은 「국가에 의한 발행 내지 관리가 없이 이른바 '블록체인[143])기술' 등에 의하여 재산적 가치를 지니게 된 암호화의 체계 내지 전자적기록 또는 화폐유사기능을 하는 것」정도로 정의할 수 있다.[144]

현실통화의 속성을 설명하면서 현실통화(Real Currency)와 달리 가상통화라는 것은 어떠한 환경에서는 통화처럼 작동하지만 현실통화의 모든 속성을 갖지는 않는 교환의 매체라고 정의하는 견해도 있다.[145] 가상통화와 현실

---

143) 박영호, 9면에 언급된 블록체인개념을 인용한다. "비트코인 시스템은 비트코인(화폐) 발행의 안정성을 확보하고, 제3자의 시스템 교란을 방지하기 위해서 복잡한 수학-기반 암호화기술을 채용하고 있다. 모든 비트코인과 이용자들은 '고유의 식별번호'(unique identity)를 가지며, 모든 거래는 '공개장부'(public ledger)에 기록된다. 공개장부(public ledger)는 **모든 비트코인 거래들의 기록이 순차적으로 기록된 것으로 디지털 금융기록장부(digital financial record book)의 역할을 한다.** 이러한 공개 장부를 '블록체인'(blockchain)이라고 하는데, 약 10분간의 거래기록을 포함하는 블록들을 시간 순서대로 연결한 것으로 모든 비트코인 거래기록을 시간 순서대로 기록하고 있는 일종의 장부를 가리킨다. 블록체인은 동일한 비트코인의 이중사용을 방지하고 거래를 검증하는 역할을 한다. 결국 블록체인은 비트코인의 바탕이 되는 체계다. 비트코인은 블록체인을 '화폐'에 응용한 결과물이다. 블록체인은 비트코인뿐만 아니라 다른 암호 화폐의 바탕이 될 수 있고 실제로도 그렇다. 또한 블록체인은 암호 화폐뿐만 아니라 다른 서비스나 상품의 바탕이 될 수도 있다.…(후략)"

144) 가상통화의 개념에 대하여 국회의원 박용진 의원안은, "교환의 매개수단 또는 전자적으로 저장된 가치로 사용되는 것으로서 전자적 방법으로 저장되어 발행된 증표 또는 그 증표에 관한 정보를 말한다. 다만, 화폐, 전자화폐, 재화, 용역 등으로 교환될 수 없는 전자적 증표 또는 그 증표에 관한 정보 및 전자화폐는 제외한다"고 한다. 고재종, "비트코인의 규제에 대한 비교법적 고찰-우리나라와 일본법을 중심으로", 경제법연구 제16권 제2호, (2017), 172. / 일본 2016년 개정 자금결제에관한법률은 가상통화에 관한 정의를 내리고 있는데 불특정한 자를 상대로 매도매수가 가능하며, 전자정보처리조직을 이용하여 이전이 가능하다는 개념표지를 쓰고 있다.

145) Matthew Kien-Meng Ly, "Coining Bitcoin's Legal-Bits: Examining the Regulatory Framework for Bitcoin and Virtual Currencies," Harvard Journal of Law & Technology (2014), 589. ; Application of FinCN's Regulations to Persons

통화의 핵심적 차이점은 가상통화는 어떤 관할권에서도 합법적인 통화(法貨, legal tender)의 지위를 가지지 못한다는 것이다.[146] 즉, 가상통화는 주권에 의하여 발행되거나 관리되지 않는다. 이러한 의미에서 가상통화를 국가의 뒷받침이 없이 네트워크를 통해 유통하는 결제 수단이라고 개념정의한 견해[147]는 간결하고 스마트하다.

비트코인과 같은 제1세대 암호화폐 외에도 2018. 2. 1. 기준 세계시장에서 거래되고 있는 암호 화폐의 수는 1507개라고 한다. 비트코인 이외의 코인은 '알트코인(altcoin)'이라고 총칭되고 있다.[148] 대표적인 것들이 이더리움, 리플, 비트코인캐시, 트론, 카르다노, 스텔라루멘, 네오, 이오스 등이다. 국내에서 가상화폐는 마치 증권거래소와 같은 기능을 하는 거래소들에서 거래되고 있는데 대표적으로 업비트, 빗썸을 들 수 있다.

거래소별로 같은 비트코인이나 이더리움이라고 하더라도 가격이 약간씩 차이가 나며 거래할 수 있는 암호화폐의 종류에 제한이 있다. 일반인들의 인식은 도박에 준하는 것으로 치부되고 있지만, 이것은 私見으로는 매우 잘못된 생각으로 본다. 앞서 Yalabık의 말처럼 비트코인의 의미조차도 생소하고 놀라운 사람들이 있다. 그 사람들은 비트코인이라는 것이 널리 사용하지 않아 피해를 입힐 수 없다고 생각하거나 또는 매우 급속하게 변화할 수 있는 문제이기 때문에 곧 비트코인은 붕괴되리라고 생각하는데 이것은 매우 잘못된 생각이다.[149] 정녕 이 문제에 대해 법적으로 규제하지 않는 것은 큰 실수가 될 것이다. 정부는 가상화폐에 대하여 아직 확정된 것은 없으나 기타소득

Administering, Exchanging, or Using Virtual Currencies, DEP'T OF THE TREASURY FIN. CRIMES ENFORCEMENT NETWORK 1 (Mar. 18, 2013) (alteration in original)

146) Matthew Kien-Meng Ly, 589.
147) 岡田仁志・高橋郁夫・山﨑重一郎, "仮想通貨 技術・法律・制度"(東洋経済新報社' 2015) 3頁˚
148) 박영호, 7
149) Yalabık, 36.

으로 과세하려는 움직임을 보이고 있다.

즉 점차 그 실체를 인정하려는 분위기이다. 이것으로는 부족하다. 강제집행법의 영역에서 기민한 대처가 필요하다. 일단 국가의 발권은행이 발행한 화폐가 아니기 때문에 가상화폐는 달러, 위안, 엔, 파운드 등과 같은 일반의 화폐가 아님은 명백하다. 실물도 발행주체도 없다. 일반화폐의 경우에 원화, 예컨대 5만원짜리 지폐 다발에 대한 강제집행절차를 상정해 본다면 유체동산인도(반환)청구권집행 또는 금전집행으로서 전부명령의 대상이 되는지 여부가 문제될 뿐이다.

그런데 기술고도화로 인한 전자화폐에의 요구에 부응하여, 가상화폐가 거래의 익명성이 보장될 수 있다는 점에서도 각광받고 있을 뿐만 아니라, 비트코인을 각국 통화로 환전할 수도 있기 때문에 투자의 수단으로도 관심을 끌고 있다.[150] 특히 비트코인은 실물과 발행주체 없이 '채굴'이라는 행위에 의해서만 발행되며, 개인 간 거래는 P2P 형태로 '블록체인(BlockChain)'을 통해 거래를 증명하는 형태로 제법 활발히 통용되고 있는 실정이다.[151] 즉 비트코인은 화폐의 기능인 교환수단, 가치저장, 가치척도의 기능을 제한적이지만 일부 수행[152]하고 있고 실제 미국, 일본은 물론 우리나라에서도 가상화폐에 대한 직접투자 광풍이 불 정도로 현실거래에서는 마치 화폐와 같은 기능을 행하는 것처럼 보인다.

선진금융국가들 특히, 스위스, 영국, 독일 등은 비트코인결제를 허용하는 상점들이 급증하고 있는데 이것은 비트코인을 화폐유사의 것으로서 적극적으로 인정한 셈이다. 물론 우리나라에서 비트코인은 화폐가 아니다. 그 법적 성질이 복합상품인지 사적화폐인지에 대하여는 논의가 있다.[153] 유럽사법재

---

[150] 시미즈 히로시 교수도 가상화폐는 본래 결제수단으로서의 역할이 기대될 존재이긴 하지만, 지금은 오히려 투자 혹은 투기의 대상으로 파악된 경향이 있다고 지적한다. 淸水 宏, 주 3), 107.

[151] 이준형 외4인, "비트코인을 활용한 효율적 전자화폐 활성화 방안", 한국융합보안학회 논문지 16권 4호(2016.06), 80.

[152] 박영호, 2.

판소는 비트코인과 법정화폐의 교환거래는 재화의 공급에 속하지 않아 부가가치세 면세대상이라고 하면서 비트코인이 지불수단 이외의 다른 목적이 없는 통화 기타 유사물이라고 하였다.[154]

나. 비트코인의 저장메커니즘

오늘날 모든 디지털 정보는 컴퓨터에 파일로 저장되는데 비트코인 또한 디지털 파일 형태로 저장된다. 스토리지 솔루션은 보안, 접근성 및 개인정보보호 측면에서 다르다.

비트코인은 다양한 저장 유형의 모습을 띤다.[155]

(1) 전자지갑

전자지갑은 클라우드 백엔드 서비스에서 다운로드하거나 호스팅 할 수 있는 특수 소프트웨어이다.

이 지갑은 비트코인을 사용자의 컴퓨터 또는 모바일 기기에 바이너리 파일(트랜잭션 주소 및 개인 키)로만 저장한다. 소유자는 컴퓨터 도난으로 인한 손실 또는 로컬 하드 드라이브를 손상시키고 파일을 손상시키는 치명적인 시스템 오류로 인한 손실을 방지하기 위해 소프트웨어를 정기적으로 백업해야 한다. 사용자가 자신의 모바일 장치나 컴퓨터에서 응용 프로그램을

---

[153] 김홍기, "최근 디지털 가상화폐 거래의 법적 쟁점과 운용방안 : 비트코인 거래를 위주로", 증권법연구15권3호(2014), 396.

[154] Judgment of the Court (Fifth Chamber) 22 October 2015, Skatteverket v. David Hedqvist(Case C-264/14). 정승영, "가상화폐에 대한 부가가치세 과세문제", 조세학술논문집 제32집 제1호, (2016). 전승재,권헌영, "비트코인에 대한 민사상 강제집행방안-암호화폐의 제도권 편입 필요성을 중심으로", 정보법학 제22권 제1호, 90면에서 재인용

[155] Yalabik의 2019년 논문은 법학적 측면 뿐만 아니라 전자기술적 측면에서 접근하고 있다. 이하에서 Yalabik의 해당부분 서술을 인용하였다.

제거하더라도 일반적으로 응용 프로그램과 관련된 사용자 데이터는 여전히 사용자 컴퓨터의 영구 디스크 저장소에 남아 있다. 따라서 전문가가 채무자의 장치를 검사하면 채무자가 숨긴 모든 비트코인 자산을 편리하게 복구할 수 있다. 즉, 전자지갑으로 Bitcoin을 통해 자산을 숨기려고 하는 채무자 또는 배우자조차도 전자지갑의 사용법을 밝힐 수 있다. **자산을 숨기는 당사자는 법원이 자산을 압류하기 전에 Bitcoin 자산을 이전할 수는 있겠지만 전자지갑을 발견하는 것은 자산을 숨긴 증거이자 법원을 경멸한다는 증거가 될 것이다.**[156] 그러나 우리나라에서 contempt of court는 실효성이 없다.

클라우드 기반 소프트웨어 버전은 일반적으로 비트코인과 개인 키를 클라우드 기반 스토리지에 저장한다. 비트코인 소유자는 타사 클라우드 스토리지를 신뢰하여 디지털 자산과 개인 키를 보호해야 한다. 전자지갑을 소유한 채무자로부터 부채를 징수하는 경우 전자지갑은 모든 거래 식별자와 개인 키를 보유하기 때문에 간단할 수가 있다.

(2) 소프트웨어 지갑

소프트웨어 지갑은 전자지갑과 매우 유사하지만 사용이 간편하고 구성이 간단하다는 측면에서 보다 강력한 보안기능을 제공하기 때문에 전자지갑보다 복잡하다. 이것은 GooglePlay, App Store와 같은 응용 프로그램 저장소에서 다운로드하여 컴퓨터나 모바일 장치에 설치할 수 있는 소프트웨어 응용 프로그램이다. 이 지갑은 스캔할 QR 코드 생성과 같은 비트코인을 전송하기 쉬운 인터페이스를 제공한다.

소프트웨어 지갑의 잘 알려진 문제는 스토리지 하드웨어 문제가 발생하거나 침입자 또는 도둑이 소유자의 컴퓨터를 훔치거나 디지털 자산 및 개인 키를 제어할 때 디지털 자산을 잃을 수 있다는 것이다. 따라서 이러한 상황을 극복하기 위해서는 정기적인 백업을 유지하는 것이 가장 좋다. 원장의 크기가 엄청 나기 때문에 오늘날 대부분의 비트코인 소프트웨어 지갑은 가벼운

---

[156] Yalabik 39.

지갑 또는 단순화된 결제(지불) 증명이라고 한다(Due to the huge size of the ledger, most Bitcoin software wallets today are called as 'light wallets' or Simplified Payment Verification.). 이 지갑은 전체 원장을 취득하지는 않지만 실제 원장과 거래를 동기화 할 수 있다. 또한 비트코인을 저장할 수 있는 추가 보안 및 기능을 제공한다.

(3) 온라인 지갑

온라인 지갑은 중앙집중식 기관이나 회사가, 소유자의 비트코인 지갑에 편리하고 안전하게 액세스 할 수 있는 방법을 제공한다. 이 지갑은 중앙집중식 온라인 데이터를 사용하여 소유자의 비트코인과 개인 키를 안전하게 보안상 유지한다.

온라인 지갑 중 일부는 혼합되어 있다. 이들은 비트코인을 특정의 통화 또는 다른 암호 화폐로 변환하는 쉬운 도구를 지원한다. 온라인 지갑에는 비트코인 소유자가 가장 편리한 방식으로 비트코인을 주고 받을 수 있도록 도와주는 모바일 및 데스크톱 애플리케이션이 제공된다. 보안 측면에서 이러한 기업은 다른 금융 회사와 마찬가지로 사이버 침입자의 위협을 받고 있다. **대부분의 국가에서 온라인 지갑은 재무기준에 의해 규제되기 시작했으며 이러한 이유로 온라인지갑 제공 업체에 연락하여 채무자의 디지털 자산에 접근할 수 있다.**

(4) 하드웨어 지갑

하드웨어 지갑은 비트코인을 저장하기 위해 고급 암호화 및 보안을 도입하는 물리적 장치이다. 이것은 해킹하기가 거의 불가능합니다. 외장 하드 드라이브 또는 USB 메모리 스틱 형태일 수 있다. 대규모 투자자는 일반적으로 하드웨어 지갑을 사용하며 은행과 같은 안전한 곳에 보관한다. 하드웨어 지갑은 비트코인을 저장하는 가장 안전한 방법이다. 장치를 찾을 수 없으면 채무자가 Bitcoin 자산을 소유하는지 여부를 입증하기가 매우 어렵게 된다.

(5) 종이 지갑

종이 지갑은 이러한 모든 지갑 중에서 가장 덜 복잡하다. 개인 키, 공개 키 및 비트코인 주소는 종이에 인쇄된다. 그것들은 물리적으로 한 장의 종이에 쓰여 있기 때문에 오늘날 유통되는 통화의 인상을 준다. 네트워크 연결이 없기 때문에 안전하지만, 반면에 일단 도난당하거나 심하게 손상된 경우, 소유자는 자신의 비트코인 자산을 잃을 수 있다.

(6) 물리적 동전

물리적 동전은 일정량의 비트코인을 보유한 금속동전이다. 각 물리적 코인에는 변조 방지 홀로그램으로 덮인 내장 용지로 자체 개인 키가 있다. 이 동전은 실제 통화와 같은 개인 간 거래를 위해 설계되었다. 반면에 일단 가치가 상환되면 동전은 더 이상 가치가 없다.

3. 우리나라에서의 해석론

가. 서설

최근 대법원판결[157]은 범죄수익은닉규제법의 입법취지 및 법률 규정의 내용을 종합하여 보면, 범죄수익은닉규제법에 정한 중대범죄에 해당하는 범죄행위에 의하여 취득한 것으로 재산적 가치가 인정되는 무형재산도 몰수할 수 있고, … 비트코인은 '범죄수익은닉의 규제 및 처벌 등에 관한 법률'에서 규정하고 있는 '재산'에 해당하여 몰수의 대상이 된다는 취지로 판시하였다.

현재 이 판결의 영향으로 비트코인에 대한 가압류 등을 비롯한 강제집행 신청이 서서히 이루어지는 경향이다.[158] 범죄수익은닉규제법에서 범죄수익을 이루는 '재산'이란 사회통념상 경제적 가치가 인정되는 이익 일반을 의미한다고 할 것이므로[159] 이 대법원판결이 비트코인이 민사집행의 대상이 된

---

[157] 대법원 2018. 5. 30. 선고 2018도3619 판결
[158] 박영호, 22.

다는 것을 정면으로 인정한 것은 아니다.

결국 이는 여전히 해석론에 맡겨져 있다고 생각된다. 다만 비트코인은 금전에 해당하지는 않지만 민법상 물건에 해당하므로160) 민사집행법상 동산집행에 따라야 한다는 설161)도 있다. 그러나 후술하는 바와 같이 타당하지 않다.

나. 일본의 실무

일본에서는 거래소를 상대로 한 비트코인 반환청구권을 채권압류한 사례가 소개되었는데162) 이용자(채무자)가 가상통화거래소(교환업자, 제3채무자)에 대하여 보유하고 있는 청구권을 압류할 수 있다고 결정하였다.163) 비트코인의 다양한 저장 유형과 관련하여 온라인 지갑 유형에 해당한다 할 것이다.

이용자가 가상통화 교환업자가 제공하는 네트워크상의 계정(어카운트)나 계좌(월렛)에 가상통화를 보관하고 있는 경우에는 이용자는 가상통화 교환업자에 대하여 그 보관하고 있는 가상통화 등에 관한 매매, 교환, 이체, 기탁 등에 관한 계약에 근거한 가상통화 등의 반환청구권에 준하는 채권을 가지므로164) "채무자와 제3채무자 사이의 가상통화(日本國의 자금결제에 관한

---

159) 박영호, 21.
160) 남기연, "Bitcoin의 법적 가치에 관한 연구", 법학논총, 제38권 제3호 (2014), 534.
161) 전승재, 권헌영, 89.
162) 藤井裕子, "仮想通貨等に関する返還請求権の債権差押え", 金融法務事情 2017年12月10日号2079号, 6-9.
163) 채권압류의 전제가 된 본안 사건은 가상통화 구입을 권유·판매한 회사 등(채무자)이 전혀 지식이 없는 70대 고령자(채권자)로부터 실제 가격의 약 30배로 가상통화를 판매한 조직적 사기 사건으로서, 채권자의 손해배상 청구가 대부분 인용되었다. 대상 결정은 위 본안 사건의 채무자가 제3채무자인 가상통화 거래소(교환업자)에 대하여 가지는 가상통화의 관리위탁계약 등에 기한 반환청구권에 대해 채권압류명령이 발령된 사안이다. 박영호, 앞의 논문, 22~24.에서 인용.
164) 堀天子, "實務解說 資金決濟法" (제3판), 352.

법률 제2조 제5항)의 매매, 교환, 양도, 이체, 송부, 대차, 관리, 임치 등에 관한 계약에 근거하여 채무자가 제3채무자에 대하여 보유하고 있는 가상통화 등(금전을 포함)의 반환청구권 중, 채권자가 정한 순서(각 가상통화 종류별로 지갑의 순서를 나열하고, 동종의 가상통화에 대한 지갑의 경우에는 채권가압류, 채권압류가 되지 않은 지갑을 먼저 압류하는 것으로 특정)에 따라, 본 압류명령이 제3채무자에 송달된 시점에 있어서 제3채무자의 가상통화 시가에 의해 엔화로 환가한 금액 중 청구금액에 이르는 금액"으로 압류대상 목적물을 특정하였고 집행법원이 이를 인용하였다고 한다.

다. 집행방법

(1) 채무자 개인의 전자지갑에 보관된 비트코인이 아니라면 기타재산권집행의 방법으로 집행이 가능하다.[165] 이 학설을 私見 입장에서 달리 말한다면 온라인 지갑에 존재하는 비트코인에 대하여는 기타재산권집행이 가능하다 할 것이다.

(2) 전술한 바와 같이 비트코인은 발행주체도 없고 현물(現物)도 없다. 그러므로 비트코인이 현물로 존재하는 코인 내지는 동전으로서 유체물이라고 오해하여 비트코인 자체에 대한 유체동산가압류 내지 압류신청서를 제출하는 실수를 범해서는 안 될 것이다. 물론 비트코인의 저장유형이 물리적 동전에 해당한다면 예외이다. 그러나 실무에서 과연 그러한 경우가 있을까? 의문이다.

비트코인을 '금전'이 아닌 '動産'으로 보아 강제집행하는 것이 가장 현실적이라는 이유로 개인적으로 관리하는 전자지갑에 압류된 비트코인은 아래와 같은 주문의 형식으로 동산압류할 수 있다는 설[166]이 있다. 그러나 관리

---

165) 박영호 부장판사의 견해이며 私見도 이 설에 원칙적으로 찬동한다.
166) 전승재, 권헌용, "비트코인에 대한 민사상 강제집행 방안- 암호화폐의 제도권 편입 필요성을 중심으로 -, 정보법학, 제22권 제1호, 92. 이하

가능한 자연력을 포함하여 이른바 전자적기록이 동산의 개념범주에 포섭된다고 하더라도 실무상 유체동산이라는 어의(語義)의 해석가능한 범주내인지 의문일 뿐만 아니라 집행절차도 마땅치 아니하다.

만약 유체동산집행신청서가 제출된다면 집행관은 비트코인은 유체물이 아니므로 유체동산집행의 대상이 될 수 없다는 이유로 신청을 기각하여야 한다. 신청채권자는 채권집행의 형태로 신청취지를 변경하여 집행법원 기타 집행계에 신청을 해야 할 것이다. 유체동산집행절차를 주관하는 집행관은 형식상 법원소속이지만 독립하여 유체동산집행업무를 행하므로 집행관이 굳이 집행법원의 관할인 채권집행과 관련하여 보정명령을 낼 이유는 없다.

(3) 비트코인은 부동산도 아니므로 부동산경매신청도 가능하지 않다.

(4) **채무자 개인의 전자지갑에 보관된 비트코인의 경우**

신문지상에서 심심찮게 거래소 해킹 사례를 보게 되는데 소규모거래소인 경우에는 배상능력이 없어서 투자자들이 손해를 보는 경우가 많다. 이 때문에 고액투자자들은 대개 개인 전자지갑을 마련하여 비트코인 등의 암호화폐를 보관하게 되는데 개인의 전자지갑에 보관된 비트코인은 사실상 강제집행이 거의 불가능한 것으로 생각된다.

채권과 그 밖의 재산권에 대한 압류는 제3채무자에 대한 압류명령을 발함으로써 행하여지는데 **비트코인을 비롯한 가상통화는 블록체인 내에서 그 보유자가 전자지갑 내에서 배타적 독립적으로 보유하는 것**이기 때문에 법원이 그 압류명령을 발할 제3자가 이론상으로는 존재하지 않는다.[167] 따라서 통설적 견해는 채무자 개인의 전자지갑에 보관된 비트코인은 채무자가 보관,

---

167) 전자지갑 보유자가 네트워크에 대하여 송금지시를 내릴 권리가 채권의 개념에 포섭될 수 없기 때문이다. 네트워크는 오로지 프로그램된 대로 움직일 뿐 법의 지배를 받지 않는다. 전승재, 권헌영, 앞의 논문, 106,107. 참조

관리하는 것이기 때문에 제3채무자가 있을 수 없으므로 채권이나 기타 재산권 집행이 불가능하다168)고 한다.

그런데 입법적인 뒷받침만 약간 이루어진다면 집행이 불가능하다고만 볼 수는 없다. 만약 열쇠를 양도할 의무(=암호를 입력하여 컴퓨터 개인 키의 잠금을 해제할 의무)가 관련자에게 어떻게 집행될 수 있는지에 대한 문제가 해결된다면, 즉 채무자의 암호 진술의무를 이끌어 낼 수 있다면 상황이 달라진다.

여기서 외국의 논의를 살펴볼 필요가 있다. 예를 들어, 개인은 자신의 머리에만 이른바 '브레인 지갑'으로서 존재하는 암호에서 생성된 개인 키를 만들 수 있고, 그 개인은 양수인에게 단지 암호를 표현함으로써 양수인이 비트코인 지갑에 접근이 가능하도록 하여 비트코인을 양도할 수 있다. 따라서 법원이 비트코인을 통제하기 위해서는 소유자와 그의 머리 속 지식에 대해 어떤 종류의 권한이 있어야 한다.169)

이와 관련하여 미국 판례는 '부셰(Boucher)' 당사자주의판결에서 소유자에게 암호화 해제를 명하여 컴퓨터에 대한 액세스를 하도록 할 수 있다고 판시한 바 있다.170) 이 판례가 주목받는 이유는 제5차 수정헌법171)의 보호에도 불구하고. 조사관이 '암호화 문구를 공개하기 위해 용의자를 소환할 수 있는지 여부'에 대한 의문을 직접 언급하는 최초 사례였기 때문이다. 소환장(subpoena)을 막으려는 부셰 측의 대응은 거부되었으며 그는 문제가 된 해당 하드 드라이브의 암호화되지 않은 버전을 제공하라는 명령을 받았다{1심인 치안 판사는 암호문을 작성하면 自己負罪(자기부죄 : 스스로 증언을 해서 자기를 유죄에 이르게 하는 것)가 될 것이라고 주장했다.}. 또한 최근 US v. Fricosu 판례172)에서는 사기 사건 용의자인 여성이 압수된 랩톱의 암호화를

---

168) 박영호, 28~29.
169) Yalabik, 41.
170) 2009 WL 424718
171) 미국 제5차 수정헌법은 '누구든지 당사자주의 사건에 있어서 자기에게 불리한 증언을 하도록 강요받지 아니한다.'라고 선언하고 있다.

해제하라는 명령을 받았는데 이것이 제5차 수정헌법에 명기된 「nemo tenetur Grundsatz」173)에 위배된다고 다투어졌다. 매우 흥미로운 절차법적 쟁점임에도 불구하고 기소 당국이 정해진 기한이 만료되기 전에 암호 자체를 깰 수 있었기 때문에 결국 더 이상 결정을 내릴 필요가 없었으며 따라서 피고인의 협력 여부는 더 이상 관련이 없어진 사건이었다.

한편 권위주의 체제는 암호 해독에 필요한 암호를 얻기 위해 고문이나 이와 유사한 방법을 사용하는 것을 망설이지 않는다. 터키에서 피의자로부터 해독에 필요한 정보를 얻는 데 폭력이 사용되었다는 언급이 있다.174) 프랑스, 호주 또는 영국에서는 이를 배제하지만 피고인이 요청된 암호를 기꺼이 포기하지 않을 경우 체벌 대신에 엄중한 구금형이 내려진다(영국에서는 Regulation of Investigatory Powers Act 2000(RIPA 조사권부여법률) 규정이 적용된다. 공개의무에 관한 규정은 2007년에 발효되었으며 피고인이 필요한 암호 공개를 거부할 경우 최대 2년의 징역형을 선고받게 되는데 어떤 경우에는 최대 5년의 징역형도 가능하다).175)

---

172) US vs. Fricosu. 프로세스에 대한 문서는 http://bit.ly/zMrYoJ 참조.
    EFF는 콜로라도에 있는 연방지방법원이 피고인 여성에게 암호화된 랩톱에 암호를 입력하도록 강요하려는 시도를 차단할 것을 요구했다. 이 사건에서 피고인 Ramona Fricosu는 사기성 부동산 거래로 기소되었다. 조사 과정에서 정부는 가족과 공유하는 집에서 암호화된 랩톱을 압류한 후 법원에 Fricosu에게 암호를 컴퓨터에 입력하거나 암호가 해독된 버전의 데이터를 넘겨달라고 요청했다. 정부는 Fricosu에게 약간의 면제를 제공했지만 컴퓨터에 대한 정보를 사용하지 않을 것이라는 보장은 하지 않았다. EFF는 Fricosu가 자신에 대한 증인이 되게 하도록 하는 정부의 요구가 헌법에 위배된다고 2011년 7월에 간략히 발표했다. 법원은 2012년 1월에 노트북에서 해독된 버전의 정보를 넘겨야 한다는 판결을 내렸다.
173) 독일식 표현이며 라틴어로써, 아무도 자신을 비난할 의무가 없다는 말이다. 이 말은 모든 증인, 고발 및 고발된 모든 증인은 자신에 대한 혐의에 대해 침묵할 권리가 있음을 뜻한다.
174) Brunst, P. Staatliche (Anti-)Krypto-Strategien, Datenschutz Datensich 36, (2012) 각주 31.
175) Brunst, 336.

미국에서는 비트코인 소유자가 키 공개를 거부하면 그/그녀는 법정모욕죄로 체포될 수 있다. 집행법령(enforcement rules)에 따르면, 수색명령(search order)을 통해 채무자의 자산에 도달하기 위해 소유자의 의사에 반하여 채무자의 집에 들어갈 수 있으며, 자산을 찾는데 필요하다면 장소를 수색하고, 모든 문을 열고, 마루바닥을 당기고 마당을 파낼 수 있다.[176] **채무자에게 강제로 금고를 열도록 할 수 있다면, 마찬가지로 채무자에게 Bitcoin 키 암호를 공개하도록 강요하는 것도 가능해야 한다(Similarly, if a debtor can be forced to open a locked safe, then to force a debtor for revealing Bitcoin key password should also be possible.).** (이것은) 미국법의 형사사건에 있어서 가능하고, 비트코인의 경우 민사사건에도 또한 적용할 수 있다(It is possible in criminal cases in US law and for the Bitcoin it should be applicable also in civil cases.)는 견해[177]가 있다. 이 Yalabık의 주장을 액면 그대로 우리나라에 적용하기는 어려울 것이다.

왜냐하면 강제로 금고를 여는 것과 강제로 Bitcoin 키 암호를 공개하는 것은 모두 채무자의 행위임에는 명백하지만 채무자가 그 행위의 이행을 거절할 때 이를 강제하는 방법에 있어서 양자는 차이가 생기기 때문이다. 전자는 집행관이 강제로 금고를 열어버리면 그만이다. 그러나 후자는 Bitcoin 키 암호를 대신 공개하기 위하여 채무자의 정신에 압박을 가할 수밖에 없다.

그런데 이른바 사람에 대한 직접강제가 인정될 것인지 여부에 대하여 논란이 있어왔고, 채무자의 인격권에 비추어 타당하지 않다는 주장이 다수인 것으로 보이기 때문에 결국 현행법의 해석상 금전적 부담을 주는 간접강제의 방법을 택할 수밖에 없게 된다. 따라서 결론적으로 현행법의 해석상으로는 비트코인 자체는 채권 내지는 기타 재산권의 집행의 대상이 될 수 없고,

---

[176] Yalabık, 41.
[177] Yalabık, 41.

이 경우에는 간접강제의 방법을 취할 수밖에 없을 것이나 집행의 효율성은 극히 떨어질 것이다.

그러나 법정모독죄와 같은 입법이 있거나 중형에 의한 구금압박을 통하여 암호공개의무를 강요할 수 있다면 효과적인 집행이 가능해질 수 있다. 결국 입법에 의한 해결이 절실하다는 견해가 설득력을 갖는다. 영미법의 개별 입법과 같이 구체적인 입법을 통해 해결하는 것이 타당하다.

다만 민사채권의 집행을 형사적 방법을 통하여 강제한다는 점에서, 그것도 징역이나 금고와 같은 구금형의 압박을 통하여 강제한다는 점에서 민사집행 법이론적으로 재론(再論)이 필요하다. 조금더 구체적으로 이야기하자면, 패쓰워드의 진술을 하지 않는 집행채무자에게 진술강제를 하고 진술거부를 할 때에는 구금형을 과하는 입법이 헌법상 자기부죄거부의 특권(진술거부권)과 관련하여 합헌적으로 해석될 수 있는지가 제5차 수정헌법과의 관계에서 문제된 미국의 부쳐르 판례나 US v. Fricosu 판례에서처럼 우리나라에서도 쟁점이 될 수 있다.

이 논의선상에서 이른바 「Bitcoin의 비가역성(**Irreversibility feature of Bitcoin**)」[178])이 그러한 입법을 지지하는 하나의 논거가 될 여지가 있다. 첫째 사해행위로써 부동산을 매도하는 경우를 생각해보자. 수익자와 매매계약을 하고 소유권이전등기를 하는 과정이 아무리 최단기간으로 줄여본다고 하더라도 2~3일은 소요될 것이다(관할등기소에 등기신청서류가 접수되고 기입, 조사, 교합, 등기필통지등 과정을 생각해보라. 교합까지만 해도 최소 2일은 소요될 것이다.).

그러나 이와 비교하여 Bitcoin 지갑이 발견되었거나 곧 발견되기 직전에 있는 경우에 채무자는 자신의 Bitcoin 지갑의 Bitcoin을 10분과 같은 매우 짧은 시간에 양도할 수 있다. 아무리 고액이어도 상관 없다. 이 점은 법관이 강제집행면탈죄의 적용에 있어서 고려해야 할 것이다. 둘째 (채무면탈의 고

---

178) Yalabik, 42.

의를 가진) 채무자에 의해 이미 실현되어버린 거래는 그 후에 취소할 수 없게 된다. 아예 원물반환의 가능성이 언제나 존재하지 않으며 계약취소도 상정할 수 없다. 이러한 비트코인의 非可逆性(Irreversibility feature of Bitcoin)과 관련하여 비트코인을 매도한 채무자에 대한 법적 비난가능성(非難可能性)은 더더욱 커지게 되고, 아직 매도하지 않는 비트코인을 현금화할 수 있는 전제조건으로서 '개인 키에 관한 패스워드'를 진술하지 않는 채무자의 태도는 같은 정도의 비난가능성으로 평가될 수 있다.

라. 압류

만약 집행가능한 신청영역에 해당하는 비트코인등 압류신청이라면 집행법원 사법보좌관은 이를 인용하는 압류명령을 내려야 할 것이다. 물리적 동전인 비트코인은 유체동산집행으로 강제집행이 가능하다. 종이지갑에 존재하는 비트코인도 현금화 이전까지는 마찬가지이다. 온라인지갑에 존재하는 비트코인에 대하여 강제집행신청이 있을 때 집행법원은 – 가압류인용결정의 흐름을 볼 때 – 대체로 가상화폐 전송, 매각등 이행청구채권, 가상화폐 반환청구채권, 암호화폐 지급청구권, 비트코인 출급청구채권을 피압류채권(=압류할 채권)으로 하여 압류명령을 발령할 것으로 본다. 여기서 제3채무자는 가상화폐의 교환업자를 말한다. 압류의 일반이론이 여기에 그대로 적용되므로 압류의 효력이 발생하면 집행채무자에게는 채권의 회수 그 밖의 처분을 하는 것을 금지하는 처분금지효가 생기고, 제3채무자인 가상통화 교환업자에게는 집행채무자에 대한 변제금지효를 발생시킨다.

즉, 제3채무자는 집행채무자에 대한 변제금지의무를 지므로, 제3채무자인 가상통화 교환업자로서는 어카운트 내지 월렛(Wallet)에서 보관하고 있는 집행채무자의 가상통화 등의 시가에 대응하는 법정통화를 채권자에 지급하여야 변제효를 누릴 수 있다. 그런데 제3채무자에게 압류결정이 송달된 이후에도 집행채무자가 네트워크상의 어카운트나 월렛(Wallet) 등의 서비스를 자유롭게 이용할 수 있다면 이는 제3채무자에게 이중변제를 강요하는 것이 되어 심히 가혹하다.

이에 제3채무자가 되는 가상통화 교환업자로서는, 이용규약 등에 민사보전, 강제집행이나 파산신청이 있는 경우에는 어카운트나 월렛 등의 서비스의 정지나 취소, 영속적인 중단 또는 채권자나 피해자에게 이용자의 자산을 지급한다고 정하는 것과 같이 이용자와 가상통화 교환업자 사이에서 절차나 처리방침을 명확히 정해둘 필요가 있다. 미리 정해둔 경우에는 그 이용규약에 따라 채무자의 어카운트나 월렛 서비스의 중단, 정지, 삭제하는 것이 가능하겠지만, 만약 이용규약이 없는 경우에는 어찌할 것인가? 집행불능이 된다고 할 것이다.

유체동산집행설은 법 제189조 제1항 본문(채무자가 점유하고 있는 유체동산의 압류는 집행관이 그 물건을 점유함으로써 한다)에 따라서 채무자의 전자지갑에 든 비트코인은 개인키를 확보 후 집행관의 점유로 옮기는 압류집행을 하여야 한다고 주장한다. 만약 채무자의 개인키를 확보하지 못한 경우에는 공개키를 찾은 경우에는 법 제189조 제1항 단서(다만, 채권자의 승낙이 있거나 운반이 곤란한 때에는 봉인(封印), 그 밖의 방법으로 압류물임을 명확히 하여 채무자에게 보관시킬 수 있다) 조항을 적용하여 봉인의 방법으로 압류하고, 공개키조차 못찾은 경우에는 압류물을 특정하지 못한 셈이므로 집행불능으로 귀결된다는 것이다.[179]

그러나 유체동산집행설은 작위적이며 비트코인이라는 전자적기록이 민법상 동산의 범주에 들 수 있다고 하더라도 민사집행법상 유체동산에 포섭하는 것은 타당하지 아니하다. 또 점유의 개념을 관념화하는 것이 추세라고 하더라도 전자적기록으로 존재하는 비트코인이 과연 어디에 '있다'고 보아야

---

[179] 전승재,권헌영, 앞의 논문, 95~96.

할 것인지 유체동산집행 관할을 결정하는데 있어서 해결하기 어려운 혼선을 주게 된다. 이 설을 따를 수 없는 이유이다.

마. 가압류에 관한 하급심판례들[180]

최근 하급심결정례들에서 예탁유가증권공유지분 (가)압류와 유사하게 예탁비트코인 공유지분 가압류를 신청한 사안이 있었으나 각하되었다(서울중앙지방법원 2018카단800115 사건). 비트코인 출급청구채권을 가압류대상으로 삼은 사례에서는 가압류결정이 인용된 예가 있다(울산지방법원 2018. 1. 5.자 2017카합10471 결정).

가상화폐 전송, 매각 등 이행청구채권을 가압류 대상으로 삼아 결정한 예도 있다(서울중앙지방법원 2018. 2. 1.자 2017카단817381 결정). 그리고 가상화폐 반환청구채권을 가압류의 대상으로 삼은 사례(서울중앙지방법원 2018. 3. 19.자 2018카단802743 결정)도 있으며, 암호화폐 지급청구권을 가압류의 대상으로 삼은 사례(서울중앙지방법원 2018. 4. 12.자 2018카단802516 결정)도 있다.

---

180) 박영호, 앞의 논문, 30. 이하에서 인용하였다.

스물아홉 번째 물음

> 마스터 실무사례

민사집행법 제246조 제1항 제4호의 압류금지규정과 공무원연금법상 압류금지규정의 상호관계 — 특히 양육비채권이 집행채권인 경우

실무사례

○○가정법원은 2016. 1. 15. A의 자녀 C의 아버지 B가(주: A와 B는 법적 부부였으나 이혼하였다) A에게 과거의 자녀 C에 대한 양육비 5천만 원과 장래양육비로 60개월 동안 매 월말 70만 원씩을 지급하여야 한다는 결정을 하였고, 이 결정은 그 무렵 확정되었다(사건번호: 2015브○○). A는 공무원연금법 제32조의 규정으로 인해 위 양육비채권을 집행채권으로 하여 A의 자녀 C의 아버지 B가 공무원연금공단으로부터 받는 퇴직연금을 압류하여 강제집행을 할 수 없어 인간다운 생활을 할 권리 등 기본권이 침해되었다고 주장하면서 2016. 3. 28. 공무원연금법 관련조항에 대하여 헌법소원심판을 청구하였다.

> 쟁 점 : 공무원연금에 대한 압류가 가능한지 여부, 민사집행법 제246조 제1항 제4호의 연금의 2분의 1에 해당되는 금액 압류금지규정과 공무원연금법상 공무원연금의 압류금지규정의 상호관계 및 해석

참조조문

☞ **민사집행법**

제246조(압류금지채권)
①다음 각 호의 채권은 압류하지 못한다. 〈개정 2005. 1. 27, 2010. 7. 23, 2011. 4. 5.〉
  1. 법령에 규정된 부양료 및 유족부조료(유족부조료)
  2. 채무자가 구호사업이나 제3자의 도움으로 계속 받는 수입

질문에 대한 해설

1. 들어가며

퇴직공무원은 연금을 퇴직일시불로 수령하지 않은 이상 공무원연금수급권을 가진다. 2000년 이전에는 공무원연금을 일시불로 받는 퇴직공무원들도 많았으나, 고령화사회가 되고 곧 초고령화사회로 진입을 앞둔 이 시대에서 미래에 대한 경제적 불안은 대부분의 공무원들이 퇴직연금을 선택하도록 만들고 있다. 최근 공무원연금법 개정으로 인하여 10년, 15년, 20년의 근무기간을 선택하여 그 기간에 해당되는 만큼만 연금을 받을 수 있는 제도를 도입하였는데(연금선택의 다양화) 이러한 입법적 노력은 국가의 연금지급부담을 경감시키려는 취지로 생각된다.

한편 공무원도 일반인들과 마찬가지로 황혼이혼이 증가하고 있다. 그러므로 타방배우자는 유책배우자이자 이혼상대방인 공무원의 퇴직연금에 손을 대고 싶어하는 것이 인지상정이다. 퇴직공무원들의 중요자산이 연금인 점, 국민연금과 비교하여 상대적으로 공무원연금이 고액이기 때문에 강제집행의 충동을 느낄 수밖에 없기 때문이다. 현직공무원들과 달리 2009년 공무원연금법 개정 이전에 대부분의 공무원생활을 보낸 퇴직공무원들은 공무원연금

이 대부분 250만 원을 넘어서고 경우에 따라 300만 원을 훌쩍 넘는 연금수급자도 많은 것이 현실이다. 이 헌법재판소 판례사안도 그러한 연장선에서 이해하면 될 것이다.

2. 양육비부담의무를 진 퇴직공무원의 의무불이행과 이혼배우자의 강제집행 가능성

앞의 사례에서 보았듯이 자녀 C의 아버지 B가 배우자 A와 이혼하면서 자녀 C에 대한 과거의 양육비 5천만 원, 그리고 장래양육비로 60개월 동안 매 월말 70만 원씩을 지급하여야 할 의무를 지고서도 양육비지급의무를 불이행할 때 공무원연금법상 압류금지조항과 압류제한조항이 적용되므로 양육비지급명령을 집행권원으로 압류 및 추심신청 또는 전부명령신청을 할 수 없다고 해야 할 것인가?

2016. 1. 15. 가정법원의 결정을 받은 A는 2016. 3. 28. 공무원연금법 관련조항에 대하여 인간다운 생활을 할 권리 침해 등을 이유로 법률위헌확인의 헌법소원심판을 청구했다. 아마도 압류신청을 집행법원에 하였음에도 집행법원이 이를 기각하였거나 공무원연금공단이 압류에 응하지 않았기 때문일 것으로 생각된다.

가. 종래의 논의

2015년 법개정까지는 퇴직연금 가운데 공무원, 군인, 사립학교교원의 퇴직연금은 특별법에 의하여 각각 그 전액이 압류금지채권으로 되어 있었던 것으로 실무상 해석되었다.

즉 종래의 실무는, ① 민사집행법은 집행법의 일반대원칙을 정한 기본법인 점, ② 민사집행법 제246조 제1항 제4호와 달리 특별법에서 정한 바가 있다면 이는 입법자의 결단이 작용한 것으로서 당연히 특별법우선의 원칙에 따르는 것이 정합적(整合的) 해석이 된다는 이유로 공무원, 군인, 사립학교교원연금은 전액 압류금지채권으로 이해하였다. 판례(대법원 2014. 1. 23. 선고 2013다71180 판결 【추심금】)는 민사집행법은 제246조 제1항 제4호에서 퇴직연금 그 밖에 이와 비슷한 성질을 가진 급여채권은 그 1/2에 해당하는 금액만 압류하지 못하는 것으로 규정하고 있으나, 이는 '근로자퇴직급여 보장법'상 양도금지 규정과의 사이에서 일반법과 특별법의 관계에 있으므로, '근로자퇴직급여 보장법'상 퇴직연금채권은 그 전액에 관하여 압류가 금지된다고 판시한 바 있다.[181]

그런데 학설은 대체로 실무입장에 반대하였다. 즉 민사집행법 제246조 제1항 제4호에서 퇴직연금도 2분의 1 범위 내에서 압류금지로 규율하고 있어서 같은 급여소득자 사이에 신분에 따라 그 보호범위가 달라지게 되므로, 여기서 일반법과 특별법의 우선문제가 대두되었다.[182] 그리고 아무리 사회보장에 기한 것이라 하더라도 이들 급부에 대하여는 급부의 성질상 전액에 대하여 압류금지를 할 합리적 근거를 발견할 수 없다는 것이 주석 민사집행법 집필자들의 견해[183]였다. 확실히, 공무원, 군인, 사립학교교직원이었느냐 아니냐 여부에 따라서 민사집행의 범위가 달라진다는 것은 특단의 입법적 고려를 생각한다고 하더라도 문제가 있었다.

나. 연금관련법률의 개정과 법해석

그런데 국회 본회의는 2015. 5. 29. 공무원연금개혁입법을 상정, 통과시켰고, 정부에 6. 11. 이송된 후 6. 22. 공무원연금법 일부개정법률이 공포됨에 따라, 공무원연금법 제32조 제2항[184]도 신설하였다(2016. 1. 1.부터 법시행).

---

181) 대법원 2014. 1. 23. 선고 2013다71180 판결 【추심금】
　　"이 판결은 대법원이 실무의 입장을 받아들여 민사집행법 적용설이 아닌 특별법 적용설을 채택한 것으로 평가되고 있다." 이원, 최근집행관련 대법원판결 검토, 사법보좌관 직무수행연수 1일차 교육강의안 18, 각주 130) 참조.
182) 주석 민사집행법 5권, (한국사법행정학회 제3판 2012. 5.) 601.
183) 위의 책, 601.
184) 공무원연금법 제32조(권리의 보호) ① 생략

민사집행법 제195조 제3호에 해당하는 금액, 즉 이른바 '1월간의 생계비'를 제외하고는 압류할 수 있다는 취지로 신설된 것이다(공무원연금법 제32조 제2항 반대해석). 군인연금법도 2015. 9. 1. 제7조에 2항을 신설(부칙상 공포 후 6개월 경과한 날, 즉 2016. 3. 2.부터 시행)하여 위 공무원연금법 제32조 제2항과 동일한 내용을 규정[185]하였다. 사립학교교직원연금법은 제40조 제2항을 이미 신설(2013. 12. 30.)하여 수급권자에게 지급된 급여로서「민사집행법」제195조 제3호에서 정하는 금액 이하의 급여는 압류할 수 없도록 하고 있었다.

이와같은 관련법률개정은 종래실무에 대한 반성적 고려라고 생각된다. 그러므로 앞서 본 실무와 학계의 견해대립은 국회에서의 법개정으로 종식되었다고 말할 수 있다(私見).

다. 註釋書 기술의 불명료한 부분

다만 2018년에 출간된 주석 민사집행법 5권(제4판)에서는 아쉽게도 이 부분이 반영되지 않고 전액 압류금지채권으로 기술되어 있다. 즉 "…다만 퇴직연금 중 공무원, 군인, 사립학교 교직원의 퇴직연금은 각각 특별법에 의해 그 전액이 압류금지채권으로 규정되어 있다"고 기술한 부분이 그것이다.[186]

---

② 수급권자에게 지급된 급여 중「민사집행법」제195조 제3호에서 정하는 금액 이하는 압류할 수 없다. 〈신설 2015. 6. 22.〉

185) 군인연금법 제7조(권리의 보호) ①급여를 받을 권리는 양도 또는 압류하거나 담보로 제공할 수 없다. 다만, 다음 각 호의 어느 하나에 해당하는 경우에는 그러하지 아니하다. 〈개정 2015. 9. 1.〉
   1. 대통령령으로 정하는 바에 따라 금융회사 등에 담보로 제공하는 경우
   2. 제37조에 따른 군인연금기금의 대부(貸付) 또는「국가유공자 등 예우 및 지원에 관한 법률」및「제대군인지원에 관한 법률」에 따른 대부를 받기 위하여 국가에 담보로 제공하는 경우
   3.「국세징수법」이나「지방세기본법」에 따라 체납처분을 하는 경우
②수급권자에게 지급된 급여 중「민사집행법」제195조 제3호에서 정하는 금액 이하의 급여는 압류할 수 없다. 〈신설 2015. 9. 1.〉

186) 주석 민사집행법 5권, (한국사법행정학회 제4판 2018. 10. 31) 814. 참조.

공무원연금법 제39조 제2항이 압류제한을 규정하여 최저생계비 이외의 부분에 대한 압류집행을 인정하고 있기 때문에 제39조 제1항이 압류금지원칙을 천명한 것을 두고서 전액 압류금지채권으로 보아서는 안 될 것이다(私見). 이 부분은 향후 제5판에서는 정정되어야 할 것으로 본다.

라. 헌법재판소의 최근 결정에서의 입법촉구 의견

헌법재판소는 압류금지조항과 실질적으로 내용이 같은 구 공무원연금법(1982. 12. 28. 법률 제3586호로 전문개정되고, 2009. 12. 31. 법률 제9905호로 개정되기 전의 것) 제32조 본문 중 "압류금지" 부분이 헌법에 위반되지 아니한다고 결정한 바 있고(헌재 2000. 3. 30. 98헌마401등), 최근 헌법재판소 2018. 7. 26. 2016헌마260 결정에서 이 선례(주: 헌재 2000. 3. 30. 98헌마401 결정을 가리킨다)의 판단이 달라져야 한다고 볼 수 없다고 판시하였다. 이것은 심판대상조항에 대한 사실상 합헌결정이다(위헌소원 기각 결정). 그리고 다음의 헌재 설시내용이 매우 중요하다고 보인다.

즉 "<u>압류제한조항은 채무자등의 생활에 필요한 1개월간의 생계비에 해당하는 금액 이하만의 압류를 제한하고 있다. 이는 같은 내용의 민사집행법의 규정이 공무원연금으로 받은 금액에 대해서도 적용된다는 것을 주의적으로 확인한 규정에 불과하고</u>, 과잉금지원칙에 위배되지 아니한다. 압류금지조항과 압류제한조항은 청구인의 재산권을 침해하지 아니한다."는 판시가 그것이다.

앞서 서술한 바와 같이 종래 견해대립에서 민사집행법 제246조 제1항 제4호는 퇴직연금도 2분의 1 범위 내에서 압류금지로 규율하고 있으므로 같은 급여소득자 사이에 신분이 공무원, 군인, 사립학교교직원인지 여부에 따라 공무원등인 경우에는 퇴직연금이 전액 압류금지가 되고(특별법 우선적용), 공무원등이 아닌 경우에는 퇴직연금이 2분의 1 범위 내에서 압류금지가 되어 그 보호범위가 달라지게 되는데, 아무리 사회보장에 기한 것이라 하더라도 이들 급부에 대하여는 급부의 성질상 전액에 대하여 압류금지를 할 합리적 근거를 발견할 수 없기 때문에 특별법 우선적용을 인정할 수 없다는 견해가 학설의 대체적 의견이었던 것이다. 이러한 비합리적 차별을 고려하여 공무원연금법 제32조 제2항이 2015. 6. 22. 신설되어 2016. 1. 1.부터 시행되었는데 "수급권자에게 지급된 급여 중 「민사집행법」 제195조 제3호에서 정하는 금액 이하는 압류할 수 없다." → 반대해석: 민사집행법 제195조 제3호에 정하는 금액 초과분은 압류할 수 있다는 내용으로 개정된 것이다.

결론적으로 민사집행법 제195조 제3호에 해당하는 금액, 즉 이른바 '1월간의 생계비' 185만 원을 제외하고는 압류할 수 있다는 취지로 신설된 것이다(공무원연금법 제32조 제2항 반대해석). 군인연금법(2015. 9. 1. 제7조에 제2항 신설, 부칙상 공포 후 6개월 경과한 날, 즉 2016. 3. 2.부터 시행)도 공무원연금법 제32조 제2항과 동일한 내용을 규정하고 있으며, 사립학교교직원연금법(2013. 12. 30. 제40조 제2항 신설)도 같다. 그런데 헌법재판소는 위 결정(헌재결 2018. 7. 26. 2016헌마260) 판시에서 "헌법재판소는 2000. 3. 30. 98헌마401등 결정에서 압류금지조항의 개정필요성을 지적하였으나 18년이 지나도록 채권자와 채무자의 이익을 합리적으로 균형 있게 조정할 수 있는 규정이 입법되지 않았다.

여전히 공무원연금수급자가 생계비 이상의 연금급여를 받으면서 채무이행을 의도적으로 회피하는 경우 어려운 처지의 채권자가 보호받지 못하는 문제가 해소되지 않고 있으므로, 입법자는 연금수급권자와 채권자의 이해관계를 합리적으로 균형 있게 조정하는 제도적 장치를 조속히 마련하여 압류금지조항을 보완하여야 한다."고 설시하였는바 18년이 지나도록 채권자와 채무자의 이익을 합리적으로 균형 있게 조정할 수 있는 규정이 입법되지 않았다는 내용에는 찬성할 수 없다.

필자가 언급한 바와 같은 공무원연금법 개정으로 인하여 현재 민사집행법 제195조 제3호에 해당하는 금액, 즉 이른바 '1월간의 생계비' 185만 원을 제외하고는 압류할 수 있기 때문이다. 현재 민사집행법 제246조와 공무원연금법 제39조는 서로간에 일반법과 특별법으로서 특별법우선적용의 원칙이 합리적이라고 말할 수 있게 되었다. 괄목할 만한 입법의 진전이다.

마. 이혼배우자의 양육비채권을 집행채권으로 한 공무원연금에 대한 압류 가능성

이 사례와 같이 이혼배우자의 양육비채권을 집행채권으로 한 공무원연금에 대한 압류가 불가능한 것인가?

헌법재판관(이하 '재판관' 약칭) 이진성, 재판관 안창호, 재판관 서기석, 재판관 조용호 재판관 유남석은 압류금지조항에 대한 위헌의견을 제시하였으나 헌법재판소법이 정한 위헌정족수 6인에 1인이 모자라서 위헌의견이 9인 재판관 중 과반수 5인에 해당함에도 위헌결정을 하지 못하였다. 이러한 결정을 과거 헌법학 일부학설에서 헌법불위배결정이라고 부르기도 하였으나 변형결정을 인정하더라도 헌법학계의 통설은 헌법불위배결정의 개념은 인정하지 않는 것 같다. 다수의견이지만 위헌정족수에 못 미친 재판관 5인 의견은 아래와 같다.

"<u>자녀양육권</u>은 혼인과 가족생활을 국가가 보장하여야 한다고 규정한 헌법 제36조 제1항, 행복추구권을 보장하는 헌법 제10조 및 열거되지 아니한 기본권도 보장하도록 하는 헌법 제37조 제1항으로부터 도출되는 <u>기본권임과 동시에</u>, 자녀가 정상적인 사회적 인격체로 성장할 수 있도록 돌보아야 하는 <u>부모의 헌법상 의무이고</u>, <u>부모의 양육에 따라 자녀가 누리는 이익도 헌법의 보호를 받는 법익</u>이다. 양육비채권은 부모가 실제로 공동으로 자녀를 양육하지 못하는 경우에, 부모의 공동부담으로 이루어지는 자녀 양육의 물적 기초를 이루는 재산권으로서, 자녀양육권과도 긴밀한 관련을 가진다. 공무원연금법은 수급권자 본인 뿐 아니라 그가 부양하여야 할 가족의 생활안정도 도모하고 있다. 그러므로 압류금지조항의 입법목적에는 수급권자의 자녀 등 부양가족의 생활을 보호하는 것이 포함된다. 그러나 <u>수급권자가 양육비를 지급하지 아니하여 양육비채권을 집행채권으로 하여 공무원연금법상 수급권을 압</u>

류하고자 하는 경우는 수급권자와 양육대상인 자녀의 이해관계가 상충되는 상황이다. 이 경우 압류금지조항은 수급권자 본인과 그와 같이 사는 가족만의 생활을 보호하는 기능을 하고, 양육대상인 자녀의 생활보호를 도외시하는 결과를 가져온다.

양육비를 법원이 정할 경우 부모의 소득 등 재산 상황과 그 밖의 사정을 참작하므로, 다른 채권에 비하여 양육비를 집행채권으로 하여 공무원연금 수급권에 강제집행을 하더라도 수급권자의 생계를 위협하는 가혹한 결과를 가져올 우려는 적다. 압류금지조항이 보호하고자 하는 수급권자 본인 및 그와 같이 사는 가족의 생활보호와, 양육비채권자 및 양육대상 자녀의 법익 사이의 균형이 준수되었는지는 압류금지조항이 없다고 가정할 경우와 있을 때의 법익의 보호정도를 비교함으로써 알 수 있다. 압류금지조항이 없더라도 민사집행법에 따라 수급권자 본인 및 그와 같이 사는 가족은 보호를 받고, 양육비채권의 금액도 수급권자의 생계나 복리에 위해가 될 정도로 과다한 경우가 발생하기 어렵다.

반면, 압류금지조항은 공무원연금수급권 전부에 전혀 압류를 할 수 없도록 하고, 법원이 조정할 여지도 두고 있지 않으며, 연금액이 생계비를 넘어서는 다액이라도 예외를 두고 있지 않으므로, 양육비채권자의 자녀양육권과 재산권에 가해지는 불이익의 정도는 심하다. 특히, 헌법 제36조 제1항의 혼인 및 가족생활의 보장은 미성년의 자녀들이 건강한 환경에서 교육받고 성장할 수 있도록 부모의 자녀양육을 보호할 국가의 과제를 포함하고 있고, 양육비채권은 양육의 필수불가결한 물적 기초를 이루는 것과 동시에 부모가 헌법상 자녀양육의 의무를 이행하기 위한 것임을 고려할 때, 압류금지조항에 의하여 발생하는 청구인의 자녀양육권과 재산권의 제한은 규범적 측면에서도 중대하다.

이와 같이, 압류금지조항 중 집행채권이 양육비채권인 경우는 법익균형성을 충족하지 못하여, 과잉금지원칙을 위반하여 청구인의 자녀양육권과 재산권을 침해하므로, 헌법에 위반된다. 다만, 압류제한조항은 1개월간의 생계비에 해당하는 금액의 압류를 제한할 뿐이어서, 수급권자 및 그와 같이 사는 가족의 최소한의 인간다운 생활을 할 권리를 보장하는 것으로서 과잉금지원칙에 위배되지 아니하므로, 청구인의 기본권을 침해하지 아니한다."

3. 결론

공무원연금법은 위헌여부의 심리대상이었던 법률 제13387호 공무원연금법([시행 2016. 1. 1.], [2015. 6. 22., 일부개정])과 현행 공무원연금법([시행 2020. 1. 1.], [법률 제16851호, 2019. 12. 31., 타법개정]) 모두 공통적으로 제1항은 압류금지조항, 제2항은 압류제한조항의 형식으로 되어 있다.

이 사건에서 재판관 5인의 견해는 제1항인 압류금지조항이 양육비채권의 경우에도 적용한다면 위헌이라는 의견이다. 위헌정족수 6인에 못 미쳐서 결론은 합헌이 되는데 1990년대에는 이른바 헌법불위배의견이라고도 불렀다. 그건 그렇고, 압류에 있어서 양육비채권이 집행채권인 경우에도 압류가 금지되는 것은 제1항 본문의 입법취지에서일 뿐 실제로 제2항인 압류제한조항이 적용되어 수급권자에게 지급된 급여 중 민사집행법 제195조 제3호에서 정하는 금액(현재는 185만 원이다)을 넘어서는 금액은 압류할 수 있다.

다시 말하면 현행 실무적으로 공무원연금 가운데 185만 원을 초과하는 부분은 압류할 수 있는 것이다. 압류금지조항인 제1항이 양육비채권에 관하여 위헌이 된다면 집행채권이 양육비채권인 경우에는 공무원연금수급권 자체에 압류를 할 수 있게 되어서 집행이 편리하게 된다는 장점이 있을 것이다. 이 사건 헌법소원청구인이 주장한 바와 같이 압류금지조항으로 말미암아 청구인은 연금급여가 지급되는 예금통장을 압류하는 방법으로 채권을 행사할 수밖에 없는데, 수급자는 손쉽게 급여지급통장을 바꿀 수 있으므로 매달 지급받아야 하는 양육비채권을 행사하는 데 지장이 있을 수 있다.

그러나 급여지급통장을 특정하는 것은 구체적 실무절차 진행의 문제일 뿐 압류집행에서 본질적인 것은 아니다(실무는 급여계좌압류에서 계좌의 특정을 요구하지 않고, 제3채무자 은행의 특정과 별지목록 예금의 종류에 따른 압류의 순서 등만을 요구하고 있을 뿐이다). 필자가 생각하는 정작의 문제는 압류금지조항 및 압류제한조항이 없을 때와 있을 때의 有・不利를 비교해 보는 것이다.

만약 압류금지조항이 없다면, 민사집행법상 압류금지채권에 관한 규정이 적용된다. 민사집행법 제246조 제1항 제4호에 따르면 퇴직연금이나 이와 비슷한 성질을 가진 급여채권의 2분의 1에 해당하는 금액의 압류를 할 수 없는데, 국민기초생활보장법에 의한 최저생계비를 감안하여 압류금지금액의 하한을 정하고, 퇴직금이나 이와 비슷한 성질을 가진 급여채권의 2분의 1에 해당하는 금액의 압류도 금지된다(같은 법 제246조 제1항 제4호, 제5호 참조).

그리고 채권자와 채무자의 생활형편이나 그 밖의 사정으로 인하여 위와 같이 정해진 금액에 조정이 필요한 경우 당사자의 신청에 따라 집행법원이 압류금지범위를 조정할 수도 있다(제246조 제3항). 따라서 압류금지조항이 없다 하더라도 수급권자 본인 및 그와 같이 사는 가족의 법익은 위와 같은 민사집행법 조항들에 의해 상당 부분 보호된다. 양육비는 애당초 채무자의 소득 및 사정을 고려하여 정해지므로, 양육비가 수급권자 본인 및 그와 같이 사는 가족의 생계나 복리에 위해가 될 정도로 과다하게 정해지는 경우는 발생하기 어렵다고 할 것이다. 오히려 한 가정의 가장이었다면 최저생계비 이내에서 당연히 지출하였어야 할 금액이다.

그런데 양육비채권자(이 사례에서 아이의 엄마인 이혼한 A女)는 압류금지조항에 의해 공무원연금법상 급여수급권 전부에 대해 전혀 압류를 할 수 없고(주: 물론 2016년 공무원연금법 제32조 제2항 압류제한조항의 시행에 의하여 최저생계비 이상은 압류가 가능해졌음에 유의하여야 한다), 법원이 이를 조정할 여지도 없으며, 수급권자가 생계비를 넘어서는 다액의 연금을 받더라도 양육비채권자로서는 강제집행을 하기 어렵다. 이와 같이 압류금지조항은 그 입법목적 중 하나인 수급권자와 같이 살지 않는 부양가족의 생활보호를 도외시하여 자녀의 양육이라는 법익을 일방적으로 전부 희생시킨다.

이와 같이 압류금지조항에 의해 양육비지급이 제때 이루어지지 않으면 청구인의 자녀양육에 지장이 초래되고, 그 자녀는 부모의 적정한 분담과 조력에 의한 양육을 제대로 받지 못한 채 성장하게 될 우려가 크다. 또한 양육비지급을 확보하기 위한 가사소송법 등 다른 법률상의 제도들도 충분히 효과적이라고 볼 수 없다.[187] 사례에서 아이의 엄마인 이혼한 A女가 무직자 가정주부라면 문제는 더 커진다. 연금급여수입이 있는 퇴직공무원 B와 A女를 비교하였을 때 양육비지급을 하지 않는다면 그 사이의 자녀 C는 최소한도의 생활도 하지 못할 가능성이 크다.

그러므로 생각건대 오히려 퇴직공무원 B가 새로운 가정을 꾸렸을 경우 그 공동체의 보호와 이혼배우자 A女와 자녀 C가 이룬 공동체보호 사이의 선택에 있어서 헌법적 보호의 추는 자녀 C에게 기울어야 하는 것이 타당하다고 생각된다(私見, 소수설). 현재 공무원연금 1인당 지급평균액이 월 250만 원을 상회하는 것이 대부분인데, 다음과 같은 사례, 즉 세액을 공제하고 공무원연금으로 월 270만 원을 수령하는 B男이 있다고 가정할 때, 민사집행법 제246조 제1항 제4호의 한도(퇴직연금이나 이와 비슷한 성질을 가진 급여채권의 2분의 1)에 해당하는 금액인 135만 원을 제외한 나머지 135만 원은 압류가 가능하다고 해석해야 할 것이고, 여기에 압류제한조항은 아예 적용이 없다고 해야 한다(私見, 압류금지 및 압류제한조항 적용배제설).

사견에 따를 때 공무원연금법 제39조 제2항의 압류제한조항은 양육비채권과 관련해서는 적용이 없게 되어 양육비지급의무자는 자신의 최저생계와 무관하게 양육비를 전 배우자에게 지급하여야 할 것이다. 사견은 결국 구공무원연금법 제32조 제1항, 제2항(현행 공무원연금법 제39조 제1항, 제2항) 전부가 양육비채권에 적용되는 한 위헌이라는 결론이다. 연금수급자는 집행법원에 민사집행법 제246조 제3항의 신청을 함으로써 권리구제 내지 권리 상호간

---

[187] 재판관 5인 의견의 논거 중 하나이다.

조정을 꾀하는 것이 옳다. 양육비채권 이외의 채권이 집행채권이라면, 구공무원연금법 제32조 제1항, 제2항(현행 공무원연금법 제39조 제1항, 제2항)은 합헌이며 입법자의 입법형성의 자유 안에 있다고 본다.

질문에 대한 답변

이 법률에 대한 헌법소원은 받아들여지지 않았지만 양육비에 기한 공무원연금압류신청에 대하여 공무원연금법의 태도는 앞으로 국회의 개정입법을 통하여 바뀔 가능성이 크다.

결론적으로 A의 자녀 C의 아버지(전직 공무원으로 연금수급권자) B가 A에게 자녀 C에 대한 과거의 양육비 5천만 원과 장래양육비로 60개월 동안 매 월말 70만 원씩을 지급하여야 하지만, B가 A에게 채무를 불이행하는 경우, A는 자의 어머니이자 양육비지급청구소송의 승소당사자로서 양육비지급 판결에 집행문을 부여받아서 공무원 B가 공무원연금공단으로부터 받는 퇴직연금을 압류 및 추심할 수 있다. 그러나 신청서 별지에 압류제한조항으로 인하여 압류가 제한되는 금액은 기재하여야 한다.

그러나 공무원연금수급권 자체는 압류할 수 없을 것이다. 집행권원이 양육비부담조서인 경우에는 그 조서정본에 집행문을 부여받아서 압류신청하면 된다. 양육비부담조서정본의 집행문은 당사자가 제출한 혼인관계증명서에 기록된 협의이혼의사확인 사건번호와 양육비부담조서정본에 기재된 사건번호가 일치하는 경우 담당 판사 또는 사법보좌관의 명령에 따라 부여하도록 되어 있다(가족관계등록예규 제525호, 「협의이혼의 의사확인사무 및 가족관계등록사무 처리지침」 제20조의2, 개정 2018. 6. 22. 시행 2018. 7. 1. 사법보좌관규칙 제2조 제1항 제4호).

📖 참고 : 미성년인 자녀가 없는 당사자 사이의 협의이혼의사 확인

「법원조직법」(법률 제15152호, 2018. 7. 1. 시행), 「사법보좌관규칙」(대법원규칙 제2784호, 2018. 7. 1. 시행), 「가족관계의 등록 등에 관한 규칙」(대법원규칙 제

2788호, 2018. 7. 1. 시행) 이 각 개정되어 가족관계등록예규도 개정되었다(가족관계등록예규 제525호). 즉 미성년인 자녀가 없는 당사자 사이의 협의이혼의사확인기일 지정을 담당 판사 외에 사법보좌관도 할 수 있고(예규 제1조 제1항), 또한 부부 사이에 미성년인 자녀가 없는 경우, 담당 판사 또는 사법보좌관은 당사자 쌍방의 이혼의사를 확인하면 확인서 등에 각 날인하고, 법원사무관 등은 당사자 쌍방에게 확인서등본 각 1통을 교부하게 되었다(제10조 제2항). 마찬가지로 미성년인 자녀가 없는 당사자 사이의 협의이혼의사 불확인도 담당 판사 또는 사법보좌관이 한다(제11조 제1항, 제2항). 협의이혼의사 확인의 촉탁도 마찬가지이다(제14조 제1항 참조).

현재 실무에서는 미성년인 자녀가 있는 당사자 사이의 협의이혼의사 확인만 담당 판사가 하고, 그외 미성년인 자녀가 없는 협의이혼의사 확인은 그 이혼의사확인기일을 일주일에 하루 내지 이틀로 몰아서 사법보좌관이 처리하는 경우가 대부분이다.

서른 번째 물음

> 마스터 실무사례

채무자·소유자입장에서 감정평가액을 다투는 사안들

집행법원은 감정인의 부동산감정평가서에 기초하여 최저매각가격을 정한다고 알고 있습니다.

(1) 채무자 겸 소유자인 A가 보기에 도저히 현재 정해진 최저매각가격에 승복할 수 없다고 하는데 어떻게 하여야 하나요?

(2) 부동산경매절차가 여러 적법한 사유로 2년이 넘게 절차가 늦어지고 있습니다. 그 사이에 부동산시가가 변동이 생겼는데 재감정평가를 할 수 있을까요? 그 감정평가비용은 신청인이 부담하여야 하나요?

(3) 공장설립 승인 및 이에 따른 대지조성공사가 진행되고 있음을 전제로 감정평가가 이루어져, 집행법원에서 이를 토대로 최저매각가격을 결정하였는데, 매각기일에서 매수인(경락인)이 된 C가 매수인 된 후에 행정청에 알아본 결과는 경매목적물인 토지에 대한 공장설립 승인이 곧 취소될 예정이라는 사실이었습니다. C는 매수의 목적도 달성할 수 없을 뿐만 아니라 토지를 비싸게 산 결과가 되었는데 어떻게 구제받을 수 있을까요?

> 쟁 점 : 집행법원의 최저매각가격 조정 관련 감정인의 재평가가 필요한 경우

> 질문에 대한 해설

☞ 감정인의 재평가의무가 발생하는 경우

실무에서 위와 같은 사례는 매우 흔하다. 집행법원이 접수하는 민원서류 중에 상당수를 차지한다.

먼저 부동산경매의 최저매각가격은 감정인의 감정평가액을 기초로 집행법원이 결정하는데 대부분의 경우 감정평가액과 일치한다. 감정인은 누구인가? 감정인은 우리가 알고 있는 감정평가사를 말한다. 감정평가사의 지정은 법원내부의 감정평가인 지정프로그램에 의하고 무작위 추출이다. 만약 불성실한 감정을 한다고 집행법원이 평가하는 경우에는 다음해 감정인명부에 등재되지 않을 수도 있다(연말에 법원행정처 담당부서에서 조사할 때 각급법원은 불성실감정인을 조사하여 명단을 통보하기 때문이다).

그렇다면 경매절차의 어느 단계에서 감정평가가 이루어지는지 간략히 본다.

예컨대 강제경매신청서가 집행법원에 접수되었다. 경매개시요건을 충족하는 경우라고 판단되면 집행법원은 경매개시결정을 한다. 법원사무관(5급 법원공무원) 또는 법원주사(6급 법원공무원) 내지 법원주사보(7급 법원공무원)직급에 해당하는 경매계장은 관할등기소에 즉시 그 사유를 등기기록에 기입하도록 등기관에게 전자촉탁하여 경매개시결정사유를 기입하도록 한다. 과거에는 경매개시결정원본을 기록에 철하였으나 현재에는 사법보좌관(실무상 4급 법원공무원. 예외적으로 3급 법원공무원인 경우도 있다)이 전자문서에 전자서명함으로써 전자문서로 보관되기 때문에 기록을 철할 필요가 없어졌다. 다음에 집행법원 경매계장은 경매개시결정 정본을 채무자에게 송달한다. 채무자, 소유자 송달이 적법하게 이루어진 후에는 배당요구의 종기를 정하여 공고하고, 현금화의 준비절차로서 집행관에게 부동산 현황에 관한 조사를 명하고, 감정인에게 매각부동산을 평가하게 하며 그 평가액을 참작하여 최저매각가격을 정한다.

질문(1)에서는 채무자 겸 소유자인 A가 감정평가금액에 승복하지 못하는 예이다. 자신의 부동산이 부동산소개업소에서 말하는 금액과 차이가 나게 되면, 채무자 또는 소유자로서는 견디기 어려운 경우가 많다. 그러나 경매로 물건이 매도될 때에는 시가보다 싸게 매도되는 것이 일반적이다. 최초 1회 매각기일의 최저매각가격에 대비한 실제 낙찰가격을 '매각가율'이라고 부르는데 부동산경기에 따라서 대략 60~90% 사이를 언제나 왔다 갔다 한다.

예를 들어 첫 번째 매각기일에 2억 5천만 원으로 최저매각가격이 정해져서 매각절차가 진행되었고 3회 매각기일에서 1억 9천만 원에 낙찰되었다고 하자. 이때 매각가율은 (1억 9천만 원 ÷ 2억 5천만 원)×100 = 76%가 된다. 그리고 최저매각가격이 낮게 나왔다고 하여 언제나 불리한 것은 아니다. 어차피 입찰에 참가하는 경쟁자들이 써내는 입찰가격(매수가격)에 따라서 최종 낙찰금액이 정해지므로 부동산의 실가치가 중요한 것이다. 1회 매각기일에 기준금액으로 적용되는 최저매각가격이 높다고 하더라도 경매에 응찰하는 사람들이 사지 않으면 낙찰가는 대폭 떨어지기 마련이다.

실무에서 장문으로 A4용지에 빽빽한 글씨로 재감정을 왜 해야 되는지 격정을 토로하며 글로 써서 제출하는 채무자 또는 소유자의 마음을 모르는 것은 아니지만, 법적 요건을 충족하지 못한다면 집행법원 사법보좌관은 재감정명령을 내릴 수가 없다. 중요한 것은 재감정의 요건이 있느냐는 것이다.

재감정을 명하는 경우의 구체적 예는 질문(3)의 답변에서 살펴본다.

만약 재감정요건이 있음에도 재감정명령을 내리지 않는다고 판단되면 '최저매각가격결정에 대한 이의신청'을 할 수 있으며, 이는 법문상 집행에 관한 이의(민사집행법 제16조)에 해당된다.

질문(2)에서는 부동산경매가 2년 넘게 절차가 지연되고 있는 사이에 부동산시가가 변동이 생긴 사례이다. 통상적인 부동산매각절차는 경매개시결정부터 배당기일의 종료까지 빠르면 10여 개월에서 늦어지면 1년 6개월 사이에서는 보통 종료되기 마련이다.

그런데 경매절차는 곳곳에서 암초에 부딪치는 경우가 있다. 예컨대 매각기일에 다가올 때 갑자기 유치권신고서가 제출되어 그 내용이 매각물건명세서에 반영되지 못하고 대표집행관이 경매법정에서 매각기일에 구두로 이를 알리는 경우 그 기일은 공전(空轉)되는 경우가 많다. 왜냐하면 경매계 또는 민사집행과(법원에 따라 민사신청과)에 비치된 매각물건명세서에 유치권내용이 가필되었다고 하여도 이를 사전에 충분히 검토해보지 않은 응찰자들이 많을 것이기 때문이다.

유치권 외에도 채무자측에서 집행정지요건을 얻어낸 경우에는 그 정지사유가 해소될 때까지 경매절차가 정지된다. 경매절차가 지연되는 사유는 이외에도 많다. 근저당권에 의한 소유지분의 경매절차에서 근저당권이 지분에 어느 만큼 미치느냐가 불명확한 경우도 있다. 이는 등기의 오류나 부정확 때문인데 경매신청채권자가 이를 정리해 오지 않는 이상 집행법원은 직권에 의하여 경매절차를 정지할 것이다.

어쨌든 부동산경매절차가 여러 적법한 사유로 2년이 넘게 절차가 늦어지고, 그 사이에 부동산시가에 많은 변동이 생겼다면 이는 채무자로서는 다투어 볼만한 것이다. 일본 동경지방재판소 소속의 민사집행센타는 東京 핵심지역인 千代田区(皇居, 국회의사당, 경시청, 동경지방검찰청등이 있다)에 위치해있는 동경지방재판소와는 별도로 남서쪽 메구로구(目黒区)에 마치 외청처럼 독립건물로 존재하면서 집중적으로 민사집행사건을 처리하기로 유명한데, 부동산감정 후 보통 1~2년이 지나고도 매각되지 않으면 실무상 재감정을 한다고 한다.

일본의 실무에 비추어 만약 경매개시결정 후 2년이 경과한 시점에서도 매각이 되지 않고 절차 지연 중에 있다면 재감정신청을 해오면 받아들여 볼 필요성이 있다고 생각된다(私見). 다만 그 감정평가비용은 재감정신청인이 부담하여야 한다고 생각된다.

📖 참고 : 동경지방재판소 민사제21부 민사집행센타 (民事執行センター)

민사집행사건을 전문적으로 처리하는 전문재판부인 동경지방재판소(民事21部)의 산하기관이며, 東京都目黒区目黒本町二丁目26番14号에 위치해 있다(아래 지도 참고).

구체적으로 시부야구 남쪽, 시나가와구의 서쪽, 세타가야구의 동쪽인 메구로혼쵸(目黒本町)에 위치해 있으며, 필자도 이곳을 견학한 적이 있다. 우리나라와 비교하면 대체로 한가한 분위기였는데 민원인들에게 친절하지는 않은 것으로 느껴졌다. 기간입찰이 대단히 활성화되어 있으며, 당시 기간입찰신청서를 잔뜩 쏟아놓고 업무를 처리하는 광경이 인상적이었다. 센타장은 판사다.

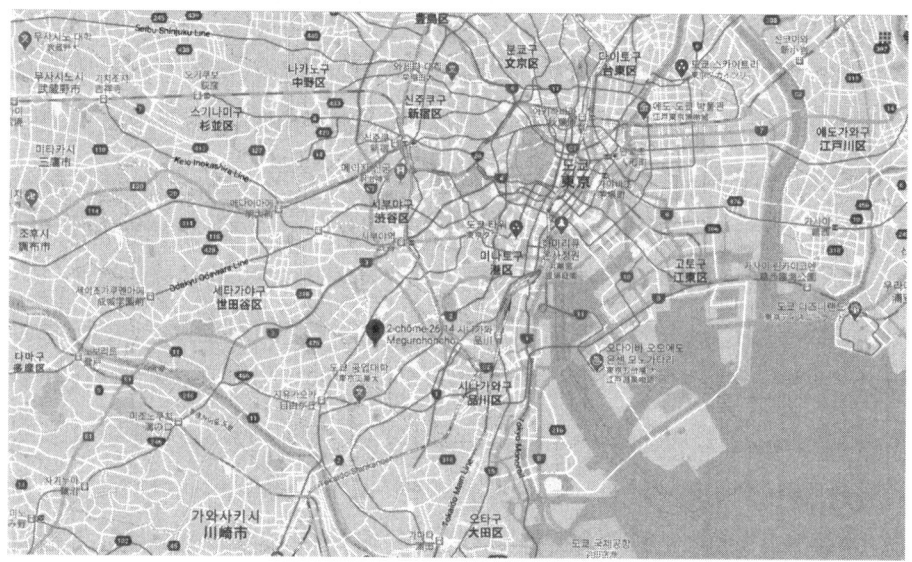

질문(3)에서는 경매목적물인 토지에 대한 공장설립 승인이 곧 취소될 것이라는 사실이 경매절차 중이지만 매각기일 후에 알려진 사례이다. 이것은 실제로 필자가 처리한 사건인바 아래와 같이 수원지방법원 2012. 7. 19.자 2012라865 결정으로 확정되었는데 실무상 참고가 될 것이다.

📖 감정인의 감정평가가 공장설립 승인 및 이에 따른 대지조성공사가 진행되고 있음을 전제로 감정평가가 이루어져 그 감정액이 1,952,160,000원으로 산정되었고, 이를 토대로 최저매각가격이 결정되었다. 그런데 <u>매각기일 후 경매법원에 경매목적물인 토지에 대한 공장설립 승인이 곧 취소될 예정이므로 감정평가액의 산정에 하자가 있다는 이유로 매각불허가신청</u>이 들어왔다. <u>경매법원의 사법보좌관은 이 사건 토지에 대하여 매각불허가결정</u>을 하였고, 이에 <u>채권자가 이 사건 항고</u>를 하자 원심법원은 위 사법보좌관의 결정을 인가하는 원심결정을 내리고 사건을 항고심에 송부하였다.

항고심은 "이 사건 토지에 대한 공장설립 승인 이후 4년 내에 공장설립 등이 완료되지 아니하여 위 승인은 취소대상인 점, 이에 따라 화성시에서는 2012. 6. 22. 공장설립 승인취소 여부를 결정하기 위한 청문절차를 진행하였고, 향후 취소 또는 유예처분이 실시될 예정인 점, 그럼에도 불구하고 이 사건 토지에 대하여는 공장설립 승인이 있어 여전히 공장설립이 가능한 것을 전제로 경매절차가 진행된 점, 이 사건 <u>토지에 대한 공장설립 승인이 취소될 경우 그 권리관계나 감정평가액에 현저한 영향을 미칠 것임은 명백한 점 등을 알 수 있고, 이러한 사정을 종합하여 보면, 이 사건 토지에 대한 최저매각가격의 결정에 중대한 흠이 있거나 경매절차의 진행 중에 중대한 권리관계 변동이 밝혀진 때에 해당한다</u> 할 것이므로, 매각불허가결정을 인가한 원심결정은 정당하다(「민사집행법」 제123조 제2항, 제121조 제5호, 제6호 등 참조)"고 하였다 {수원지방법원 2012. 7. 19.자 2012라865 결정(확정 : 원심결정은 수원지방법원 2012. 6. 26.자 2011타경39471 경매사건의 사법보좌관 名義 매각허가결정에 대한 판사의 인가결정)}.

☎ 경매계의 사건진행 - 사법보좌관의 매각허가결정 - 매각허가결정에 대한 이의신청과 즉시항고 - **집행판사의 인가결정** - 사건의 항고심 송부 - 항고심의 결정

📖 **중요판결 – 대법원 1999. 5. 25. 선고 98다56416 판결
【손해배상(기)】[공1999. 7. 1.(85),1249]**

"타인의 의뢰에 의하여 일정한 보수를 받고 토지 등의 경제적 가치를 판정하여 그 결과를 가액으로 표시하는 감정평가를 업으로 행하는 **감정평가업자가 토지를 개별적으로 감정평가하는 경우에는** 실지조사에 의하여 대상 물건을 확인하고, 당해 토지와 용도, 지목, 주변환경 등이 동일 또는 유사한 인근지역에 소재하는 하나 또는 둘 이상의 표준지의 공시지가를 기준으로 공시 기준일로부터 가격시점까지의 지가변동율, 도매물가상승율 및 지가변동에 영향을 미치는 관계 법령에 의한 토지의 사용·처분 등의 제한 또는 그 해제, 토지의 형질변경이나 지목의 변경 등의 기타 사항을 종합적으로 참작하고 평가 대상 토지와 표준지의 지역요인 및 개별요인에 대한 분석 등 필요한 조정을 하는 방법으로 신의와 성실로써 공정하게 감정평가를 하여야 할 주의의무가 있다." ★

서른한 번째 물음

마스터 실무사례

언제 감정인의 평가액이 현저히 부당하여 경매절차에 중대한 하자가 있다고 말할 수 있나요?

쟁 점 : 감정인의 평가액이 현저히 부당하여 집행법원의 최저매각가격 결정 및 경매절차에 중대한 하자가 있는 경우

질문에 대한 해설

☞ 바로 앞 문제에서 본 (3)번 사례가 여기의 예에 해당한다고 생각되며 또한 구체적으로 판례를 살펴본다면, 대법원 1995. 7. 12.자 95마453 결정 [부동산임의경매][공1995. 9. 1.(999),2931]이 대표적, 본격적 판례입니다.

최저매각가격의 결정에 중대한 흠이 있으면 민사집행법 제121조 제5호의 매각허가에 대한 이의신청사유가 됩니다. 또한 매각허가결정에 대한 항고사유가 됩니다. 민사집행법 제130조 제1항은 "이 법에 규정한 매각허가에 대한 이의신청사유가 있다거나, 그 결정절차에 중대한 잘못이 있다는 것을 이유로 드는 때에만 할 수 있다."고 규정하여 이 점을 명확히 하고 있습니다.

제97조(부동산의 평가와 최저매각가격의 결정) ①법원은 감정인(鑑定人)에게 부동산을 평가하게 하고 그 평가액을 참작하여 최저매각가격을 정하여야 한다.

②감정인은 제1항의 평가를 위하여 필요하면 제82조 제1항에 규정된 조치를 할 수 있다.

③감정인은 제7조의 규정에 따라 집행관의 원조를 요구하는 때에는 법원의 허가를 얻어야 한다.

제121조(매각허가에 대한 이의신청사유) 매각허가에 관한 이의는 다음 각 호 가운데 어느 하나에 해당하는 이유가 있어야 신청할 수 있다.

1. 강제집행을 허가할 수 없거나 집행을 계속 진행할 수 없을 때
2. 최고가매수신고인이 부동산을 매수할 능력이나 자격이 없는 때
3. 부동산을 매수할 자격이 없는 사람이 최고가매수신고인을 내세워 매수신고를 한 때
4. 최고가매수신고인, 그 대리인 또는 최고가매수신고인을 내세워 매수신고를 한 사람이 제108조 각호 가운데 어느 하나에 해당되는 때
5. 최저매각가격의 결정, 일괄매각의 결정 또는 매각물건명세서의 작성에 중대한 흠이 있는 때
6. 천재지변, 그 밖에 자기가 책임을 질 수 없는 사유로 부동산이 현저하게 훼손된 사실 또는 부동산에 관한 중대한 권리관계가 변동된 사실이 경매절차의 진행중에 밝혀진 때
7. 경매절차에 그 밖의 중대한 잘못이 있는 때

제130조(매각허가여부에 대한 항고) ①매각허가결정에 대한 항고는 이 법에 규정한 매각허가에 대한 이의신청사유가 있다거나, 그 결정절차에 중대한 잘못이 있다는 것을 이유로 드는 때에만 할 수 있다.

②민사소송법 제451조 제1항 각 호의 사유는 제1항의 규정에 불구하고 매각허가 또는 불허가결정에 대한 항고의 이유로 삼을 수 있다.

③매각허가결정에 대하여 항고를 하고자 하는 사람은 보증으로 매각대금의 10분의 1에 해당하는 금전 또는 법원이 인정한 유가증권을 공탁하여야 한다.

> ④항고를 제기하면서 항고장에 제3항의 보증을 제공하였음을 증명하는 서류를 붙이지 아니한 때에는 원심법원은 항고장을 받은 날부터 1주 이내에 결정으로 이를 각하하여야 한다.

★★최저매각가격의 결정에 중대한 흠이 있다고 하려면 ①그 결정이 법에 정한 절차에 위반하여 이루어지거나 ②감정인의 자격 또는 평가방법에 위법사유가 있어 이에 기초한 결정이 위법한 것으로 되는 등의 사정이 있어야 할 것이고, ③단순히 감정인의 평가액과 이에 의하여 결정한 최저매각가격이 매우 저렴하다는 사유는 이의사유가 될 수 없습니다.

④감정에 의하여 산정한 평가액이 감정평가의 일반적 기준에 현저하게 반하다거나 사회통념상 현저하게 부당하다고 인정되는 경우에는 그러한 사유만으로도 최저경매가격의 결정에 중대한 하자가 있는 것으로 보아야 할 것입니다.

대법원 1995. 7. 12.자 95마453 결정의 판례사안과 이에 대한 대법원의 결정이유는 대략 다음과 같습니다.

문제가 된 이 사건 토지(이하 '대상토지')의 가격을 평가한 <u>감정인은 대상토지에 관하여 설정된 담보권의 유무나 매매 사례가 있는지를 조사하지 아니하였을 뿐 아니라 아무런 합리적인 근거를 제시하지 아니한 채 대상토지를 1992. 11. 20. 현재 ㎡당 7,800원씩 금 53,461,200원이라고 평가하였고,</u> 경매법원은 위 평가액을 그대로 최저경매가격으로 결정하여 경매를 실시하였으나, 한편 이 사건 토지에 관하여는 1987. 6. 4. ○○상호신용금고 명의로 채권최고액 금 72,000,000원의, 1987. 10. 14. ○○신용협동조합 명의로 채권최고액 금 19,500,000원의, 1989. 1. 5. 같은 조합 명의로 채권최고액 금 15,000,000원의, 1989. 8. 29. 같은 조합 명의로 채권최고액 금 60,000,000원의, 1990. 5. 11. 같은 조합 명의로 채권최고액 금 60,000,000원의, 그리고 1992. 1. 21. 이 사건 경매신청인인 소외 1 명의로 채권최고액 금 60,000,000원의 각 근저당권이 설정되어 있고, 1990. 7. 28.자로 금 570,075,000원에 매매계약이 체결되었다가 토지거래의 허가를 얻지 못하여 그 거래가 무산되기도 하였으며, 위 감정기준일에 근접한 일자인 1992. 1. 1.을 기준일로 한 대상토지의 개별공시지가는 ㎡당 26,000원인 사실을 알 수 있는 바, 근저당권의 채권최고액은 그 목적 부동산의 시가에 미치지 못함이 일반적이라 할 것임에도 그 **평가기준일로부터 5년여 전에 설정된 근저당권의 채권최고액이 이미 위 평가액을 초과하고 있고, 그 이후에도 수차에 걸쳐 위 평가액을 넘는 금액을 채권최고액으로 하는 근저당권이 추가로 설정되었으며, 개별공시지가에 따라 계산한 이 사건 토지의 가격이 위 감정평가액의 수 배에 달할 뿐 아니라, 실제 매매 사례 또한 위 감정평가액을 훨씬 초과하는 점**에 비추어 위 감정평가는 객관적으로 보아 현저히 부당한 것으로서, 이를 그대로 최저경매가격으로 결정한 경매법원의 결정에는 중대한 하자가 있다는 내용입니다.

생각건대 위 이유에서 적절하게 지적하듯이 대상토지의 1992. 1. 1. 개별공시지가는 ㎡당 26,000원인데, 같은 해 11. 20. 현재 기준으로 감정평가사가 ㎡당 7,800원으로 감정한 것은 얼핏 봐도 세 배가 넘는 차이가 납니다. 또한 감정평가기준일로부터 5년여 전에 설정된 근저당권의 채권최고액이 이미 위 감정평가액 53,461,200원을 초과하고 이 근저당권 뒤에도 계속 근저당권이 설정된 것으로 볼 때 감정평가는 전혀 잘못된 것임을 알 수 있습니다.

감정인은 타인의 의뢰에 의하여 일정한 보수를 받고 토지 등의 경제적 가치를 판정하여 그 결과를 가액으로 표시하는 감정평가를 업으로 행하는 자로서, 토지를 개별적으로 감정평가하는 경우에는 실지조사에 의하여 대상물건을 확인하고, 당해 토지와 용도, 지목, 주변환경 등이 동일 또는 유사한 인근지역에 소재하는 하나 또는 둘 이상의 표준지의 공시지가를 기준으로 공시 기준일로부터 가격시점까지의 지가변동율, 도매물가상승율 및 지가변동에 영향을 미치는 관계 법령에 의한 토지의 사용·처분 등의 제한 또는 그 해제, 토지의 형질변경이나 지목의 변경 등의 기타 사항을 종합적으로 참작하고 평가 대상 토지와 표준지의 지역요인 및 개별요인에 대한 분석 등 필요한 조정을 하는 방법으로 신의와 성실로써 공정하게 감정평가를 하여야 할 주의의무가 있습니다(대법원 1999. 5. 25. 선고 98다56416 판결 【손해배상(기)】[공1999. 7. 1.(85), 1249]=감정인의 주의의무 리딩케이스). 그렇기 때문에 이와 같은 주의의무를 위반하여 감정목적물의 소유자등 관련자에게 상당인과관계 있는 손해를 끼친다면 감정인은 손해배상책임을 원칙적으로 지게 될 것입니다.

심화이해

감정가산정의 적정 여부가 문제된 판례사안을 하나 더 보면서 이해해 볼까요?

대법원 2004. 11. 9.자 2004마94 결정[부동산낙찰허가][공2005. 1. 15. (218), 65]이 그것입니다. 물론 이 판례사안은 일괄매각이냐 개별매각이냐의 중요한 쟁점도 갖고 있습니다.

경매대상부동산이 수 개인 경우에 집행법원은 그것을 일괄로 매각하느냐, 아니면 개별적으로 부동산마다 각 나누어서 매각할 것인지를 결정합니다. 재항고인은 이 사건과 관련하여서 일괄경매결정(현재용어는 일괄매각결정)의 하자(瑕疵)를 주장하였습니다.

[참조조문]

민사집행법 **제98조(일괄매각결정)** ①법원은 여러 개의 부동산의 위치·형태·이용관계 등을 고려하여 이를 일괄매수하게 하는 것이 알맞다고 인정하는 경우에는 직권으로 또는 이해관계인의 신청에 따라 일괄매각하도록 결정할 수 있다.

②법원은 부동산을 매각할 경우에 그 위치·형태·이용관계 등을 고려하여 다른 종류의 재산(금전채권을 제외한다)을 그 부동산과 함께 일괄매수하게 하는 것이 알맞다고 인정하는 때에는 직권으로 또는 이해관계인의 신청에 따라 일괄

> 매각하도록 결정할 수 있다.
> ③제1항 및 제2항의 결정은 그 목적물에 대한 매각기일 이전까지 할 수 있다.
> 제99조(일괄매각사건의 병합) ①법원은 각각 경매신청된 여러 개의 재산 또는 다른 법원이나 집행관에 계속된 경매사건의 목적물에 대하여 제98조제1항 또는 제2항의 결정을 할 수 있다.
> **민사집행법 제99조(일괄매각사건의 병합)** ②다른 법원이나 집행관에 계속된 경매사건의 목적물의 경우에 그 다른 법원 또는 집행관은 그 목적물에 대한 경매사건을 제1항의 결정을 한 법원에 이송한다.
> ③제1항 및 제2항의 경우에 법원은 그 경매사건들을 병합한다.

대법원의 판결이유입니다.

"…민사소송법(2002. 1. 26. 법률 제6626호로 전문 개정되기 전의 것) 제615조의2는 "법원은 수개의 부동산의 위치·형태·이용관계 등을 고려하여 이를 동일인에게 일괄매수시킴이 상당하다고 인정한 때에는 일괄경매 할 것을 정할 수 있다."라고 규정하고 있고, 이 때 분할경매로 할 것인지 일괄경매로 할 것인지 여부는 경매법원의 자유재량에 의하여 결정할 사항이라 할 것이다(대법원 1964. 6. 24.자 64마444 결정 등 참조). 이러한 법리에 비추어 기록을 살펴보면, 이 사건 경매대상 부동산인 원심결정 별지 목록 기재 <u>각 부동산이 하나의 웨딩타운을 형성하여 예식장 및 부대시설로 사용되고는 있으나, 위치·형태·이용관계 등에 비추어 반드시 일괄경매를 하여야 고가로 매각할 수 있고 사회·경제적으로도 유리하다고 인정될 정도의 객관적·경제적인 유기적 일체성이 인정된다고 보기는 어려운바</u>, 같은 취지에서 원심결정 별지 목록 1, 2, 3 기재 부동산(이하 '이 사건 입찰목적 부동산'이라 한다)을 다른 부동산들과 분할하여 경매절차를 진행한 후 이 사건 낙찰허가결정을 한 제1심법원의 조치에 위법이 없다고 한 원심의 판단은 옳고, 거기에 채증법칙을 위배하여 사실을 오인하거나 일괄경매의 요건에 관한 법리를 오해한 위법이 있다고 할 수 없다(2004마94결정[188] 理由 1항)."

이 문제에서 주목하는 재항고인의 「최저경매가격 결정의 하자 주장」에 대하여 봅니다. 아래 고딕체 내용은 외우는 것이 좋습니다.

[판례가 확립한 최저매각가격 결정의 중대한 하자요건]

> 최저매각가격의 결정에 중대한 하자가 있다고 하려면 그 결정이 법에 정한 절차에 위반하여 이루어지거나 감정인의 자격 또는 평가방법에 위법사유가 있어 이에 기초한 결정이 위법한 것으로 되는 등의 사정이 있어야 할 것이고, 단순히 감정인의 평가액과 이에 의하여 결정한 최저경매가격이 매우 저렴하다는 사유는 이의사유가 될 수 없으나, 감정에 의하여 산정한 평가액이 감정 평가의 일반적 기준에 현저하게 반한다거나 사회통념상 현저하게 부당하다고 인정되는 경우에는 그러한 사유만으로도 최저경매가격의 결정에 중대한 하자가 있는 것으로 보아야 한다(대법원 1995. 7. 12.자 95마453 결정=리딩케이스).

188) 대법원은 이 결정에서 법률의 헌법위반에 관한 해석도 하였습니다. 헌법재판소가 헌법의 최종해석권한을 갖지만 대법원도 헌법해석을 할 권한이 있는 것은 당연합니다. "경매목적 부동산이 2개 이상 있는 경우 분할경매를 할 것인지 일괄경매를 할 것인지 여부는 집행법원의 자유재량에 의하여 결정할 성질의 것이나, 토지와 그 지상건물이 동시에 매각되는 경우, 토지와 건물이 하나의 기업시설을 구성하고 있는 경우, 2필지 이상의 토지를 매각하면서 분할경매에 의하여 일부 토지만 매각되면 나머지 토지가 맹지 등이 되어 값이 현저히 하락하게 될 경우 등 분할경매를 하는 것보다 일괄경매를 하는 것이 당해 물건 전체의 효용을 높이고 그 가액도 현저히 고가로 될 것이 명백히 예측되는 경우 등에는 일괄경매를 하는 것이 부당하다고 인정할 특별한 사유가 없는 한 일괄경매의 방법에 의하는 것이 타당하고, 이러한 경우에도 이를 분할경매하는 것은 그 부동산이 유기적 관계에서 갖는 가치를 무시하는 것으로서 집행법원의 재량권의 범위를 넘어 위법한 것이 된다고 할 것이므로, 이러한 제한 내에서 집행법원이 이와 같은 경매목적 부동산의 위치·형태·이용관계 등을 객관적·경제적으로 관찰하여 이를 일괄매수하게 하는 것이 상당하다고 인정하는 경우 일괄경매를 결정하도록 한 구 민사소송법 제615조의2 규정이 헌법 제10조의 기본적 인권 보장조항, 제23조 제1항의 재산권 보장조항에 위반된다고 할 수 없다."

위 대법원 2004마94결정의 원심(수원지법 2003. 12. 31.자 2003라205 결정)의 견해는 대법원이 그대로 받아들였는데 다음과 같다(괄호는 필자 임의추가).

"(1)감정인이 원심결정 별지 목록 1, 2 기재 토지에 대한 감정평가를 함에 있어 그 감정평가서에 도매물가상승률을 명시하지는 않았으나, 위 토지들과 제반 사항이 유사한 표준지를 선정하여 그 공시지가를 기준으로 공시기준일로부터 가격시점까지의 지가변동률, 도매물가상승률, 같은 지역에서 형성된 시세 및 도시계획관계, 공법상의 제한 정도 등 지역요인 및 개별요인을 종합·참작하여 위 토지들을 평가하였으므로, 명시적으로 도매물가상승률을 적용하지 않았다는 사정만으로 감정인의 위 토지들에 대한 감정평가가 감정평가의 일반적 기준에 현저하게 반한다거나 사회통념상 현저하게 부당하다고 보기 어렵고, (2)감정인이 원심결정 별지 목록 3 기재 건물에 대한 감정평가를 할 당시 위 건물의 재조달 원가를 산정할 수 없었다거나 시공의 정도, 경과년수, 관리상태 등을 감안한 관찰감가에 의한 감가수정이 부적당하다고 인정할 만한 사정이 없으므로, 제1심법원이 감정평가서의 감정평가액을 그대로 최저경매가격으로 결정하였더라도 최저경매가격의 결정에 중대한 하자가 있다고 볼 수 없으며, (3)**감정평가액이 시가에 비하여 저렴하다는 주장은 낙찰허가결정에 대한 적법한 항고이유가 되지 않는다.**"

서른두 번째 물음

[마스터 실무사례]

개발중인 토지의 감정평가에 관한 감정인의 주의의무의 정도 및 그 부당감정에 따른 손해배상책임이 문제된 사례

[질문]

감정인이 비교표준지를 잘못 선정해서 채무자 또는 소유자의 경매대상 부동산에 관한 최저매각가격이 부당하게 낮게 책정되었습니다. 어떻게 대처해야 하는가요?

> 쟁 점 : 토지 감정평가를 위한 비교표준지 선정 방법·형질변경 중에 있는 토지를 담보물로서 감정평가할 때 감정평가업자가 고려하여야 할 사항·부당감정에 따른 감정평가업자의 손해배상책임에 관하여 정한 舊 지가공시 및 토지 등의 평가에 관한 법률 제26조 제1항의 '선의의 제3자'의 의미·감정평가업자의 부당한 감정과 그 감정을 믿고 초과대출을 한 금융기관의 손해 사이에 인과관계 및 그 손해의 발생에 금융기관의 과실이 있는 경우 인과관계 단절여부

> 질문에 대한 해설

☞ **대법원 2009. 9. 10. 선고 2006다64627 판결【손해배상(기)】[공 2009하, 1599]은 여러 중요쟁점을 판단한 상당히 중요한 판결로 생각된다.**

우선 이 사건은 감정평가사에게 개발 중인 토지를 감정할 때의 주의의무를 환기시키는 차원에서 매우 중요하다고 본다. 또한 감정평가사무소의 감정평가를 신뢰한 은행권대출담당자의 과실의 정도가 어느 정도인지에 대하여도 관심을 끈다.★
중요성에 비추어 판결요지 전문을 싣는다.

【판결요지】 189)

[1] 비교표준지는 특별한 사정이 없는 한 도시계획구역 내에서는 용도지역을 우선으로 하고, 도시계획구역 외에서는 현실적 이용 상황에 따른 실제 지목을 우선으로 하여 선정하여야 하나, 이러한 토지가 없다면 지목, 용도, 주위 환경, 위치 등의 제반 특성을 참작하여 그 자연적, 사회적 조건이 감정대상 토지와 동일 또는 가장 유사한 토지를 선정하여야 하고, 표준지와 감정대상 토지의 용도지역이나 주변 환경 등에 다소 상이한 점이 있더라도 이러한 점은 지역요인이나 개별요인의 분석 등 품등비교에서 참작하면 되는 것이지 그러한 표준지의 선정 자체가 잘못된 것으로 단정할 수는 없다.

[2] 감정평가업자는 담보물에 대한 감정평가시 채권의 안전하고 확실한 회수를 위하여 대출기간 동안의 불확실성, 담보물의 변동가능성 등을 고려하여야 하고, 채무자가 정상적인 채무의 상환을 하지 않는 경우 채권자가 담보물의 처분을 통해 채권의 회수를 하게 되므로 채권자가 일정한 기간 내에 적정한 금액으로 환가처분 할 수

---

189) 참고판결 : 대법원 1993. 8. 27. 선고 93누7068 판결 (공1993하, 2650), 대법원 2001. 3. 27. 선고 99두7968 판결 (공2001상, 1021) / [3] 대법원 1983. 6. 28. 선고 83다카395 판결 (공1983, 1141), 대법원 1999. 9. 7. 선고 99다28661 판결 (공1999하, 2086) / [6] 대법원 2007. 4. 12. 선고 2006다82625 판결 (공2007상, 683) / [7] 대법원 2004. 6. 24. 선고 2002다6951, 6968 판결 (공2004하, 1201), 대법원 2006. 9. 8. 선고 2006다21880 판결 (공2006하, 1662), 대법원 2007. 11. 29. 선고 2006다3561 판결 (공2008상, 2012)

있는 가격으로 평가하여야 한다. 그리고 형질변경 중에 있는 토지는 형질변경행위의 불법성 여부, 진행 정도, 완공가능성 등을 검토하여 담보로서의 적합성을 판단하여야 하고, 건축물 등의 건축을 목적으로 농지 또는 산림에 대하여 전용허가를 받거나 토지의 형질변경허가를 받아 택지 등으로 조성 중에 있는 토지는 과대평가를 방지하기 위하여 조성공사에 소요되는 비용 상당액과 공사 진행 정도, 택지조성에 소요되는 예상기간 등을 종합적으로 고려하여 평가하여야 한다.

[3] 구 지가공시 및 토지 등의 평가에 관한 법률(2005. 1. 14. 법률 제7335호 부동산 가격공시 및 감정평가에 관한 법률로 전부 개정되기 전의 것) 제26조 제1항 은 감정평가업자가 타인의 의뢰에 의하여 감정평가를 함에 있어서 고의 또는 과실로 감정평가 당시의 적정가격과 현저한 차이가 있게 감정평가하거나 감정평가서류에 허위의 기재를 함으로써 감정평가 의뢰인이나 선의의 제3자에게 손해를 발생하게 한 때에는 그 손해를 배상할 책임이 있다고 규정하고 있는데, 여기에서 '선의의 제3자'라 함은 감정 내용이 허위 또는 감정평가 당시의 적정가격과 현저한 차이가 있음을 인식하지 못한 것뿐만 아니라 감정평가서 자체에 그 감정평가서를 감정의뢰 목적 이외에 사용하거나 감정의뢰인 이외의 타인이 사용할 수 없음이 명시되어 있는 경우에는 그러한 사용 사실까지 인식하지 못한 제3자를 의미한다.

[4] 감정평가업자가 담보목적물에 대하여 부당한 감정을 함으로 인하여 금융기관이 그 감정을 믿고 정당한 감정가격을 초과한 대출을 함으로써 재산상 손해를 입게 되리라는 것은 쉽사리 예견할 수 있으므로, 다른 특별한 사정이 없는 한 감정평가업자의 위법행위와 금융기관의 손해 사이에는 상당인과관계가 있다 할 것이고, 그 손해의 발생에 금융기관의 과실이 있다면 과실상계의 법리에 따라 그 과실의 정도를 비교교량하여 감정평가업자의 책임을 면하게 하거나 감경하는 것은 별론으로 하고 그로 인하여 감정평가업자의 부당감정과 손해 사이에 존재하는 인과관계가 단절된다고는 할 수 없다.

[5] 구 시설대여업법(1997. 8. 28. 법률 제5374호 여신전문금융업법 부칙 제2조로 폐지) 제15조 제1항 에 의하여 시설대여회사의 업무를 감독하는 지위에 있는 재무부장관이 제정한 구 시설대여회사 업무운용준칙은 제4조 제1호 [별표], 제2호에서 시설대여금지업종에 대한 시설대여 등과 기존의 특정물건 보유자가 이를 매각하고 시설대여회사가 이를 그 매각자에 다시 시설대여하는 방식의 시설대여 등(소위 '세일 앤 리스백')을 제한하고 있으나, 구 시설대여업법이나 위 준칙에서 시설대여금지업종에 대한 시설대여 등과 세일 앤 리스백 방식의 시설대여 등을 제한한 규정에 위배하

여 체결된 리스계약의 효력에 대하여 아무런 정함이 없을 뿐만 아니라 구 시설대여업법은 시설대여산업을 건전하게 육성하고 이를 합리적으로 규제함으로써 기업에 대한 설비투자 지원을 원활히 하는데 그 목적이 있으므로, 위 준칙 규정은 이른바 단속규정에 불과할 뿐 그 위반행위의 사법상 효력까지 부인하는 효력규정은 아니다.

[6] 담보목적물에 대하여 감정평가업자가 부당한 감정을 함으로써 감정 의뢰인이 그 감정을 믿고 정당한 감정가격을 초과한 대출을 한 경우에는 부당한 감정가격에 근거하여 산출된 담보가치와 정당한 감정가격에 근거하여 산출된 담보가치의 차액을 한도로 하여 대출금 중 정당한 감정가격에 근거하여 산출된 담보가치를 초과한 부분이 손해액이 된다.

[7] 불법행위로 인한 손해배상청구소송에서 재산적 손해의 발생 사실은 인정되나 구체적인 손해의 액수를 증명하는 것이 사안의 성질상 곤란한 경우, 법원은 증거조사의 결과와 변론 전체의 취지에 의하여 밝혀진 당사자들 사이의 관계, 불법행위와 그로 인한 재산적 손해가 발생하게 된 경위, 손해의 성격, 손해가 발생한 이후의 여러 정황 등 관련된 모든 간접사실들을 종합하여 손해의 액수를 판단할 수 있고, 이러한 법리는 자유심증주의하에서 손해의 발생 사실은 입증되었으나 사안의 성질상 손해액에 대한 입증이 곤란한 경우 증명도·심증도를 경감함으로써 손해의 공평·타당한 분담을 지도원리로 하는 손해배상제도의 이상과 기능을 실현하고자 함에 그 취지가 있는 것이지, 법관에게 손해액의 산정에 관한 자유재량을 부여한 것은 아니므로, 법원이 위와 같은 방법으로 구체적 손해액을 판단함에 있어서는, 손해액 산정의 근거가 되는 간접사실들의 탐색에 최선의 노력을 다해야 하고, 그와 같이 탐색해 낸 간접사실들을 합리적으로 평가하여 객관적으로 수긍할 수 있는 손해액을 산정해야 한다.

1. 비교표준지의 개념

비교표준지라 함은, 부동산 가격공시에 관한 법률[190]에 의하여 국토교통부장관이 공시한 공시지가의 표준지로서 평가대상토지와 비교하기 위하여 선정된 표준지를 말한다. <u>비교표준지는 토지이용상황이나 주변 환경, 그 밖의 자연적·사회적 조건이 일반적으로 유사하다고 인정되는 일단의 토지 중에서 선정된다</u>(부동산 가격공시에 관한 법률 제3조 제1항 참조). 그리고 표준지에 대하여 단위면적당 매년 공시기준일 현재의 적정가격을 표준지공시지가라고 한다.

비교표준지는 쉽게 표현하면 토지수용보상이나 감정평가와 관련해서 비교할 때 표준이 되는 땅이다. 감정평가 및 감정평가사에 관한 법률 제3조 제1항에 의하면, "감정평가업자가 토지를 감정평가하는 경우에는 그 토지와 이용가치가 비슷하다고 인정되는 「부동산 가격공시에 관한 법률」에 따른 표준지공시지가를 기준으로 하여야 한다. 다만, 적정한 실거래가가 있는 경우에는 이를 기준으로 할 수 있다."고 규정하고 있다. 따라서 실무상으로 감정인은 표준지를 선정한 뒤에, 감정대상토지를 표준지와 비교하여 표준지와 감정의 대상이 되는 땅 사이의 차이를 통해 토지가격을 결정하게 된다.

토지보상소송에서 당사자 또는 소송대리인들이 비교표준지 선정과 관련하여 열을 올리는 이유는 여기에 있다(감정평가를 진행할 때 보통은 4~6개의 후보지 중에서 하나를 선택해서 비교한다.[191]) 선택할 때는 도로상황, 면적, 토지의 현상 등이 유사하다는 이유로 선택하게 되는데, 결국 감정평가사

---

[190] 2016. 8. 31.까지는 「부동산 가격공시 및 감정평가에 관한 법률」에 따라 부동산 가격공시가 이루어졌는데 동법은 「부동산 가격공시에 관한 법률 [시행 2016. 9. 1.] [법률 제13796호, 2016. 1. 19. 전부개정] 로 명칭을 바꾸었음」에 주의한다. 부동산 가격공시는 부동산의 적정가격을 공시하여 부동산 가격을 평가하고 산정하는 데 기준을 제시하는 것인데 감정평가사 및 감정평가사의 업무에 관한 사항과 함께 규정되어 있어 일반 국민에게 부동산 가격공시가 감정평가업자의 업무로 인식되고 있는 것을 개선하기 위한 입법취지이다.

[191] http://www.dailysmart.co.kr/news/articleView.html?idxno=16178

의 선택에 달려있으므로 감정의 대상이 되는 땅의 가치를 더 높게 평가받으려면 가장 좋은 땅을 거래사례로 뽑는 것이 중요하고 이 때문에 감정평가사는 재량을 남용하여서는 안되며 지켜야 할 주의의무의 기준이 존재하게 된다. 이를 둘러싼 법적 분쟁이 자주 발생하고 이 판례사안도 그 대표적인 예가 된다. 예를 들면, 비교표준지는 거의 맹지에 가까운데, 감정의 대상이 되는 땅은 대지이고, 도로 가까이에 위치한 땅이라면, 비교표준지를 잘못 선정한 것 아니냐는 분쟁이 발생한다.).

2. 판례의 관련부분

이 판례사안에서 감정인이 감정해야 할 「감정대상 토지 중 미금시 호평동 산(이하, 지번 1 생략) 토지(=이하 약칭 '대상토지')」는 용도지역이 구 국토이용관리법(1994. 12. 22. 법률 제4817호로 개정되기 전의 것)상의 준도시지역인 임야로서 숙박시설예정지(콘도건축계획이 추진되고 있었다)로 승인된 상태였고, 비교표준지는 용도지역이 도시계획구역 내의 일반상업지역인 전(田)으로서, 대상토지는 당시 제1심 공동피고 소외 1 주식회사가 추진하고 있던 계획대로 콘도를 짓는 외에 다른 용도로는 수익사업에 이용할 수 없는 임야였다. 반면, 비교표준지는 숙박시설 건축은 물론 상가건물 건축, 주상복합건물 건축 등 다양한 수익사업에 제공될 수 있는 토지였다.

법원은 감정인측이 수천억 원의 막대한 자금이 투자되어야 성사 가능한 콘도건축 사업 외에는 수익적 사업에 사용될 수 있는 여지가 없었던 대상토지와 다양한 수익사업에 사용할 수 있는 비교표준지를 유사한 이용가치를 가진다고 보고 비교표준지로 선택한 것은 잘못이라고 판단하였다. 인접 행정구역 내에서 비교표준지보다 더 유사한 이용가치를 지닌 비교표준지를 찾을 수 없었다는 피고의 주장은 배척되었다. 조금더 구체적으로 살펴보면, 감정인측의 비교표준지 선정의 잘못을 독자들도 잘 알 수 있다. 아래 내용은 판결이유를 요약한 것이다.

감정인측의 비교표준지 선택과 개별요인 평가는 대상토지에 대한 소외 1 주식회사의 콘도건축 계획이 성사되어 위 토지가 콘도부지로 사용됨을 전제로 한 것인데, 대상토지에 대한 숙박시설예정지 승인이 있었고 일부 벌목 작업이 진행되었던 사정은 있었지만, ①감정평가 당시 평탄화 작업은 물론 벌목 작업조차 완료되지 않았으며, ②콘도건축 허가도 나지 않은 계획 추진의 초기 단계였고, 그 콘도건축 사업이란 것이 수천억 원이 필요한 사업이었는데도, 소외 1 주식회사는 그 사업자금 조달은커녕 기존 사업운영자금 조차 조달하지 못하여 심한 자금난을 겪고 있었던 사정을 참작하면, 그 사업의 성공을 전제로 한 피고의 감정평가는 정당하였다고 보기 어렵고, ③피고는 감정평가에서 막대한 자금이 소요될 것으로 보이는 부지조성작업을 위한 토목비용조차 제대로 참작하지 않은 잘못이 있다.

더욱이 대상토지는 준도시지역에 있는 반면, 비교표준지는 도시계획구역 내에 있고, 또 대상토지는 임야로서 평탄화 작업을 위하여 막대한 비용과 토목공사 등이 필요한 반면, 비교표준지는 평지로서 별도의 평탄화작업의 필요성이 없는 등 현실적으로 이용가능한 건물의 부지로 조성될 때까지 드는 비용, 시간, 노력, 위험성 등이 모두 대상토지가 더욱 큰 것이며, 대상토지보다 피고의 비교표준지가 도심지에 더욱 가까워 공공시설 및 다른 상업지역과의 접근성도 더욱 좋고, 게다가 향후 이용 용도의 다양성 및 거래의 용이성 등 가격에 영향을 미칠 수 있는 제반 사정들을 종합하여 보아도, 감정인측(이 사건 손해배상소송의 피고)의 감정평가 당시를 기준으로 가격적인 면에서 대상토지가 피고의 비교표준지보다 열세에 있다고는 할 수 있을지언정 우세하다고는 도저히 볼 수 없다.

또한 대상토지에 대하여 소외 1 주식회사가 당시 운영 중이던 스키장과 연계하여 콘도건축 계획을 추진하고 있었지만 위 토지가 스키장 부지로 사용되고 있었던 것은 아니고, 경매에서 스키장 부지와 별개로 경매될 경우 맹지가 되는데도 비교표준지에 비하여 가로조건과 접근조건이 우세하다고 한 감정인측의 개별요인 평가도 납득할 수 없다.

…피고가 비교표준지로 선정한 토지는 그 현실적 이용상황뿐만 아니라, 용도

> 지역, 공부상 지목, 주변환경 등이 모두 상이하고, 나아가 대상토지 인근지역에 숙박시설예정지와 현실적 이용상황이 임야로서 동일한 표준지들이 존재하고 있었던 사정 등을 알 수 있는바, 피고에게 숙박시설예정지와 그 자연적, 사회적 조건이 가장 유사한 토지를 비교표준지로 선정하지 않은 잘못이 있다고 할 것이다.(내용: 필자 판결이유에서 발췌·조합)

3. 개발중인 토지의 감정평가에 관한 주의의무의 범위

일반론적으로 비교표준지는 특별한 사정이 없는 한 도시계획구역 내에서는 용도지역을 우선으로 하고, 도시계획구역 외에서는 현실적 이용상황에 따른 실제 지목을 우선으로 하여 선정하여야 할 것이나, 이러한 토지가 없다면 지목, 용도, 주위환경, 위치 등의 제반 특성을 참작하여 그 자연적, 사회적 조건이 감정대상토지와 동일 또는 가장 유사한 토지를 선정하여야 하고(대법원 2001. 3. 27. 선고 99두7968 판결 참조), 표준지와 감정대상토지의 용도지역이나 주변환경 등에 다소 상이한 점이 있더라도 이러한 점은 지역요인이나 개별요인의 분석 등 품등비교에서 참작하면 되는 것이지 그러한 표준지의 선정 자체가 잘못된 것으로 단정할 수는 없다(대법원 1993. 8. 27. 선고 93누7068 판결 참조).

그러나 감정평가업자는 담보물에 대한 감정평가시 채권의 안전하고 확실한 회수를 위하여 대출기간 동안의 불확실성, 담보물의 변동가능성 등을 고려하여야 하고, 채무자가 정상적인 채무의 상환을 하지 않는 경우 채권자가 담보물의 처분을 통해 채권의 회수를 하게 되므로 채권자가 일정한 기간 내에 적정한 금액으로 환가처분할 수 있는 가격으로 평가하여야 한다. 그리고 ①형질변경 중에 있는 토지는 형질변경행위의 불법성 여부, 진행 정도, 완공가능성 등을 검토하여 담보로서의 적합성을 판단하여야 하고, 건축물 등의 건축을 목적으로 농지 또는 산림에 대하여 ②전용허가를 받거나 토지의 형질변경허가를 받아 택지 등으로 조성 중에 있는 토지는 과대평가를 방지하기 위하여 조성공사에 소요되는 비용 상당액과 공사 진행 정도, 택지조성에 소요되는 예상기간 등을 종합적으로 고려하여 평가하여야 한다.

결국 법원은 감정인측이 숙박시설예정지의 비교표준지로 ㅇㅇ토지를 선정한 데 잘못이 있고 피고의 감정평가액과 적정가격 사이에 현저한 차이가 있어 손해배상책임이 인정된다는 결론을 내렸다.

4. 부당감정과 금융기관의 감정가격을 초과한 대출

확립된 판례[192])에 의할 때, 감정평가업자가 담보목적물에 대하여 부당한 감정을 함으로 인하여 금융기관이 그 감정을 믿고 정당한 감정가격을 초과한 대출을 함으로써 재산상 손해를 입게 되리라는 것은 쉽사리 예견할 수 있었다 할 것이므로, 다른 특별한 사정이 없는 한 감정평가업자의 위법행위와 금융기관의 손해 사이에는 상당인과관계가 있다 할 것이고, 그 손해의 발생에 금융기관의 과실이 있다면 과실상계의 법리에 따라 그 과실의 정도를 비교교량하여 감정평가업자의 책임을 면하게 하거나 감경하는 것은 별론으로 하고 그로 인하여 감정평가업자의 부당감정과 손해와의 사이에 존재하는 인과관계가 단절된다고는 할 수 없다.

또한, 손해배상사건에서 피해자측에도 과실이 있는 경우에 손해배상책임을 면제할 것인가 또는 배상액을 정함에 있어서만 참작할 것인가는 가해자측과 피해자측의 과실의 경중과 그 밖의 제반 사정을 비교교량하여 공평의 원칙에 따라 결정해야 한다고 보고 있다.

법원은 원고 금융기관의 소외 1 주식회사에 대한 금융 제공 과정에서 원고 금융기관의 각종 잘못이 있었던 사실은 인정되지만, 원고가 소외 1 주식회사에게 금융을 제공하기로 한 데에는 피고의 잘못된 감정평가를 신뢰하고 충분한 담보가 있었다고 믿었기 때문이므로 원고 금융기관 자신의 책임

---

192) 대법원 1991. 4. 26. 선고 90다14539 판결, 대법원 2009. 9. 10. 선고 2006다64627 판결 등 多數

이 크기는 하지만 피고의 책임을 면하게 할 정도에 이르는 것은 아니라고 보았다.

질문에 대한 답변

위에서 강의한 내용을 토대로 자신의 사안을 객관적으로 판단해 본 다음, 토지감정평가를 위한 비교표준지 선정방법과 형질변경 중에 있는 토지를 담보물로서 감정평가 할 때 감정평가업자가 고려하여야 할 사항 그리고 부당감정에 따르는 감정평가업자의 손해배상책임 등을 들어서 감정평가사 내지 감정평가법인, 대출금융기관이 있다면 해당 금융기관, 집행법원에 집행에 관한 이의신청을 하는 등 적극적인 대응을 해 볼 수 있을 것입니다.

서른세 번째 물음

마스터 실무사례

배당이의소송을 수임한 변호사의 기일불출석으로 인한 소취하 간주의 함정

실무사례

저는 새마을금고 법무담당 직원입니다. 집행법원에서 짠 배당표를 도저히 받아들일 수가 없어서 배당기일에 출석해서 배당이의를 하였지만 담당 사법보좌관은 배당표를 경정하지 않았습니다.

그래서 변호사에게 배당이의소송에 관한 위임계약을 체결하였는데, 이 분이 1회 변론기일에 출석하지 않음으로써 소송이 취하간주로 종결되어 버렸습니다. 경매계에 가서 물어보니 더 이상 다툴 수 없다고 하는데 맞습니까? 저희는 어떻게 대응해야 하는가요?

질문에 대한 해설

위와 같은 일이 실제로 벌어진다면 새마을금고로서는 정말 황당한 일이 아닐 수 없을 것입니다. 그런데 문제는 가끔 이런 일이 벌어진다는 것입니다. 소송대리인들이나 법무법인 또는 변호사사무실의 배당이의 담당직원들의 주의를 환기시키기 위하여 자세히 소개하겠습니다.

1. 배당이의와 배당이의소송[193] 일반론

가. 배당이의

배당이의는 채무자(임의경매에 있어서는 담보부동산의 소유자를 포함)를 제외하고는 배당기일에 출석하여 진술할 것을 요한다. 따라서 채무자 외의 자가 기일 전에 미리 이의서면을 제출하였다 하더라도 그 자가 기일에 출석하지 아니하면 그 이의서면은 무시됨에 주의하여야 한다. 채무자가 배당표원안이 비치된 이후 배당기일이 끝날 때까지 서면으로 이의한 경우에는 배당기일에 출석하지 아니하였더라도 적법하게 이의를 한 것으로 본다(법 제151조 제2항 참조).

기일에 출석한 채무자 및 각 채권자는 배당표의 작성, 확정 및 실시와 다른 채권자의 채권 또는 그 채권의 순위에 대하여(단 채권자는 자기의 이해에 관계되는 범위 안에서) 이의할 수 있다(법 제151조 제1항, 제3항). 다만 채무자는 민사집행법 제149조 제1항에 따라 법원에 배당표원안이 비치된 이후 배당기일이 끝날 때까지 서면으로 이의할 수 있다(법 제151조 제2항). 채권자 중에는 가압류채권자도 포함된다. 강제집행의 일시정지의 사유가 있는 채권자도 이의를 신청할 수 있다. 배당기일통지를 받고도 출석하지 아니한 채권자는 배당표와 같이 배당을 실시하는 데에 동의한 것으로 보므로(법 제153조 제1항), 그 채권자에 관한 한 배당표는 확정된다.

배당절차는 단독판사가 심리하는 사건에 해당하므로 변호사대리원칙의 예외를 규정한 민사소송법 제88조가 적용되어(법 제23조 참조) 배당이의를 위하여 반드시 이의권자 본인이 배당기일에 출석하여야 하는 것은 아니고, 대리인이 출석하여도 되지만 민사소송법의 요건을 충족하여야 할 것이다. 실무적으로 이

---

[193] 서울대학교 명예교수이자 전 한국민사소송법학회 회장을 역임하신 호문혁 교수님은 배당이의소송과 같은 표현은 옳지 않으며 '배당이의의 소'와 같은 표현이 타당하다고 하신다. 예컨대 청구이의소송, 보증금반환청구소송도 마찬가지이다. 청구이의의 소, 보증금반환청구의 소와 같다.

문제는 매우 중요하다.

    소송대리인의 자격의 예외로써 민사소송법 제88조는 "단독판사가 심리·재판하는 사건 가운데 그 소송목적의 값이 일정한 금액 이하인 사건에서, 당사자와 밀접한 생활관계를 맺고 있고 일정한 범위안의 친족관계에 있는 사람 또는 당사자와 고용계약 등으로 그 사건에 관한 통상사무를 처리·보조하여 오는 등 일정한 관계에 있는 사람이 법원의 허가를 받은 때에는 제87조{(소송대리인의 자격) 법률에 따라 재판상 행위를 할 수 있는 대리인 외에는 변호사가 아니면 소송대리인이 될 수 없다.}를 적용하지 아니한다."(제1항)고 하며, 법원은 언제든지 제1항의 허가를 취소할 수 있다(제3항). 사법보좌관은 법관은 아니지만 집행법원의 재판기관으로서 집행법원의 이름으로 재판을 행하는 사법기관이다. 따라서 민사소송법 제88조 제1항의 소송대리의 허가를 배당기일 법정에서 행할 수 있다고 보아야 한다. 실무도 같은 태도이다.

    배당이의는 절차상의 사유에 기한 것과 실체상의 사유에 기한 것이 있는데 전자는 이해관계 있는 각 채권자와 채무자가 배당표의 작성방법이나 배당실시절차에 위법이 있음을 이유로 이의를 진술하는 것이고, 후자는 각 채권자의 채권의 존부, 범위, 순위에 관하여 이의하는 것이다.

    실체상 사유에 기한 배당이의는 채무자의 경우 각 채권자의 채권의 존부, 범위, 순위에 관하여 이의하는 것이고(법 제151조 제1항, 제2항), 배당기일에 출석한 각 채권자의 경우에는 자기의 이해에 관계되는 범위안에서 다른 채권자의 채권의 존부, 범위, 순위에 관하여 이의하는 것이다(同條 제3항). 절차상의 사유에 기한 이의가 배당절차상의 잘못을 이유로 한 것과는 달리, 실체상의 사유에 기한 이의는 배당받을 채권자의 채권 자체에 관한 사정을 이유로 한 것이다. 배당이의를 할 수 있는 채권자는 집행력 있는 정본의 유무, 채권이 사법상의 것인지 공법상의 것인지 여부, 일반채권인지 우선권 있는 채권인지 여부, 그리고 배당표에 배당을 받는 것으로 기재되어 있는지 여부를 불문하고 배당에 참가한 모든 채권자를 포함하나, 배당에 참가하지 못하는 채권자, 즉 민사집행법 제148조 각 호에 해당하지 아니하는 자의 이의는 부적법하다. 또 이의의 상대방이 되는 채권자도 그 채권의 우선권의 유무, 집행력 있는 정본의 유무를 불문하고 그 사건에서 배당표원안에 배당을 받는 것으로 적힌 채권자라면 누구라도 무방하다. 또한 배당표원안에 채무자에게 잉여금이 지급되는 것으로 적혀 있으면 채무자도 상대방이 될 수 있다. 매각대금으로 모든 채권자를 만족시킬 수 있는 경우에는 모든 채권자는 이의를 할 수 없다.

나. 배당이의소송 일반

배당이의의 소는 배당표에 배당을 받는 것으로 기재된 자의 배당액을 줄여 자신에게 배당이 되도록 하기 위하여 배당표의 변경 또는 새로운 배당표의 작성을 구하는 집행소송의 한 형태이다.[194]

실무적으로 다음의 내용은 주의를 요한다. 즉 대법원 2015. 4. 23. 선고 2013다86403 판결[배당이의][공2015상, 723]은 "배당절차에서 작성된 배당표에 대하여 채무자가 이의하는 경우, 집행력 있는 집행권원의 정본을 가진 채권자의 채권 자체, 즉 채권의 존재 여부나 범위에 관하여 이의한 채무자는 그 집행권원의 집행력을 배제시켜야 하므로, 청구이의의 소를 제기해야 하고 배당이의의 소를 제기할 수 없다(법 제154조 제2항[195] 참조). 가집행선고 있는 판결에 대하여는 그 판결이 확정된 후가 아니면 청구이의의 소를 제기할 수 없으나(법 제44조 제1항. "채무자가 판결에 따라 확정된 청구에 관하여 이의

---

194) 대판 2011. 9. 29. 2011다48902 등 판례의 일반이론이다.
195) 민사집행법 제154조(배당이의의 소 등) ①집행력 있는 집행권원의 정본을 가지지 아니한 채권자(가압류채권자를 제외한다)에 대하여 이의한 채무자와 다른 채권자에 대하여 이의한 채권자는 배당이의의 소를 제기하여야 한다.
②집행력 있는 집행권원의 정본을 가진 채권자에 대하여 이의한 채무자는 청구이의의 소를 제기하여야 한다.

하려면 제1심 판결법원에 청구에 관한 이의의 소를 제기하여야 한다."즉 확정된 청구라는 표현에 주의함!) 채무자는 상소로써 채권의 존재 여부나 범위를 다투어 판결의 집행력을 배제시킬 수 있고 집행정지결정을 받을 수도 있으므로, 확정되지 아니한 가집행선고 있는 판결에 대하여 청구이의의 소를 제기할 수 없다고 하여 채무자가 이러한 판결의 정본을 가진 채권자에 대하여 채권의 존재 여부나 범위를 다투기 위하여 배당이의의 소를 제기할 수 있는 것이 아니라"고 한다. 결국 가집행선고 있는 판결을 근거로 배당을 받은 배당채권자에 대하여는 그 판결확정 전에는 배당이의의 소, 청구이의의 소제기가 모두 불가능하다. 간단한 것이지만 소송대리인들은 상담에 주의를 요한다.★

배당기일에 배당표에 대한 이의가 완결되지 아니하면 이의를 한 채권자 또는 집행력 있는 집행권원의 정본을 가지지 않은 채권자에 대하여 이의를 한 채무자는 이의의 상대방을 피고로 배당이의의 소를 제기하고 배당기일부터 1주 이내에 집행법원에 그 사실을 증명하여야 하는바, 위에 해당하는 자가 배당기일부터 1주 이내에 배당이의의 소제기증명을 제출하지 못하면 이의가 취하된 것으로 보아(법 제154조 제3항) 일단 유보된 배당절차가 다시 속행되어 배당이 실시되기 때문에 이 소는 배당절차에 있어서 배당의 실시를 막는 데 필요불가결한 수단이다.

배당이의의 소와 부당이득반환청구의 소와의 관계가 실무에서 중요하다. 최근 전원합의체판결[196])에서 아래 판례들에 관한 판례변경이 이루어지지 못

---

196) 대법원 2019. 7. 18. 선고 2014다206983 전원합의체 판결 [부당이득금] [공2019하, 1617]
【판시사항】
[1] 배당받을 권리 있는 채권자가 자신이 배당받을 몫을 받지 못하고 그로 인해 권리 없는 다른 채권자가 그 몫을 배당받은 경우, 배당이의 여부 또는 배당표의 확정 여부와 관계없이 배당받을 수 있었던 채권자가 배당금을 수령한 다른 채권자를 상대로 부당이득반환 청구를 할 수 있는지 여부(적극)
【판결요지】
[1] [다수의견] 대법원은 배당받을 권리 있는 채권자가 자신이 배당받을 몫을 받

하였다. 이 문제에 관하여는 이후 별도의 문항(또는 2권)에서 자세하게 다루어본다.

배당절차에서 민법·상법, 그 밖의 법률에 의하여 우선변제청구권이 있는 채권의 순서대로 배당을 받는 것이 이상적이나, 실제로 배당을 받아야 할 채권자가 배당을 받지 못하고 배당을 받지 못할 자가 배당을 받은 경우가 발생할 수 있다. 이 경우에 배당을 받지 못한 채권자는 배당을 받지 못할 자이면서도 배당을 받은 자를 상대로 배당이의를 하고 나아가 배당이의의 소를 제기하여 구제를 받는 것이 원칙이겠지만, 적법한 배당요구를 하지 못하였거나, 배당기일에 적법하게 이의를 하지 못하였거나 또는 이의는 하였으나 배당이의의 소제기 및 증명기간을 준수하지 못하여 배당이의의 소를 통하여 구제받을 수 없게 된 경우에 배당을 받지 못한 채권자가 배당을 받지 못할 자이면서도 배당을 받았던 자를 상대로 부당이득반환청구를 할 수 있는가 하는 문제가 있다.

이에 관하여 민사집행법 제155조는 이의한 채권자가 배당이의의 소제기 증명기간을 지키지 아니한 경우에도 배당표에 따른 배당을 받은 채권자에 대하여 소로 우선권 및 그 밖의 권리를 행사하는 데 영향을 미치지 아니한다고 규정하고 있는데, 이와 관련하여 대법원은 일관되게, 배당을 받아야 할 채권자가 배당을 받지 못하고 배당을 받지 못할 자가 배당을 받은 경우에는 배당

지 못하고 그로 인해 권리 없는 다른 채권자가 그 몫을 배당받은 경우에는 배당이의 여부 또는 배당표의 확정 여부와 관계없이 배당받을 수 있었던 채권자가 배당금을 수령한 다른 채권자를 상대로 부당이득반환 청구를 할 수 있다는 입장을 취해 왔다.

이러한 법리의 주된 근거는 배당절차에 참가한 채권자가 배당이의 등을 하지 않아 배당절차가 종료되었더라도 그의 몫을 배당받은 다른 채권자에게 그 이득을 보유할 정당한 권원이 없는 이상 잘못된 배당의 결과를 바로잡을 수 있도록 하는 것이 실체법 질서에 부합한다는 데에 있다. 나아가 위와 같은 부당이득반환 청구를 허용해야 할 현실적 필요성(배당이의의 소의 한계나 채권자취소소송의 가액반환에 따른 문제점 보완), 현행 민사집행법에 따른 배당절차의 제도상 또는 실무상 한계로 인한 문제, 민사집행법 제155조의 내용과 취지, 입법 연혁 등에 비추어 보더라도, **종래 대법원 판례는 법리적으로나 실무적으로 타당하므로 유지되어야 한다.**

을 받지 못한 채권자로서는 배당에 관하여 이의를 한 여부 또는 형식상 배당절차가 확정되었는가의 여부에 관계없이 배당을 받지 못할 자이면서도 배당을 받았던 자를 상대로 부당이득반환청구권을 갖는다고 판시하고 있다(대판 2001. 3. 13. 99다26948, 대판 2007. 2. 9. 2006다39546, 대판 2011. 2. 10. 2010다90708 등). 이에 의하면 위 민사집행법 제155조는 배당표에 대한 이의를 한 채권자의 권리구제방안을 반드시 배당이의의 소에 한정하는 것은 아니라는 취지의 규정일 뿐이고(창설적 규정이 아니라 주의적 규정이라는 것이다), 부당이득반환을 구하기 위하여 적어도 적법한 배당이의가 있을 것을 요구하는 것은 아니라고 할 것이다(법원실무제요 민사집행 2권 배당이의소송 부분에서 인용함).

집행력 있는 집행권원을 가진 채권자에 대하여 배당이의한 채무자는 배당기일부터 1주 이내에 청구이의의 소 제기 사실 증명서류와 아울러 그 소에 기한 집행정지재판의 정본을 집행법원에 제출하여야 하고, 채무자가 그 중 어느 하나라도 제출하지 않으면, 집행법원으로서는 채무자가 실제로 위 기간 내에 청구이의의 소를 제기하고 그에 따른 집행정지재판을 받았는지 여부와 관계없이 채권자에게 당초의 배당표대로 배당을 실시하여야 하고, 배당을 실시하지 않고 있는 동안에 청구이의의 소에서 채권자가 패소한 판결이 확정되었다고 하여 달리 볼 것이 아니다. 그러한 경우 채무자는 채권자를 상대로 부당이득반환 등을 구하는 방법으로 구제받을 수 있을 뿐이다.

배당이의의 소가 소정의 기간 내에 제기되었으나 소제기증명서를 소정기간 경과 후에 제출한 경우에도, 집행법원으로서는 아직 배당이 실시되지 아니하였더라도 기간을 준수하여 소제기증명한 것과 마찬가지로 취급할 수 없다. 마찬가지로 채무자는 채권자를 상대로 부당이득반환 등을 구하는 방법으로 구제받을 수 있을 뿐이다.

2. 질문의 구체적 사실관계

위 질문은 대구지방법원 2012. 9. 5. 선고 2011가합9260 판결 [손해배상

(기)] (확정) 사건을 사례화한 것이다.

① 원고 새마을금고는 소외 1 소유이던 경북 칠곡군(이하 생략) 대 449.4㎡ 및 지상 다가구주택(이하 '대상부동산'으로 약칭)에 관한 강제경매절차(대구지방법원 2009타경(상세사건번호생략), 이하 '이 사건 경매절차')에서 대상부동산의 근저당권자(채권최고액 403,000,000원)로서 배당요구 신청을 하였다.
② 경매법원은 배당기일(2010. 5. 4.)에서 실제 배당할 금액 360,766,918원 중 285,000,000원을 대상부동산의 임차인 13명에게 1, 2순위로 배당하였고, 3순위로 근저당권자인 원고에게 75,766,918원을 배당하는 내용의 배당표를 작성하였다.
③ 원고는 근저당권을 가진 채권자로서 위 배당기일에 출석하여 아래 표와 같은 임차인 10인의 배당금 전액에 대하여 이의한다는 진술을 하였다.

	채권금액	배당액		채권금액	배당액
소외 2	25,000,000	12,000,000	소외 7	30,000,000	30,000,000
소외 3	26,000,000	26,000,000	소외 8	20,000,000	20,000,000
소외 4	20,000,000	20,000,000	소외 9	24,000,000	24,000,000
소외 5	25,000,000	25,000,000	소외 10	50,000,000	50,000,000
소외 6	15,000,000	15,000,000	소외 11	40,000,000	40,000,000
			합계		262,000,000

④ 원고는 변호사(이 사건 손해배상소송의 피고)와 위 임차인들을 상대로 한 배당이의소송에 관한 위임계약을 체결한 뒤 수임료와 인지대, 송달료 합계 3,898,600원을 피고에게 지급하였다.

⑤ 피고 변호사는 원고를 대리하여 2010. 5. 10. 위 임차인 10인을 상대로 한 배당이의 소장{대구지방법원 2010가합(생략)호, 이하 '이 사건 소송'}을 제출한 후 2010. 6. 24. 위 임차인 중 소외 3, 소외 5, 소외 7, 소외 9, 소외 10에 대한 소를 취하하였다.

⑥ 대구지방법원은 이 사건 소송의 1회 변론기일(2010. 7. 20. 11:30)을 지정하였는데, 피고는 2010. 7. 14. 구체적인 사유를 기재하지 아니한 채 변론기일 연기신청을 하였고, 위 법원이 위 신청을 불허하였는데도 피고 변호사는 2010. 7. 20. 위 변론기일에 출석하지 않았다.

> **민사집행법 제158조(배당이의의 소의 취하간주) : 이의한 사람이 배당이의의 소의 첫 변론기일에 출석하지 아니한 때에는 소를 취하한 것으로 본다.**

⑦ 위 배당이의소송은 소취하간주로 종결되었다.

3. 새마을금고의 대응책

가. 변호사의 위임계약상 주의의무 및 설명·조언의무 위반

위 사건의 변호사는 아마도 두 가지 중의 하나였을 것이다. 첫째 변론기일연기신청이 받아들여졌다고 생각하였거나, 둘째 배당이의소송의 특성인 민사집행법 제158조를 몰라서 민사소송법이 적용되는 일반의 소송과 같다고 생각하여 1회 불출석을 대수롭지 않게 생각하였을 가능성이다.

변호사와 의뢰인 사이에 체결되는 위임계약은 민법상 위임계약이므로 변호사는 위임의 본지에 따라 선량한 관리자의 주의로써 위임사무를 처리하여야 하고, 특히 소송대리를 위임받은 변호사는 그 수임사무를 수행함에 있어 전문적인 법률지식과 경험에 기초하여 성실하게 의뢰인의 권리를 옹호할 의무가 있으며, 구체적인 위임사무의 범위는 변호사와 의뢰인 사이의 위임계약의 내용에 의하여 정하여지는 것이지만, 당사자의 소송대리인으로서 구두변론 기일에 출석하여 소송을 유리하게 하기 위하여 공격 또는 방어를 위한 진술을 하고 증거방법을 제출하는 등 일체의 소송행위를 할 의무가 있고, 또한 소송의 진행경과에 따라 의뢰인에게 소송의 경과, 결과 및 그 대책에 대하여 필요한 정보를 제공하고 구체적으로 설명하며 적절한 법률적 조언을 해야 할 의무가 있으며, 위임사무의 종료단계에서 패소판결이 있었던 경우에는 의뢰인으로부터 상소에 관하여 특별한 수권이 없는 때에도 그 판결을 점검하여 의뢰인에게 불이익한 계산상의 잘못이 있다면 의뢰인에게 그 판결의 내용과 상소하는 때의 승소가능성 등에 대하여 구체적으로 설명하고 조언하여야 할 의무가 있다(대법원 1959. 11. 26. 선고 4292민상271 판결, 대법원 1997. 5. 28. 선고 97다1822 판결, 대법원 2002. 11. 22. 선고 2002다9479 판결, 대법원 2004. 5. 14. 선고 2004다7354 판결 등 참조).

변호사의 의뢰인에 대한 민사책임을 구성함에 있어서 그 법적 성격에 대하여 불법행위설(직무설), 계약설, 특수신뢰관계설이 있으나 판례가 일반적으로 변호사와 의뢰인의 관계를 통상 민법 제680조 규정에 의한 위임관계로 보고 선관주의의무로 변호사의무를 이해하고 있다. 결국 소송수행을 수임한 변호사의 의뢰인에 대한 손해배상책임의 문제는 변호사의 소송수행상의 선관주의의무(민법 제681조)의 내용 내지 정도를 탐구하는 것에 귀결된다.[197]

변호과오를 판단하는 합리적인 기준이 될 수 있다는 면에서 변호사의무를 구체적인 의무기준으로 유형화하기도 한다.[198] 즉 ①적절한 자문・조언・주장을 할 의무, ②사안을 법적으로 정확하게 검토할 의무, ③가장 안전하고 합목적인 방법을 선택할 의무, ④의뢰인의 지시를 준수할 의무, ⑤설명의무와 같이 나누는 견해이다.[199]

특히 설명의무가 오늘날 새로이 등장한 문제로서 조명을 받아왔는데 이것은 다시 정보제공의무와 위험에 대한 고지의무로 나누어 이해한다.

---

197) 이동복, "변호사의 조언・설명의무위반과 손해배상책임", 판례연구, 195.
198) 이정진, "변호사의 민사책임에 관한 연구", 전북대학교 (1997)
199) 이동복, 201~204.

나. 변호사의 손해배상책임 추궁

(1) 변호사의무 위반

민사집행법 제158조에 따르면 배당이의한 사람이 배당이의의 소의 첫 변론기일에 출석하지 아니한 때에는 소를 취하한 것으로 간주되기 때문에 위에서 본 바와 같이 이 사건 배당이의 소송대리인인 변호사는 의뢰인에게 변호사의 선관주의의무 특히 구체적으로 사안을 법적으로 정확하게 검토할 의무, 의뢰인의 지시를 준수할 의무 등을 위반한 것이 명백하다.

판례도 "피고는 원고로부터 소송수행의 사무처리를 위임받은 대리인으로서 변론기일에 출석하여 소송을 유리하게 하기 위한 일체의 소송행위를 하여야 할 의무가 있고, 소송의뢰인의 의사에 의하지 아니하고 재판을 받을 기회를 상실하는 일이 없도록 세심한 주의를 하여야 할 의무가 있음에도, 이를 게을리한 채 이 사건 소송의 제1회 변론기일에 불출석하여 위 소송이 취하간주로 종결되게 함으로써 원고로부터 위임받은 사무를 위임의 본지에 따라 선량한 관리자의 주의로써 처리할 의무를 위반하였으므로, 피고는 이러한 채무불이행 또는 불법행위로 인하여 원고가 입은 손해를 배상할 의무가 있다."고 판시하였다. 이 설시에서 「소송의뢰인의 의사에 의하지 아니하고 재판을 받을 기회를 상실하는 일이 없도록 세심한 주의를 하여야 할 의무」는 결국 의뢰인의 지시를 준수할 의무이며 변호사 위임계약의 본질적 의무내용이다.

(2) 손해의 내용

피고 변호사는 이러한 채무불이행 또는 불법행위 때문에 원고 새마을금고가 입은 손해를 배상할 의무가 있는데, 법원은 피고 변호사가 변론기일에 출석하여 변론을 진행하였더라도 甲 금고가 소송에서 승소할 수 있었다고 볼 수 없으므로 재산상 손해를 인정할 수는 없다고 하였다. 다만 피고 변호사의 위와 같은 주의의무 위반으로 원고 새마을금고로서는 법원의 종국적 판단을 받을 권리를 침해당하고 분쟁의 종결이 지연되는 등 비재산상 손해를 입었으므로, 이러한 비재산상 손해를 배상할 의무가 있다고 판시하면서,

"피고는 원고에게 10,000,000원 및 이에 대하여 2011. 8. 26.부터 2012. 9. 5.까지는 연 5%, 그 다음날부터 다 갚는 날까지는 연 20%의 각 비율에 의한 금원을 지급하라."는 주문을 내었다.

서른네 번째 물음

마스터 실무사례

본안소송을 수임한 변호사가 강제집행이나 보전처분에 관한 소송행위를 할 때 의뢰인에 대해 갖는 위임계약상의 의무

[사례]

주: 실무에서 아래와 같은 상담이 들어왔다고 가정하고 논의를 전개해 나가겠습니다.

"저는 소유권이전등기 청구소송을 위임한 의뢰인입니다. 수임한 변호사가 소송계속중인 그 수임시로부터 6개월이 지난 시점에 그 소송의 상대방 9인 중의 1인이 계쟁 토지에 관하여 협의분할에 의한 재산상속을 원인으로 단독 명의로 소유권이전등기를 마친 사실을 등기부등본을 열람한 결과 알게 되었고 상대방이 그 토지를 제3자에게 처분할 염려가 있다고 판단하여 소송대리인의 권한으로써 그 토지에 대한 처분금지가처분신청을 하였으나 그 담보 제공에 따른 가처분기입등기가 마쳐지기 전에 상대방이 제3자에게 근저당권설정등기를 경료해 버렸습니다.

소송 수임 당시 변호사가 의뢰인인 저에게 그 토지에 대한 소유권이전등기청구권을 보전할 필요성 및 처분금지가처분절차에 관하여 충분히 설명을 하였어야 하지 않나요? 저는 변호사의 손해배상책임을 묻고 싶습니다."

> 쟁 점 : 변호사의 소송대리권의 범위와 처리의무 있는 위임 사무의 범위와의 관계

> 질문에 대한 해설

1. 본안소송을 수임한 변호사가 강제집행이나 보전처분에 관한 소송행위를 할 수 있는 소송대리권을 갖는가?

민사소송법 제82조 제1항이 "소송대리인은 위임받은 사건에 관하여 반소, 참가, 강제집행, 가압류, 가처분에 관한 소송행위와 변제의 영수를 할 수 있다."고 규정하고, 제3항이 "변호사의 소송대리권은 제한하지 못한다."고 규정하고 있으므로 본안소송을 수임한 변호사가 강제집행이나 보전처분에 관한 소송행위를 할 수 있는 소송대리권을 갖는 것에 대하여는 의문이 없다.

2. 본안소송을 수임한 변호사가 위 1항과 같다고 하여 의뢰인에 대해 당연히 그 권한에 상응한 위임계약상의 의무도 부담하는 것인가?

> 변호사의 소송대리권의 범위 = 처리의무 있는 위임 사무의 범위?
> 변호사의 소송대리권의 범위 ≠ 처리의무 있는 위임 사무의 범위?

(1) 문제의 제기

소송대리권이 미치는 범위내에 있으면 언제나 처리의무 있는 위임 사무라고 말할 수 있을까? 이 사건에서 변호사의무위반으로 인한 손해배상책임을 묻기 위해서는 위의 쟁점에 선행적으로 판단되어야 한다. 왜냐하면 위임계약의 범위내에 들어와야 변호사의 위임계약상 의무로써, ①적절한 자문·조언·주장을 할 의무, ②사안을 법적으로 정확하게 검토할 의무, ③가장 안전하고 합목적적인 방법을 선택할 의무, ④의뢰인의 지시를 준수할 의무, ⑤설명의무로서의 정보제공의무와 위험에 대한 고지의무가 발생하기 때문이다.

대법원은 소송대리권이 미치는 범위내에 있더라도 언제나 처리의무 있는 위임 사무라고 보지 않는다(이 사건 대법원의 견해이다. 원심파기환송).

이 사건 소송위임장에는 '원고들이 피고에게 이 사건 이전등기소송에 관한 일체의 소송행위와 반소의 제기 및 응소, 복대리인의 선임, 집행보전을 위한 가압류 및 가처분신청 등에 필요한 모든 권한을 위임한다'라고 기재되어 있었다는 것은 사실로 확정되었다(사실확정은 사실심의 전권사항이다).

그런데 대법원은 다음과 같이 논리를 전개한다.

"통상 소송위임장이라는 것은 민사소송법 제81조 제1항에 따른 소송대리인의 권한을 증명하는 전형적인 서면이라고 할 것인데, 여기에서의 소송위임(수권행위)은 소송대리권의 발생이라는 소송법상의 효과를 목적으로 하는 단독 소송행위로서 그 기초관계인 의뢰인과 변호사 사이의 사법상의 위임계약과는 성격을 달리하는 것이고, 의뢰인과 변호사 사이의 권리의무는 수권행위가 아닌 위임계약에 의하여 발생하는 것이다.

원심이 이 사건 이전등기소송의 수행을 위임할 당시 이 사건 토지에 대한 처분금지가처분신청도 위임 사무의 범위에 포함되었음을 전제로 하여 피고에게 선량한 관리자의 주의의무 위반으로 인한 손해배상책임이 있다고 판단한 것으로 여겨지는바, 원심이 증인 소외 3(주: 법률사무소 사무장이다)의 증언을 배척한 조치는 수긍할 수 있으나, 이 사건 이전등기소송의 수행에 관한 위임계약 범위에 이 사건 토지에 대한 가처분신청도 포함되어 있었다고 하여 그 위임계약상의 의무위반으로 인한 손해배상책임이 있다고 인정·판단한 조치는 그대로 수긍하기 어렵다."

(2) 대법원의 결론

민사소송법 제82조 제1항이 "소송대리인은 위임받은 사건에 관하여 반소, 참가, 강제집행, 가압류, 가처분에 관한 소송행위와 변제의 영수를 할 수 있다."고 규정하고, 제3항이 "변호사의 소송대리권은 제한하지 못한다."고 규정하고 있으나, 위 각 규정은 소송절차의 원활·확실을 도모하기 위하여 소송법상 소송대리권을 정형적·포괄적으로 법정한 것에 불과하다.

즉 민사소송법 제82조 때문에 변호사와 의뢰인 사이의 사법상의 위임계약의 내용까지 법정되는 것은 아니므로, 본안소송을 수임한 변호사가 그 소송을 수행함에 있어 강제집행이나 보전처분에 관한 소송행위를 할 수 있는 소송대리권을 가진다고 하여 의뢰인에 대한 관계에서 당연히 그 권한에 상응한 위임계약상의 의무를 부담한다고 할 수는 없다. 변호사가 처리의무를 부담하는 사무의 범위는 변호사와 의뢰인 사이의 위임계약의 내용에 의하여 정하여진다.

3. 토지에 대한 가처분신청행위가 소송위임계약에 포함되었는지 여부

가. 소유권이전등기소송과 집행보전절차의 필요성

이 사건을 일반 법률가의 시각에서 냉정히 살펴보면, 원고들이 1991. 12. 26.경 변호사인 피고에게 이 사건 토지[진주시 (주소 생략) 대 915.4㎡]에 관한 소유권이전등기 청구소송의 수행을 위임함과 동시에 변호사인 피고로서는 이전등기소송의 제기와 동시에 이 사건 토지에 대한 처분금지가처분 등의 집행보전절차를 취하여야 함은 물론 원고들로부터 가처분신청을 하여 줄 것을 명시적으로 요청받지 않았다고 하더라도 가처분의 필요성에 관하여 원고들에게 충분히 설명하여 원고들로부터 그에 필요한 비용을 납부받는 등 원고들의 협조를 받아 그 절차를 취하여야 했었다. 소유권이전등기소송의 원고로서 첫 번째 해야 할 일은 소유명의인 등기가 타인에게 넘어가지 않도록 하는 것이다.

확실히 私見으로서는 이러한 선량한 관리자로서의 주의의무를 다하지 아니한 채 아무런 보전절차를 취하지 않고 있다가 사건을 수임한 날로부터 6개월이 경과한 후 이 사건 이전등기소송의 상대방 9인 중의 1인인 소외 1이 이 사건 토지에 관하여 협의분할에 의한 재산상속을 원인으로 그 단독 명의로 소유권이전등기(그 이전에는 소외 1 등의 피상속인 소외 2 명의의 소유권보존등기가 마쳐져 있었다.)를 마친 사실을 알게 되자 비로소 가처분신청을 한 담당변호사의 소송행위는 적절하지 못하다. 적기(適期)에 필요한 집행보전 절차를 취하지 아니한 과실로, 위 가처분기입등기 직전에 소외 1이 자신의 명의로 소유권등기가 되어 있음을 기화로 제3자에게 근저당권을 설정하여 주었기 때문에 설사 소유권이전등기소송의 승소 확정판결을 얻는다 하더라도 위 근저당권이 실행(이 사건에서는 담보권실행을 위한 경매를 의미한다)된다면, 근저당권 실행 전에 위 승소확정판결에 기하여 원고들 명의로 소유권을 다시 돌려놓는다고 한들 적법한 근저당권의 효력으로 인하여 소유권이전등기가 직권말소될 수밖에 없을 것이다.

실제로 원고들은 이 사건 토지의 소유권을 상실하게 한 손해를 입었다(원심인 부산고법 1995. 4. 13. 선고 94나11613 판결은 사견과 같다. 그리고 부산고법은 손해의 범위에 관하여는 대상토지의 위 근저당권에 기한 경락 당시의 시가 상당액인 금 192,234,000원을 기초로 원심이 인정한 여러 가지 사정을 참작하여 원고들과 피고의 과실 비율을 7 : 3으로 보아 피고가 원고들에게 배상할 총 손해액을 금 57,670,200원으로 정하였다.).

나. 대법원의 입장

피고가 이 사건 이전등기소송을 수임할 당시에도 이 사건 토지에 관하여 여전히 소외 2 명의의 소유권보존등기가 경료되어 있었는데 소송 계속중인 1992. 5. 20.자로 이 사건 이전등기소송의 상대방 9인 중의 1인인 소외 1이 이 사건 토지에 관하여 협의분할에 의한 재산상속을 원인으로 그 단독 명의로 소유권이전등기를 마쳤으며, 피고는 이와 같은 등기 변동사실을 원고들이 먼저 알려 준 것이 아니라 피고측이 등기부등본을 열람한 결과 이를 알게 되자 소외 1이 이 사건 토지를 제3자에게 처분할 염려가 있다고 판단하여 소송대리인의 권한으로써 1992. 5. 28. 이 사건 토지에 대한 처분금지가처분신청을 하였고, 그 담보제공에 따른 가처분기입등기가 마쳐지기 전인 같은 달 29.자로 소외 1이 제3자에게 근저당권설정등기를 경료해 준 사실을 들어서

- 주: (私見) 사실 간발의 차이라고는 볼 수 없지만 등기소에 근저당권설정등기가 접수되고 난 후에라도 어쨌든 처분금지가처분결정이 나면 집행법원의 촉탁에 의한 등기가 경료될 것이었기 때문에 피고(변호사)로서는 일종의 대응을 하기는 하였다 - <u>이 사건 소유권이전등기소송의 수임 당시 피고가 원고들에게 대상토지에 대한 소유권이전등기청구권을 보전할 필요성 및 처분금지가처분절차에 관하여 충분히 설명을 하였어야 할 구체적 사정이 존재하였다고 단정하기도 어렵다</u>는 것이 대법원의 견해이다.

변호사의 의뢰인에 대한 선량한 관리자로서의 주의의무에 관한 법리를 오해하여 필요한 심리를 다하지 아니한 위법이 있다고 할 것이다. 이러한 점들을 지적하는 취지의 논지는 이유 있다.

4. 질의에 대한 답변

판례에 따르면 변호사의 사건수임과 관련하여 여기에서의 소송위임(수권행위)은 소송대리권의 발생이라는 소송법상의 효과를 목적으로 하는 단독소송행위로서 그 기초관계인 의뢰인과 변호사 사이의 사법상의 위임계약과는 성격을 달리한다. 의뢰인과 변호사 사이의 권리의무는 수권행위가 아닌 위임계약에 의하여 발생하는 것인데, 이 사건 이전등기소송의 수행을 위임할 당시 이 사건 토지에 대한 처분금지가처분신청도 위임사무의 범위에 포함되었다고 보기 어려우므로 소유권이전등기소송의 수임 당시 피고가 원고들에게 대상토지에 대한 소유권이전등기청구권을 보전할 필요성 및 처분금지가처분절차에 관하여 설명의무를 지지 않는다는 취지로 보인다.

그러나 변호사로서는 ①적절한 자문·조언·주장을 할 의무, ②사안을 법적으로 정확하게 검토할 의무, ③가장 안전하고 합목적적인 방법을 선택할 의무, ④의뢰인의 지시를 준수할 의무, ⑤설명의무로서의 정보제공의무와 위험에 대한 고지의무를 진다고 해야 한다. 또한 소송의 목적은 승소판결이요, 소유권이전등기청구소송에서 승소하여 집행하는 것은 결국 등기경료를 의미한다. 소송에서는 이겼지만 상대방에게 재산이 없어 정작에 제일 중요하다고 말할 수 있는 채권액의 회수가 불가능할 때(이른바 「빈 판결, 텅 빈 판결」(Empty Judgment)[200])이라고 부르는 상황이다)와 이 사안이 큰 차이가 있다고 말할 수 있을까. 민사집행의 중요성은 여기서 시작된다.

---

[200] 최근에 이 표현을 한 논문으로는, Jernej Letnar Černič, "A Glass Half Empty? Execution of Judgments of the European Court of Human Rights in Central and Eastern Europe", Volume 15: Issue 1. [Baltic Yearbook of International Law Online] (Jul 2016), 285 이하 참조. 이 논문은 중부유럽, 동유럽에서 유럽인권재판소의 판결 집행을 크게 기대할 수 없는 이유 등을 연구한 것인데, weak execution of judgements of the European Court of Human Rights 또는 poor execution of judgements in most Central and Eastern European states 과 같은 표현을 볼 수 있다.

서른다섯 번째 물음

마스터 실무사례

리모델링으로 인하여 기존 구분건물이 독립성을 상실한 경우에 기존 구분건물에 대한 등기의 효력 - 경매조차 하기 힘든 채권자의 함정

실무사례

안녕하세요? 저는 채권자 겸 근저당권자입니다. 상가에서 옷장사를 하는 채무자에게 돈을 빌려주고 그 채무자 소유 구분소유 상가건물에 담보물권을 설정받은 사람이죠. 그런데 채무자가 자꾸 연체를 해서 이제는 안되겠다 생각이 되어 근저당권을 실행하려고 생각하고 있습니다. 그런데 상가건물이 증개축이 되었거든요(아래 해설의 사실관계 내용과 같음) 그런데 법무사사무실에 가보니까 법무사님은 경매가 안 될 것이라는 얘기를 계속 하는데요. 진짜 그런가요? 어떻게 해야 되나요?

쟁 점 : 1동의 각 구분건물이 건물로서의 독립성을 상실하여 서로 일체화되고 1개의 건물이 된 경우 각 구분소유권에 근저당권을 설정한 자가 경매신청을 하기 위한 요건

> 질문에 대한 해설

[사실관계]

① 재항고인(=채권자,근저당권자)은 증·개축 전의 이 사건 집합건물 1층 제101호와 2층 제201호에 관하여 2000. 4. 14. 및 2000. 6. 19. 각 근저당권설정등기를 마침.

② 집합건물인 위 건물의 소유자는 2002년경 지상으로 1개 층당 498.14㎡씩 8개 층을 더 증축하였고 공용부분인 지하주차장을 사우나시설로 개축하는 대신 주차타워를 새로 설치하였음.

③ 소유자는 1층 제101호와 제102호 사이의 구분시설을 제거하여 합체함과 동시에 일부 전유부분을 공용부분으로 개축하였음.

④ 소유자는 용적율을 높이기 위하여 각 층의 표시를 1층씩 내려서 표시하였음.

⑤ 건물의 현상변화 : 위 집합건물의 1층 687.90㎡는 제101호 및 제102호로 구분되어 있다가 위와 같은 증·개축 및 합체로 지하 제101호 712.1㎡로 바뀌고, 위 건물 2층 476.16㎡는 제201호 및 제202호로 구분되어 있다가 위와 같은 증·개축 및 합체로 1층 제101호 465.42㎡로 바뀌었음.

⑥ 위 집합건물의 증·개축 및 합체로 인하여, (a) 2002. 12. 21. 구 건축물대장은 폐쇄되었고 건축물대장이 신규 작성, (b) 2002. 12. 26. 등기부상의 '1동 건물의 표시' 부분이 증·개축 후의 것으로 변경됨.

⑦ 원심법원은 위 각 근저당권에 기한 재항고인의 부동산임의경매신청을 받아들여 2006. 10. 31. 위 각 부동산에 대하여 경매개시결정을 하였음.

1. 건물의 합동의 개념과 종전 건물에 대한 저당권의 운명, 합동의 경우 경매신청의 대상부동산은 무엇인지 여부

합동을 이야기하기 전에 조금 생각해 보겠습니다. 이 질문에서의 핵심질문은 근저당권자가 자신의 담보권행사를 할 수 있는가? 없는가? 이 양자택일의 문제입니다. 채권자는 자신의 채권회수에 관심이 있기 때문입니다.

답은 '담보권행사를 할 수 있는 방법이 있다'가 됩니다.

그런데 경매의 입문자가 아니라면 이 사안을 보면 먼저 떠오르는 것이 있어야 합니다. 무엇일까요? 이른바 「오픈상가의 경매」입니다. 「오픈상가의 경매」문제는 오픈상가에 설정된 근저당권은 부동산이 아닌 것에 설정된 담보권이 되어 그 담보권자체가 무효가 되고 따라서 담보권행사가 불가능하거나 곤란해지는 실무의 난맥상을 말합니다.

이 사례에서는 부동산의 구조적 독립성이 무너지고, 구조상 독립성이 없어지거나 증개축의 경우 신구건물 사이의 건물 동일성을 인정할 수 없다면 구조상 독립성이 있을 때의 건물에 관하여 설정된 또는 구건물에 관하여 설정된 근저당권에 기하여 경매절차를 진행할 수는 없지만 그 근저당권을 증·개축 및 합체로 생긴 부동산 중에서 위 경매대상 부동산이 차지하는 비율에 상응하는 공유지분에 관한 것으로 등기부의 기재를 바로잡아 이에 관하여 경매를 신청하는 것은 이론적으로 실무적으로 가능하다고 합니다.

대법원 관련 판결

○ **대법원 1993. 11. 10.자 93마929 결정[부동산경락허가결정] (공1994상, 158)**

"경매대상 건물이 인접한 다른 건물과 합동됨으로 인하여 건물로서의 독립성을 상실하게 되었다면 경매대상 건물만을 독립하여 양도하거나 경매의 대상으로 삼을 수는 없고, 이러한 경우 경매대상 건물에 대한 채권자의 근저당권은 위 합동으로 인하여 생겨난 새로운 건물 중에서 위 경매대상 건물이 차지하는 비율에 상응하는 공유지분 위에 존속하게 되므로 근저당권자인 채권자로서는 경매대상 건물 대신 위 공유지분에 관하여 경매신청을 할 수밖에 없게 되었고 경매대상 건물에 관하여 생긴 위와 같은 사유는 민사소송법 제728조에 의하여 준용되는 같은 법 제635조 제2항 단서, 제633조 제1호 소정의 경매한 부동산이 양도할 수 없는 것으로서 강제집행을 허가할 수 없는 때에 해당하게 될 것이므로 경매법원으로서는 직권으로 위 건물에 대한 경락을 허가하지 아니하였어야 한다(주: 민사집행법 제정 전의 판례이므로 구 민사소송법 조문을 예로 들고 있다)."

○ 대법원 2010. 1. 14. 선고 2009다66150 판결 [건물철거및토지인도]
(공2010상, 315)

"경매대상 건물이 인접한 다른 건물과 합동(合同)됨으로 인하여 건물로서의 독립성을 상실하게 되었다면 경매대상 건물만을 독립하여 양도하거나 경매의 대상으로 삼을 수는 없고, 이러한 경우 경매대상 건물에 대한 채권자의 저당권은 위 합동으로 인하여 생겨난 새로운 건물 중에서 위 경매대상 건물이 차지하는 비율에 상응하는 공유지분 위에 존속하게 된다."

소유자는 1층 제101호와 제102호 사이의 구분시설을 제거하여 합체함과 동시에 일부 전유부분을 공용부분으로 개축하고, 용적율을 높이기 위하여 각 층의 표시를 1층씩 내려서 표시하였을 뿐만 아니라 건물 2층 476.16㎡도 제201호 및 제202호로 구분되어 있다가 위와 같은 증·개축 및 합체로 1층 제101호 465.42㎡로 바뀌었으며, 위 집합건물의 1층 687.90㎡는 제101호 및 제102호로 구분되어 있다가 위와 같은 증·개축 및 합체로 지하 제101호 712.1㎡로 바뀌었습니다.

근저당권자는 증·개축 전의 이 사건 집합건물 1층 제101호와 2층 제201호에 관하여 2000년에 근저당권을 설정받은 자입니다.

집합건물이 합체되어 새로운 집합건물이 되었습니다.

건물의 합동이 무엇인가요?

'피고는 원고에게 합동하여 얼마를 지급하라'라고 할 때의 합동인가요?

아닙니다. 이것은 이른바 어음법상 합동책임과 관련되는 내용이고, 건물의 합동이 매우 생소하실 것이라 생각됩니다만, 합동은 다음과 같이 정의됩니다.

"건물에 관한 민사소송이나 강제집행 사건에서 건축물대장이나 등기부의 기재와 건물의 현황이 다른 경우를 흔히 볼 수 있다. 건축된 후 시간이 경과함에 따라 건물이 낡게 되면 소유자는 건물의 가치를 유지하기 위하여 건물의 여러 부분을 수선하여야 할 것이고, 나아가 그 가치를 증대시키고자 증축 또는 개축하거나, 경우에 따라서는 구 건물을 철거하고 신 건물을 신축하는 방식을 동원할 수도 있다. 증·개축 공사로 인한 건물의 물리적 변화 가운데에는 인접하는 여러 동의 건물이 완전히 철거되지 않고 격벽만 제거되거나 중간부분이 충전·연결되어 각 그 구조상의 독립성을 잃고 연속된 전체를 1개의 건물로 볼 수 있는 상태가 되는 경우도 있는데, 이를 건물의 합동이라고 한다."201)

만약 경매법원이 합동된 건물인 줄도 모르거나 법리를 잘못 이해하여, 매각절차를 진행하게 되면 어떻게 되는가요? 이 사건 대상판결은 물론이거니와 확립된 판례는 매각불허가사유라고 판시하고 있습니다.

왜 팔아서는 안되는가?

답변하자면 저당권의 효력이 미치지 않는 부동산까지 매각하게 되는 꼴이고, 어느 부동산도 주물, 종물에서 주물의 관계에서 설 수 없어서 한마디로 공유관계로 전환되기 때문이라고 보아야 할 것입니다. 아래 대법원판례는 양도가능성을 부정하여 "위와 같은 사유는 경매한 부동산이 양도할 수 없는 것으로서 민사집행법 제268조에 의하여 준용되는 같은 법 제123조 제2항, 제121조 소정의 강제집행을 허가할 수 없는 때에 해당하게 될 것이므로 경매법원으로서는 직권으로 위 건물에 대한 경락(주: 매각)을 허가하지 아니하여야 한다(대법원 1993. 11. 10.자 93마929 결정, 대법원 2010. 1. 14. 선고 2009다66150 판결, 대법원 2010. 3. 22.자 2009마1385 결정, 대법원 2011. 9. 5.자 2011마605 결정 참조)"라고 판시하였습니다.

근저당권자인 채권자로서는 경매대상 건물 대신 합동된 건물에 대하여 공유지분에 관한 경매신청을 할 수밖에 없다는 것은 전술(前述)했습니다.

이 질문사안은 대법원 2010. 3. 22.자 2009마1385 부동산임의경매 사건에 관한 결정을 사례화한 것입니다. "구분건물로서 각각 소유권 및 근저당권

---

201) 김종호 부장판사, "건물의 합동을 둘러싼 법률관계", 민사집행법 실무연구 Ⅲ, 21세기 민사집행의 현황과 과제 : 김능환 대법관 화갑기념 (통권제5권 2011) 447~448면

의 목적으로서 경매대상인 기존의 위 제101호와 제201호가 증·개축 및 합체로 위 지하 제101호와 위 제201호로 바뀌게 되었으므로, 근저당권자인 재항고인으로서는 그 근저당권을 증·개축 및 합체로 생긴 부동산 중에서 위 경매대상 부동산이 차지하는 비율에 상응하는 공유지분에 관한 것으로 등기부의 기재를 바로잡아 이에 관하여 경매를 신청하는 것은 별론으로 하고, 종전의 건물에 대한 경매를 신청하거나 그 경매절차를 계속할 수는 없다"고 하였습니다.

이와 같은 판례는 현재까지 계속되고 있는데 대법원 2020. 2. 27. 선고 2018다232898 판결도 같은 맥락이다. 다만 파기환송판결이라는 점이 특이하며 이 사건은 건물명도소송사건이었다. 아래 내용은 2018다232898 판결의 다이제스트이다.

1동의 건물 중 구조상 구분된 수개의 부분이 독립한 건물로서 구분소유권의 목적이 되었으나 그 구분건물들 사이의 격벽이 제거되는 등의 방법으로 각 구분건물이 건물로서의 독립성을 상실하여 일체화되고 이러한 일체화 후의 구획을 전유부분으로 하는 1개의 건물이 되었다면 기존 구분건물에 대한 등기는 합동으로 인하여 생겨난 새로운 건물 중에서 위 구분건물이 차지하는 비율에 상응하는 공유지분 등기로서의 효력만 인정된다.

건물의 구조상의 구분에 의하여 구분소유권의 객체 범위를 확정할 수 없는 경우에는 구조상의 독립성이 있다고 할 수 없고, 구분소유권의 객체로서 적합한 요건을 갖추지 못한 건물의 일부는 그에 관한 구분소유권이 성립할 수 없으므로, 건축물관리대장상 독립한 별개의 구분건물로 등재되고 등기부상에도 구분소유권의 목적으로 등기되어 있더라도, 그 등기는 그 자체로 무효이다.

1동의 건물의 리모델링 후 기존 구분건물의 독립성이 인정되지 않음에도 기존 구분건물의 등기부상 소유자인 원고들이 구분소유권의 효력이 리모델링 후 건물의 특정 점포부분에도 미친다고 주장하며 점포 점유자를 상대로 점포의 인도를 구하였으나, A 상가 건물 내 기존 구분소유로 등기된 구분건물이 격벽이 처음부터 없었거나 리모델링으로 제거되고, 구조, 위치와 면적이 모두 변경됨으로써 구분건물로서의 구조상 및 이용상의 독립성을 상실하여 일체화되었고, 리모델링 후 A 상가 건물의 구조상의 구분에 의해서는 기존 구분등기에 따른 구분소유권의 객체 범위를 확정할 수 없으며, 위 리모델링이 기존 구분건물로서 복원을 전제로 한 일시적인 것이라거나 복원이 용이해 보이지도 않으므로, 기존 구분건물로서의 구조상의 독립성이 있다고 할 수 없다고 보아, A 상가 건물에 관한 구분등기가 그 자체로 무효이고, 리모델링으로 생겨난 새로운 A 상가 건물 중에서 원고들 소유의 구분건물이 차지하는 비율에 상응하는 공유지분 등기로서의 효력을 인정하고, 원고들의 소유권의 효력이 리모델링 후 A 상가 건물의 특정 점포부분에 미치지 않는다고 판단하여, 원심을 파기하였다.[202]

---

[202] 이 사건 건물에 관하여 개시된 서울중앙지방법원 각 임의경매사건의 감정평가서에는 이 사건 건물의 현황에 관하여, "□□□ 상가 건물은 공부상 호실로 구분되어 있지 아니하고 공부상 호칭과는 별도로 지주회에서 구획한 각층별 위치를 점유하여 사용중이고 본 건 건물은 집합건축물로 등기되어 있으나 약 2년 전 증·개축으로 공유자 사이에 위치가 특정되어 있지 않고 공유자 전체가 공동운영(임대)하여 지분비율대로 수익을 배분하는 형태로 운용되고 있는 것으로 조사되므로 본건 평가는 토지 및 건물 소유지분만 각각 평가하되 건물은 증 개축하여 공부와 현황이 상이하며 본건의 호명칭은 '1, 2층 10호'이나 이런 호수는 없고, 실제 점유하고 있는 현황은 1층 203, 204, 207, 276호와 2층 28, 67, 69, 70호를 점유하고 있다고 기재되었다. (판결이유에서 발췌)

서른여섯 번째 물음

마스터 실무사례

건물의 합체로 기존 구분건물이 독립성을 상실한 경우에 합체로 생긴 새로운 건물의 공유지분에 관한 것으로 등기기록의 기재를 고치기 전에는 언제나 근저당권실행이 불가능한 것인가요?

- 그냥 포기하는 채권자, 또 함정에 빠지다

쟁   점 : 합체된 구분건물의 예외적 통경매에 관한 법리

질문에 대한 해설

[하급심 진행과정]

① 근저당권자 주식회사 ○○대부의 신청에 따라 2012. 9. 7. 원심결정 별지목록 기재 각 부동산(이하 '대상부동산들')에 관하여 부동산임의경매개시결정이 내려졌다.

② 그런데 대상부동산들은 수년 전부터 각 호실이 벽체 등에 의해 구분됨이 없이 일단의 작업장(떡공장) 및 사무실로 사용되어 왔다.

③ 원심(수원지방법원 2014. 2. 4.자 2014라167 결정)은, 대상부동산들은 경계구분을 위한 물리적 표식이 없어 그 위치 및 면적의 특정이 불가능하여 구조상·이용상 독립성을 갖추지 못한 상태이고, 현재의 이용 상황 등에 비추어 보면 이 사건 각 부동산의 경계벽 등이 제거된 것이

사회통념상 복원을 전제로 한 일시적인 것이라거나 그 복원이 용이하다고 보기도 어렵다고 인정하고, 대상부동산들이 구분소유권의 객체가 될 수 없다는 등의 이유를 들어 대상부동산들에 대한 경매는 허용될 수 없다고 판단하였다.

④ 이 사건 각 부동산에 관하여 경매에 의하여 소멸하지 아니하는 가등기나 가처분등기 등은 마쳐져 있지 아니하다.

1. 합체된 구분건물의 경매에 관한 법리

이 판결은 매우 주목되는 실무사례이다. 합체된 구분건물의 예외적 통경매를 거의 처음으로 인정한 것이 아닌가 생각된다.

(1) 판례의 원칙

경매대상 건물이 인접한 다른 건물과 합동됨으로 인하여 독립성을 상실하게 되었다면 경매대상 건물만을 독립하여 양도하거나 경매의 대상으로 삼을 수는 없다. 이러한 경우 경매대상 건물에 대한 채권자의 저당권은 위 합동으로 인하여 생겨난 새로운 건물 중에서 위 경매대상 건물이 차지하는 합동 당시의 가액 비율에 상응하는 공유지분 위에 존속하게 되므로 저당권자인 채권자는 경매대상 건물 대신 위 공유지분에 대하여 경매를 신청할 수밖에 없다. 그리고 이러한 법리는 1동의 건물 중 구조상 구분된 여러 개의 부분이 독립한 건물로 사용될 수 있어 그 각 부분이 소유권의 목적이 된 경우로서, 그 구분건물들 사이의 격벽이 제거되는 등의 방법으로 합체하여 각 구분건물이 독립성을 상실하여 일체화되고 이러한 일체화 후의 구획을 전유부분으로 하는 1개의 건물이 되는 경우에도 마찬가지이다(대법원 2010. 3. 22.자 2009마1385 결정 등).

이에 따라 위의 경우에 종전의 구분건물에 대한 저당권자로서는 그 저당권을 구분건물들의 합체로 생긴 새로운 건물 중에서 위 경매대상 구분건물이 차지하는 합체 당시의 가액 비율에 상응하는 공유지분에 관한 것으로 등기기록의 기재를 고쳐 이에 대하여 경매를 신청하는 것이 원칙이다(대법원 2011. 9. 5.자 2011마605 결정 등 참조).

(2) 예 외

★ 그렇지만 합체되기 전의 구분건물들 전부와 합체로 생긴 새로운 건물 사이에는 특별한 사정이 없는 한 사회통념상 동일성이 있으므로, 합체되기 전의 구분건물들 전부에 대한 저당권자가 그 전부를 경매의 대상으로 삼아 경매를 신청한 경우라면 이는 합체로 생긴 새로운 건물에 대하여 경매를 신청한 것이라고 볼 수 있다. 또한 합체되기 전의 구분건물들에 관하여 설정된 저당권설정등기 등이 일괄매각 경매절차를 통하여 말소되어 위 구분건물들에 대한 합병제한사유가 해소된다면, 그 경매절차에 의하여 합체로 생긴 새로운 건물 전부를 매수한 매수인은 합병등기 등을 통하여 그 현황과 등기를 일치시킴으로써 완전한 소유권을 행사할 수 있다.

따라서 위와 같은 경우에는, <u>비록 합체되기 전의 각 구분건물에 관한 저당권을 합체로 생긴 새로운 건물의 공유지분에 관한 것으로 등기기록의 기재를 고치기 전이라고 하더라도, 합체되기 전의 구분건물들 전부를 경매의 대상으로 삼은 경매신청을 합체로 생긴 새로운 건물에 대한 경매신청으로 보아 일괄매각을 허용하고, 위와 같은 사정을 매각물건명세서에 기재하여 매각절차를 진행하여야 할 것</u>이다.

2. 대법원 2016. 3. 15.자 2014마343 결정 [부동산임의경매] : 파기환송

대상부동산들, 즉 구분건물인 이 사건 각 부동산이 경계벽의 제거 등으로 구분건물로서의 독립성을 상실하여 합체되었다면 이 사건 각 부동산 전부와 합체된 새로운 구분건물 사이에는 동일성이 있으므로, 비록 등기기록의 기재를 고치기 전이라도 이 사건 각 부동산 전부를 경매의 대상으로 삼은 경매신청은 이를 합체된 새로운 구분건물에 대한 경매신청으로 볼 수 있고, 또한 이 사건 각 부동산에 관하여 경매로 소멸하지 아니하는 가등기나 가처분등기 등이 없어 일괄매각 경매절차의 매수인이 합병등기 등을 통하여 합체된 새로운 구분건물의 현황과 등기를 일치시킬 수 있으므로, 다른 사정이 없다면 이에 대한 경매는 허용될 수 있다.

다만 기록에 의하면, H상가동의 지하층에는 구분건물로서 대상부동산들 외에 지하층 제17호 철근콘크리트피씨조 28.14㎡(이하 '제17호'라고 한다)가 존재하고 있음을 알 수 있다. 만약 이 사건 각 부동산뿐 아니라 제17호도 함께 구분건물로서의 독립성을 상실하여 서로 일체화되었다면, 그 지하층 구분건물들 전부에 대한 합체등기 및 그 중 이 사건 각 부동산이 차지하는 비율에 상응하는 공유지분에 관한 근저당권으로 변경등기를 하지 아니하고 이 사건 각 부동산만을 경매대상으로 삼아 경매할 수는 없으므로, 환송 후 원심은 이 사건 각 부동산이 제17호와 합체되었는지 여부를 명확히 가려 심리할 필요가 있다(필자 주: 원심은 지하층 제17호에 관한 심리는 하지 않은 것으로 보인다).

결론적으로 대법원은 대상부동산들이 각각 구분소유권의 객체가 될 수 없다는 등의 이유만을 들어 대상부동산들에 대한 경매가 허용될 수 없다고 판단한 원심을 파기환송 하였다.

서른일곱 번째 물음

> 마스터 실무사례

집합건물의 구분소유권 경매실무에서 '처분의 일체성'이란 개념이 무엇인가요?

질문에 대한 답변

집합건물과 대지권을 둘러싼 경매실무의 제문제

독일과 달리 토지와 건물을 별개의 부동산으로 하고 있는 우리 법제하에서는 건물의 구분소유와 관련하여 대지사용권과 전유부분의 분리처분 금지원칙(집합건물법 제20조)이 대단히 중요하게 조명된다. 집합건물[203]의 구분소유권 경매실무에서 발생하는 어려운 문제는 바로 이 분리처분금지원칙, 즉 처분의 일체성과 거의 언제나 연관된다. 이하에서 최근의 전원합의체 판결을 살펴보면서 관련 논점을 짚어보기로 한다.

참고로 대지권은 절차법인 부동산등기법(부등법 제42조 제4항)상의 개념이며, 대지사용권(소유권 또는 소유권 이외의 용익권인 지상권, 전세권, 임차권, 사용차권 등)은 실체법상의 권리로서 본권이다.[204] 대지권은 언제나 대지사용권을 포함하지만 대지사용권이 반드시 대지권인 것은 아니다.[205]

---

[203] 1동의 건물에 대하여 구분소유권이 성립하는 경우 그 1동의 건물을 집합건물이라고 하므로 집합건물의 구분소유권 경매실무가 정확한 표현이나 이 글에서는 용어를 혼용하여 집합건물경매실무라는 표현을 사용하기도 하였으니 주의를 요한다.

[204] 부동산등기실무 3권 (법원행정처 2007) 158.

[205] 김기정, 집합건물의 집행을 둘러싼 몇 가지 법률문제에 대한 고찰, (사법논집 제

가. 전유부분과 대지사용권의 처분의 일체성

구분소유자의 대지사용권은 그가 가지는 전유부분의 처분에 따르고(전유부분에 대한 종속성, 종물에 준하는 종된 권리[206]), 구분소유자는 그가 가지는 전유부분과 분리하여 대지사용권을 처분할 수 없다(집합건물법 제20조 제1항, 제2항 본문 참조). 전자는 처분 결과의 법적 공동운명을, 후자는 처분 방법의 법적 공동운명, 즉 일체성을 명문화한 것이다.[207] 일체성원칙을 정한 법 제20조는 지분처분의 자유에 관한 민법 제263조 전단규정의 적용을 배제하는 것이다. 민법의 공유이론 또는 관련규정이 집합건물법에서 특별규정으로 적용이 배제되는 또 다른 예는 대지공유자의 분할청구금지(위 법 제8조)를 들 수 있다.

이러한 일체성원칙은 예컨대 대지의 지하에 구분지상권을 설정하는 경우, 대지 위에 통행지역권을 설정하는 경우에는 법규해석상 적용이 배제되고[208], 소규모구분건물의 경우 규약으로 배제되기도 한다(위 법 제20조 제2항 단서). 여하튼 집합건물법 제20조의 입법취지는 대지와 건물이 분리되는 사태를 가능한 한 축소하여 건물의 존속을 꾀하고 양자의 분리가 초래하는 복잡한 법률관계를 피하려는 것이다.[209] 그러면 분리처분금지원칙이 적용되는 시점은 언제인가? 대지사용권을 전유부분과 분리하여 처분할 수 없게 일체성이 성립된 때,[210] 즉 구분소유자가 대지사용권을 취득한 때부터이다.[211] 대지권등기

27집, 법원도서관) 29 참조
[206] 김기정, 위의 논문, 52. 참조
[207] 김기정, 위의 논문, 33.
[208] 김기정, 위의 논문, 38-39.
[209] 대법원 2006. 3. 10. 선고 2004다742 판결은 "위 규정의 취지는 집합건물의 전유부분과 대지사용권이 분리되는 것을 최대한 억제하여 대지사용권이 없는 구분소유권의 발생을 방지함으로써 집합건물에 관한 법률관계의 안정과 합리적 규율을 도모하려는 데 있다"고 한다.
[210] 김기정, 위의 논문, 36.
[211] 부동산등기실무 3권, 161.

여부는 아무런 관계가 없다.

나. 2013. 1. 17. 선고 2010다71578 전원합의체 판결 【대지권지분이전등기등】

최근 구분소유자가 대지사용권을 취득한 시점, 즉 분리처분금지원칙의 적용시점과 관련하여 대법원 전원합의체판결이 주목된다. 이 전합판은 1동의 건물의 원시취득시기와 구분소유권의 성립시기를 이원적으로 파악해 온 종래 판례들을 폐기하였다.

즉, 대법원 1999. 9. 17. 선고 99다1345 판결, 대법원 2006. 11. 9. 선고 2004다67691 판결 등은 원칙적으로 건물 전체가 완성되어 당해 건물에 관한 건축물대장에 구분 건물로 등록된 시점에 구분소유권이 성립하고, 다만 예외적으로 건축물대장에 등록되기 전에 등기관이 집행법원의 등기촉탁에 의해 미등기건물에 관해 소유권 처분제한의 등기를 하면서 구분건물의 표시에 관한 등기를 할 경우에는 그 등기된 시점에 구분소유권이 성립한다고 판시하여 왔는데, 2013. 1. 17. 선고 2010다71578 전원합의체에서는 다음과 같은 중요한 판시를 하였다.

"…1동의 건물에 대하여 구분소유가 성립하기 위해서는 객관적·물리적인 측면에서 1동의 건물이 존재하고 구분된 건물부분이 구조상·이용상 독립성을 갖추어야 할 뿐 아니라 1동의 건물 중 물리적으로 구획된 건물부분을 각각 구분소유권의 객체로 하려는 구분행위가 있어야 한다(대법원 1999. 7. 27. 선고 98다35020 판결 등 참조). 여기서 구분행위는 건물의 물리적 형질에 변경을 가함이 없이 법률관념상 그 건물의 특정부분을 구분하여 별개의 소유권의 객체로 하려는 일종의 법률행위로서, 그 시기나 방식에 특별한 제한이 있는 것은 아니고 처분권자의 구분의사가 객관적으로 외부에 표시되면 인정된다. 따라서 **구분건물이 물리적으로 완성되기 전에도 건축허가신청이나 분양계약 등을 통하여**

> 장래 신축되는 건물을 구분건물로 하겠다는 구분의사가 객관적으로 표시되면 구분행위의 존재를 인정할 수 있고, 이후 1동의 건물 및 그 구분행위에 상응하는 구분건물이 객관적·물리적으로 완성되면 아직 그 건물이 집합건축물대장에 등록되거나 구분건물로서 등기부에 등기되지 않았더라도 그 시점에서 구분소유가 성립한다."

이 판례사안의 문제가 된 아파트는 2003. 8. 25.까지 지하 2층부터 지상 12층까지 각 층의 기둥, 주벽 및 천장 슬래브 공사가 이루어져 2003. 8. 25. 경에는 1동의 건물 내부의 각 전유부분이 구조상·이용상의 독립성을 갖추었고, 그보다 앞서 2002. 5. 15.경부터 피고가 이 사건 아파트를 신축하면서 그 내부의 구분건물 각각에 대하여 분양계약을 체결함으로써 구분의사를 외부에 표시하였으므로 구분행위의 존재도 넉넉히 인정된다고 보아, 토지에 관하여 부동산담보신탁계약이 체결되고 이 사건 신탁등기가 마쳐진 2003. 9. 4.경에는 위 아파트의 전유부분에 관하여 이미 구분소유권이 성립한 상태였으므로, 당시 이 사건 아파트에 관하여 아직 건축물대장에 구분건물로 등록이 이루어지지 않았으므로 구분소유가 성립하지 않았다는 피고의 주장을 배척하였다.

집합건물법 제20조의 종속성·일체성의 효력에 의하여 구분소유권이 언제 성립하는지에 따라 그 토지에 관하여 권리관계를 맺은 자와 구분건물의 권리자 사이의 이해의 충돌을 피할 수 없는바 위 전원합의체판례의 취지에 따를 때 - 판례사안과 반드시 일치하는 것은 아니다 - 다음과 같이 쉽게 도해할 수 있다. 핵심은 분리처분금지시기를 앞당기게 되는 결과 토지소유권을 취득한 자의 소유권취득 유·무효가 달라질 수 있다는 점이다.

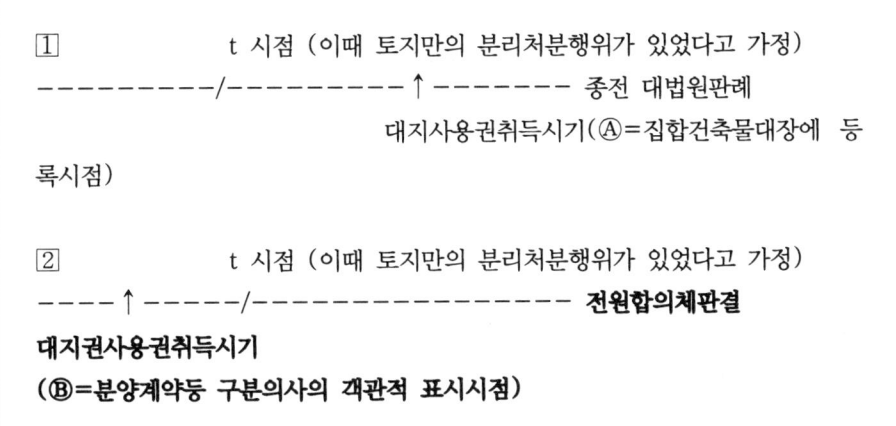

위 표에서 건물소유자이자 토지소유자인 갑이 토지매수희망자 을에게 t 시점에서 토지소유권을 양도하였는데 종전 판례에 따르면 대지사용권취득(Ⓐ) 전이므로 분리처분금지원칙에 반하지 아니하여 매수인 을이 유효하게 토지소유권을 취득한다.

그러나 2013. 1. 17. 선고 2010다71578 전원합의체 판결에 의하면 대지권사용권취득(Ⓑ) 후이므로 집합건물법 제20조 제2항 본문의 분리처분금지원칙에 반하여 처분행위 자체가 무효가 된다. 이에 따라 을은 지상 건물의 소유자등에 대하여 건물철거청구 등을 할 수 없게 되고[212], 토지소유자 을의 채권자가 토지만에 대한 강제집행도 할 수 없고 을이 토지저당권을 설정한 경우 토지저당권자의 담보권실행도 불가능하게 된다.

물론 집합건물법 제20조 제3항의 선의의 제3자 보호규정에 의하여 분리

---

[212] 대법원의 판례변경은 아파트 등 공동주택을 선분양한 후 신축하여 1동 건물의 독립성이나 각 전유부분의 구조상·이용상 독립성이 갖추어졌는데도 어떠한 이유에서 사용승인을 받지 못하여 건축물대장에 등록하지 못하고 장기간 미등록 건물로 방치되는 사례가 많고, 이런 상태에서 수분양자들의 입주까지 이루어지는 현실을 고려한 것으로 보인다. 만약 건축물대장에 등록하여야만 구분소유권이 성립한다는 견해를 취하면 미등록 건물을 분양받은 수분양자에 대한 유력한 보호장치인 집합건물법 제20조가 무력화된다.

처분금지의 등기(실무상 대지권등기라고 본다[213]))가 없는 이상 선의의 제3자는 보호되지만 다수설은 무과실을 요구하는데다가[214] '선의'의 제3자라 함은 원칙적으로 집합건물의 대지로 되어 있는 사정을 모른 채 대지사용권의 목적이 되는 토지를 취득한 제3자를 의미[215]하는 바 선의가 쉽게 인정되기는 어려울 것이다.

다. 대지권 미등기 구분소유건물의 전유부분에 대한 저당권·전세권설정과 그 실행 및 배당관계

집합건물은 t2 전에 건축되고 또한 구분소유의 등기가 이루어졌으며 구분건물에만 근저당권 1, 근저당권 2, 전세권이 경료되었다.[216] 그 후 대지권등기가 경료되었다.

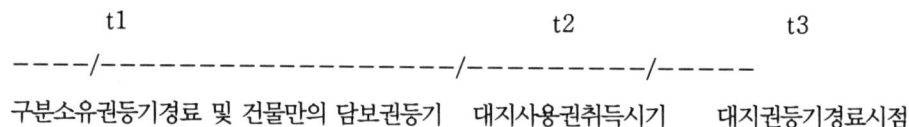

구분건물에 대하여만 설정된 저당권이나 전세권의 효력에 관하여 종래 긍정설·부정설의 논의가 있었으나[217] 현재의 실무는 대지사용권에도 미친다고 보는데 이설이 거의 없다.[218] 이때 건물의 전유부분 매각대금에

---

213) 부동산등기실무 3권, 162.
214) 김기정, 앞의 논문, 38.
215) 대법원 2009. 6. 23. 선고 2009다26145 판결.
216) 대지권발생 전에 어느 일방에 설정된 저당권의 실행을 위한 경매의 경우 저당권 설정 당시에 이미 처분행위가 있었던 것으로 볼 것이므로, 그 저당권의 실행을 위한 경매는 당연히 그에 부수되는 것으로서 독립한 처분으로 볼 필요가 없어 허용된다. 김기정, 앞의 논문, 36.
217) 김기정, 앞의 논문, 40 이하.
218) 대법원 1995. 8. 22. 선고 94다12722 판결(근저당권관련), 서울지방법원 95가단128226 판결(전세권관련).

대한 배당은 배당의 순위에 의하는 것에 의문이 없으나 대지부분의 매각대금에 대하여는 배당법원 실무에서 토지매각대금에 대하여는 근저당권 1, 근저당권 2, 전세권(설정등기일자순)에 대하여 동순위안분배당을 주장하는 입장도 있는 듯하다. 추측건대 대지권등기시점에 담보권이 일시에 경료된 것으로 보아 동순위가 되는 것으로 보자는 것인데 집합건물법 20조 3항의 선의의 物權者에 해당한다면 별론, 대법원 94다12722 판결의 취지와 담보물권의 우선변제효 이론에 부합되지 않는 것으로 생각된다. 전세권의 경우 토지매각대금에서 배당을 부정하는 입장[219]도 있으나 전세권의 효력이 미치는 대지사용권의 매각대금에서도 배당을 한다는 것이 통설[220]과 실무이다.

---

219) 안갑준, 건물의 구분소유와 그 등기절차, 법무사 (1996. 7.) 38.
220) 김기정, 앞의 논문, 46.

서른여덟 번째 물음

마스터 실무사례

집행권원의 성립의 하자와 강제집행의 효력

환경분쟁 조정법에 따라 재정위원회가 재정을 하였으나 재정문서의 정본이 당사자에게 송달되지 않은 경우에,
(1) B는 위 재정문서를 기초로 유체동산 압류를 신청하여 2012. 11. 23. A소유 유체동산에 대하여 강제집행을 하였고, 이에 A가 이 사건 재정문서에 기초한 강제집행을 하는 것을 막아야 한다고 당신의 사무실에 찾아 왔다. 당신은 어떠한 민사집행관계소송 등을 제기하여야 한다고 조언을 할 것인가?
(2) B가 A소유 부동산에 대하여 강제경매신청을 하였고 절차가 진행 중이다. 매각절차의 제2차 매각기일에서 매수인 C에게 매각되었고 이 매각허가결정이 확정되었다면,
 (가) 대금납부전이라면 채무자 겸 소유자 A는 어떠한 구제조치를 취할 수 있는가?
 (나) 매수인 C가 매각대금을 전액 납부한 이후라면 매수인 C는 적법하게 소유권을 취득하는 것인가? 아니면 채무자 겸 소유자 A는 매각대금 납부 후라도 집행권원의 성립의 하자를 다투어 매수인 C의 소유권취득을 부정할 수 있는가?

> 쟁 점 : 집행권원의 성립 자체에 하자가 있는 경우 **불복방법**과 하자의 치유 여부

> 질문에 대한 해설

위와 같은 집행권원 하자의 사례는 실무에서 채무자, 소유자, 매수인(경락인)의 이해관계가 첨예하게 대립되는 사례로써 대금납부 후에도 문제가 될 수 있습니다. 이론적으로도 이 문제는 상당히 깊은 검토를 요합니다. 실무가로서는 그 상담과 소송의 수행에 여간 주의하지 않으면 안 될 것이기 때문에 마흔 번째 함정사례로써 선정해 보았습니다.[221]

1. 집행권원의 하자가 강제경매절차에 미치는 영향

집행권원에 의한 강제집행은 담보권에 기한 강제집행(예컨대 근저당권실행경매, 질권에 기초한 채권압류 등)과 더불어 강제집행의 양대산맥이라고 말할 수 있다. 여기서 집행권원은 민사집행법 제정 이전에는 채무명의(Titel)이라고 불렀다. 지금도 일본 민사집행법은 債務名義라는 표현을 쓴다.

집행권원에 기초한 강제집행은 실무상으로는 대부분의 채권집행, 그리고 부동산강제경매, 판결에 의한 공유물분할경매 등을 들 수 있다. 그리고 강제경매에 의한 소유권이전효과의 기초가 되는 것은 집행력 있는 집행권원의 정본, 즉 집행권원의 존재이다. 만약 집행권원에 어떠한 법적 흠결이 있는 경우에 그 이후 이어진 일련의 강제집행절차에 어떠한 영향을 미치는 것일까.

하자 있는 집행행위가 당연무효인지, 아니면 일단 유효하고 취소할 수 있는 행위에 불과한지가 문제된다. 그런데 이 문제는 그렇게 간단하지가 않다. 필자가 발표한 논문에서 이미 상세하게 논하였지만 하자있는 집행행위로 논의되거나 논의될 수 있는 여러 유형(類型)에 따라 그 여부가 달라지기 때문이다. 이 가운데 집행권원이 무효인 경우에 집행의 효력에는 어떠한 영향을

---

[221] 이 쟁점에 대하여 최근 논문을 발표한 바 있다.

미치는지도 매우 중요하게 검토되어야 할 것이다. 만약 집행에 효력을 미친다면 그 불복구제수단은 무엇인지도 문제된다.

이 문제에 관하여 일본의 伊藤 眞(이토오 마코토) 교수는, "채무명의의 하자와 강제경매의 효과(債務名義の瑕疵と强制競賣の效果)"라는 상당히 중요한 논문을 쓴 바 있다(독일권에서 연구된 매우 주목되는 중요한 논문은 필자의 2020. 발표논문 참조).

2. 문제의 소재 및 이토오 마코토(伊藤 眞) 교수의 견해

이토오 마코토의 논문에 관하여, '집행권원'의 부존재나 무효의 경우에는 채무자의 절차보장을 중시하여 강제경매의 효과를 부정하는 데 대하여, 집행권원상의 '집행채권'의 부존재가 주장되는 경우에는 그것이 원시적 불성립의 경우이든 후발적 소멸의 경우이든 강제경매의 효과에 영향이 없고, 공정증서나 확정판결 등 집행권원의 종류는 그 무효 판단에 직접적으로 영향을 미치지 않는다는 것으로 개략적으로 이해할 수 있다고 한다.[222]

민사집행법상 강제경매에 관하여 보건대, 강제경매의 효과를 둘러싼 주된 이해관계인은, 경매절차가 유효하게 되면 소유권을 상실하게 되는 집행채무자와 경매절차가 무효가 되면 소유권을 취득할 수 없는 매수인이다. 물론 매각절차의 다른 이해관계인들도 매각절차에 참여할 수 있는 기회보장이라는 측면에서 중요한 이해관계를 가진다는 것을 부정하는 것은 아니다. 다만 그들은 목적부동산에 관한 소유권을 상실하느냐 여부의 이해관계는 아니라는 점에서 집행권원의 무효 여부에 관하여는 논외로 되어 있다.

매수인(경락인)과 신청채무자(=필자는 일본처럼 집행채무자라고 불러야

---

[222] 손흥수, https://heungsoo.tistory.com/658 2020. 3. 11. 공개주소접근. ; 伊藤 眞, "債務名義の瑕疵と强制競賣の效果", 執行·保全 判例百選, 45.

한다고 여러 지면을 통하여 주장하여 왔다. 이하 집행채무자로 명칭을 통일함) 이들 **양자 간의 이해관계 조정의 열쇠는 집행채무자에 대한 절차보장(節次保障)과 강제경매에 대한 신뢰확보(法的安定性)**이다. 이토오 마코토 교수의 착안점은 「집행권원 자체의 부존재 내지 무효의 경우」와 「집행권원상의 '집행채권'의 부존재가 주장되고 인정되는 경우」를 나누어 본다는 것이다. 이는 상당히 설득력을 가진다고 보이며 우리나라 실무에도 어느 정도 반영되어 있다.

집행채무자에 대한 절차보장을 중시하여 그 이익을 보호하려고 하면, 집행권원의 하자와 거기에 표시된 집행채권의 부존재를 이유로 강제경매의 효력을 부정해야 할 것이고, 역(逆)으로 강제경매에 대한 신뢰를 확보를 위해 매수인의 이익을 존중하려 한다면, 집행력 있는 집행권원의 정본에 기하여 경매절차가 개시되어 청구이의의 소와 같은 집행관계소송등에 의하여 방해받지 않고 매각절차가 종료되고 매수인이 대금을 납부한 이상에는, 경매절차의 효과를 뒤집을 수 없다고 보게 될 것이다(≒강제경매의 공신적 효과). 결국 집행권원의 하자의 논의라고 하더라도, 집행권원 자체를 무효로 하는 것부터 집행채권의 존부에 관한 문제까지 그 스펙트럼이 다양하고, 또한 같은 집행권원이라고 하더라도, 어떤 시점에 있어서 집행채권의 존재에 관하여 기판력을 가지는 확정판결처럼 그 효력이 강력한 것이 있는 반면, 기판력이 없이 집행력만 갖는 지급명령, 공정증서처럼 그 효력이 약한 것도 있으므로, 이런 점을 아울러 고려해야 하므로 절대 간단하지 아니한 것이다.[223]

---

223) 앞의 각주, 손흥수 인터넷사이트 및 이토 마코토 논문, 필자의 논문 등 참조.

3. 대법원 2016. 4. 15. 선고 2015다201510 판결 [청구이의], [공2016상,649]의 판례사안과 이에 관한 해석(파기자판, 소각하)

사실관계 요약

① B는 A의 가스보관창고 신축공사로 인접 토지에서 소 축사를 운영하는 B 자신 소유의 송아지가 폐사하는 등 피해를 입었다고 주장하며 중앙환경분쟁조정위원회에 재정신청을 하였다(2011. 11. 7).
② 중앙환경분쟁조정위원회의 재정위원회는A가 B에게 소음으로 인한 피해액 2,006,000원과 지연손해금을 배상하라는 취지의 재정을 하였다(2012. 6. 14).
③ 중앙환경분쟁조정위원회 위원장은 A에게 위 재정문서 정본을 우편송달하였으나 송달불능되었다. 그러자 중앙환경분쟁조정위원회 위원장은 환경분쟁 조정법 제64조, 민사소송법 제194조를 근거로 이를 공시송달하였다(2012. 7. 18).
④ 공시송달이 효력을 (외관상) 발생하고 재정정본이 (외관상) 확정되자 B는 위 재정문서를 기초로 A 소유 유체동산에 대하여 강제집행을 하였다(유체동산 압류신청 2012. 11. 23).
⑤ 이에 A가 위 재정문서에 기초한 B의 강제집행을 불허하는 내용의 판결을 구하는 청구이의의 소를 제기하였다.

참조조문

환경분쟁조정법

제40조(재정) ①재정은 문서로써 하여야 하며, 재정문서에는 다음 각 호의 사항을 적고 재정위원이 기명날인하여야 한다.
  1. 사건번호와 사건명
  2. 당사자, 선정대표자, 대표당사자 및 대리인의 주소 및 성명(법인의 경우에는 명칭을 말한다)
  3. 주문(主文)

4. 신청의 취지

5. 이유

6. 재정한 날짜

②제1항 제5호에 따른 이유를 적을 때에는 주문의 내용이 정당함을 인정할 수 있는 한도에서 당사자의 주장 등에 대한 판단을 표시하여야 한다.

③재정위원회는 재정을 하였을 때에는 지체 없이 재정문서의 정본을 당사자나 대리인에게 송달하여야 한다. 〈개정 2018. 10. 16.〉

제42조(재정의 효력 등) ①지방조정위원회의 재정위원회가 한 책임재정에 불복하는 당사자는 재정문서의 정본이 당사자에게 송달된 날부터 60일 이내에 중앙조정위원회에 책임재정을 신청할 수 있다. 〈개정 2018. 10. 16.〉

②재정위원회가 제35조의3 제1호에 따른 원인재정(이하 "원인재정"이라 한다)을 하여 재정문서의 정본을 송달받은 당사자는 이 법에 따른 알선, 조정, 책임재정 및 중재를 신청할 수 있다. 〈신설 2018. 10. 16.〉

③재정위원회가 책임재정을 한 경우에 재정문서의 정본이 당사자에게 송달된 날부터 60일 이내에 당사자 양쪽 또는 어느 한쪽으로부터 그 재정의 대상인 환경피해를 원인으로 하는 소송이 제기되지 아니하거나 그 소송이 철회된 경우 또는 제1항에 따른 신청이 되지 아니한 경우에는 그 재정문서는 **재판상 화해와 동일한 효력**이 있다. 다만, 당사자가 임의로 처분할 수 없는 사항에 관한 것은 그러하지 아니하다. 〈개정 2018. 10. 16.〉

제64조(준용규정) 문서의 송달 및 법정이율에 관하여는 「민사소송법」 중 송달에 관한 규정과 「소송촉진 등에 관한 특례법」 제3조를 각각 준용한다.

민사소송법

제194조(공시송달의 요건) ①당사자의 주소등 또는 근무장소를 알 수 없는 경우 또는 외국에서 하여야 할 송달에 관하여 제191조의 규정에 따를 수 없거나 이에 따라도 효력이 없을 것으로 인정되는 경우에는 법원사무관등은 직권으로 또는 당사자의 신청에 따라 공시송달을 할 수 있다. 〈개정 2014. 12. 30.〉

②제1항의 신청에는 그 사유를 소명하여야 한다.

③재판장은 제1항의 경우에 소송의 지연을 피하기 위하여 필요하다고 인정하는

때에는 공시송달을 명할 수 있다. 〈신설 2014. 12. 30.〉

④재판장은 직권으로 또는 신청에 따라 법원사무관등의 공시송달처분을 취소할 수 있다. 〈신설 2014. 12. 30.〉

제195조(공시송달의 방법) 공시송달은 법원사무관등이 송달할 서류를 보관하고 그 사유를 법원게시판에 게시하거나, 그 밖에 대법원규칙이 정하는 방법에 따라서 하여야 한다.

제196조(공시송달의 효력발생) ①첫 공시송달은 제195조의 규정에 따라 실시한 날부터 2주가 지나야 효력이 생긴다. 다만, 같은 당사자에게 하는 그 뒤의 공시송달은 실시한 다음 날부터 효력이 생긴다.

②외국에서 할 송달에 대한 공시송달의 경우에는 제1항 본문의 기간은 2월로 한다.

③제1항 및 제2항의 기간은 줄일 수 없다.

제225조(결정에 의한 화해권고) ①법원·수명법관 또는 수탁판사는 소송에 계속 중인 사건에 대하여 직권으로 당사자의 이익, 그 밖의 모든 사정을 참작하여 청구의 취지에 어긋나지 아니하는 범위안에서 사건의 공평한 해결을 위한 화해권고결정(和解勸告決定)을 할 수 있다.

②법원사무관등은 제1항의 결정내용을 적은 조서 또는 결정서의 정본을 당사자에게 송달하여야 한다. 다만, 그 송달은 제185조 제2항·제187조 또는 제194조에 규정한 방법으로는 할 수 없다.

제231조(화해권고결정의 효력) 화해권고결정은 다음 각 호 가운데 어느 하나에 해당하면 재판상 화해와 같은 효력을 가진다.
1. 제226조 제1항의 기간 이내에 이의신청이 없는 때
2. 이의신청에 대한 각하결정이 확정된 때
3. 당사자가 이의신청을 취하하거나 이의신청권을 포기한 때

환경분쟁조정법과 민사소송법의 규정해석상 재정문서의 정본은 공시송달의 방법으로는 송달할 수 없음에도 중앙환경분쟁조정위원회 위원장은 A에 대하여 공시송달을 하였다. 그러므로 이 사건 재정문서 정본은 A에게 적법

하게 송달되었다고 볼 수 없는 것이다.

그런데 환경분쟁조정법에 의하면 재정위원회가 재정을 한 경우 **재정문서의 정본이 당사자에게 송달된 것을 전제로** 그날부터 60일 이내에 당사자가 재정의 대상인 환경피해를 원인으로 하는 소송을 제기하지 아니하는 등의 경우에 재정문서는 재판상 화해와 동일한 효력이 있으므로, 재정문서의 정본이 당사자에게 송달조차 되지 않은 경우에는 유효한 집행권원이 될 수 없다. 즉 재판상화해의 효력이 부정되는 것이다. 결국 송달조차 되지 않은 위 재정문서는 유효한 집행권원이 될 수 없으므로 이에 대하여 집행력의 배제를 구하는 청구이의의 소는 허용되지 않는다는 것이 판례의 골자이며, 이때에는 A로서는 위 재정문서에 의한 강제집행이 완료되기 전이라면 민사집행법에서 정한 집행문부여 등에 관한 이의신청 등으로 다툴 수 있다.

조금 더 생각해 볼 점이 있다.
첫째 강제집행이 완료되기 전이라는 시간상 제약은 왜 둔 것인가?
왜냐하면 강제집행이 완료되어 버리면 더 이상 다툴 이익이 없어지기 때문에 강제집행완료 전이라는 시간상 제약을 둔 것이다. 즉 집행문부여 등에 관한 이의신청[224]이나 집행문부여에 대한 이의의 소[225], 청구이의의 소[226]

---

224) 민사집행법 제34조(집행문부여 등에 관한 이의신청) ①집행문을 내어 달라는 신청에 관한 법원사무관등의 처분에 대하여 이의신청이 있는 경우에는 그 법원사무관등이 속한 법원이 결정으로 재판한다.
②집행문부여에 대한 이의신청이 있는 경우에는 법원은 제16조 제2항의 처분에 준하는 결정을 할 수 있다.
225) 민사집행법 제45조(집행문부여에 대한 이의의 소) 제30조 제2항과 제31조의 경우에 채무자가 집행문부여에 관하여 증명된 사실에 의한 판결의 집행력을 다투거나, 인정된 승계에 의한 판결의 집행력을 다투는 때에는 제44조의 규정을 준용한다. 다만, 이 경우에도 제34조의 규정에 따라 집행문부여에 대하여 이의를 신청할 수 있는 채무자의 권한은 영향을 받지 아니한다.
226) 민사집행법 제44조(청구에 관한 이의의 소) ①채무자가 판결에 따라 확정된 청구에 관하여 이의하려면 제1심 판결법원에 청구에 관한 이의의 소를 제기하여야 한다.

는 채무자가 확정된 종국판결 등 집행권원에 표시된 청구권에 관하여 공히 집행력의 배제를 구하는 것인데 집행이 끝나버리면 배제할 대상이 없어지기 때문이다.

둘째 그렇다면 유체동산집행에서 강제집행의 완료시기는 언제인가? 집행의 완료시기에 대하여 부동산경매의 경우에 배당표확정시설, 배당금출급시설 등 견해대립이 있음은 관련되는 곳에서 누차 설명한 바와 같으며 판례는 개개의 경우에 동요하였으며, 이우재 부장판사는 대증적인 처리와 같다는 비판을 가한 바 있었다.

적어도 유체동산집행에서 집행관이 입찰개시의 호창을 하고 최고가매수신고인에게 집행관이 매각허가를 호창할 때 집행은 완료된다 하겠다.

> 📖 **대법원 2016. 4. 15. 선고 2015다201510 판결 [청구이의]**
>
> 【판결요지】
>
> [1] 환경분쟁 조정법 제40조 제3항, 제42조 제2항, 제64조 및 민사소송법 제231조, 제225조 제2항의 내용과 재정문서의 정본을 송달받고도 당사자가 60일 이내에 재정의 대상인 환경피해를 원인으로 하는 소송을 제기하지 아니하는 등의 경우 재정문서가 재판상 화해와 동일한 효력이 있으므로 재정의 대상인 환경피해를 원인으로 한 분쟁에서 당사자의 재판청구권을 보장할 필요가 있는 점 등을 종합하면, 환경분쟁조정법에 의한 재정의 경우 재정문서의 송달은 공시송달의 방법으로는 할 수 없다.
>
> [2] 청구이의의 소는 채무자가 확정된 종국판결 등 집행권원에 표시된 청구권에 관하여 실체상 사유를 주장하여 집행력의 배제를 구하는 것이므로 유효한 집행권원을 대상으로 한다. 그런데 환경분쟁조정법에 의하면 재정위원회가

②제1항의 이의는 그 이유가 변론이 종결된 뒤(변론 없이 한 판결의 경우에는 판결이 선고된 뒤)에 생긴 것이어야 한다.
③이의이유가 여러 가지인 때에는 동시에 주장하여야 한다.

> 재정을 한 경우 재정문서의 정본이 당사자에게 송달된 것을 전제로 그날부터 60일 이내에 당사자가 재정의 대상인 환경피해를 원인으로 하는 소송을 제기하지 아니하는 등의 경우에 재정문서는 재판상 화해와 동일한 효력이 있으므로, 재정문서의 정본이 당사자에게 송달조차 되지 않은 경우에는 유효한 집행권원이 될 수 없고, 따라서 이에 대하여 집행력의 배제를 구하는 청구이의의 소를 제기할 수 없다.

셋째 이 판결에서 재정문서가 송달이 되지 아니하여 집행권원이 유효한 집행권원이 될 수 없다고 판시하였는데 이것은 송달되지 아니한 집행권원은 무효라고 판시한 것과 같다. 그렇다면 이러한 집행권원의 무효의 하자는 매각으로 인한 대금납부로 치유될 수 없는 것일까?

이 쟁점은 다음 항으로 넘어가 살펴본다.

넷째 참고로 위 대법원판결에 관하여 2016년 당시 판례를 소개하면서 다음과 같은 실무가의 의견이 제시된 적이 있었다.

> "집행권원의 성립자체에 하자가 있는 경우 청구이의의 소(민사집행법 제44조)로써 다투어야 할지 집행문 부여에 대한 이의신청(민사집행법 제34조)으로 다투어야 할지가 문제된 사안이다. 무권대리인의 촉탁에 의하여 작성된 무효의 집행증서의 경우 대법원은 청구이의의 소를 인정한 것처럼(대법원 2006. 3. 24. 선고 2006다2803 판결) 기판력이 없는 집행증서나 지급명령의 경우 성립의 하자의 경우 청구이의 사유가 된다는 데 현행 학설, 판례상 이론이 없는 것으로 보인다(2014년 판 민사집행실무제요 1권 297). 그러나 사안처럼 기판력이 있는 집행권원의 경우 청구이의 사유로는 청구권의 『소멸』이나 행사를 『저지』할 수 있는 원인을 들고 있고, 『성립의 하자』의 경우는 어떻게 다투어야 할지 그동안 아무런 언급이 없었다(위 민사집행실무제요 1권 297). 위 대법원 판례는 그 경우 청구이의 소가 아닌 집행문 부여에 대한 이의 신청에 의할 것이라는 점을 명시적으로 확인하였다는 점에서 의미가 있

다. 기판력이 인정되는 집행권원의 성립의 하자를 무효라는 이유로 청구이의에서 주장할 수 있게 할 경우 법적안정성이라는 큰 이익이 희생될 수 있는 만큼, 사안에서 집행권원이 무효라는 점을 인정하면서도 청구이의 소 자체는 받아들이지 않고 소 각하 판결한 것은 원고의 희생을 감수하면서도(집행문부여에 의한 이의신청으로 구제받으라고 구제 방안을 제시하였지만) 법적안정성이라는 큰 틀을 유지하기 위한 불가피하지만 타당한 결론이다."

그러나 이는 타당하지 아니하다. 대법원의 견해는 송달되지 않은 판결은 - 화해권고결정도 마찬가지이며 동일한 효력이 있는 재정문서도 마찬가지이다 - 집행력 자체가 없는 무효의 판결이기 때문에 유효한 판결을 대상으로 하는 청구이의의 소를 거칠 필요가 없는 것이며, 집행문부여에 대한 이의로 해결하면 족하다는 것이다. 더 엄밀하게 말한다면 판결정본이 피고에게 송달되지 않는 판결은 피고의 불복기간조차 기산되지 아니하여 확정되지 않은 것이며(피고 허위주소에 의한 판결의 편취를 생각해 보시라!), 이와 비교하여 가집행선고부 판결을 본다면 이에 기하여 강제집행이 가능하다고 하더라도 가집행선고부 판결은 확정되지 않았을 뿐 피고에게 적법하게 송달되어 이후 다투어지고 있는 것임은 다시 말할 필요가 없다. 피고에게 송달되지 않은 판결은 원칙적으로 「집행권원으로서」 성립되었다고 보기 어려운 것이다 (私見). 설사 판결로서 성립되었다고 하더라도 판결의 효력을 발생할 수는 없다.

그리고 기판력이 없는 집행증서나 지급명령의 경우 성립의 하자의 경우 청구이의 사유가 된다는 주장은, 아래 대법원 2012. 11. 15. 선고 2012다70012 판결{원심판결(서울중앙지법 2012. 7. 11. 선고 2011나53392 판결)을 파기하고, 제1심판결을 취소, 소를 각하하였다.}을 보아도 틀린 것임을 알 수 있다. 여기서 용어 정의가 집행권원으로서의 성립의 하자를 말하는 것인지, 민사소송법상 지급명령으로서의 성립의 하자를 말하는 것인지는 명확하지 아니하다. 그런데 지급명령이 송달된 후 이의신청 기간 내에 회생절차개시결정 등과 같은 소송중단 사유가 생긴 경우, 이의신청 기간의 진행이 정지되고 따라서 지급명령은 미확정상태에 있게 되는데, 이와 같은 유효하지 못한 지급명령은 집행력도 생기지 아니하며 집행권원으로서 성립하지 못한다고 본다. 이에 대하여 청구이의의 소를 제기할 수 없는 것이다. 이때 지급명령은 성립의 중대한 하자를 띤다.

이러한 오해는 집행권원의 성립의 하자에 관한 개념오해에서 비롯되는 것으로 추측된다(私見).

★ 대법원 2012. 11. 15. 선고 2012다70012 판결 [청구이의], [공2012하, 2038]

【판결요지】

[1] 독촉절차는 금전, 그 밖에 대체물이나 유가증권의 일정한 수량의 지급을 목적으로 하는 청구에 대하여 채권자로 하여금 간이·신속하게 집행권원을 얻을 수 있도록 하기 위한 특별소송절차로서(민사소송법 제462조), 그 성질에 어긋나지 아니하는 범위에서 소에 관한 규정이 준용된다(민사소송법 제464조). 따라서 지급명령이 송달된 후 이의신청 기간 내에 회생절차개시결정 등과 같은 소송중단 사유가 생긴 경우에는 민사소송법 제247조 제2항이 준용되어 이의신청 기간의 진행이 정지된다.

[2] 청구에 관한 이의의 소는 채무자가 확정된 종국판결 등 집행권원에 표시된 청구권에 관하여 실체상 사유를 주장하여 집행력의 배제를 구하는 소를 말하므로(민사집행법 제44조), 유효한 집행권원을 대상으로 한다. 지급명령은 이의신청이 없거나, 이의신청을 취하하거나, 각하결정이 확정된 때에 확정판결과 같은 효력이 있는데(민사소송법 제474조), <u>미확정 상태에 있는 지급명령은 유효한 집행권원이 될 수 없으므로 이에 대하여 집행력의 배제를 구하는 청구이의의 소를 제기할 수 없다.</u>

[3] 갑이 을 주식회사를 상대로 약속어음금 지급을 구하는 지급명령 신청을 하여 지급명령이 을 회사에 송달되었는데 같은 날 을 회사에 대하여 회생절차개시결정이 내려졌고, 이후 당사자가 독촉절차에서 수계절차를 밟지 않은 사안에서, 을 회사에 대한 회생절차개시결정으로 재산에 관한 소송절차가 중단되고, 위 지급명령은 이의신청 기간이 정지되어 미확정 상태에 있으므로 이에 대한 청구이의의 소가 허용되지 않음에도, 지급명령이 확정됐음을 전제로 청구이의의 소의 본안 판단에 나아간 원심

판결을 파기하고 소를 각하한 사례.

【참조조문】

[1] 민사소송법 제247조 제2항, 제462조, 제464조, 채무자 회생 및 파산에 관한 법률 제59조 [2] 민사소송법 제474조, 민사집행법 제44조 [3] 민사소송법 제247조 제2항, 제462조, 제464조, 제474조, 민사집행법 제44조, 채무자 회생 및 파산에 관한 법률 제59조

4. 유효하지 않은 집행권원과 「매각으로 인한 대금납부에 의한 치유」 가능성

가. 집행권원의 무효와 강제집행절차의 효력

유효한 집행권원 없이 강제집행절차가 진행된 경우에는 그 절차는 무효라 할 것이다. 예컨대 지급명령 사본으로 강제경매절차가 진행된 경우에는 집행력 있는 집행권원의 '정본' 없이 행해진 절차이므로 무효가 된다고 본다.227) 허위주소에 의한 판결편취의 사례에서 그 편취된 판결에 기한 강제경매절차에 관하여도 대법원은 유효한 집행권원이 없이 행해진 강제경매절차와 같이 보았다(대법원 1973. 6. 12. 선고 71다1252 판결). 즉, 강제집행의 채무명의가 된 지급명령의 정본과 그 가집행선고 있는 지급명령을 허위주소로 송달하게 하였다면 이 채무명의의 효력이 집행채무자에게 미친다고는 볼 수 없는 것입니다.

따라서 <u>이러한 채무명의에 의하여 집행채무자 소유의 이 사건 토지에 대</u>

---

227) 경매신청을 함에 있어서는 집행권원의 집행력 있는 정본을 법원에 제출하며 집행법원은 그 정본의 사본을 근거로 하여서는 강제경매절차를 개시할 수 없다(대결 1968. 12. 30. 68마912). 집행력 있는 정본의 제출은 강제집행신청의 일반적 요건이다. 또한 집행력 있는 정본은 강제집행속행의 요건이므로 집행의 종료시까지 이를 반환하여서는 아니된다.

하여 이루어진 강제경매절차는 집행채무자에게 대한 관계에 있어서는 채무명의 없이 경매가 진행된 것이나 다를 바가 없다. 이러한 강제경매는 집행채무자에게 대한 관계에서는 효력이 생기지 아니한다. 따라서 경락인은 이 집행채무자에게 대하여 그 소유권을 취득하였다고 주장하지 못한다 할 것이다."[228]라고 명백히 판시하였다(이 사건의 원심인 서울고등법원 1971. 4. 30. 선고 70나1726 판결은 "채무자에게 대한 채무명의의 송달이 없이 개시된 경매절차라 할지라도 당연무효의 경매라고는 볼 수 없다. 따라서 경매개시결정에 대한 이의신청이나 경락허가 결정에 대한 항고가 없이 절차가 진행되어 경매가 종료한 때에는 적법인 집행기관에 의하여 처리된 그 경매는 유효이며, 경매개시 결정 내지 경락허가결정이 취소되지 않는 한 경락인은 이 경매에 의하여 경락부동산의 소유권을 취득한다."는 취지의 판시를 했었지만 대법원에서 파기된 것이다.).

요컨대 강제집행의 집행권원이 된 지급명령의 정본등을 채무자에게 송달함에 있어, 허위주소로 송달하게 하였다면 그 집행권원의 효력은 집행채무자에게 미치지 아니하고 이에 기인하여 이루어진 강제경매는 집행채무자에게 대한 관계에서는 효력이 없다는 내용이며 이는 절대적 무효라기 보다는 집행채무자에 대한 상대적 무효임을 판시한 것으로 이해할 수 있다. 그러므로 매수인에 대하여 집행채무자가 무효를 주장하면 매수인(경락인)이 매각대금 납부시에 민법 제187조에 의한 등기 없이 부동산소유권을 취득하였다고 하더라도 이를 집행채무자에게는 대항할 수가 없게 되는 것이다. 그러므로 매각대금납부로 인한 집행권원의 하자의 치유도 부정하는 입장으로 해석된다. 대법원 1973. 6. 12. 선고 71다1252 판결의 논리는 2016년 재정문서의 공시송달 사건에도 그대로 적용된다고 생각된다. 허위주소 송달과 하등 다를 바가 없기 때문이다.

---

[228] 대법원 1973. 6. 12. 선고 71다1252 판결 [소유권이전등기말소], [집21(2)민, 060]

가집행선고부 판결정본이 상대방의 허위주소로 송달된 경우 이에 기한 채권압류 및 전부명령의 효력은 어떠한가?

채권압류 및 전부명령의 기초가 된 채무명의인 가집행선고부 판결정본이 상대방의 허위주소로 송달되었다면 그 송달은 부적법하여 무효이고 상대방은 아직도 판결정본의 송달을 받지 않은 상태에 있다 할 것이므로 그 판결정본에 기하여 행하여진 채권압류 및 전부명령은 집행개시의 요건으로서의 집행권원의 송달 없이 이루어진 것으로서 무효[229]가 된다.

이와 같은 집행권원의 무효는 집행권원으로서 외형은 갖췄지만 그 성립과정에 문제가 있는 점에서 집행권원의 부존재의 경우와는 개념적으로 다르다고 말할 수 있으나 법적 효과에서 큰 차이는 없다.

공정증서가 집행권원으로서 집행력을 가질 수 있도록 하는 집행인낙의 표시는 공증인에 대한 소송행위이므로, 무권대리인의 촉탁에 의하여 공정증서가 작성된 경우 그 공정증서는 채권자는 물론 공증인가 법무법인 등이나 공증인이 대리권이 있는 것으로 믿었는지 여부나 믿을만한 정당한 이유가 있는지 여부에 관계없이 집행권원으로서의 효력이 없으므로(대법원 2001. 2. 23. 선고 2000다45303, 45310 판결, 대법원 2012. 5. 10. 선고 2011다113103 판결 등), 그러한 무효인 공정증서에 기한 경매절차에서 부동산을 매수한 자는 소유권을 취득할 수 없다(대법원 2000. 2. 11. 선고 99다31193 판결, 대법원 2002. 5. 31. 선고 2001다64486 판결).[230]

---

[229] 대법원 1987. 5. 12. 선고 86다카2070 판결 [전부금], [집35(2)민,23;공1987. 7.1.(803),964]

[230] 공정증서가 채무명의로 된 경우에는 집행채권의 원시적 불성립이나 후발적 소멸 어느 경우에도 경매에 의한 소유권취득을 부정하는 것이 일본 大審院 판례의 확립된 법리였는데, 최고재판소 판례는 아직 없다고 한다(伊藤 眞, 앞의 논문, 45. 참조).

나. 강제경매의 공신적효과와의 차이

유효하지 않은 집행권원의 문제와 하자의 치유논의는 강제경매의 공신적 효과 논의와는 차원을 달리함에 주의하여야 한다. 공신적 효과는 일단 유효한 집행권원에 기하여 강제경매절차가 완결된 것을 전제로 한다는 점이다. 즉 강제경매는 집행력 있는 정본이 존재하는 경우에 한하여 국가의 강제집행권의 실행으로서 실시되므로 일단 유효한 집행력 있는 정본에 기하여 매각절차가 완결된 때에는 후일 그 집행권원에 표상된 실체상의 청구권이 당초부터 부존재·무효라든가 매각절차 완결시까지 변제 등의 사유로 인하여 소멸되거나 재심에 의하여 집행권원이 폐기된 경우라 하더라도 매각절차가 유효한 한 매수인은 유효하게 목적물의 소유권을 취득하는 것이다(대판 1990. 12. 11. 90다카19098, 19104, 19111, 대판 1991. 2. 8. 90다16177 등. 강제경매의 공신적 효과).

서두에서 이토오 마코토 교수가 ①'집행권원'의 부존재나 무효의 경우와, ②집행권원상의 '집행채권'의 부존재가 주장되는 경우를 나눈 것은 위와 같은 점을 염두에 둔 것이다.

후자의 경우는 강제경매의 공신적 효과와 관련된다.

5. 사안의 해결

이상의 논의에 따라 질문자의 질문에 답하여 본다.

환경분쟁 조정법에 따라 재정위원회가 재정을 하였으나 재정문서의 정본이 당사자에게 송달되지 않은 경우에,

(1) B는 위 재정문서를 기초로 유체동산 압류를 신청하여 2012. 11. 23. A소유 유체동산에 대하여 강제집행을 하였고, 이에 A가 이 사건 재정문서에 기초한 강제집행을 하는 것을 막아야 한다고 당신의 사무실에 찾아 온 경우 전문가로서 청구이의의 소를 제기할 것이 아니라 민사집행법 제34조에 의한

집행문부여에 관한 이의신청을 하여야 한다고 조언하는 것이 옳을 것이다.

(2) B가 A소유 부동산에 대하여 강제경매신청을 하였고 절차가 진행 중이며, 매각절차의 제2차 매각기일에서 매수인 C에게 매각되었고 이 매각허가결정이 확정되었다면, (가) 대금납부전이라면 채무자 겸 소유자 A로서는 집행법원으로 하여금 절차를 직권정지하게 하고 집행문부여에 대한 이의신청 내지 집행문부여에 대한 이의의 소를 제기하여 집행문부여를 취소하는 결정정본을 받음으로써 이를 집행법원에 제출하여 민사집행법 제49조 제1호, 제50조 제1항에 의한 집행취소를 시켜야 한다고 조언할 것이다.[231] 집행법원이 절차를 직권정지하지 않는다면 집행정지의 잠정처분을 받아야 할 것이다.

매수인 C가 매각대금을 전액 납부한 이후라면 매수인 C는 적법하게 소

---

[231] 민사집행법 제49조(집행의 필수적 정지·제한) 강제집행은 다음 각 호 가운데 어느 하나에 해당하는 서류를 제출한 경우에 정지하거나 제한하여야 한다.
  1. 집행할 판결 또는 그 가집행을 취소하는 취지나, 강제집행을 허가하지 아니하거나 그 정지를 명하는 취지 또는 집행처분의 취소를 명한 취지를 적은 집행력 있는 재판의 정본
  2. 강제집행의 일시정지를 명한 취지를 적은 재판의 정본
  3. 집행을 면하기 위하여 담보를 제공한 증명서류
  4. 집행할 판결이 있은 뒤에 채권자가 변제를 받았거나, 의무이행을 미루도록 승낙한 취지를 적은 증서
  5. 집행할 판결, 그 밖의 재판이 소의 취하 등의 사유로 효력을 잃었다는 것을 증명하는 조서등본 또는 법원사무관등이 작성한 증서
  6. 강제집행을 하지 아니한다거나 강제집행의 신청이나 위임을 취하한다는 취지를 적은 화해조서(和解調書)의 정본 또는 공정증서(公正證書)의 정본
  제50조(집행처분의 취소·일시유지) ①제49조 제1호·제3호·제5호 및 제6호의 경우에는 이미 실시한 집행처분을 취소하여야 하며, 같은 조 제2호 및 제4호의 경우에는 이미 실시한 집행처분을 일시적으로 유지하게 하여야 한다.
  ②제1항에 따라 집행처분을 취소하는 경우에는 제17조의 규정을 적용하지 아니한다.

유권을 취득하는 것인가에 대하여,

환경분쟁조정법과 민사소송법의 규정해석상 재정문서의 정본은 공시송달의 방법으로는 송달할 수 없음에도 중앙환경분쟁조정위원회 위원장은 A에 대하여 공시송달을 하였으므로 이 사건 재정문서 정본은 A에게 적법하게 송달되었다고 볼 수 없으며, 환경분쟁조정법에 의할 때 **재정문서의 정본이 당사자에게 송달된 것을 전제로** 그날부터 60일 이내에 당사자가 재정의 대상인 환경피해를 원인으로 하는 소송을 제기하지 아니하는 등의 경우에 재정문서에 재판상 화해와 동일한 효력을 인정하는 것이므로 재정문서의 정본이 당사자에게 송달조차 되지 않은 경우에는 유효한 집행권원이 될 수 없다. 2016년 대법원판례에서 문제되지 아니하였으나 재정문서가 성립하였다고 하더라도 상대방에 대한 송달이 인정되지 아니하여 그 효력을 발생하지 않는 것이기 때문에 유효한 집행력 있는 집행정본으로서 성립하였다고 볼 수 없는 점, 즉 집행권원으로서의 성립과정에 중대한 하자가 있으므로 채무자 겸 소유자 A는 매각대금 납부 후라도 집행권원의 성립의 하자를 다투어 매수인 C의 소유권취득을 부정할 수 있다고 생각된다(私見).

판례색인

|대법원|

대법원 1959. 11. 26. 선고 4292민상271 판결 ·················· 334
대법원 1964. 6. 24.자 64마444 결정 ························· 312
대법원 1966. 8. 12.자 65마1059 결정 ················ 16, 21, 23
대법원 1967. 7. 12.자 67마507 결정 ························ 166
대법원 1968. 8. 26.자 68마798 결정 【부동산경락허가결정에대한재항고】 131
대법원 1969. 11. 19.자 69마989 결정 ······················· 105
대법원 1973. 6. 12. 선고 71다1252 판결 ················ 374, 375
대법원 1978. 12. 19.자 77마452 전원합의체 결정 ············· 168
대법원 1979. 7. 5.자 79마94 결정 ·························· 79
대법원 1983. 6. 28. 선고 83다카395 판결 ···················· 316
대법원 1984. 11. 13. 선고 84다75 판결 ····················· 146
대법원 1986. 1. 21. 선고 85누685 판결 ····················· 239
대법원 1986. 7. 22. 선고 86누203 판결 ················ 239, 241
대법원 1986. 10. 14. 선고 86도1367 판결 ···················· 133
대법원 1987. 5. 12. 선고 86다카2070 판결 [전부금] ············ 376
대법원 1987. 11. 20.자 87마1095 결정 [집행방법에대한이의] ······ 83, 84
대법원 1988. 4. 12. 선고 87다카2641 판결 【대여금】 ············ 106
대법원 1989. 1. 31. 선고 88다카42 판결 ············ 144, 154, 157
대법원 1990. 12. 11. 선고 90다카19098(본소), 19104(참가),
    19111(반소) 판결 ······································ 66
대법원 1991. 2. 8. 선고 90다16177 판결 【소유권이전등기말소】 ······ 68

대법원 1991. 4. 13. 91마131 결정의 판례사안 ·· 47
대법원 1991. 4. 26. 선고 90다14539 판결 ·· 323
대법원 1991. 10. 11. 선고 91다21640 판결 ················ 105, 166, 263, 264
대법원 1993. 4. 23. 선고 93다3165 판결 【소유권이전등기말소】 ············ 67
대법원 1993. 5. 25. 선고 92다15574 판결 ························ 105, 166, 264
대법원 1993. 6. 25. 선고 93다12305 판결 ·· 37
대법원 1993. 8. 27. 선고 93누7068 판결 ··· 316, 322
대법원 1993. 11. 10.자 93마929 결정 ·· 346, 348
대법원 1994. 10. 25. 선고 93누21231 판결 ··· 239
대법원 1995. 7. 12.자 95마453 결정 ···························· 307, 309, 313
대법원 1995. 8. 22. 선고 94다12722 판결(근저당권관련) ························ 360
대법원 1995. 12. 8. 선고 95누5561 판결 ·· 132
대법원 1996. 6. 14. 선고 95누18901 판결 ··· 189, 190
대법원 1996. 7. 12. 선고 96다7106 판결 ·· 106
대법원 1997. 5. 28. 선고 97다1822 판결 ·· 334
대법원 1997. 9. 9. 선고 97다10864 판결 ·· 219
대법원 1997. 11. 11.자 96그64 결정 ··· 109, 124
대법원 1997. 12. 23. 선고 97다42991 판결 【토지소유권말소등기】 ····· 184
대법원 1998. 2. 27. 선고 97다49251 판결 ··· 149
대법원 1998. 3. 27. 선고 97다32680 판결 ··· 166
대법원 1998. 8. 24.자 98마1031 결정 ·· 121
대법원 1999. 2. 23.자 98마2604 결정 ··· 175, 178
대법원 1999. 5. 14. 선고 99다3686 판결 ··· 144
대법원 1999. 5. 25. 선고 98다56416 판결 【손해배상(기)】 ········ 306, 311
대법원 1999. 6. 8. 선고 97다30028 판결[회원권리부존재확인] ············· 222
대법원 1998. 6. 26. 선고 96누18960 판결 ··· 239
대법원 1999. 7. 27. 선고 98다35020 판결 ··· 357
대법원 1999. 9. 7. 선고 99다28661 판결 ··· 316
대법원 1999. 9. 17. 선고 97다54024 판결 ··· 101
대법원 1999. 9. 17. 선고 99다1345 판결 ·· 357
대법원 2000. 2. 11. 선고 99다31193 판결 ··· 376

대법원 2000. 8. 22. 선고 99다62609, 62616 판결 ·················· 146
대법원 2000. 9. 22. 선고 2000두5722 판결 ·················· 194
대법원 2001. 2. 23. 선고 2000다45303, 45310 판결 ·················· 376
대법원 2001. 3. 27. 선고 99두7968 판결 ·················· 316, 322
대법원 2001. 6. 29. 선고 2001두1611 판결 ·················· 239
대법원 2001. 9. 14. 선고 2000두2266 판결 ·················· 189
대법원 2001. 10. 12. 선고 2001다37613 판결 ·················· 79
대법원 2002. 5. 31. 선고 2001다64486 판결 ·················· 376
대법원 2002. 7. 26. 선고 2000다65147 판결 ·················· 154, 157
대법원 2002. 11. 22. 선고 2002다9479 판결 ·················· 334
대법원 2002. 12. 24. 선고 2000다26036 판결 ·················· 144
대법원 2003. 1. 24. 선고 2002다65189 판결 【손해배상(기)】 ·················· 124
대법원 2003. 2. 14. 선고 2002다64810 판결 【집행문부여에대한이의】 · 76
대법원 2003. 3. 28. 선고 2003도313 판결(사건명 : 【횡령】) ·················· 75
대법원 2003. 4. 25. 선고 2002다70075 판결 ·················· 120
대법원 2003. 6. 24. 선고 2003도1869 판결 ·················· 133
대법원 2003. 10. 23. 선고 2003두8005 판결 [과징금부과처분취소] ······ 238
대법원 2003. 12. 12. 선고 2003다40286 판결 ·················· 219
대법원 2004. 2. 25.자 2002마4061 결정 ·················· 167
대법원 2004. 4. 16. 선고 2002두4693 판결 ·················· 189, 190
대법원 2004. 5. 14. 선고 2004다7354 판결 ·················· 334
대법원 2004. 6. 24. 선고 2003다59259 판결 ·················· 57, 105, 260
대법원 2004. 6. 24. 선고 2002다6951, 6968 판결 ·················· 316
대법원 2004. 7. 9.자 2003마1806 결정 ·················· 74
대법원 2004. 11. 9.자 2004마94 결정 [부동산낙찰허가] ·················· 311
대법원 2004. 11. 30.자 2004마796 결정 ·················· 167
대법원 2004. 12. 10. 선고 2004다54725 판결 【가압류취소】 ·················· 75
대법원 2004. 12. 24.자 2003마1665 판결 ·················· 109
대법원 2005. 3. 29.자 2005마58 결정 ·················· 107, 109
대법원 2005. 9. 29. 선고 2003다30135 판결 ·················· 78
대법원 2005. 11. 14.자 2005마950 결정 ·················· 83

대법원 2005. 11. 29.자 2004마485 결정 ·· 46
대법원 2006. 3. 10. 선고 2004다742 판결 ································ 26, 28, 356
대법원 2006. 3. 24. 선고 2006다2803 판결 ·· 371
대법원 2006. 9. 8. 선고 2006다21880 판결 ······································· 316
대법원 2006. 11. 9. 선고 2004다67691 판결 ····································· 357
대법원 2006. 11. 23. 선고 2005다5379 판결 ····································· 204
대법원 2007. 3. 29. 선고 2007누3176 판결 ······················ 162, 173, 174
대법원 2007. 4. 12. 선고 2006다82625 판결 ····································· 316
대법원 2007. 5. 31. 선고 2006두8235 판결 ······································· 188
대법원 2007. 6. 29.자 2007마258 결정 ·································· 158, 175
대법원 2007. 7. 12. 선고 2007다24954 판결 ····································· 220
대법원 2007. 9. 6. 선고 2007다29591 판결 ······································· 144
대법원 2007. 11. 29. 선고 2006다3561 판결 ····································· 316
대법원 2007. 12. 27. 선고 2005다62747 판결 ····································· 55
대법원 2008. 2. 1. 선고 2006다27451 판결 ······························ 146, 149
대법원 2008. 2. 5.자 2007마1613 결정 [경락부동산인도명령]
   파기자판(각하) ··· 82
대법원 2008. 12. 15.자 2007마1154 결정 ·· 51
대법원 2009. 2. 26. 선고 2006다72802 판결 ····································· 105
대법원 2009. 5. 14. 선고 2007다64310 판결 ······································· 79
대법원 2009. 6. 23. 선고 2009다26145 판결 ····································· 360
대법원 2009. 9. 10. 선고 2006다64627 판결 ······························ 316, 323
대법원 2010. 1. 14. 선고 2009다66150 판결 ······························ 347, 348
대법원 2010. 1. 28.자 2009마1918 결정 【파기환송】 ············ 16, 18, 21
대법원 2010. 3. 22.자 2009마1385 결정 ······································ 348, 352
대법원 2010. 5. 27. 선고 2010다20747 판결 ······································· 50
대법원 2011. 5. 13. 선고 2011다1941 판결 ····················· 151, 153, 156
대법원 2011. 8. 10.자 2011마1426 결정 ······································ 109, 111
대법원 2011. 9. 5.자 2011마605 결정 ··· 353, 348
대법원 2012. 5. 10. 선고 2011다113103 판결 ··································· 376
대법원 2012. 11. 15. 선고 2012다70012 판결 ···························· 372, 373

대법원 2012. 11. 29. 선고 2010다68060 판결 ·················· 146, 149, 158
대법원 2013. 8. 22. 선고 2013다42779 판결 ································ 160
대법원 2013. 11. 28. 선고 2012다31963 판결 【사해행위취소】 ·········· 218
대법원 2014. 1. 23. 선고 2013다71180 판결 【추심금】 ·········· 251, 289
대법원 2014. 2. 13. 선고 2012다45207 판결 ·············· 145, 151, 152, 154
대법원 2015. 4. 23. 선고 2013다86403 판결 [배당이의] ················· 328
대법원 2015. 7. 9. 선고 2013다60982 판결 ································ 144
대법원 2016. 3. 15.자 2014마343 결정 [부동산임의경매] ··············· 353
대법원 2016. 4. 15. 선고 2015다201510 판결 [청구이의] ········ 366, 370
대법원 2017. 4. 19.자 2016그172 결정 [집행에관한이의] ············ 91, 92
대법원 2017. 5. 31. 선고 2014다236809 판결 [지료] ·············· 27, 28
대법원 2017. 9. 7. 선고 2017두41085 판결 [사업정지처분취소청구] ······ 241
대법원 2018. 5. 30. 선고 2018도3619 판결 ································ 275
대법원 2018. 10. 18. 선고 2016다220143 판결 ··················· 199, 205
대법원 2019. 4. 11. 선고 2018두42955 판결 ·············· 187, 191, 193
대법원 2019. 7. 18. 선고 2014다206983 전원합의체 판결 [부당이득금] 329
대법원 2020. 2. 27. 선고 2018다232898 판결 ···························· 349

대법원 2009다2880 판결 ·· 55
대법원 2010다20747 판결 ·· 58
대법원 2014다12348 판결 ·· 89
대법원 94다12722 판결 ·· 361
대법원 96그64 결정 ·· 61

|대결|

대결 1968. 12. 30. 68마912 ·· 374
대결 1991. 4. 13. 91마131 ··· 47

|대판|

대판 1990. 12. 11. 90다카19098, 19104, 19111 ············ 261, 377

대판 1991. 2. 8. 90다16177 ·· 261, 377
대판 1998. 3. 27. 선고 97다32680 판결 ································ 105
대판 2001. 3. 13. 99다26948 ··· 331
대판 2007. 2. 9. 2006다39546 ·· 331
대판 2011. 2. 10. 2010다90708 ··· 331
대판 2011. 9. 29. 2011다48902 ··· 328

|헌법재판소|

헌법재판소 2018. 7. 26. 2016헌마260 결정 ············ 248, 291, 292
헌법재판소는 2000. 3. 30. 98헌마401 결정 ······················· 292

| |

서울고등법원 1971. 4. 30. 선고 70나1726 판결 ···················· 375
서울고등법원 2002. 11. 1. 선고 2002나18604 판결 ········ 116, 120
서울고등법원 2010. 1. 28. 선고 2009나63801 판결 ················ 50
서울동부지방법원 2013. 4. 24. 선고 2012나12483 【지료】 ······ 160
서울중앙지방법원 2009. 10. 13.자 2009라528 결정 ················ 21
서울중앙지방법원 2012. 7. 11. 선고 2011나53392 판결 ········ 372
서울중앙지방법원 2018. 2. 1.자 2017카단817381 결정 ·········· 285
서울중앙지방법원 2018. 3. 19.자 2018카단802743 결정 ········ 285
서울중앙지방법원 2018. 4. 12.자 2018카단802516 결정 ········ 285

서울지방법원 남부지원 2002. 2. 26. 2001가단64268 판결 ····· 116
수원지방법원 2003. 12. 31.자 2003라205 결정 ····················· 314
수원지방법원 2008. 4. 18 선고 2007가합23251 판결 ·············· 55
수원지방법원 2012. 6. 26.자 2011타경39471 경매사건 ·········· 305
수원지방법원 2012. 7. 19.자 2012라865 결정 ············· 304, 305
수원지방법원 2014. 2. 4.자 2014라167 결정 ························ 351

수원지법 평택지원 2016. 11. 18.자 2016타기168 결정 ············ 91
광주고등법원 1986. 2. 6. 선고 85구91 판결 ························ 242

대구고등법원법 2016. 4. 21. 선고 2015나22107 판결 ················ 202, 204
대구지방법원 2012. 9. 5. 선고 2011가합9260 판결 [손해배상(기)] (확정) ·· 331
대구지방법원 2014. 11. 26. 선고 2013나303168 판결 ······················ 27
대구지법 김천지원 2015. 6. 26. 선고 2014가합1556 판결 ············· 202
대전고등법원 2006. 4. 27. 선고 2005누1679 판결 ························· 189
대전지방법원 2011. 6. 15.자 2010라548 결정 ······················ 109, 111
부산고등법원 2006. 12. 22. 선고 2006누1791 판결 ··············· 173, 174
울산지방법원 2018. 1. 5.자 2017카합10471 결정 ·························· 285
의정부지방법원 2012. 4. 26. 선고 2011나6091 판결 ··············· 152, 154
의정부지방법원 2012. 12. 26.자 2012라414 결정(확정) ················· 110
의정부지방법원 2015. 1. 8. 선고 2014나2816 판결 부당이득금반환 ········ 154
인천지방법원 2009. 5. 28. 선고 2008가합9989 부당이득금사건 판결 · 50, 53
인천지방법원 2013. 6. 18.자 2012라524 결정 ································ 38
청주지방법원 2012. 10. 18. 선고 2012노18 판결(사건명 : 【강제집행면탈】) · 76

서울고등법원 2009나63801 ··· 58
서울고등법원 2013나12442 판결 ··· 39
서울고등법원 2013나27932 ··· 89
서울고등법원 2016나209322 ·· 89
서울중앙지방법원 2018카단800115 사건 ································ 285
서울중앙지방법원 95가단128226 판결(전세권관련) ··················· 360
서울지방법원 남부지원 2001가단10575호 ······························ 116
서울지방법원 남부지원 99타경55837호 ·································· 114
수원지방법원 평택지원 2012재가합13 ······································ 89
인천지방법원 2008가단12100호 ·· 54
인천지방법원 2008가합9989 ·· 58

저자 박준의 서기관

서울대 법대 졸업
법원행시 15회
수원지방법원 여주지원 사법보좌관
현 케임브리지대학교 Faculty of Law 방문연구원

주요논문

- "민사집행절차에 있어서 승계에 관한 비판적 검토", 한국민사집행법학회 2015. 춘계대회 제2주제 발표논문
- 대한법무사협회지 「민사집행 쟁점판례해설」 고정 執筆者 연재 기고 중 (現在 ①~⑨회)
- "가집행선고 및 그 실효가 집행절차에 미치는 영향", 사법논집 58집 (법원도서관, 2014. 12.)
- "경매절차에 있어서 담보책임의 일환인 대금감액신청과 이를 둘러싼 집행실무상의 제문제 — 결정에 대한 불복절차를 중심으로", 한국민사집행법학회, 2013년 제2회 학술회의 제2주제 발표논문, 민사집행법연구 제10권 (한국민사집행법학회, 2014)
- "현행 집행실무에 있어서 농지경매를 둘러싼 실무상의 제문제 — 특히 농지의 불법형질변경 등과 농지취득자격증명 不提出 등에 포커스를 맞추어", 법무연구 제4권 (대한법무사협회 2014. 3.)
- "부동산 집행법원의 심리원칙과 사법보좌관 처분의 법적 성질 및 국가배상 책임의 성립요건에 대한 몇 가지 검토 — 대법원 2009다2880·서울고등법원 2008나47901·수원지방법원 2007가합23251판결을 중심으로 — ", 사법논집 제50집 (법원도서관, 2011)
- "집합건물을 둘러싼 최근 집행 실무상의 제문제와 일본 '담보부동산수익집행제도'의 시사점", 법무사협회지 (대한법무사협회, 2013.4.월호,5월호,6월호 연재 기고논문)
- "채권집행에 있어 피가압류·피압류채권의 특정여부", 대한법무사협회지, 법무사 (2014. 8.)

- "승소한 신청채무자의 경매절차에서의 구제수단", (월간)법무사저널, 통권

176호(서울지방법무사회, 2009. 9/10)
- "상업등기관의 처분에 대한 이의신청과 비송법원의 기재명령 재판에 있어서 그 수범자에 관한 일고찰", 대한법무사협회 법제연구소, 등기법학회 공동학술대회 2011년도 제2회 등기법포럼 제2주제 발표논문
- "공문서의 국제적 사용과 아포스티유협약의 회고", 대한공증협회지 3호 (대한공증협회, 2010)
- "한일 상업등기제도의 개괄적인 비교고찰과 향후의 과제 — 한일파트너쉽 10주년에 즈음하여", [한일등기관 등 상호연수 회고와 전망], (법원공무원교육원, 2010. 10.)
- "외국공문서의 국내법적 효력에 관한 몇 가지 문제와 아포스티유협약", 사법논집 제47집 (법원도서관, 2008) 외 다수

단행본
- 최신상업등기 실무 상, 하권, (법률정보센타, 2009)
- [1판]신채권집행실무 (유로, 2012. 8.)
- [2판]신채권집행실무 (유로, 2015. 11.)

민사집행의 함정을 피하는 법

2020年　5月　15日　初1版 印刷
2020年　5月　28日　初1版 發行
著　者　朴準毅
發行人　金正元
發行處　도서출판 유로

서울특별시 강북구 도봉로34길 62
電話 948-5824　팩스 959-9994
登錄 2006. 9. 14. 제310-2006-00022호

|인|

破本은 바꿔드립니다. 本書의 無斷複製行爲를 禁합니다.

定　價　32,000원
ISBN 978-89-93796-50-6　93360